Liebe Leser,

zum neunten Mal bringt cinema nun das Filmjahrbuch heraus — noch immer die konkurrenzlose Vorschau auf das, was im nächsten Jahr im Kino laufen wird. Übrigens, die Jahrbücher sind nicht nur die erfolgreichsten cinema-Bücher, sondern auch die populärsten Filmbücher Deutschlands.
Wie in jedem Jahr, machten wir uns auch diesmal wieder vor Ort kundig. In Europa, in den USA, aber auch in Australien und den „Filmentwicklungsländern" recherchierten die cinema-Korrespondenten. Die deutsche Produktion wurde von Robert Fischer betreut, aus Paris berichten Karl-Heinz Schäfer, Cornelia Reiwald und Christoph Terhechte, seine italienischen Freunde besuchte wieder Peter Berling.
Den Rückblick auf 1988 erarbeiteten wieder Lothar Just und Uwe Wilk, den In memoriam-Teil Klaus Kaiser. Die amerikanischen Produktionsfirmen besuchten Silke Haladjian, Patrick Roth, der neue cinema-Korrespondent Scott Orlin und ich. Beinahe wär's aber einer weniger gewesen: Als ich eines Abends in Hollywood aus dem Kino kam und gerade „Young Guns" gesehen hatte, pfiffen mir echte Kugeln um die Ohren — zwei Gang-Mitglieder lieferten sich mit den Cops ein Feuergefecht, auch Passanten wurden verletzt. Ansonsten ging in den USA gerade der Wahlkampf über die Bühne; und Präsident Reagan ließ den Produzenten David Puttnam auf Anfrage wissen, daß er ehestens im Frühjahr 1989 wieder für Hollywood zur Verfügung stehe — im Ernst...

Herzlichst

Willy Loderhose

IMPRESSUM Herausgeber: Dirk Manthey, Willi Bär, Jörg Altendorf · Chefredakteur: Willy Loderhose · Mitarbeiter: Karl-Heinz Schäfer, Peter Berling, Maria Harlan, Patrick Roth, Silke Haladjian, Scott Orlin, Cornelia Reiwald, Christoph Terhechte, Marc Hertling, Lothar Just, Klaus Kaiser, Uwe Wilk, Robert Fischer, Michael Koops, Felix Neunzerling, Heiko Rosner · Gestaltung: Alan Mason Design, Hamburg · Herstellung: Andreas Berneike · Satz: alphabeta, Hamburg · Litho: Type und Litho, Hamburg · Druck: Heinrich Möller und Söhne GmbH, Rendsburg · Copyright: Kino Verlag GmbH Milchstraße 1 · 2000 Hamburg 13 · Verlagsleitung: Helga Reichel · 1. Auflage 1988 · ISBN 3-89324-036-5

KINO 1989

JANUAR
- Dear America
- Und Gott erschuf die Frau
- Der stählerne Adler II
- Wolfsmilch
- Memories of Me
- Crazy Sky
- Moonwalker, S. 64
- Die Fliege II
- Last Rites
- Delta Force I
- Cocktail
- Beim nächsten Mann wird alles anders, S. 10
- Miles from Home
- Der Priestermord
- Burning Secret, S. 157
- Her mit den jungen Pferden, S. 180
- Wie ein Blatt im Wind, S. 202
- Herbstmilch, S. 164
- The Dead Pool
- Ein Fisch namens Wanda, S. 48
- Sweetheart's Dance, S. 176
- Geld, S. 61
- Die Uni meiner Träume
- Young Einstein
- Gekauftes Glück, S. 44

FEBRUAR
- Das Gesetz ist der Tod
- Witching Hour
- Bluthunde vom Broadway, S. 90
- Die Senkrechtstarter, S. 58
- Raggedy Rawney, S. 162
- Distant Thunder, S. 99
- The Accused, S. 76
- Dr. Jekyll and Mr. Hyde, S. 118
- Zwillinge, S. 26
- Wo bitte geht's zum Knast, S. 40
- Der Preis der Schönheit
- Gate Two
- Collision Course
- Der Knalleffekt, S. 30
- Phantasm II
- Verraten, S. 91
- Cookie, S. 28
- The Accidental Tourist, S. 17
- The Link, S. 128

MÄRZ
- Der alte Gringo, S. 78
- Der Bruch, S. 110
- Das Ende der Fährte, S. 140
- Die Waffen der Frauen
- Franziskus, S. 88
- Dry White Season
- Meine Stiefmutter ist ein Alien
- Die phantastische Reise ins Jenseits
- Rainman
- Short People
- Woody Allen Project VI
- Big Top Pee Wee
- Zeremonie der Erotik
- Felix — der Kater
- Pathos — A Taste of Fear
- Nummer 5 lebt II
- Cocoon II — Die Rückkehr, S. 124
- Der Glückspilz, S. 13
- Twins
- Eat the Peach
- Tequila Sunrise, S. 189
- Annies Favoriten
- The Unholy
- Track 29

JULI
- Under the Boardwalk
- Die Besucher
- Otto III, S. 33
- Brenda Starr
- Black Rain
- Karate Kid — Die letzte Entscheidung
- Young Guns, S. 108
- Es ist nicht leicht, ein Gott zu sein

AUGUST

- Auf der Jagd nach dem goldenen Buddha
- James Bond — Licence Revoked, S. 72
- Smoke
- Lenin — Eine Reise, die die Welt verändert

SEPTEMBER
- Revenge
- Rosenkrieg
- African Timber
- Großstadtsklaven
- Abyss — Der Abgrund
- Indiana Jones III — Der letzte Kreuzzug, S. 81

Hier eine Programmübersicht über alle Filme, die zu diesem Zeitpunkt bereits von einem deutschen Filmverleih fürs Kino terminiert wurden. Daß diese Übersicht nur vorläufig ist und daß sich sowohl Filmtitel als auch der Starttermin ändern können, liegt in der Natur der Sache. Wo deutsche Titel vorlagen, nennen wir diese. In allen anderen Fällen geben wir den Original- bzw. Arbeitstitel des Produzenten an.

APRIL

- Sabba — Die Hexe
- Paganini
- Haunted Summer
- Blinde Wut
- Die Götter müssen verrückt sein II
- Bei Ankunft Mord
- The Navigator
- Die Wette gilt
- A gauche en sortant de l'ascenseur, S. 16
- Kiss Daddy Good Night
- 84 Charlie Mopic
- Eine gefährliche Begegnung
- The Naked Gun
- The Witches, S. 100
- Working Girl, S. 14

MAI

- Chicano
- American Fighter II
- The Revolution Doors
- They live, S. 126
- Chicago-Verschwörung
- Die Aufklärungsrolle II
- Die Malteser des Falken
- Operation gelungen — Patient tot
- Tampopo

JUNI

- Stealing Heaven, S. 185
- Sisters
- China Girl
- BAT 21 S. 215
- Matador
- Lucky Number
- Anklage: Massenmord
- The Land before Time, S. 130
- In a Shallow Grave
- La Boum III

OKTOBER

- The Punisher, S. 104
- Union Street, S. 197
- Blauäugig
- Die Verdammten des Krieges
- Die unendliche Geschichte II
- Der Mississippi brennt, S. 152
- Letzte Ausfahrt Brooklyn, S. 212
- Dirty Dancing II
- Beverly Hills Cop III
- Sie kennen kein Erbarmen
- Aliens III — Die Wiedergeburt
- Asterix — Der Kampf der Häuptlinge

NOVEMBER

- Star Trek V
- Jacknife
- Deep Star Six, S. 121
- Erik, der Wikinger
- Das dreckige Spiel

DEZEMBER

- Weihnachtsmann
- Oliver and Company, S. 163
- Highlander II
- Zurück in die Zukunft II
- Babar — The Movie
- Ghostbusters II
- Devils of Monza
- Das Spinnennetz

VIDEO 1989

JANUAR
- Nachrichtenfieber
- Hamburger Hill
- Schwarze Augen
- Allison Tate
- Onassis
- Roses are for the Witch
- Nico
- Rollentausch
- Als die Liebe laufen lernte
- Moving Target
- Captive Hearts
- Die gewaltigen Sieben
- Wer spinnt denn da, Herr Doktor
- Mörderischer Vorsprung
- Action Jackson
- Der gläserne Himmel
- Malone
- Love and Passion
- Pippi Langstrumpf
- Dance Party
- Daddy's Boys
- Johnny B. Good
- Murder of Mary Phagen
- Giselle
- Im Urwald ist die Hölle los
- Schrei nach Freiheit

FEBRUAR
- Streets of Gold
- Mr. Alligator... see you later
- Cat Squad
- Saigon
- Rendezvous unterm Nierentisch
- Baby Boom
- Dreckige Dutzend IV
- My Father, my Son
- Lawless Land
- Nothing Underneath
- Ich bin ein entflohener Kettensträfling
- Good Morning, Vietnam
- Toll treiben es die wilden Zombies
- Das Wunder in der 8. Straße
- Milagro — Krieg im Bohnenfeld
- Frantic

MÄRZ
- Anna
- Home Front
- Ich und er
- Die grellen Lichter der Großstadt
- Das Reich der Sonne
- Yasemin
- Fatal Beauty
- Fever
- Vergewaltigt in Ketten
- Der stählerne Vorhang
- Die Venusfalle
- Eine Frau steht ihren Mann
- Das siebte Zeichen
- Demon Lover
- Stars and Bars
- Gaby — eine wahre Geschichte
- The Brain
- Fast Gun
- Powaqqatsi
- Big
- Blue Jean Cop
- Ein turbulentes Wochenende
- Pathfinder
- Crocodile Dundee II
- Die Schlange im Regenbogen
- Die letzte Versuchung

JULI
- And God created Woman
- Taffin
- Funny Farm
- Zwei tolldreiste Banditen
- Hitlist
- The Rebell
- Der stählerne Adler
- Herbstmilch
- Her mit den jungen Pferden
- Die Mafiosi-Braut
- Love at Stake
- Concorde 8
- Chouans
- Golden Triangle
- Hero
- Für eine Liebesnacht
- Ein Fisch namens Wanda
- Miles from Home

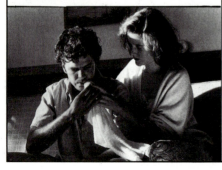

AUGUST

- Hot to Trot
- Last Rites
- Postcard from the Edge
- Up Hill all the Way
- The Night of the Scorpions
- Twins
- Nr. 5 gibt nicht auf
- Sweetheart's Dance
- Blood Hounds of Broadway
- Things Change
- Apartment Zero
- Meffie
- Delta Force II
- Dirty Harry V — Das Todesspiel
- Listening to the Dark
- Daffy Duck Quackbuster

SEPTEMBER
- The Accidental Tourist
- A Summer Story
- Romero
- Imagine: John Lennon
- Call Me
- Officer Factory
- Memories of Me
- Poltergeist III
- Das Messer
- Franziskus
- Homer and Eddie
- Old Gringo
- Monkey-Shine
- Punchline — der Knalleffekt
- My Little Girl
- Das Gesetz ist der Tod
- Moon over Parador
- Colors — Farben der Gewalt

Viele wichtige Kinofilme erscheinen ungefähr ein halbes Jahr nach ihrer Kinopremiere auf Video — auf diese Sperrfrist haben sich die meisten Filmproduzenten mit ihren Distributoren geeinigt. Das definitive Videoerscheinungsdatum wird in der Regel kurzfristig festgelegt. Soweit uns die Informationen von den Anbieterfirmen vorlagen, haben wir sie in diese Liste integriert, die nur eine vorläufige sein kann.

APRIL

- Im Herzen der Nacht
- Masquerade — Ein tödliches Spiel
- Tiger Force Commando
- Perry Mason
- The Man from Snowy River
- Orphans — Kellerkinder
- Buster
- Der Kuß des Tigers
- Red Heat
- Schmeiß die Mama aus dem Zug
- Bestie Krieg
- No Man's Land
- Sally and Me
- The Big Hurt
- Terror among US
- Dr. Faustus
- Im Rausch der Tiefe
- Der stählerne Vorhang
- Der Prinz aus Zamunda
- Die Braut des Prinzen
- The Beat
- Parting Glances
- Dream Demon
- Ricky and Pete
- Caddyshack II

MAI

- Into the Homeland
- Stormy Monday
- Arthur II

- Real Men
- Emmanuelle 82
- Dominick and Eugene
- Der Blob
- Danger Zone II
- Housekeeping
- Perfect Murder
- Rendezvous mit einer Leiche
- Midnight Run — 5 Stunden bis Mitternacht
- King Kong II
- Mesrine
- Midnight Cop

JUNI

- Fight for Jenny
- Beetlejuice
- Bird
- Stand and Deliver
- Der Kurier
- Hot Paint
- Wise Guy
- Der Mann ohne Gedächtnis
- Der Wauzi-Film
- Fruit-Machine
- Ich bin Du
- Auf gleicher Welle
- Opera
- Concorde 7
- Passion Flower
- Saxo
- Einer trage des anderen Last
- Presidio
- Midnight Crossing
- Six Against the Rock

OKTOBER

- Heaven and Earth
- Claras Herz
- Betrayed — Verraten
- Gefährliche Liebschaften
- D.O.A. — Bei Ankunft Mord
- Young Guns
- The Unholy
- Ordinary Heroes
- The Boy Next Door
- Ein Fisch namens Wanda
- Oktober in Rimini
- Vatican-Affair
- High Spirits
- Annies Favoriten
- Willow

- My Stepmother Is an Alien
- Angeklagt
- Moon over Parador

NOVEMBER

- Tequila Sunrise
- 84 Charly Mopic
- Rainman

- Young Einstein
- From the Hip
- Salome's Last Dance
- The Shelter
- Union Street
- Tucker
- Cocktail
- Sie leben!
- Criminal Law
- Eigth Men Out
- Blind Fury
- Rocket Gibraltar
- Streets of No Return
- Trouble with Spies

DEZEMBER

- Police Academy VI
- Driving Miss Daisy
- Dry White Season
- Prince of Tides
- Schock

- Bat 21
- In a Shallow Grave
- Scrooged

INHALT

FILME 1989

Startplan Kinofilme 1989	4
Startplan Videofilme 1989	6
Komödie	9-70
Action, Thriller, Abenteuer	71-116
Science-fiction, Horror	117-138
Drama, Zeichentrick, Love-Story	139-223
Videopremieren 1989	224-226
Und noch mal 250 Filme	227-231

DAS WAR 1988

Alle Filme 1988	232-249
Festivals	250-252
In memoriam	253-256
FILMINDEX 1989	257-258

KOMÖDIE

Wenn es ein Genre des Jahres gibt, dann ist es zweifelsohne die Komödie — nie zuvor kamen die Spaßmacher mit mehr neuen Produkten auf den Markt. Dabei zeigt sich schließlich auch, daß mit weniger aufwendig gedrehten Filmen als jenen aus den teuren Sciencefiction- oder Action-Ateliers ebenfalls Geld verdient werden kann. Lachen ist gesund und heilsam, und Komödien machen nur dann aggressiv, wenn allzu viele Pointen danebengehen, und das passiert ja auch gelegentlich . . . „Beim nächsten Mann wird alles anders" heißt die Verfilmung eines der erfolgreichsten Bücher der letzten Jahre. „Otto-III"-Produzent Horst Wendlandt hatte auch hierfür den richtigen Riecher. Aus den USA kommen Arnold Schwarzenegger und Danny De Vito als „Zwillinge" daher, und auch Harrison Ford, Michael Caine, Jamie Lee Curtis und Kelly McGillis sind mit großen Lustspielen vertreten. Und dann warten natürlich alle auf „Geld", den neuen Film der Männer-Regisseurin Doris Dörrie.

Die Studentin Constanze Wechselburger, gerade in Trennung von ihrem langjährigen Freund befindlich, verliebt sich in Gottfried Schachtschnabel, ihren Uni-Dozenten — die gemeinsame Ausfahrt ins Blaue jedoch findet nur mit Hindernissen statt

Beim nächsten Mann wird alles anders

Der Bestseller des Jahres 1988 kommt 1989 ins Kino: Kamera-Genie Xaver Schwarzenberger, als „Otto"-Regisseur zu Ruhm gekommen, inszenierte Eva Hellers ebenso vergnügliche wie turbulente Beziehungskiste

Über 100 000 Exemplare des gleichnamigen Buches von Eva Heller verkauften sich binnen weniger Monate ohne jede Werbung. Inzwischen sind es 700 000, und jeden Tag gehen 4000 weitere über den Ladentisch. Ein Bestseller mit witzigen Dialogen und detailversessenen Beobachtungen aus der Alltagskomik. Der Zeitgeist wird dem Lachen ausgesetzt. Im Mittelpunkt steht die attraktive Constanze Wechselburger, die sich — wie viele andere Frauen auch — geschworen hat: „Beim nächsten Mann wird alles anders!" Sie hat genug von ihrem Freund. Geizig ist er und emotional total blockiert. Ihre Suche nach der Zweierbeziehung ihrer emanzipierten Träume führt quer durch den progressiven Alltag. Wer ist der wahre Mann? Wie kommt frau an ihn ran? Und was dann? Die Antworten auf diese und viele andere auf den Nägeln brennende Fragen liefert diese spritzige Komödie über die Verwicklungen, die die Liebe hervorruft, und die turbulente Jagd nach dem Märchenprinzen.

Susan Nielebock (32) und Matthias Wendland (36) produzierten die Verfilmung von Eva Hellers Roman-Bestseller. Von ihrem Vater, dem Erfolgsproduzenten Horst Wendlandt, scheinen sie die Begeisterung für interessante Kinostoffe geerbt zu haben: Da beide nach der Lektüre von „Beim nächsten Mann wird alles anders" spontan begeistert waren, entschlossen sie sich, ihren ersten eigenen Spielfilm zu produzieren.

Als Regisseur und Kameramann verpflichteten sie Xaver Schwarzenberger, der sich über die Supererfolge der „Otto"-Filme und Loriots „Ödipussi" hinaus mit eigenen Filmen wie „Der stille Ozean", „Donauwalzer" und „Gewitter im Mai" besten Ruf bei Publikum und Kritik geschaffen hat.

Bei der Besetzung wurde bewußt auf die ganz großen Namen verzichtet. Gerade bei der Verfilmung einer so populären Romanvorlage hätten Stars eine zu große Festlegung der Figuren bedeutet. So wurde beim Casting besonderer Wert darauf gelegt, den Typen des Romans möglichst nahe zu kommen. Besonders die Rolle der Constanze Wechselburger sollte mit einem „neuen Gesicht" besetzt werden. Die 24jährige Berlinerin Antje Schmidt hatte gerade ihr Schauspielexamen absolviert, als sie unter 30 Bewerberinnen für die Hauptrolle ausgewählt wurde. Sie erwies sich als wahrer Glücksfall. Auch die Darsteller der kleineren Rollen wählte man besonders sorgfältig und liebevoll aus. Die Brüder Hark und Marquard Bohm beispielsweise, die zwei Stammgäste spielen, stehen zum ersten Mal gemeinsam vor der Kamera; außerdem mit von der Partie: Fassbinder-Schauspieler Günther Kaufmann (Niyazi), „Kir Royal"-Entdeckung Billie Zöckler (Birgit), „Fahnder"-Assistent Hans Jürgen Schatz (als Fernsehmechaniker), die „Gambit"-Stars Despina Pajanou (Julia) und Dominic Raacke (Albert Auerbach) sowie so altgediente TV-Mimen wie Volker Kraeft (Gottfried Schachtschnabel), Stephan Schwartz (Wolf Dietrich), Andreas Mannkopf (Jürgen), Edda Seippel und Rose Renee Roth als „ältere Damen".

Herstellungsland	Bundesrepublik Deutschland
Regie	Xaver Schwarzenberger
Drehbuch	Stefan Lukschy, Gundolf S. Freyermuth (nach dem Roman von Eva Heller)
Produktion	Rialto
Besetzung	Antje Schmidt, Volker Kraeft, Dominic Raacke, Despina Pajanou, Billie Zöckler, Marquard Bohm, Hark Bohm, Hans Jürgen Schatz

Frauenemanzipation mit Fingerspitzengefühl

Der Glückspilz

Frankreichs Regie-Star Claude Lelouch inszenierte mit Superstar Jean Paul Belmondo einen Film-Trip rund um den Globus

Herstellungsland	*Frankreich*
Buch und Regie	*Claude Lelouch*
Produktion	*n. n.*
Besetzung	*Jean-Paul Belmondo, Richard Anconina, Gila von Weitershausen*

Dreharbeiten in San Francisco, Simbabwe, Frankreich und Deutschland (u. a. in Hamburg und Köln), ein Budget von 18 Millionen Mark, ein Drehbuch, das von Tag zu Tag (neu) geschrieben wurde, Improvisation am Set und ein Regisseur, der auch sein eigener Kameramann ist: alles deutet daraufhin, daß hier Claude Lelouchs neuer Film, eine deutsch-französische Ko-Produktion, gemeint ist. Jean-Paul Belmondo ist der Star (dies ist sein zweiter Film mit Lelouch), an seiner Seite spielen Jungstar Richard Anconina und die Deutsche Gila von Weitershausen („Fürchten und Lieben"). Einzelheiten über die Geschichte waren noch nicht zu erfahren, doch sickerte durch, daß sie starke autobiographische Züge enthalten soll. Lelouch könnte nach den Flops „Die Zeit des Verbrechens" und „Ein Mann und eine Frau — 20 Jahre später" wieder einen Erfolg gebrauchen. Wünschen wir ihm, daß der vorläufige deutsche Titel auch auf ihn zutrifft.

Working Girl

Mike Nichols inszenierte mit Harrison Ford, Sigourney Weaver und Melanie Griffith eine Dreiecks-Beziehung mit Hindernissen

Die meisten seiner Fans wußten es schon immer — Harrison Ford hat ein natürliches Talent für Komödien. Und das hat er auch schon mehrfach bewiesen. Doch wie lange hat's gedauert, bis man dem ruppigen Han Solo oder Indy endlich auch einen „Blade Runner" oder „Der einzige Zeuge" abnahm. Seit er Roman Polanskis „Frantic" nackt über die Dächer und durch die Betten von Paris strauchelt, gilt er auch im komischen Fach etwas. In Mike Nichols „Working Girl" darf er es endlich ganz zeigen. Das Umfeld dieser zeitgenössischen Komödie ist die Hochfinanz von Manhattan. Eine smarte, immer kräftig auf der Karriereleiter strampelnde Sekretärin steht im Zentrum der Geschichte. Frustriert, auf „normalem" Weg nicht weiter nach oben zu kommen, der „andere" Weg scheidet ohnehin aus, denn ihr Boß ist eine hochkarätige Lady, sucht sie sich den richtigen Partner, um es jetzt endlich mal richtig zu schaffen. Und da ist er, Prinz Charme persönlich — in Gestalt von Harrison Ford.

Melanie Griffith spielt die resolute junge Dame, Sigourney Weaver, die damit neben „Gorillas in the Mist" auf ganz anderen Pfaden wandelt, ihre Chefin.

Herstellungsland	USA
Regie	Mike Nichols
Drehbuch	Kevin Wade
Besetzung	Harrison Ford, Melanie Griffith, Sigourney Weaver, Alec Baldwin, John Cusack

Eine Sekretärin (Melanie Griffith), eine Managerin (Sigourney Weaver) und deren Liebhaber in der witzigsten Beziehungskrise des Jahres

A gauche en sortant de l'ascenseur

Leichtbekleidete Eva führt nichtsahnenden Maler in die sündigen Höhen und Tiefen der Liebe ein. Pierre Richard in der Rolle des geplagten Malers

Herstellungsland	Frankreich 1988
Buch	Gérard Lauzier
Regie	Edouard Molinaro
Produktion	Claude Berri
Besetzung	Pierre Richard, Richard Bohringer, Emmanuelle Béart, Fanny Cottençon

Über den Wolken ... muß die Freiheit wohl grenzenlos sein

Tour de Force für Pierre Richard als tolpatschiger Maler in Liebesnöten. Alles wäre in Ordnung gewesen. Yann, der Maler (Pierre Richard), hätte die Angebetete in seinem Hochhaus-Appartement empfangen und ihr seine Liebe gestanden, Yanns Nachbarin, die hübsche Eva (Emmanuelle Béart), hätte ihren Freund, den cholerischen Boris (Richard Bohringer) in die Arme geschlossen, sich wie üblich mit ihm gezankt und wieder versöhnt. Leider läßt Eva an diesem Morgen ihre Wohnungstür ins Schloß fallen und schellt, kaum bekleidet, bei dem unschuldigen Yann. Der läßt sich überreden, über den Balkon in Evas Appartement zu steigen und ihr die Tür zu öffnen. Sekunden später hängen beide über dem Abgrund, und damit fängt der Ärger erst an. Fast im selben Moment erscheinen Yanns große Liebe und Evas Freund, schließlich auch noch ein eifersüchtiger Ehemann. Und die Unordnung ist perfekt. Ein Feuerzeug, das einer Pistole zum Verwechseln ähnlich sieht, und eine Pistole, die jenem Feuerzeug gleicht, geben Yanns Nerven den Rest. Anderthalb Stunden strapaziert die jüngste Komödie des Routiniers Molinaro in minutiöser Situationskomik die Lachmuskeln des Zuschauers. Solange dauert es, bis er das Appartement des harmlosen Artisten vollständig zerlegt hat.

The Accidental Tourist

Wenn einer auf die Reise geht, dann kann er was erleben: sein einziger Sohn stirbt und die Frau macht sich davon. Was läge da näher, als sich mit einer „Hundepädagogin" erneut auf die Spritztour zu begeben?

Der Hahn im Sessel: Lawrence Kasdan mit Kathleen Turner und Geena Davis

Lawrence Kasdan, der Drehbuchautor von „Indiana Jones" und Regisseur von „Silverado" und „Der große Frust", drehte eine dramatische Komödie mit Tiefgang. Oscar-Preisträger William Hurt („Kuß der Spinnenfrau", „Gottes vergessene Kinder") spielt einen Reisejournalisten, dessen lockeres Weltbild aus den Fugen gerät, als sein einziger Sohn stirbt, seine Frau ihn verläßt und er die ungewöhnliche Bekanntschaft einer Hunde-Ausbilderin macht, mit der er sich auf eine Reise mit Hindernissen begibt.

Anne Tyler schrieb den Bestseller „The Acidental Tourist", nachdem Kasdan und sein Partner Frank Galati das Drehbuch schrieben. Kathleen Turner, Star aus Filmen wie „Auf der Jagd nach dem grünen Diamanten" und „Peggy Sue hat geheiratet" spielt die abtrünnige Ehefrau des Gebeutelten, Geena Davis, die hübsche Partnerin Jeff Goldblums aus „Die Fliege" die Hunde-Trainerin.

Für Lawrence Kasdan ist der Film übrigens eine Reunion mit seinen Stars aus „Body Heat — eine heißkalte Frau", seinem Regiedebüt, in dem ebenfalls Kathleen Turner und William Hurt spielten.

Herstellungsland	USA
Regie	Lawrence Kasdan
Produktion	Lawrence Kasdan, John Malkovich
Drehbuch	Lawrence Kasdan, Frank Galati
Besetzung	William Hurt, Kathleen Turner, Geena Davis

The Von Metz Incident

Eine übersinnliche Komödie vom „Dallas"-Produzenten Aaron Spelling

Dan Aykroyd spielt „Das Chamäleon", den Superagenten mit den vielen Identitäten

Eine der großen Komödien, die 1989 in unsere Kinos kommen werden, ist der neue Film, in dem Dan Aykroyd und Gene Hackman die Hauptrollen spielen: „The Von Metz Incident".

Wie schon als Sergeant Friday in „Schlappe Bullen beißen nicht", spielt Aykroyd einen Polizisten, der diesmal in Washington Situationen von überirdischer Qualität aufklären muß. Hackman spielt den hartgesottenen alten Bullen, den kein Wässerchen trüben kann und der mit der Sensibilität des jungen Kollegen nichts anfangen kann.

Die wichtigste Besonderheit des jungen Mannes — er nimmt im Angesicht der Gefahr immer wieder verschiedene Persönlichkeiten an und kann wie ein Chamäleon plötzlich ein anderer sein. Irgendwann befreunden sich die beiden ungleichen Kämpfer für Recht und Ordnung — doch vorher gilt es gemeinsame Abenteuer zu bestehen, die einfach kaum zu glauben sind...

Gene Hackman mimt den hartgesottenen Bullen, der alles besser kann als die jungen Kerle — meint er

Herstellungsland	USA
Regie	Robert Clark
Produktion	Aaron Spelling
Drehbuch	Richard Matheson
Besetzung	Dan Aykroyd, Gene Hackman

Ada dans la jungle

Gerard Zingg inszenierte die Story einer seltsamen Dschungel-Expedition

Herstellungsland	Frankreich
Buch	Francesco Altan, Gérard Zingg
Regie	Gérard Zingg
Besetzung	Richard Bohringer, Victoria Abril, Isaach de Bankolé, Marie Louisa, Philippe Léotard, Bernard Blier, Charley Boorman

Wir befinden uns im Jahr 1942. Ada wird von ihrem sterbenden Onkel, Lord Gordon, damit beauftragt, nach seinem Sohn Percy zu suchen, der vor zwanzig Jahren im Dschungel verschollen ist. So weit, so gut. Wir befinden uns noch immer in London. Ada macht sich auf den Weg, begleitet von Carmen, dem spanischen Dienstmädchen, das unablässig von Pilic, einem serbo-kroatischen Bruchpiloten, bedrängt wird. Der fliegt ebenfalls in den Dschungel, begleitet vom zweiten, dem enterbten Sohn (namens Nancy) des verblichenen Lords. Können Sie noch folgen? Wir sind jetzt im Dschungel. Ada sucht Percy, der auch von Nancy gesucht wird. Der serbo-kroatische Pilot sucht Carmen, die weder Pilic noch Nancy sucht. Ein Offizier der Kriegsmarine verliert seine Patrouille, zwei Homosexuelle suchen Tomaten, und ein schwarzer Tarzan findet eine weiße Frau ... Wenn Sie das Gefühl haben, daß an diesem Film etwas nicht stimmt, dann haben Sie vielleicht sogar recht. Denn er entstand nach einem total verrückten französischen Comic strip — an herrlich exotischen Originalschauplätzen der afrikanischen Elfenbeinküste. Richard Bohringer („Am großen Weg"), Darsteller des liebeskranken serbokroatischen Piloten, meint zu „Ada im Dschungel", der Film sei „wie ein Traum, den man jeden Abend neu erfinden möchte, damit die Nächte schöner sind". Angenehme Träume.

Die französisch-venezolanische Schönheit Marie Louisa spielt das Mädchen Ada, das aufbricht, nach ihrem Onkel zu suchen

Checking Out

David Leland („Wish You were here") erzählt die lustige Geschichte des Hypochonders par excellence

Herstellungsland	England
Regie	David Leland
Drehbuch	Joe Eszterhas
Produktion	Handmade
Besetzung	Jeff Daniels, Michael Tucker, Melanie Mayron, Ann Magnuson

„To check out" heißt: „das Hotel (nach Begleichung der Rechnung) verlassen, sich abmelden" (Langenscheidt); in David Lelands zweitem Film (der erste war „Wish You Were Here") bezieht sich der Begriff auf den Seelenzustand von Ray Macklin (Jeff Daniels), der die fixe Idee hat, daß es ihn bald „putzt" — daß er sich bald im Hotel des Lebens abzumelden hat — mit anderen Worten: daß er für den großen „Check In" fällig ist. Der Gedanke erfüllt ihn mit Angst und Schrecken. Dabei geht es ihm äußerlich recht gut, er ist recht glücklich, er ist recht erfolgreich, er hat eine wirklich nette Frau, wirklich nette Kinder und ein sehr nettes Häuschen. Es gehört nur leider zum Wesen einer Neurose, daß sie sich nicht von den gesicherten äußeren Umständen beeinflussen läßt. Es könnte ja doch etwas danebengehen. Es könnte ja doch Ray dasselbe passieren, was gerade seinem Freund und Kollegen Pat passiert ist: daß er sich zu Tode lacht; daß der Fußtritt, den ihm seine Frau gibt, zu einer Embolie führt; daß er an Blutvergiftung stirbt, da er sich gerade beim Rasieren geschnitten hat; daß sein Alptraum Wirklichkeit wird; daß das Gerede am Fernsehen über den Tod von höchster persönlicher Bedeutung für ihn ist. In seiner Angst vor dem Tod vernachlässigt Ray zunehmend das Leben, samt Weib und Kind, bis er schließlich zusammenbricht und in höchster Eile ins Krankenhaus geschafft werden muß.

David Leland, Schauspieler, Schriftsteller und Regisseur, ist im Ausland zunächst durch seine Mitarbeit am Drehbuch von „Mona Lisa" (Nat Jordan) bekannt geworden. Mit seinem nächsen Drehbuch („Personal Services") und seinem ersten Film in eigener Regie („Wish You Were Here") heimste er internationale Anerkennung ein.

The 'Burbs

In den Vororten geht's zumeist ruhig zu — bis plötzlich Querulanten in die Nachbarschaft ziehen

Herstellungsland	USA
Regie	Joe Dante
Produktion	Larry Brezner
Drehbuch	Michael Finell
Besetzung	Tom Hanks, Carrie Fisher, Bruce Dern, Corey Feldman

Joe Dante, der Regisseur von „Gremlins" und „Innerspace" drehte jetzt „The 'Burbs", was nichts anderes als eine Kurzform von „Suburbs", das heißt „Vororte" bedeutet. Tom Hanks, seit seinem Erfolg in „Big" zum Superstar aufgestiegen, spielt den ruhigen Nachbarn Ray Peterson. Ray lebt in irgendeinem netten Vorort einer großen Stadt und wünscht sich, wie Millionen andere in solchen Gegenden, schlicht und einfach in Ruhe gelassen zu werden. So sehr liebt er sein Gärtchen, seinen gemähten Rasen und die Stille seiner Sackgasse, daß er dort sogar seine spärlichen Urlaubstage verbringen könnte (vielleicht liegt's aber auch doch nur am Geld...). In diese kleinbürgerliche Idylle aber brechen plötzlich die Klopeks ein, neue Nachbarn, bei denen alles etwas anders ist.

Diese Leute mähen den Rasen nicht, reparieren nicht, wenn etwas am Haus nicht in Ordnung ist und denken auch nach einem Monat noch nicht daran, das Gebäude zu renovieren.

„Ihr letztes Haus ist abgebrannt", geht ein Gerücht in der Gegend um und manch ein Nachbar denkt an schauerliche Mord- und Totschlag-Geschichten. Die Klopeks geben dem auch neue Nahrung, denn nächtens dringt ein ohrenbetäubendes Geräusch aus den Innereien dieser Gruft, dieses Pfuhls, das dem einer Knochensäge wohl am ähnlichsten ist... Die Nachbarn deuten Ray Peterson aus ihrer Mitte aus, damit er das Geheimnis der Klopeks erforscht. Und für den Durchschnitts-Kleinbürger Ray beginnt endlich einmal ein Abenteuer.

Ray Peterson (Tom Hanks) und seine Familie kriegen es mit der Angst, als die Klapeks die Gegend verunsichern

Torch Song Trilogy

Paul Bogarts tragikomische Schwulen-Love-Story, die Harvey Fierstein ohne „Narrenkäfig" — oder gar AIDS-Bezüge inszenierte

Herstellungsland	USA
Regie	Paul Bogart
Produktion	Howard Gottfried, Ronald Fierstein
Drehbuch	Harvey Fierstein
Besetzung	Matthew Broderick, Anne Bancroft, Charles Pierce, Ken Page

„Torch Song Trilogy" erzählt die lustige und mitunter traurige Geschichte des homosexuellen New Yorkers Arnold Beckoff, der nach Liebe und Respekt in einer von Heterosexuellen dominierten Welt sucht.
Der Film wurde nach dem gleichnamigen Theaterstück gedreht, das über drei Jahre am Broadway lief und zwei Tony-Awards, den amerikanischen Theater-Oscar, erhielt. Theaterstück und Film sind als Bühnen für die im Zeitalter von AIDS schlimm diffamierten Homosexuellen nötig. „Torch Song Trilogy" zeigt mit einer ungeheuren Fröhlichkeit, wie Arnold Beckoff schließlich seinen langjährigen Freund Alan „heiratet" und man schließlich sogar einen kleinen Jungen adoptiert. Doch das Glück ist nur von kurzer Dauer, denn Freund Alan wird von einer Bande von „Fagbashers", brutalen Rechtsradikalen, totgeschlagen.
Arnold muß nun den Jungen allein aufziehen und versucht, einen alten Freund wieder zu treffen... Harvey Fierstein, der zuvor auch schon das Drehbuch zum Musical „Ein Käfig voller Narren" geschrieben hatte, schrieb das Drehbuch, spielte selbst die Hauptrolle des Arnold und verpflichtete für die Rolle des Alan den 20jährigen Darsteller Matthew Broderick („Ferris macht blau").

Punchline

Superkomiker Tom Hanks in der Rolle, die ihm den „Newsweek"-Titel einbrachte

Herstellungsland	USA
Buch und Regie	David Seltzer
Produktion	Daniel Melnick, Michael Rachmil
Besetzung	Sally Field, Tom Hanks, Mark Rydell, John Goodman

Regisseur und Drehbuchautor David Seltzer wurde von einem Kommentar Woody Allens zu diesem Film über „stand-up-comedians" inspiriert. Woody Allen meint nämlich, daß die Leute nicht über Witze lachen, sondern über Menschen in emotional ausweglosen Situationen. Seltzer interessierte sich schon immer für Menschen in Krisensituationen. Und er glaubt, daß jeder, der auf der Bühne steht, in einer Krise steckt, und genau aus diesem Grunde ein Publikum braucht. Er (oder sie) sehnt sich entweder nach Liebe oder aber nach Ruhm oder einfach nur nach Anerkennung.

„Punchline", mit Sally Field und Tom Hanks in den Hauptrollen, ist eine Komödie über Alleinunterhalter. Lilah Krytsick (Sally Field), eine Hausfrau aus New Jersey mit drei Töchtern, zieht es in die Welt des Showbusineß. Allabendlich tritt sie in einem New Yorker Club als „stand-up-comedian" auf, wenn auch mit wenig Erfolg. Niemand lacht über ihre Witze; zu Hause gerät das Leben von Kindern und Ehemann durch die Abwesenheit der Mutter aus den Fugen. — Steven Gold (Tom Hanks), der in demselben Club auftritt, ist da wesentlich erfolgreicher. Die beiden fühlen sich zueinander hingezogen, und Lilah lernt von Steven, der sein Medizinstudium wegen seines Hangs zum Komödiantentum an den Nagel gehängt hat, wie sie Ereignisse aus ihrem Alltagsleben in ihren Auftritten humoristisch und kreativ verwerten kann...

Die Hausfrau Lilah (Sally Field) und der Spaßmacher Steven (Tom Hanks) beweisen sich gegenseitig, daß das Leben eine einzigartige Lustspiel-Inszenierung ist

The Return o

Herstellungsland	
Regie	Richard Lester
Drehbuch	George MacDonald Fraser
Produktion	Timothy Burrill Prod/ Fildebroc
Besetzung	Richard Chamberlain, Michael York, Oliver Reed, Frank Finlay, Geraldine Chaplin, Christopher Lee, Kim Cattrall

„Zwanzig Jahre später" heißt der 2. Band der Abenteuer der 4 Musketiere von Alexandre Dumas. So lange mochte das erfolgreiche Regisseur/Produzenten/Autoren-Trio der letzten beiden Musketier-Filme nicht warten; und so kommt „Zwanzig Jahre später" als „Return of the Musketeers" bereits 15 Jahre später auf die Leinwand. Die ursprüngliche Besetzung der Hauptrollen ist beibehalten, und auch Geraldine Chaplin als Königin Anne und Christopher Lee als Rochefort sind wieder dabei. Neu dabei sind Thomas Howell, der den störrisch-verliebten Raoul spielt, den Sohn von Athos, und Kim Cattrall als Justine, die schöne, rachsüchtige Tochter von „Milady". Tragischerweise starb Roy Kinnear, der wieder für die Rolle des Planchet vorgesehen war, während der Dreharbeiten in Spanien an den Folgen eines Unfalls.

Richard Chamberlain (r.) trägt höchste Würden

the Musketeers

Muskeln und Moschus sind auch nach 15 Jahren noch das Erfolgsrezept der Muske(l)tiere

Herstellungsland	USA
Regie	Ivan Reitman
Produktion	Ivan Reitman
Drehbuch	William Osborne, William Davis
Besetzung	Arnold Schwarzenegger, Danny De Vito, Chloe Webb, Kelly Preston

Die beiden Jungs sind auf Grund eines bösen Schicksals bereits im Kindesalter voneinander getrennt worden — und Jahrzehnte später finden sie wieder zueinander

Zwillinge

"Ghostbusters"-Regisseur Ivan Reitman läßt Arnold Schwarzenegger und Danny De Vito zu Brüdern werden, die nur „ihre" Mutter voneinander unterscheiden kann

Wenn ich schon eine Komödie drehe, dann aber gleich eine richtige", muß sich Ivan Reitman gesagt haben, der „Ghostbusters"-Regisseur, der mit seinem Film „Staatsanwälte küßt man nicht" trotz Starbesetzung eher Pech hatte. In der Zwischenzeit produzierte er eifrig, aber Superhits waren keine darunter. Nach dem Rezept „So verrückt wie möglich" ließ er zwei Superstars der Szene ein Drehbuch auf den Leib schreiben, im wahrsten Sinne des Wortes. Arnold Schwarzenegger und Danny De Vito nämlich werden darin Brüder — „nur ihre Mutter kann sie auseinanderhalten". Die beiden Jungs, bei der Geburt voneinander getrennt, erleben Jahre später eine zunächst hysterische und dann bewegende Reunion.

Es wurde Zeit, daß Schwarzenegger endlich einmal wieder eine reine Komödienrolle spielt, denn die „Funny Lines", seine witzigen Bemerkungen waren immer das, was seine Mitarbeit an Blut-Orgien wie „Prädator", „Running Man" und „City Hai" erträglich machten. Außerdem: Wer sich an den unbeholfenen Arnold vor zehn Jahren in „Kaktus Jack" neben Kirk Douglas erinnert, weiß, wie wunderbar unfreiwillig komisch der kluge Mime sein kann. Sein Zwilling allerdings ist ein Vollprofi — der kleinwüchsige Danny De Vito, der als Stand-Up-Komiker, TV-Star und in den letzten Jahren als Kino-Komiker weltberühmt wurde (z. B. „Die unglaubliche Entführung der verrückten Mrs. Stone"). Auf dieses „Zwillingspärchen" jedenfalls dürfen die Kinogänger wirklich gespannt sein.

Cookie

Susan Seidelman produzierte und inszenierte die Story eines eigenwilligen Kampfes mit der Mafia

Herstellungsland	USA
Regie	Susan Seidelman
Drehbuch	Nora Ephron
Produktion	Susan Seidelman, Nora Ephron, Alice Arlen
Besetzung	Emily Lloyd, Diane Wiest, Peter Falk, Jerry Lewis

Ein vorbestrafter Vater und seine resolute, draufgängerische Tochter, gespielt von Emily Lloyd („Wish You Were Here"), verbünden sich im Kampf gegen die New Yorker Mafia. Wie in „Desperately Seeking Susan" und „Making Mr. Right" steht auch diesmal eine junge aktive Frau im Mittelpunkt der Handlung.

Susan Seidelman fungierte diesmal nicht nur als Regisseurin, sondern war gleichzeitig Produzentin dieser urbanen Komödie.

Cookie (Emily Lloyd) schafft es mit rotzfrechen Argumenten, die Gangsterbosse auszutricksen

Feds

Das FBI bekommt Zuwachs: Die Agentinnen Ellie und Janis mischen ihre verstaubten männlichen Kollegen ganz schön auf

Herstellungsland	USA
Regie	Dan Goldberg
Produktion	Ilona Herzberg, Len Blum
Drehbuch	Dan Goldberg, Len Blum
Besetzung	Rebecca DeMornay, Mary Gross, Ken Marshall

Ellie (Rebecca De Mornay) und Janis (Mary Gross) krempeln die ehrwürdige Police-Academy des FBI um

Irgendwas ist los beim FBI, dem legendären Federal Bureau of Investigation, dessen Beamte von normalen Polizisten kurz „Feds" genannt werden. Es scheint, als würden Fred No. 1, der berühmte J. Edgar Hoover und der „Untouchable" Eliot Ness plötzlich Konkurrenz bekommen — denn Ellie De Witt und Janis Zuckerman zeigen den männlichen Kollegen, was eine Harke ist. Kleinere Hindernisse allerdings erschweren den Einzug der Damen in das „Walhall" der erlauchten Polizisten, zum Beispiel die Kleiderordnung oder die angebliche physische Unterlegenheit. Doch daran soll's schließlich nicht scheitern. Und so wehen auch hier die Winde der Wende durchs Land, werden auch hier Jahrhunderte sexueller Ungerechtigkeit mit einem Erlaß einfach beiseite gewischt. Ellie und Janis, die beiden neuen Mitarbeiterinnen dieser Edel-Police-Academy, machen einen Crash-Kurs durch die Psyche krimineller Elemente, lernen Gesetze und wie man Undercover-Beobachtungen durchzuführen hat. In nur 16 Wochen bringt man ihnen bei, wie geballert wird, getreten und welche Körperteile manchmal anzugreifen sind, die sie selbst noch nicht mal haben. Rebecca de Mornay und Mary Gross spielen in Dan Goldbergs Konkurrenzfilm zur „Police Academy" (vielleicht traut sich das — gleiche — Studio aber auch bloß nicht, einen sechsten Teil der Serie herauszubringen) die beiden Damen, die ihre männlichen Kollegen in mehrfacher Hinsicht zur Weißglut bringen. Ivan Reitman, der Regisseur der „Ghostbusters", war Executive-Producer dieses Films.

Corinne Jeffries (Cybill Shepherd) verliebt sich in den Freund ihrer Tochter (Robert Downey jr.)

Der Knalleffekt

Neues vom „Dirty Dancing"-Regisseur: Emile Ardolino, übrigens Oscar-Preisträger für einen Dokumentarfilm über den Tanz, drehte eine romantische Komödie über eine ganz ungewöhnliche Love-Story.

Corinne Jeffries, eine Museumsleiterin am berühmten naturwissenschaftlichen Smithsonian Institut, ist von der Erinerung an ihren verstorbenen Ehemann besessen. Jetzt, 25 Jahre später, kann der 22jährige Alex Finch ihre Lebensgeister mit einem Male wieder zum Erwachen bringen, als er ihr erzählt, daß sie, die Mutter seiner Freundin, in Wahrheit seine Frau aus einem früheren Leben ist. Das mag sowohl der Tochter von Corinne sowie ihrem heimlichen Liebhaber überhaupt nicht gefallen... Die Verwirrung aber ist noch längst nicht am Ende, denn bald findet sich Louie Jeffries als junger Mann wieder auf der Erde — inmitten einer merkwürdigen Beziehung zwischen ihm, seiner Witwe, seiner Tochter und seinem besten Freund.

Cybill Shepherd spielt Corinne, Robert Downey jr. Alex, Mary Stuart Masterson die Tochter und Ryan O'Neill den Hausfreund. Wie das große Durcheinander ausgeht, kann an dieser Stelle selbstverständlich nicht verraten werden.

Herstellungsland	USA
Regie	Emile Ardolino
Produktion	Michael Lobell
Drehbuch	Perry Howze, Randy Howze
Besetzung	Cybill Shepherd, Robert Downey jr., Mary Stuart Masterson, Ryan O'Neill

Emile Ardolino, der Mann, der „Dirty Dancing" drehte, diesmal als Regisseur einer Science-fiction-Komödie

Zockerexpreß

Ein Zocker verspielt seine ganze Habe — und holt es sich im Expreß(verfahren) zurück

Herstellungsland	Bundesrepublik Deutschland
Regie	Klaus Lemke
Drehbuch	Klaus Lemke, Hanno Schilf
Produktion	H. S./tao/Champion
Besetzung	Huub Stapel, Hanno Pöschl, Dolly Dollar, Sabrina Diehl, Jasmin Zadeh, Ivan Desny

Eine neue Komödie von Klaus Lemke! Sein Co-Drehbuchautor und Produzent bei „Zockerexpreß", Hanno Schilf, kam vor neun Jahren in die Schlagzeilen, als er als Stuntman bei einem Car-Crash-Rennen für den Lemke-Film „Arabische Nächte" Feuer fing. Eigentlich war er damals nur Aufnahmeleiter. Jetzt fand das Zweierteam Lemke/Schilf in veränderter Konstellation wieder zusammen, um mit „Zockerexpreß" einen ganz persönlichen Film zu realisieren.

Der Zocker Danny (Huub Stapel) hat schon lange die Kontrolle über sein Leben verloren. Seine brüchige Welt gerät vollends aus den Fugen, als er seine Disco und seine Mädchen verspielt. Danny landet ganz unten. Im Süden der Nacht. Aber gerade dort findet ihn sein neues Glück. Ausgerechnet mit der Idee eines Zockerexpreß, eines fahrenden Spielcasinos, tritt er gegen die Großen im Geschäft an.

Hauptdarsteller Huub Stapel wurde in seiner Heimat, den Niederlanden, 1983 und 1987 zum „Filmstar des Jahres" gewählt und erhielt 1987 außerdem noch den Titel „Sexsymbol des Jahres". Bei uns kennt man ihn vor allem aus den Dick-Maas-Filmen „Fahrstuhl des Grauens" (1982), „Eine Familie zum Knutschen" (1986) und „Verfluchtes Amsterdam" (1987).

Auch ein Mann kann — Sexsymbol sein: Huub Stapel im Kreise seiner Schmeichlerinnen

Otto der Dritte

Ottos Motor läuft stets weiter — im Zweitakt: im ersten Takt erfolgt die Mischung, im zweiten die Zündung ...

Herstellungsland	Bundesrepublik Deutschland
Regie	Otto Waalkes
Buch	Bernd Eilert, Robert Gernhardt, Peter Knorr
Produktion	Rialto/Rüssl
Besetzung	Otto Waalkes

Was haben Otto und James Bond gemeinsam? Richtig: Jedes zweite Jahr erscheint ihr neuester Film! 1985 wagte Otto nach unzähligen Bühnenauftritten und Fernsehshows den Sprung auf die große Leinwand. Mit „Otto — Der Film" demonstrierte der quirlige Ostfriese, daß für ihn 90 Minuten beileibe nicht zu lang sind, um seinem Publikum am Stück und ohne Pause die Lachtränen in die Augen zu treiben. Ergebnis: Ottos erster Kinofilm brach alle Einspielrekorde. 1987 kam „Otto — Der neue Film", und wieder versammelte sich Deutschlands ständig wachsende Otto-Fangemeinde in langen Schlangen vor den Kinokassen. Und jetzt also „Otto der Dritte" — vom selben bewährten Team. In Vorbereitung befindet sich übrigens nach wie vor ein abendfüllender „Ottifanten"-Zeichentrickfilm ...

Think the World of You

Colin Cregg drehte eine Komödie um Liebe, Leidenschaften und schlimme Mißverständnisse

Herstellungsland	*England*
Regie	*Colin Gregg*
Drehbuch	*Hugh Stoddart, nach dem Roman von J. R. Ackerley*
Produktion	*British Screen/Film 4 (Tommaso Jandelli)*
Besetzung	*Gary Oldman, Alan Bates, Frances Barber, Liz Smith, Betsy der Hund*

"We Think the World of You" ist eine Komödie über Liebe, Leidenschaft und Mißverständnis. Gary Oldman („Track 29", „Prick up Your Ears", „Sid and Nancy") spielt wieder einmal ein charmantes, doch untaugliches Liebesobjekt, Alan Bates („Duet for One") seinen abgeblitzten Liebhaber, Liz Smith („A Private Function") ist Oldmans Mutter, Frances Barber („Sammy and Rose get laid") ist seine Frau. Alle finden Betsy, den Hund, einfach spitze — und umgekehrt. Alan Bates darf Betsy zum Schluß behalten.

Ein Polizist, ein junger Homosexueller, dessen Mutter und ein Schäferhund namens Betsy — Hauptfiguren in einem Film typisch englischen Humors

Wie wird man wer in Hollywood? — fragen sich Schauspielschüler in der Stadt und zeigen häufig viel mehr Schein als Sein

Eltern und Kinder sind gleichermaßen verdorben von den Begleiterscheinungen des späteren Star-Ruhms ...

You Can't Hurry Love

Was als Kurzfilm für zwei Filmstudenten begann, weitete sich zum richtigen Kino-Projekt mit Starbesetzung aus

Herstellungsland	USA
Regie	Richard Martini
Produktion	Jonathan D. Krane
Drehbuch	Richard Martini
Besetzung	David Leisure, Scott McGinnis, Anthony Geary, Bridget Fonda, Charles Grodin, Kristy McNichol

Was für die zwei jungen Filmstudenten Richard Martini und Jonathan D. Krane als Kurzfilm in 16 mm-Technik begann, wurde zum richtigen Kinofilm. „You Can't Hurry Love" ist die Story eines jungen Amerikaners, der, aus Ohio kommend, in Los Angeles sein Glück machen will. Seine Freundin hat ihn daheim vor dem Traualtar verlassen und nun will er es am anderen Ort wieder versuchen. Leichter gesagt als getan — denn im Schmelztiegel L.A. Anschluß zu finden, ist gar nicht so leicht. Die zentrale Frage, um die sich der Film dreht, so Martini, ist: „Muß man sich erst verstellen, damit man gemocht wird?" Gerade in Tinseltown, wo so viele angebliche Schauspieler und Schauspielerinnen herumlaufen, wo so viel Illusion die Realität zu verdecken droht, ist diese Frage angebracht. So geschieht es, daß das erste Mädchen, das Eddie ausführt, von ihrem Job in den darstellenden Künsten erzählt und sich schließlich als tanzendes Zwerglein in Disneyland entpuppt. Ihr Vater, ebenso cool wie die Tochter, empfiehlt Eddie, beim ersten Treffen einen Überzieher mitzunehmen. Eddie weiß nicht, das Kondome gemeint sind und tritt wieder ins Fettnäpfchen.
Mit von der fröhlichen Partie sind Bridget Fonda, die Tochter von Peter Fonda, Scott McGinnis, Kristy McNichol, Merete van Kamp und, als Vater, Charles Grodin.

Vollmon

Staatsmann spielen ist doch gar nicht so schlecht, erkennt Jack Noah (R. Dreyfuss). Ob daran nicht zuletzt die Geliebte des Ex-Diktators schuld ist?

ber Parador

Spätestens seit Ronnie Reagan kommt es vor, daß Statisten hohe Ämter bekommen — Richard Dreyfuss reicht nicht mal die Position des Präsidenten aus, er wird gleich zum Diktator

Herstellungsland	USA
Regie	Paul Mazursky
Produktion	Paul Mazursky
Drehbuch	Leon Capetanos, Paul Mazursky
Besetzung	Richard Dreyfuss, Raul Julia, Sonia Braga

Was geschieht, wenn ein New Yorker Schauspieler an der Schwelle zum Starruhm plötzlich dazu gezwungen wird, den Diktator eines kleinen Landes in der Karibik zu spielen, nachdem der echte Diktator verstorben ist und das CIA Unruhe in der Region vermeiden will? Jack Noah ist in seiner schauspielerischen Ehre verletzt, wonach man ihn fragt, ist einfach unmoralisch — doch dann beginnt er sich an die Sache zu gewöhnen, Rolle ist schließlich Rolle und bezahlt soll er ja auch werden.

Mag sein, daß er nicht der erste Schauspieler ist, der Präsident wird, vielleicht aber der letzte...

Paul Mazursky, der im vergangenen Jahr mit seinem Film „Zoff in Beverly Hills" Triumphe feiern konnte, inszenierte diese erfrischende Komödie wieder mit Richard Dreyfuss in der Hauptrolle. „Warum habt ihr euch nicht De Niro oder Redford für die Rolle ausgesucht", beschwert sich der New Yorker Mime, als Revolutionäre ein Attentat auf ihn verüben, kann sich aber andererseits nicht über die Geliebte des Diktators beklagen, eine feurige Südamerikanerin, dargestellt von der „Spinnenfrau" Sonia Braga. Raul Julia, ebenfalls eine Entdeckung aus „Kuß der Spinnenfrau", spielt den Polizeichef des fiktiven Landes Parador, das Jack Noah in diese Rolle drängte. „Auf jeden Fall eine schauspielerische Herausforderung", kommentiert Dreyfuss seine Rolle, „gleichzeitig einen Schauspieler und einen Diktator zu spielen."

Wo bitte geht's zum

In der Sauna stellt sich für Jerry und Gino heraus, daß sie sich verrechnet haben — Pech gehabt...?

Knast?

David Mamet erzählt die Story des kleinen Gauners, der noch mal groß rauskommen will

Herstellungsland	USA
Regie	David Mamet
Produktion	Michael Hausman
Drehbuch	David Mamet, Shel Silverstein
Besetzung	Don Ameche, Joe Mantegna, Robert Prosky, J. J. Johnston

Jerry (Don Ameche, r.) soll den Schuhputzer Gino (Joe Mantegna) umpolen — doch dann ändert er die Regeln der Mafia und kriegt leichte Probleme

Der Pulitzer-Preis-Gewinner David Mamet, der in der Bundesrepublik besonders durch seine Drehbücher zu den Filmen „The Verdict" und „Die Unbestechlichen" bekannt wurde, legt mit dieser Gangsterkomödie nach „Haus der Spiele" seinen zweiten Kinofilm vor. „Wo bitte geht's zum Knast" erzählt den Leidensweg eines Kleingangsters aus Chicago, den seine Bosse nun offenbar endlich vom Bodensatz der lokalen Organisation in eine bessere Position hochpromoten wollen. Der Auftrag scheint leicht: Gino, ein alter Schuhputzer, soll dafür bezahlt werden, daß er einen Mord, den in Wahrheit ein Mafia-Boß begangen hat, gesteht und dafür einige Zeit in den Knast geht, um sich hinterher seinen Traum von einem eigenen Fischerboot erfüllen zu können.

Jerry soll diesen Mann an einem Wochenende dazu bringen, vor Gericht die „richtigen" Falschaussagen zu machen und ihn am Montag bei der Polizei abzugeben. Doch Jerry ändert die Regeln ein bißchen: Er führt den Alten zum Lake Tahoe und will ihm dort ein letztes Frauenabenteuer bieten.

Doch dort werden beide, Jerry und Gino, gründlich mißverstanden, und Gino gar für einen regionalen Mafia-Boß gehalten. Kurz — die Dinge laufen völlig aus dem Ruder und geben Stoff genug für eine wahnsinnig-vergnügliche Gauner-Komödie. Don Ameche, der betagte Darsteller des alten Gino, sagt über seine Rolle: „Das ist ein Mann, der total ehrlich ist und es immer allen recht machen will." „Er ist im Einklang mit sich selbst", fügt Joe Mantegna, der Darsteller des Jerry hinzu, „und am Schluß ist sogar Jerry zu einer ähnlichen Persönlichkeit gereift." Mamet, der diesen Film an Originalschauplätzen am Lake Tahoe im Spielerstaat Nevada drehte, sagt, daß er mit diesem Film seinen Traum vom Filmemachen erfüllt sehe: „Ich will nichts, als eine gute Story erzählen, über eine gute Crew mit guten Schauspielern verfügen können und in erster Linie viel Spaß an der Arbeit haben.

Dirty Rotten Scoundrels

Frauenliebling, Playboy, Lüstling, Schürzenjäger, Casanova, Poussierstengel, Bonvivant, Ladykiller — all das wären treffende Bezeichnungen für die Art von Mann, um die es hier geht. Aber was passiert, wenn sich zwei davon an einem Ort befinden?

Endlich eine Gangsterkomödie, wie wir schon lange wieder eine sehen wollen: Steve Martin und Michael Caine überbieten sich als Heiratsschwindler und Betrüger. Ein freundlicher und gerissener Playboy an der französischen Riviera betrügt reiche Frauen, indem er sich als Sproß eines Königsreiches ausgibt, der nur eben gerade knapp bei Kasse ist. Es scheint, als habe er sein Jagdrevier gerade festgelegt, als ihm ein frecher Yankee aus den USA in die Quere kommt, der die gleichen Damen mit einer nur etwas anderen Masche ausnimmt. Das geht nun natürlich nicht — Platz ist nur für einen Gauner und so müssen die beiden einen — Gott sei dank — friedlichen Weg finden. Sie schließen eine abenteuerliche Wette ab: Wer dem nächsten interessanten Opfer als erster 50 000 Dollar abknöpft, ist Sieger dieses absurden Wettbewerbs; und der Sieger muß die Stadt verlassen. Doch mit Janet Colgate, der Dame, die Gegenstand ihrer Wette werden soll, haben beide nicht gerechnet ...

Man fühlt sich an Zeiten erinnert, in denen David Niven oder Gregory Peck als Gentlemangauner die Côte d'Azur unsicher machten — Frank Oz, ansonsten als Muppet-Puppenspieler mit einem guten Namen versehen, macht es möglich, daß zwei der besten und witzigsten Komiker hier zuschlagen.

Herstellungsland	USA
Regie	Frank Oz
Produktion	Bernard Williams
Drehbuch	Stanley Shapiro, Paul Henning, Dale Launer
Besetzung	Steve Martin, Michael Caine

Ernest Saves Christmas

The „Importance of Being Ernest" hat nun auch der Himmel eingesehen — und schickt Ernest kurzerhand dem überlasteten Weihnachtsmann zur Aushilfe

Rechtzeitig zum Weihnachtsfest 1989 soll in Deutschland neben der Disney-Produktion „Oliver and Company" auch der Film „Ernest Saves Christmas" herauskommen. Er erzählt die wunderbaren Abenteuer von Ernest Worrell, der dem Weihnachtsmann aushilft, weil der nämlich nicht mehr alles alleine schafft. So arge Probleme gibt's im Himmel, daß der Geist des Christfestes auf Erden in Vergessenheit zu geraten scheint — und da muß schnell Hilfe her.

Also wird Ernest engagiert, womit die Elfen aber gar nicht zufrieden sind, denn der neue Mitarbeiter macht anfangs eine ganze Menge Ärger, weil alles schiefgeht. Das allerdings geschieht zur Freude des Kinobesuchers, denn Ernest wird von dem Komiker Jim Varney gespielt, der hierbei Dudley Moore in dem Weinachtsmärchen „Santa Claus" mächtig Konkurrenz macht. Regie führte TV-Komödien-Spezialist John R. Cherry III.

Herstellungsland	USA
Regie	John R. Cherry III
Produktion	Stacey Wiliams, Doug Clayburne
Drehbuch	Thom Eberhardt et. al.
Besetzung	Jim Varney, Noelle Parker, Douglas Seale

Gekauftes Glück

Eine Schweizer Love-Story mit Hindernissen

Urs Odermatt, Jahrgang 1955, kommt aus der Schweiz und weiß, was er will. Jahrelang arbeitete er als Fotograf und Filmkritiker, um sich so an sein eigentliches Berufsziel — Filmregisseur — allmählich heranzupirschen. Jahrelang mischte er in helvetischen und bundesdeutschen Filmproduktionen aktiv mit und schrieb schließlich ein Drehbuch mit dem Titel „Gekauftes Glück", eine skurrile, in seiner Heimat, dem Schweizer Kanton Nidwalden, angesiedelte Liebesgeschichte. Als die Finanzierung nicht klappte, dachte er sich in sechs Wochen die Yuppie-Komödie „Rotlicht!" aus, gewann „Männer"-Star Uwe Ochsenknecht für die Hauptrolle und kurbelte den Erstling in 14 Tagen herunter — als sein „Gesellenstück", wie er es selber nennt. Mit dem gelang es ihm dann prompt, den zuvor noch zögernden Geldgebern zu beweisen, daß sein Lieblingsprojekt „Gekauftes Glück" durchaus eine Investition lohnt. Jetzt kommt dieser auf Umwegen entstandene Film in die Kinos — nach dem Gesellen- nun also das Urs Odermatts Meisterstück?

Der Bergbauer Windleter sucht eine Frau, für sich und den Hof. Unter den Schönen des Landes hat er kein Glück. Zufällig liest er in einer Zeitung, daß es Frauen in exotischen Ländern gibt, die gerne einen Schweizer Mann und einen Schweizer Paß besitzen möchten. Sechs Wochen später holt er seine Zukünftige, eine Thailänderin, vom Flughafen ab. Der gemeinsame Wunsch nach Geborgenheit schafft Harmonie. Aber im Dorf brodelt es: Die Frauen sind eifersüchtig, die Männer neidisch. Die wildesten Gerüchte über den Lebenswandel der Thailänderin sind im Umlauf. Das Klima von engstirniger Ablehnung und Mißgunst zerstört Windleters Glück.

Urs Odermatt ist es gelungen, einige Rollen in seinen schönen, tragikomischen Film äußerst prominent zu besetzen: Werner Herzog spielt den bösen Gemeindeschreiber Businger, sein amerikanischer Regie-Kollege Errol Morris („The Thin Blue Line") einen Lehrer, und die legendäre Helen Vita hat einen köstlichen Auftritt als Heiratsvermittlerin.

Herstellungsland	Schweiz/Bundesrepublik Deutschland
Regie	Urs Odermatt
Drehbuch	Urs Odermatt
Produktion	Cinefilm/Balance
Besetzung	Wolfram Berger, Arunotai Jitreekan, Werner Herzog, Günter Meisner, Annamirl Bierbichler, Errol Morris, Helen Vita

Bauer Windleter (Wolfram Berger) hat eine Frau aus Thailand (Arunotai Jitreekan). Die Dorfbewohner beäugen das junge Glück skeptisch

Wer ist Harry Crumb?

Der dicke Komiker John Candy verkörpert den Polizisten, der meint, jedes Problem lösen zu können, doch dabei so manches Fettnäpfchen zielstrebig umtritt ...

Herstellungsland	USA
Regie	Paul Flaherty
Produktion	Arnon Milchan
Drehbuch	Robert Conte
Besetzung	John Candy, Jeffrey Jones, Annie Potts, Tim Thomerson

John Candy wurde in Deutschland hauptsächlich durch seine hervorragende Leistung neben Steve Martin in der Komödie „Ticket für zwei" bekannt. Der schwergewichtige Komiker, ebenfalls ein Sproß der legendären Truppe „Second City", der auch John Belushi, Chevy Chase, Dan Aykroyd und Steve Martin entsprangen, spielt diesmal einen Detektiv, der ganz und gar von sich eingenommen ist: Überzeugt davon, der wichtigste Feind aller kriminellen Elemente zu sein, geht er unbeirrbar seinen Weg durch die Unterwelt. Zu seinem Unglück sind die Resultate seiner Arbeit schlechter als sein Selbstvertrauen. Besonders in einem Fall gibt's Probleme: Eine wohlhabende junge Frau wird entführt. Harry Crumb ist wie immer zur Stelle und hat auch schon jede Menge Vorschläge, wie dieser Fall zu klären sei. Er versichert sich der Hilfe der minderjährigen Schwester des Opfers, und gemeinsam poltern und stolpern sie von einer ausgeflippten Situation in die andere.

Some Girls

Bob Redford wieder als Produzent: Er läßt den Regie-Newcomer Michael Hoffman die Story von einer ziemlich verpatzten Weihnachtsfeier erzählen

Michael (Patrick Dempsey) fährt nach Kanada, um seine große Liebe zu besuchen. Doch die läßt ihn sausen — und da hat er plötzlich die ganze Familie am Hals

Herstellungsland	USA
Regie	Michael Hoffman
Produktion	Rick Stevenson
Drehbuch	Rupert Walters
Besetzung	Patrick Dempsey, Florinda Bolkan, Jennifer Conelly

Robert Redford, der erst kürzlich mit seiner Regiearbeit „Milagro" großen Erfolg hatte, ist auch ein fleißiger Produzent — in „Some Girls" versuchte er, das vielversprechende Regietalent von Michael Hoffman, der kürzlich mit „Promised Land" ein beachtliches Debüt hinlegte, weiter zu fördern. „Some Girls" erzählt von dem jungen Michael, der nach Quebec in Kanada reist, um dort mit seiner Freundin Gabriella Weihnachten zu feiern. Er trifft auf ihre exzentrische Familie, zwei Schwestern, ihre wunderschöne Mutter und ihren hochintelligenten Vater. Gerade als er sich mit dem Gedanken an diese für ihn unerwünschten Dreingaben zu Gabriella vertraut gemacht hat, eröffnet ihm diese, daß sie sich von ihm trennen werde!

Michael beschließt, um das Mädchen zu kämpfen: Mit Hilfe eines der Freunde einer Schwester von Gabriella hört er von der Schutzbedürftigkeit der Mutter und spürt schließlich, wie sehr die Schwestern zusammenhalten.

Die Großmutter schließlich ist sofort auf seiner Seite, sie nämlich hält ihn für ihren toten Ehemann ...

Jeder Schritt, den Michael in diesem Haus tut, wird zur Farce, er weiß bald nicht mehr, wer jetzt wann mit ihm wie redet — ist er Freund oder Feind? Und gerade als es so ausschaut, als seien wieder einmal alle gegen ihn, bekommt er Unterstützung aus einer Ecke, mit der er nun wirklich nicht gerechnet hätte. Patrick Dempsey, Jennifer Conelly, Lance Edwards, Ashley Greenfield und Florinda Bolkan spielen die Hauptrollen in dieser Komödie.

A Fish Called Wanda

Die Wasserelfe Wanda (Jamie Lee Curtis) becirct den arbeitsamen Advokaten Archie (John Cluse) zwecks Wiedererlangung der Beute eines rasanten Raubüberfalls

Herstellungsland	Großbritannien
Regie	Charles Crichton
Buch	John Cleese
Produktion	Steve Abbott & John Cleese
Darsteller	John Cleese, Jamie Lee Curtis, Kevin Kline, Michael Palin

John Cleese schrieb die schwärzeste Komödie des Jahres. Archie ist Karriere-Anwalt. Seine Kollegen schätzen ihn, seine Gegner fürchten ihn. Pflichtbewußtsein ist für den strammen britischen Juristen oberstes Gesetz. Wanda ist eine Frau mittleren Alters, sexy und durchtrieben. Sie und ihre Kumpane ziehen einen Raubüberfall durch — generalstabsmäßig in der Vorbereitung, professionell in der Durchführung. Alle hätten nun ein glückliches Auskommen, aber leider versucht jeder, dem anderen die Beute abzujagen und sich damit aus dem Staub zu machen. Der Zufall will es, daß Archie George, den Kopf der Bande, den seine Gangsterfreunde gemein verpfiffen haben, vor Gericht vertritt. George ist aber der einzige, der weiß, wo die Beute versteckt ist, und das ruft Wanda auf den Plan. Sie sucht Archie in seiner Kanzlei auf, um ihn über George auszuhorchen. Dabei geht sie ganz schön zur Sache und weckt Gefühle, von deren Existenz Archie bisher keinerlei Vorstellung hatte. Sein geordnetes Juristen- und Familienleben wirbelt sie so richtig durcheinander, bis Archie sich entscheiden muß: Karriere oder Wanda. Aber schließlich geht's ums Geld, und da ist alles möglich.

Wer nicht fragt, der nicht gewinnt: Gangster Otto (Kevin Kline) erhofft sich neue Informationen von Archie, den er einfach aus dem Fenster hält...

Rosalie Goes Shopping

Herstellungsland	Bundesrepublik Deutschland
Regie	Percy Adlon
Buch	Percy Adlon
Produktion	Pelemele/BR
Besetzung	Marianne Sägebrecht, Brad Davis, Willi Harlander

Mit „Out of Rosenheim" hat der Münchner Regisseur Percy Adlon (53), der 1981 mit „Celeste" seinen ersten Kinofilm drehte, seinen internationalen Durchbruch geschafft. Die skurrile Komödie um die Abenteuer einer dicken Bayerin (Marianne Sägebrecht) in der Wüste bei Las Vegas und ihre Freundschaft zur schwarzen Motelbesitzerin (CCH Pounder), die auch bei uns ihr Publikum fand, erwies sich in Frankreich, Italien und anderen Ländern unter dem Titel „Bagdad Café" geradezu zum Kassenrenner, und in den USA entwickelte sich der Film sogar zu einem noch größeren Kult-Erfolg als vor zwei Jahren „Zuckerbaby", der erste Streich des Teams Adlon/Sägebrecht.

Auch seinen neuesten Film hat Percy Adlon wieder in den USA angesiedelt (er weiß, was er seiner amerikanischen Fangemeinde schuldet). Wieder spielt Marianne Sägebrecht eine Bayerin in den USA: Rosalie stammt aus Rosenheim und lebt mit ihrem amerikanischen Ehemann (gespielt von Brad Davis, bekannt aus „12 Uhr nachts" und „Querelle") nebst sieben Kindern in einer Stadt in Arkansas, die den Namen Stuttgart trägt. Der Gatte ist begeisterter Flieger, und sein täglich Brot verdient er damit, mit seinem Flugzeug die Felder mit Insektenvertilgungsmittel zu bestäuben. Keiner in der Familie hat ein gesundes Verhältnis zum Geld, und im Nu wachsen ihnen die Schulden über den Kopf. Da kommt Rosalie, die in Amerika den Segen der kleinen Plastikdinger entdeckt hat, die man Kreditkarten nennt, auf eine Idee: Naiv und bauernschlau, wie sie ist, gründet sie eine Scheinfirma, beginnt Schwindelgeschäfte mit der Bank und stopft die alten Schuldenlöcher mit laufend neuen Krediten. Als gute Katholikin

Rosalie aus Rosenheim lebt mit Ehemann und sieben Kindern in Stuttgart (USA) — und stopft die Schuldenlöcher mit immer neuen Krediten

holt sie sich für ihre kapitalistischen Eskapaden immer brav die Absolution. Rosalie geht Einkaufen — im ganz großen Stil...
Mit „Zuckerbaby", „Out of Rosenheim" und nun „Rosalie Goes Shopping" sind Percy Adlon und Marianne Sägebrecht auf dem besten Wege, sich in die Reihe solch berühmter Regisseur/Diva-Gespanne einzugliedern wie Josef von Sternberg/Marlene Dietrich, Alfred Hitchcock/Grace Kelly oder Woody Allen/Mia Farrow. Marianne Sägebrecht (Jahrgang 1945), die aus der Münchner Kleinkunstszene kommt, arbeitete bereits 1980 in dem Fernsehspiel „Herr Kischott" erstmals mit Percy Adlon zusammen. In seinem dritten Kinofilm „Die Schaukel" (1983) übernahm sie die kleine Rolle der Tandlerin. Für „Zuckerbaby", in dem sie sich als Angestellte in einem Bestattungsinstitut in einen jungen U-Bahn-Fahrer verliebt, erhielt sie 1986 den Ernst-Lubitsch-Preis. Ihren ersten Hollywood-Film hat sie auch schon gedreht: In Paul Mazurskys neuem Film „Vollmond über Parador" spielt sie die Masseuse eines Diktators (Richard Dreyfuss).

Zug ab!

Elke Sommer hat eine ganz persönliche Note, den Zug abfahren zu lassen

Der Bau einer Hochgeschwindigkeitsstrecke der Bundesbahn führt bei den Bewohnern von Himmelsheim zu unerwarteten Entgleisungen

Ort des Geschehens ist die fränkische Provinz, spezifischer: Himmelsheim, ein kleines, verschlafenes Nest weitab von den großen Verkehrswegen. Eines Tages ist es mit der Ruhe in Himmelsheim vorbei: Die Bundesbahn plant eine Hochgeschwindigkeitsstrecke, deren Trassenverlauf ausgerechnet an Himmelsheim vorbeiführt und die Konstruktion eines großen Tunnels erfordert. Die überfallartig einsetzenden Baumaßnahmen bewegen nicht nur Tausende Tonnen von Erdreich und Gestein, sondern wirbeln auch die Himmelsheimer heftig durcheinander. Die Folgen: ein Bauer ohne Kühe, abgesägte Obstbäume, untreue Ehefrauen. Untergründig schwelender Streit bricht erneut wieder auf und findet neue Fronten — zwischen denen, die Veränderungen fürchten, und denen, die schon die neuen Chancen wittern.

Mittendrin der sympathisch-querköpfige Niederbayer Toni, der mit seinem Video-Mobil die Dörfer der Region abklappert. Seine nur sprunghaft erwiderte Liebe zur lebensfrohen Petra bindet ihn an das Schicksal Himmelsheims. Erst als der Streit um Petra zwischen Toni und dem Bohrer Jonny, einem modernen Cowboy, eskaliert, rebellieren fast alle Himmelsheimer gegen die Umwälzer von der Bahn.

Eben nur fast: Denn der Winzer Münzel, der gleichzeitig Gemeinderat ist, hat längst schlitzohrig dem Landrat die rettende Idee für Himmelsheim abgerungen. So gerät der „High Noon" im fränkischen Himmelsheim zu einer liebenswerten Posse vor dem Hintergrund eines stoischen Weinberges, den der Tunnel fast ins Rutschen gebracht hätte.

Regisseur Manfred Stelzer („Monarch", „Die Schwarzfahrer") hat vor zwei Jahren mit seinem Film „Die Chinesen kommen" bewiesen, daß er Verwicklungen und Intrigen in ländlichem Dorfmilieu mit besonders leichter Hand und gutem Gespür für Ironie und allzu Menschliches auf die Leinwand zu bringen vermag. In „Zug ab!" sind es statt der Chinesen nun die Bautrupps der Eisenbahn, die die Bewohner eines verschlafenen Nestes auf Trab bringen. Das Drehbuch zu dieser Komödie schrieb der fränkische Mundartdichter und renommierte Theaterautor Fitzgerald Kusz.

Herstellungsland	Bundesrepublik Deutschland
Regie	Manfred Stelzer
Buch	Fitzgerald Kusz
Produktion	Journal/Maran
Besetzung	Siggi Zimmerschied, Elke Sommer, Hanns Zischler, Elisabeth Welz, Tilly Lauenstein, Dieter Augustin

Bodo - eine ganz

Herstellungsland	Bundesrepublik Deutschland
Regie	Gloria Behrens
Buch	Christos Konstantin, Hauart H. Weber
Produktion	Olga
Besetzung	Heiner Lauterbach, Ulrike Kriener, Martin und Gary Forbes, Andreas Vitasek, Pierre Franckh, Eberhard Feik

Deutsche Versuche, jene Kinogenres zu bedienen, in denen die Amerikaner Meister sind und Jahr für Jahr mehrere Kassenerfolge landen, konnte man bisher an den Fingern einer Hand abzählen: Roland Emmerichs „Joey" und „Hollywood Monster" fallen einem spontan ein, aber dann wird's schon schwierig. Aber warum soll man eigentlich Spielberg, Lucas und Co. das Feld (sprich: die Kinos) kampflos überlassen? Regisseurin Gloria Behrens jedenfalls, die wie Emmerich die Münchner Hochschule für Film und Fernsehen absolvierte und sich inzwischen auf Kinder- und Jugendfilme spezialisiert hat, geht jetzt in die Offensive: Mit ihrem zweiten Kinofilm „Bodo" will sie zeigen, daß phantasievolle, rasante, perfekt gemachte Unterhaltung für kinosüchtige Teens nicht immer „Made in USA" sein muß.

Der 14jährige Bodo, ein eher verträumter und in sich gekehrter Junge, ist Opfer des Karrieredenkens seiner Eltern. Er hält den Leistungsdruck nicht mehr aus. In der Schule ist er ein Versager, Freunde hat er keine, und seine bislang unerwiderte Liebe zu der gleichaltrigen Rocksängerin Rosa scheint hoffnungslos. Als genialer Computerfreak kommt er schließlich auf die Idee, sich mit Hilfe seines PC einen Doppelgänger zu schaffen. Das Experiment gelingt. Bodos zweites Ich tritt in Aktion.

Bodo 2 ist ein in fast jeder Hinsicht perfekter Superknabe, der alle Probleme im Handumdrehen löst. Auch die ruppige Rosa erobert er im Sturm. Derweil bahnt sich unbemerkt Gefahr an. Während der

normale Familie

Der 14jährige Bodo erschafft sich mit Hilfe seines PCs einen perfekten Doppelgänger — Gloria Behrens' wunderbare Verwechslungskomödie

Erschaffung des Doppelgängers war Bodos Computer versehentlich mit der Datenbank einer Versicherungsgesellschaft verbunden; die Folge: ein umfangreiches Datenchaos in der Firma. Nicky und Klaus, zwei Versicherungsdetektive, werden mit der Aufspürung des vermeintlichen Hacker-Saboteurs beauftragt und kommen bald hinter Bodos Geheimnis. Sie beschließen, Bodo zu kidnappen, um ihm seine sensationelle Erfindung abspenstig zu machen und in klingende Münze umzusetzen.

Inzwischen hat der Rollentausch mit Bodo 2 die Misere des jungen Computergenies fast völlig bereinigt. Alles wäre perfekt, gäbe es da nicht noch ein kleines Problem: Der Computerzwilling ist todunglücklich. Ihm scheint das zu fehlen, was man allgemein als „Herz" bezeichnet ...

In dem Film gibt es zwei Roboter, die sich Bodo gebaut hat: einen etwas schwulen Küchenroboter und einen mechanischen Affen. Beide wurden von Hubert Bartholomae konstruiert, der schon bei Roland Emmerichs Filmen für die „special effects" sorgte.

Von Anfang an war klar, daß man bei den Doppelgängern nicht mit Filmtricks, sondern mit richtigen Zwillingen arbeiten würde. Da es sich als schwierig erwies, in der Bundesrepublik ein adäquates Zwillingspaar aufzutreiben, suchte und fand man in England die Protagonisten. Für Martin und Gary Forbes ist dies zwar der erste Spielfilm, aber ganz unerfahren sind die Zwillinge aus London nicht: Sie wirkten bereits in einigen Werbefilmen mit. Bodos Eltern werden übrigens von Heiner Lauterbach und Ulrike Kriener verkörpert, die bereits in dem Komödienhit „Männer" ein Ehepaar spielten.

Gedreht wurde, selbstbewußt und mit Blick auf den Weltmarkt, in Englisch. Die Macher sind sich anscheinend sicher, mit ihrer Geschichte vom doppelten Bodo einen potentiellen Publikumsrenner an der Hand zu haben.

DA

Die Autobiographie des produktivsten irischen Theaterautors wurde jetzt verfilmt — Hugh Leonard

Herstellungsland	USA
Regie	Matt Clark
Produktion	Julie Corman
Drehbuch	Hugh Leonard
Besetzung	Bernard Hughes, Martin Sheen, William Hickey, Karl Hayden

Hugh Leonard ist Irlands erfolgreichster und produktivster Stückeschreiber — über 20 Theaterstücke schrieb er bisher.
„DA" ist ein Stückchen von Leonards Autobiographie, Teil des Buches „Home before Night", in der Leonard Gespräche erzählt, die er gerne mit seinem verstorbenen Vater gehabt hätte. „Ich wollte diesem Mann ein Denkmal setzen", sagt der Autor, „und meine Schuld ihm gegenüber verringern. Aber mit diesem Stück schulde ich ihm jetzt noch mehr als vorher, und ich bin jetzt auch noch viel stärker in seinem Bann." Als das Stück 1982 in Los Angeles aufgeführt wurde, mit dem großen Theatermimen Bernard Hughes als DA, saß auch Martin Sheen im Publikum und verliebte sich in das Stück. Schon bald erwarb Sheen mit seinem Partner William Goldblatt die Filmrechte an dem Stück und wollte sofort loslegen. Doch es vergingen fast sechs Jahre, bis das Drehbuch von Leonard geschrieben war, das Geld aufgetrieben und ein Drehtermin gefunden war, an dem Hughes und Bernard zusammenarbeiten konnten.

In Dalkey, im Süden von Dublin, also an den Original-Schauplätzen, wurde diese Geschichte einer äußerst komplexen Vater-Sohn-Beziehung schließlich gefilmt. Auch die Musik dazu wurde in Irland von irischen Folk-Gruppen aufgenommen.

Martin Sheen und Bernard Hughes spielen Hugh Leonard und dessen Vater

Without a Clue

Eine neue Sherlock-Holmes-Verfilmung mit den besten britischen Darstellern zeigt den Detektiv als Mann mit Schwächen

Herstellungsland	England
Regie	Thom Eberhardt
Drehbuch	Gary Murphy, Larry Strawther
Produktion	ITC (Mark Stirdivant)
Besetzung	Michael Caine, Ben Kingsley, Paul Freeman, Lysette Antony

Der Umstand, daß Sherlock Holmes bereits in über 190 Filmen sein Detektiv-Genie unter Beweis gestellt hat — was ihn zur populärsten Film-Gestalt aller Zeiten macht —, beeindruckte Regisseur und Produzenten des neuesten Holmes-Opus wenig. „Wir heben mit ‚Without a Clue' in eine ganz andre Richtung ab", meinte Stirdivant während der Dreharbeiten. „Unser Film unterscheidet sich von allen anderen bereits darin, daß Watson der mit Köpfchen ist — Sherlock Holmes ist bei uns ein Vollidiot." Ein weiterer Unterschied ist, daß die beiden Hauptrollen von zwei Vollblütern aus dem britischen Schauspielerstall gespielt werden: Ben Kingsley gibt den Watson und Michael Caine den Holmes. Und schließlich ist „Without a Clue" eine Komödie: der Spaß an Holmes' Irrtümern, Fehlern und Ausrutschern ist mindestens so wichtig wie die Auflösung der heimtückischen Pläne des bösen Professor Moriarty.

Reginald Kincaid (Michael Caine) ist ein miserabler Schauspieler, dessen letzter Auftritt zur Schließung des Theaters führte. Ausgerechnet dieser Mensch wird von Dr. Watson (Ben Kingsley, „Gandhi", „Betrayal"), dem Chronisten der Meisterleistungen des berühmten Detektivs Sherlock Holmes, angeheuert, um Holmes zu verkörpern. Watson hat nämlich ein Problem: in Wirklichkeit ist er derjenige, der die kompliziertesten Verbrechen mit unnachahmlicher Brillanz und Eleganz löst. Sherlock Holmes ist nur eine Fantasie-Gestalt, der Watson aus Scheu und Bescheidenheit die eigenen Erfolge zuschreibt. Nun wird der (fiktive) Holmes ausgerechnet von Finanzminister Lord Smithwick beauftragt, dem Verschwinden der Druckplatten der 5-Pfund-Noten sowie dem ihres Verwalters nachzugehen. Mit dem lauten, tölpeligen, ewig schürzenjagenden Reginald Kincaid im Schlepptau begibt sich Watson auf die Suche nach Indizien. Nachdem er knapp einem Mordversuch entronnen ist, muß er feststellen, daß die Lage ernster ist als gedacht.

Dr. Watson (Ben Kingsley) heuert einen Schauspieler als Holmes an (Michael Caine), um Moriarty (Paul Freeman) zu fangen

Fifty-Fifty

Noch 'ne Bankräuber-Komödie — und das in einer Zeit, in der die echten Bankräuber entweder totgeschossen werden oder im Knast landen

Willi (Dominique Horwitz), Sohn eines Bankers, knackt die Bank seines Alten und führt die Polizei mit falschen Geiseln lange hinters Licht

Herstellungsland	Bundesrepublik Deutschland
Regie	Peter Timm
Drehbuch	Detlef Michel
Produktion	Aspekt Telefilm/ZDF
Besetzung	Heinz Hoenig, Suzanne von Borsody, Dominique Horwitz, Siegfried Kernen, Gert Haucke

Wenn dieser Film ins Kino kommt, ist seit dem Gladbecker Geisel- und Mediendrama hoffentlich schon so viel Zeit vergangen, daß es nicht als geschmacklos empfunden wird, daß hier als Komödie serviert wird, was damals blutiger, tödlicher Ernst war. Das Drehbuch entstand freilich lange vor der aufsehenerregenden Geiselaffäre.
Willi (Dominique Horwitz), der verachtete Sohn eines reichen Unternehmers, überfällt die Bank seines Vaters, um sich zu beweisen, daß er nicht der Trottel ist, für den sein Vater ihn hält. Aber der Kassierer drückt den Alarmknopf. Die Polizei umstellt die Bank, und eigentlich wäre das schon der Anfang vom Ende, wenn die Polizei nicht forderte, die Geiseln freizulassen und der Bankkunde Schröder (Heinz Hoenig, der erst jünst in „Die Katze" als Bankräuber brillierte) mit seiner Frau Regina (Suzanne von Borsody) sich nicht sofort als solche dem verdutzten Gangster anböten.

Die „Geisel" Andreas Schröder scheint sich in Sachen Bankraub überraschend gut auszukennen. Die übermittelten Forderungen machen die Einsatzleitung langsam mürbe. Sogar das präparierte Fluchtauto verschmähen die drei; sie ziehen den nächstbesten Streifenwagen vor. Kein Wunder auch, daß der Gangster mit seinen „Geiseln" durch jede kleine Lücke im Fahndungsnetz schlüpfen kann, denn Schröder kennt sie so gut wie seine Westentasche: Diese Geisel war mal ein Kollege der Fahnder der Polizei und wurde unehrenhaft aus den Reihen der Polizei entfernt. Die Gelegenheit zur kleinen Rache mit großem Vorteil bietet sich ihm nun wie nie zuvor.

Das erkennt der dienstmüde Kommissar Lopitz (Siegfried Kernen) leider erst sehr spät.

Wie wir schon ahnen — es siegt wieder mal die Erfahrung. Nicht aber die vom ausgebufften und durch die Strapazen der Flucht ausgepowerten Schröder, sondern die von Spürnase Lopitz. Nach etlichen Schlappen von diesem Fall suspendiert, aber auf eigene Faust auf der heißen Spur weiterschnüffelnd, schnappt er sich nicht die Gangster, sondern deren Beute. Eine Million, für einen schönen Lebensabend! Und — eine abenteuerliche Erfahrung für den naiven Willi, der sich jetzt das versteckte Bündel Tausender mit der flippigen Regina teilen darf. Immerhin.

Eine erfolgversprechende Komödie von Peter Timm, der ganze Sachen macht, wenn es um geteilte Freuden geht. Sein Ost-West-Tapeziererfilm „Meier" hat das jedenfalls an den Kinokassen klingelnd bewiesen — und ihm den Ernst-Lubitsch-Preis eingebracht.

Asterix und der Kampf der Häuptlinge

In einem neuen Abenteuer des berühmtesten Galliers der Welt kämpft Asterix gegen die Römer und die Dummheit seiner Mit-Dörfler

Der Seher macht dem kleinen Helden ganz schön zu schaffen — selbst mit Zaubertrank ist diesem Herrn nicht beizukommen

Der kleine Gallier mit den Superkräften ist wieder da! Europas erfolgreichste Comic-Figur hält erneut Einzug ins Kino, wo sie ihr mittlerweile sechstes Abenteuer auf der Leinwand ausficht.

Nachdem bereits die Comic-Alben des gallischen Helden Asterix in 29 Sprachen übersetzt wurden und dabei millionenschwere Auflagen erzielten, entwickelten sich auch die Zeichentrickfilme in Europa als wahre Box-Office-Renner.

Mit „Der Kampf der Häuptlinge" wollen die Produzenten nun endlich auch den amerikanischen Markt erobern. Hierzu ließen sich die Macher eine Story einfallen, die alles Dagewesene in den Schatten stellen soll: Der Film ist eine freie Adaption der Asterix-Klassiker „Der Seher" und „Der Kampf der Häuptlinge", in denen den mutigen Dorfbewohnern um Majestix von den Römern und der eigenen Dummheit böse mitgespielt wird. Ihr Spiritus Rector Miraculix ist ihnen diesmal keine große Hilfe, da er infolge eines Hinkelstein-Fehlwurfes von Obelix im Koma liegt und halluziniert: Diese Bilder, aufgenommen wie durch einen Zerrspiegel, sind das tricktechnische Highlight des Films.

Animiert wurde das Opus in Paris, im größten Zeichenfilmstudio Westeuropas. Zeichner unterschiedlichster Nationen arbeiteten zusammen, um die Erlebnisse unserer gallischen Freunde in bunten, faszinierenden Bildern auf die Leinwand zu bringen.

Ein weiteres Abenteuer ist bereits in Produktion und wird voraussichtlich 1992 ins Kino kommen.

Herstellungsland	Frankreich/Deutschland
Regie	Philippe Grimond
Produktion	Gaumont Extrafilm
Drehbuch	Adolf Kabatek, Yannik Voight

Herstellungsland	Bundesrepublik Deutschland
Regie	Christian Rateuke
Buch	Christian Rateuke, Christoph Treutwein
Produktion	Ufa/SFB/BR
Besetzung	Mike Krüger, Christina Plate, Karl Dall, Andras Fricsay

Eine deutsche Action-Komödie, bei der dank der Besetzung schon jetzt die Box-Office-Hitliste winkt: Deutschlands beliebter Komiker Mike Krüger — wie schon in „Seitenstechen" ohne seinen Erfolgspartner Thomas Gottschalk — spielt einen treuherzigen, hilfsbereiten Lebenskünstler, der in ungewöhnliche Abenteuer verstrickt wird.

Mike verliebt sich in ein zauberhaftes Mädchen mit dem seltsamen Namen Egon (Christina Plate aus „Praxis Bülowbogen"). Zwar probiert auch Mikes bester Freund Loeffler (Karl Dall) seine Chancen bei Egon, doch die steht nun mal auf Mike.

Aber Egon umgibt ein Geheimnis. Sie wird von Codinsky (Andras Fricsay) erpreßt, einem mächtigen Mann in der Zentralbank. Er zwingt sie, für ihn als „Rückholer" zu arbeiten: Sie muß zurückholen, was Kunden gekauft haben und nun nicht bezahlen können, weil ihnen das Geld für die Raten fehlt.

Ahnungslos und blind vor Liebe helfen Mike und Loeffler der Erpreßten bei ihrem schmutzigen Job. Und da niemand sich gern sein Eigentum wegnehmen läßt, kommt es zu komischen, aber auch gefährlichen Turbulenzen. Aber in der größten Not wächst Mike über sich hinaus, und es erwacht eine Art Zorro in ihm. Entschlossen übernimmt er die Führung des Trios; er hat einen Plan. Und mit pfiffigem Einfallsreichtum gehen sie ans Werk, nicht ahnend, daß ihnen ihr größtes Abenteuer noch bevorsteht...

Der Berliner Regisseur Christian Rateuke hat gemeinsam mit Hartmann Schmige zahlreiche Drehbücher zu Didi-Hallervorden-Filmen geschrieben. Regie führte er bisher bei den Kinofilmen „Der Mann im Pyjama" (1981, Co-Regie: Schmige) sowie 1984 bei „Didi und die Rache der Enterbten".

Die Senkrechtstarter

Mike Krüger und Karl Dall steigen moralisch senkrecht auf — und das nur aus Liebe zu „Egon"

Cousins

Joel Schumacher inszenierte das turbulenteste Familiendrama in der Filmgeschichte — Verwicklungen ohne Ende

Larry (Ted Danson) liebt Trish (Isabella Rossellini), Larrys Mutter liebt den Onkel von ...

Herstellungsland	USA
Regie	Joel Schumacher
Produktion	William Allen
Drehbuch	Steven Metcalfe
Besetzung	Ted Danson, Isabella Rossellini, Sean Young, William Petersen

Tom ist ein Automobil-Verkäufer, der mit Maria verheiratet ist, einer Anwalts-Sekretärin. Larry ist ein Tanzlehrer, der mit Tish verheiratet ist, einer Kosmetikverkäuferin, die ins Modefach wechseln will. Als Marias Mutter Edie Larrys Onkel heiratet, werden die Ehepaare plötzlich miteinander verwandt.

Jetzt aber fügt es sich, daß Tom und Tish eine Affaire haben — eine Kettenreaktion von Familienverwicklungen wird in Gang gesetzt, die schließlich den Vater und den Sohn von Larry noch mitreißt ... Wer jetzt noch nicht genau weiß, wer wann zu wem gehört, muß sich diese Komödie des „Lost Boys"-Regisseurs Joel Schumacher schon selbst anschauen. Der Regisseur über seinen Film: „Es ist ein Film über Leute, die Kompromisse an ihre Träume gemacht haben. Wenn dann ihre wirklichen Träume wahr werden, können sie noch einmal wählen, ob sie etwas verändern möchten." Immerhin — die Leute werden von Stars gespielt: Ted Danson, der in „Noch drei Männer, noch ein Baby" den Piloten spielte, ist dabei, Isabella Rossellini, aus „Blue Velvet" in Erinnerung, Sean Young aus „No Way Out" und William Peterson aus „Long Gone".

Geld

Uwe Ochsenknecht ist einer der Hauptakteure in Doris Dörries neuem Film

Mit dem bewährten „Männer"-Team dreht Doris Dörrie jetzt die Gauner-Komödie um einen Bankraub mit Folgen

Herstellungsland	Bundesrepublik Deutschland
Regie	Doris Dörrie
Buch	Doris Dörrie
Produktion	Olga/ZDF
Besetzung	Billie Zöckler, Uwe Ochsenknecht, Sunnyi Melles, August Zirner, Ulrike Kriener

Nach ihrem Intermezzo in New York, wo sie für Produzent Bernd Eichinger mit amerikanischem Stab und amerikanischen Darstellern den Kassenhit „Ich und Er" drehte, ist Doris Dörrie, die erfolgreichste Regisseurin des deutschen Films, wieder zur Münchner Olga-Film zurückgekehrt, die vor drei Jahren schon ihren Durchbruch „Männer" produzierte. Der Titel sagt schon alles: „Geld" ist eine Komödie um das, was einem zum Glück noch fehlt und das einen dennoch nicht glücklich macht, wenn man's hat. Oder etwa doch?

Carmen und Werner Müller („Kir-Royal"-Entdeckung Billie Zöckler und „Männer"-Star Uwe Ochsenknecht) führen eine ganz normale Ehe: Sie haben zwei Kinder, ein Eigenheim und jede Menge Schulden, die sie bisher brav Monat für Monat versucht haben abzutragen. Da verliert Werner Müller seinen Arbeitsplatz. Seiner Frau erzählt er nichts davon; statt dessen verläßt er auch weiterhin jeden Morgen um acht das Haus. Als Carmen nach drei Monaten das Spiel durchschaut, ist ihnen der Schuldenberg schon weit über den Kopf gewachsen. In ihrer Verzweiflung überfällt Frau Müller die Bank, bei der sie ihre Schulden haben, und nimmt den Filialleiter Lothar Fuchs (August Zirner) als Geisel. In diesen Dingen völlig ungeübt, nimmt sie ihn mit nach Hause und versteckt ihn vor ihren Kindern. Sie begreift, daß der Bankraub ihnen nicht nur ermöglicht, mit dem geklauten Geld ihre Schulden zurückzuzahlen (eine äußerst praktische Art von Altpapier-Recycling), sondern ihr auch zum ersten Urlaub seit langer Zeit verhelfen kann. Den gefesselten und geknebelten Lothar Fuchs im Schlepptau, tritt sie die Reise an. Nach einer Nacht in einem Luxushotel fährt sie mit ihrer Geisel weiter auf einen Campingplatz im Allgäu — ihre Vorstellung von einem Traumurlaub.

Nun ist Herr Fuchs ein äußerst gutaussehender junger Mann — und seine Freundin Gabriele (Sunnyi Melles, die für Doris Dörrie bereits „Paradies" drehte) eine blendend aussehende junge Dame, die in Sorge um ihren entführten Freund ausgerechnet bei ihrem Nachbarn Werner Müller Hilfe sucht. Als der ihr beichtet, daß nicht etwa skrupellose Profigangster ihren Lothar gekidnappt haben, sondern die Hausfrau Carmen Müller, hat Gabriele die Idee zu einem Millionencoup.

Mit Herrn Müller fährt sie ebenfalls ins Allgäu. Geschickt benutzen Gabriele und Lothar die Unschuld und Verzweiflung der Müllers, müssen aber nach und nach feststellen, daß die beiden vom wirklichen Leben sehr viel mehr verstehen als sie selbst. Sie beginnen, das Ehepaar um deren ach so schön normales Leben zu beneiden, während die Müllers ihrerseits gerne mehr von der Eleganz und dem schnoddrigen Nihilismus der anderen hätten . . .

Doris Dörries „Geld" ist eine Geschichte von den Schönen und den Häßlichen, von den Beherrschten und den Beherrschern, von der ewigen Ungerechtigkeit, die sich hier — utopisch — in ihr Gegenteil verkehrt.

Crossing Delancey

Eine Großmutter sucht über einen Heiratsvermittler den Mann fürs Leben — allerdings für ihre alleinlebende Enkelin, die bisher mit ihrer Unabhängigkeit recht zufrieden war

Herstellungsland	USA
Regie	Joan Micklin Silver
Produktion	Michael Nozick
Drehbuch	Susan Sandler
Besetzung	Amy Irving, Jeroen Krabbé, Sylvia Miles, Peter Riegert

Amy Irving, die Schauspielerin, die für ihre Rolle in „Yentl" mit dem Oscar nominiert wurde, spielt in dieser Komödie über die Suche nach Geborgenheit, Liebhabern und Freunden die Hauptrolle. Susan Sandler schrieb das Theaterstück, das in New York sehr erfolgreich war, und schließlich auch das Drehbuch zu diesem Film. Erzählt wird die Geschichte von Isabelle Grosman, einer alleinlebenden Frau in Manhattan. Sie ist das Modellbild für die moderne unabhängige Frau, eine erfolgreiche Buchhändlerin mit eigenen Läden, einer Menge Freunde und einer vielversprechenden Beziehung zu einem Romanautor. Doch die Großmutter von Izzy, wie jeder sie nennt, meint, daß nichts der eben genannten Dinge von Bedeutung wäre. Mit Hilfe eines Heiratsvermittlers macht sie den idealen Kandidaten für ihre Enkelin aus. Sie findet ihn in Sam Posner, einem Mann, der in der Nachbarschaft eine kleine Firma hat, ein Mann mit Zukunft, mit Substanz, kurz: ein ganzer Kerl. Doch so einfach ist das natürlich nicht, die beiden zusammenzubringen, und wie das Spielchen schließlich ausgeht, sollte man sich im Kino anschauen. Joan Micklin Silver („Between the Lines") inszenierte diesen Film, in dem neben Amy Irving noch Peter Riegert, der junge Star aus „Local Hero", und Jeroen Krabbé, der den Bösewicht im letzten Bondfilm spielte, zu sehen sind. Großmutter Bubbie wird von Newcomerin Reizl Bozyk dargestellt.

Scenes from the Class Struggle

Eine schrille Komödie von und mit Kultfilmer Paul Bartel — der als Psychoanalytiker seinen Patienten das Geld aus der Tasche zieht

Herstellungsland	USA
Regie	Paul Bartel
Drehbuch	Bruce Wagner
Produktion	James L. Katz
Besetzung	Jacqueline Bisset, Paul Bartel, Mary Woronov, Wallace Shawn

Dr. Mo Van de Kamp (Paul Bartel) ist Berater, Psychoanalytiker — und reich. Reich, weil er dem Hollywood-Volk das Geld für nichtssagende Ratschläge aus den Taschen zu ziehen weiß. Eine gute Kundin ist Clare (Jacqueline Bisset), eine gealterte Ex-Sitcom-Queen, die ein Comeback anstrebt, nachdem ihr Mann unter nie geklärten Umständen sein Leben verloren hat. Lisabeth (Mary Woronov), eine gute Freundin, erfreut sich ebenfalls der Tatsache, daß ihr Mann sie verlassen hat — und blitzschnell läßt sie von einem Desinfektionskommando das gemeinsame Haus säubern. Zu den mehr als skurrilen Figuren gesellt sich noch Lisabeths Bruder Peter, ein Autor, sowie dessen neue Braut, die Ex-Porno-Darstellerin To-Bel. Und Juan, der Housekeeper, der ein Auge auf Lisbeth geworfen hat, sowie Frank, der ein Auge auf ... Juan geworfen hat. Im Verlauf der Geschichte eignet sich To-Bel ein paar neue Sexpraktiken an, Clares verstorbener Gatte taucht als Geist (gespielt von Paul Mazursky) wieder auf, und als Claire ein paar Reporter einlädt, um ihre Rückkehr ins Limelight zu zelebrieren, bricht vollends das Chaos aus ...
Kult-Filmer Paul Bartel („Eating Raoul") ist Regisseur dieses teils makabren, teils herzerfrischend-komischen Streifens. Gedreht wurde ausschließlich an Schauplätzen in Beverly Hills.

Moonwalker

Michael Jackson (der sich in jedes beliebige Medium verwandeln kann) rettet die Welt vor dem bösen Mr. Big, der kleine Kinder mit Drogen vollstopft, um die Herrschaft über die Welt zu erlangen

Herstellungsland	USA
Regie	Jerry Kramer, Colin Chilvers
Produktion	Dennis Jones, Jerry Kramer
Drehbuch	David Newman
Besetzung	Michael Jackson, Sean Lennon, Kellie Parker, Brandon Adams

Michael Jacksons erster abendfüllender Spielfilm „Moonwalker" (dem Titel liegt der von Jackson perfektionierte, gleichnamige Tanz zugrunde) handelt vom klassischen Kampf zwischen und Gut und Böse, Unschuld und Sühne. Der Streifen, ein von Musik und Tanz untermaltes Science-fiction-Abenteuer, zeigt Michael (Michael Jackson) in der Rolle eines mit übernatürlichen Fähigkeiten ausgestatteten Menschen, der dem bösen Mr. Big (Joe Pesci) das Handwerk legen möchte. Der versucht nämlich, die Weltherrschaft an sich zu reißen, indem er kleine Kinder dem Einfluß von Drogen aussetzt. Michael, der sich in jedes beliebige Medium verwandeln kann, gelingt es mit Hilfe seiner drei Freunde Katie (Kellie Parker), Sean (Sean Lennon) und Zeke (Brandon Adams) letztendlich, dem bösen Buben und seinen Mitstreitern das Handwerk zu legen.

Ein Team von Spezialisten — allen voran Oscar-Preisträger Rick Baker — hat Jackson für den Streifen gewinnen können, während die Regiestühle mit Jerry Kramer (der sich hauptsächlich um die Tanz-Szenen kümmerte) und David Newman besetzt worden sind. „Smooth Criminal", „Come Together" und „Leave me Alone" gehören zu den von Michael choreographierten und im Film gezeigten Musik- und Tanzeinlagen.

„Moonwalker" ist die ultimative, surreale Reise durch die menschlichen Phantasien und Exzentriken des privaten Michael Jackson.

Ohne Titel

Herstellungsland	USA
Regie	David Zucker
Produktion	Robert K. Weiss
Drehbuch	David Zucker, Jim Abrahams, Jerry Zucker
Besetzung	Leslie Nielsen, Priscilla Presley, George Kennedy

„Weil man so viel Spaß einfach nicht in Worte fassen kann", ist die Begründung des Studios Paramount, daß dieser Film noch keinen Titel hat. Immerhin, es gibt Mitarbeiter, Darsteller und sogar ein Drehbuch. „Normalerweise klauen wir Ideen von anderen Leuten, wenn wir Filme machen", sagt Filmemacher David Zucker, der zusammen mit seinem Bruder Jerry und Jim Abrahams bereits „Airplane", „Top Secret" und „Die unglaubliche Reise der verrückten Mrs. Stone" drehte, „diesmal klauen wir bei uns selbst." Gemeint ist, daß ZAZ, Zucker, Abrahams und Zucker bereits vor Jahren eine Fernsehserie hatten, „Police Squad", in der es um einen besonders harten Cop geht, der sich für keinen noch so harten Fall zu schade ist.

Der Komiker Leslie Nielsen spielt Frank Drebin, den Polizisten, der auf der Jagd nach dem finsteren Killer und Gangster Vincent Ludwig fahndet, der nach außenhin ein unbescholtener und netter Bürger L.A.s ist.

Auf der Suche nach diesem Gangster, der von Ricardo Montalban gespielt wird, trifft er auf dessen Freundin Jane, die von der herben Art des Polizisten schließlich sogar angetan ist. Für Priscilla Presley, die diese Rolle spielt, ist der Film eine Art Flucht vor der Serie „Dallas", die sie kürzlich nach fünf Jahren Mitarbeit verlassen hat. Nur, um dem geneigten Kinogänger auf den Film einzustimmen, seien hier die vorherigen Filme des Produzenten Robert K. Weiss genannt: „The Blues Brothers", „Dragnet" und „Kentucky Fried Movie".

Namen sind Schall und Rauch — das gilt natürlich auch für die Gangster-Komödie von David Zucker, der Gags diesmal nur im eigenen Lager gemopst haben will

KURZ BELICHTET

Ein Schweizer namens Nötzli

Herstellungsland	Bundesrepublik Deutschland
Regie	Gustav Ehmck
Buch	Xavier Koller, Thomas Tanner (nach dem Stück „Buchhalter Nötzli" von Hans Schubert
Produktion	Ascot
Besetzung	Walter Roderer, Ursela Monn, Jochen Schröder

Ein Schweizer namens Nötzli" erinnert nicht nur an den Filmerfolg „Die Schweizermacher", sondern wird mit Walter Roderer in der Hauptrolle auch den neben Emil bekanntesten und populärsten Schweizer Komiker präsentieren. Rodi, wie man ihn in der Schweiz nennt, soll, so hoffen die Produzenten, in seiner urkomischen Art auch in Deutschland wie eine Bombe einschlagen und die Herzen der Zuschauer im Sturm erobern. In der Schweiz ist das Stück „Buchhalter Nötzli", auf dem der Film basiert, permanent ausverkauft. Es geht um den schüchternen, in die Jahre gekommenen Josef Nötzli, seit 26 Jahren Buchhalter beim Chemiewerk Ergo-Chemie AG. Eigentlich ist Nötzli für seine Tätigkeit gänzlich überqualifiziert, kommt aber nie richtig zum Zug und will im Grunde schon lange kündigen, wenn da nicht seine Mitarbeiterin Hilde Hartmann wäre, in die er seit zehn Jahren verliebt ist, ohne den Mut zu finden, sich ihr zu nähern. Ein Mißverständnis läßt ihn plötzlich Karriere machen.

Kalte Füße

Herstellungsland	USA
Regie	Robert Dornhelm
Produktion	Cassian Elwes
Drehbuch	Tom McGuane, Jim Harrison
Besetzung	Sally Kirkland, Keith Carradine

Robert Dornhelm, der Regisseur von „Echo Park", inszenierte jetzt einen Film um drei Rechtsbrecher, die so ganz anders sind als herkömmliche Kriminelle. In einer Geschichte, die vermutlich in Gedanken an Jim Jarmushs „Down By Law" entstand, spielen Sally Kirkland, Keith Carradine und Tom Waits drei seltsame Heilige, die schließlich das Inselgefängnis von Dead Rock im Staate Montana aufmischen.

Bonjour l'angoisse

Herstellungsland	Frankreich
Buch und Regie	Pierre Tchernia
Produktion	Alain Terzian
Besetzung	Michel Serrault, Guy Marchand, Pierre Arditi

Eine Paraderolle als ewiger Verlierer für Michel Serrault in seiner vierten Komödie mit Regisseur Tchernia. Michaud, mausgrauer Angestellter der Firma „Stopalarm", Spezialist für Einbruchssicherungen, weiß nicht, wo ihm der Kopf steht. Die guten Ratschläge, die ihm ungebeten sein Spiegelbild erteilt, verwirklicht der liebenswürdige Betriebstrottel allenfalls in Tagträumen. Schlicht unangenehm ist es Michaud, als er im eigenen Hause dem Hintermann eines Bankraubs auf die Schliche kommt. Mit der Vogel-Strauß-Taktik versucht der Schüchterne, auf Nummer Sicher zu gehen. Freilich ohne Erfolg.

Ladder of Swords

Herstellungsland	England
Regie	Norman Hull
Drehbuch	Neil Clarke
Produktion	Film Four International
Besetzung	Martin Shaw, Juliet Stevenson

Liebe, Tod und Leidenschaft, dazu noch schwarzer Humor und dunkle Machenschaften, gehören zu den Bestandteilen dieses Films. Eine arbeitslose Zirkustruppe wartet am Rand einer abgelegenen Moorlandschaft im Norden Englands auf den Abruf zu internationalem Ruhm. Für Don Demarco ist das Moor das perfekte Versteck vor einer gefährlichen Vergangenheit. Seine Frau Denise, Alkoholikerin mit Sinn für ausgefallene Späßchen, hält die Gegend eher für eine Art verfrühtes Fegefeuer. Unglücklicherweise zieht sie die Aufmerksamkeit der Polizei auf sich...

Im Jahr der Schildkröte

Herstellungsland	Bundesrepublik Deutschland
Regie	Ute Wieland
Drehbuch	Ute Wieland (nach dem Roman „Sterbetage" von Hans Werner Kettenbach)
Produktion	Geissendörfer/ WDR
Besetzung	Heinz Bennent, Karina Fallenstein, Anke Tegtmeyer

Der Film erzählt die Geschichte von Heinz Kamp (Heinz Bennent), einem 60jährigen, verwitweten, arbeitslosen Buchhalter, der mehr oder weniger zufällig eine junge Studentin (Karina Fallenstein) kennenlernt, die ihn merkwürdig anzieht. Kamp möchte das flippige Mädchen eigentlich lieben, weiß aber, daß ein solcher Traum für ihn zu spät ist und tarnt deshalb seine Liebe mit vä-

Michel Serraults Traumrolle: „Bonjour l'angoisse"

KURZ BELICHTET

terlicher Fürsorge. Es stört ihn nicht, daß sein peripheres Verhältnis mit einer Nachbarin, einer lebenslustigen, attraktiven Bibliothekarin (Anke Tegtmeyer), darüber zerbricht. Ganz damit beschäftigt, Claudia, die ständig zwischen Depression, Aggression und jähen Aufwallungen von echter Empfindung schwankt, zu einer neuen Existenz zu verhelfen, merkt Kamp nicht, daß dies alles für das rätselhafte Mädchen zu spät ist.

Im Hinterzimmer der Kneipe Billard: „Mystic Pizza"

Schlagsahne Expreß

Herstellungsland	Italien
Regie	Andrea De Carlo
Drehbuch	Andrea De Carlo
Produktion	Azzura Film, Italiana Film
Besetzung	Sergio Rubini, Carol Alt, Cristina Marsillach

Sergio Rubini spielt einen jungen italienischen Rockmusiker, der nach New York kommt, um seinen amerikanischen Traum zu verwirklichen. Voller Erwartungen und Phantasien — aber die Realität ist hart.
Er mietet sich in einem heruntergekommenen Hotel ein und sucht nach einer Möglichkeit, seine Musik zu spielen. Auch als ihm zwei Straßenräuber Geld und Gitarre klauen, gibt er sich nicht geschlagen und nimmt einen Job in einem Restaurant an: Streß und eine Beziehung zu der argentinischen Kassiererin. Er kündigt und landet durch Zufall in einer renommierten Sprachschule als Italienischlehrer. Eine seiner Schülerinnen ist Marsha, junge doch schon berühmte Filmschauspielerin — und wunderschön. Giovanni ist verträumt und schüchtern, ganz anders als die Affen, die Marsha sonst umgeben, und er schreibt ein Lied für sie. Es kommt fast zum Kuß, und dann stürzt sich Giovanni in ein neues Abenteuer...

Mystic Pizza

Herstellungsland	USA
Regie	Donald Petrie
Drehbuch	Amy Jones, Perry Howze, Randy Howze, Alfred Uhry
Produktion	Marc Levinson, Scott Rosenfelt
Besetzung	Annabeth Gish, William R. Moss, Julia Roberts, Lili Taylor

„Mystic Pizza" ist die Geschichte von drei Frauen — Jojo (Lili Taylor) und den Schwestern Daisy (Julia Roberts) und Kat (Annabeth Gish) —, die in einer kleinen Pizzeria in dem Küstenstädtchen Mystic (Connecticut) zusammenarbeiten.
Jojo hat sich in einen jungen Fischer namens Bill verliebt, mit dem sie einst zusammen zur Schule gegangen ist. Kat und Daisy zeigen wenig Begeisterung für ihre Heiratspläne. Als Jojo am Altar in Ohnmacht fällt und die Trauung ins Wasser, sind alle drei am Ende glücklich, daß sie sich ihre Unabhängigkeit noch etwas bewahrt hat.

Robby Kalle Paul

Herstellungsland	Bundesrepublik Deutschland
Regie	Dany Levy, Anja Franke
Drehbuch	Dany Levy, Anja Franke, Maria Schrader
Produktion	Luna/Atlas/Fool/Fama
Besetzung	Frank Beilicke, Paul-Josef Hofmann, Dany Levy

Nach dem unerwartet großen Erfolg ihres Erstlings „Du mich auch" kommt hier nun die neueste Komödie des Regie-Teams Dany Levy/Anja Franke. Thema: die Männer und ihre umständliche Suche nach der Frau fürs Leben.
Robby, Kalle und Paul sind drei total verschiedene Männer, die nicht nur eine Wohnung, sondern auch diverse Freundinnen teilen. Dies jedoch nicht immer ganz freiwillig.
Einziger Schauplatz ist eine geräumige Berliner Altbauwohnung. „Robby Kalle Paul" soll rüde, grob und frech werden. Mit einer Geschichte, die hier und heute spielt und viele zeitgeistige Strömungen aufgreifen, ironisieren und persiflieren soll.

And God Created Woman

Herstellungsland	USA
Regie	Roger Vadim
Produktion	George Braunstein, Ron Hamady
Buch	R. J. Stewart
Besetzung	Rebecca De Mornay, Vincent Spano, Frank Langella

Daß Roger Vadim, nachdem sein 1956 gedrehter Film „Und ewig lockt das Weib" Brigitte Bardot berühmt gemacht und selbst Klassiker-Status erlangt hatte, an ein — ausgerechnet amerikanisches — Remake dieses Streifens gehen würde: damit hatte niemand ge-

Ein Klassiker wurde verfilmt: „And God Created Woman"

KURZ BELICHTET

rechnet. Diesmal läßt er die duch „Risky Business" bekannt gewordene Rebecca De Mornay auf die Männerwelt los. Sie spielt Robin, ein eigenwilliges Geschöpf, das ständig am Rande des Abgrunds lebt, ständig riskieren muß, um leben zu können.

Mignon ist abgereist

Herstellungsland	Italien/Frankreich
Regie	Francesca Archibugi
Drehbuch	Gloria Malatesta, Claudia Sparigia
Produktion	Leo Pescarolo für Ellepi Film, Roma; Crysalide Film Paris
Besetzung	Stafania Sandrelli, Celine Beauvallet

Der Vater hat einen Secondhand-Bookshop und die Kassiererin als Geliebte. Die Mutter hat für die fünf Kinder zu sorgen, also sind die Forbicioni eine glückliche Familie. Hinein platzt die Kusine Mignon aus Paris, der Vater, ein internationaler Baulöwe, wegen eines Finanzskandals gerade verhaftet. Ihre Arroganz bringt das Familienleben gründlich durcheinander. Nur der 13jährige Giorgio findet einen freundschaftlichen Kontakt zu ihr, zumal die von ihm geliebte Lehrerin, die ihm die Mutter ersetzt, im Sterben liegt. Doch sein kleines Herz wird gebrochen, als sich Mignon mit dem Freund seines ältesten Bruders einläßt. Er magert ab, kommt in den Stimmbruch und sein Körper wächst, denn nur das hat der andere ihm voraus: Er ist größer. Da schlägt wie eine Bombe die Eröffnung Mignons ein, sie sei schwanger, woraufhin sie von ihren Eltern wieder nach Paris zurückbeordert wird. Nur Giorgio weiß, daß sie gelogen hat: Sie wollte nur die Aufmerksamkeit ihrer Rabeneltern wieder auf sich lenken. Er will ihr auf den Bahnhof nachlaufen, doch die Stäbe des verschlossenen Tores lassen ihn plötzlich nicht mehr durch: Er ist zu sehr gewachsen.

Wired

Herstellungsland	USA/Neuseeland
Regie	Larry Peerce
Drehbuch	Earl MacRauch, nach der Biographie von Bob Woodward
Produktion	Ed Feldman
Besetzung	Michael Chiklis, Gary Groomes, Ray Sharkey

Michael Chiklis (24 Jahre) akzeptierte die nicht unbedingt beneidenswerte Aufgabe, Komiker John Belushi wieder zum Leben zu bringen. Der Film wird sein Leben schildern, seine Talente aufzeigen und auch die dunklere Seite seines Alltags, Belushis Drogenmißbrauch, nicht auslassen. „Wired" basiert nur sehr lose auf Bob Woodwards gleichnamiger Biographie. Ed Feldman nennt seine Produktion eine phantastische Tragikomödie, in der Belushis Schutzengel (Ray Sharkey) ihn aus dem Leichenschauhaus herausholt und ihn auf einem Trip durch sein Leben begleitet. Belushi beobachtet, wie Bob Woodward (J. T. Walsh) seine Freunde und Kollegen für seine Biographie interviewt. Patti D'Arbanville spielt Cathy Smith, die Frau, die dem Komiker angeblich die tödliche Mischung aus Kokain und Heroin injizierte. Aus rechtlichen Gründen erhielten einige der Charaktere Pseudonyme. So soll „Arthur Fromson" an Belushis Agenten Bernie Brillstein erinnern.

Nachdem Produzent Ed Feldman bei den amerikanischen Studios auf höfliches Desinteresse gestoßen war, fand er schließlich eine Brauerei in Neuseeland, die ihm 13,5 Millionen Dollar für „Wired" zusicherte.

Rabeneltern oder glückliche Familie? „Mignon ist abgereist"

Spike of Bensonhurst

Herstellungsland	USA
Regie	Paul Morissey
Produktion	
Drehbuch	Paul Morissey, Alan Brown
Besetzung	Ernest Borgnine, Talisa Soto

„Spike of Bensonhurst" ist die wahnwitzige Geschichte eines jungen Mannes, der unter totaler Selbstüberschätzung leidet.
Sasha Mitchell spielt in diesem Film von Paul Morissey den frechen und übermütigen Boxer, der unbedingt Champion im Leichtgewicht werden will. Sein Ziel ist weniger die Box-Krone, als vielmehr die Aufmerksamkeit eines lokalen Gangsterbosses zu erhaschen, für den er schließlich als Mitarbeiter tätig sein will. Den Gangster spielt Veteran Ernest Borgnine, die Freundin von Spike Talisa Soto, die im neuesten James-Bond-Film eine der Gespielinnen des Superagenten mimt.

Frisch verheiratet

Herstellungsland	Italien
Regie	Pupi Avati, Cesare Bastelli, Luciano Manuzzi, Felice Farina, Antonio Avati
Drehbuch	Pupi Avati
Produktion	Duea Film, Numero Uno Cinematografica
Besetzung	Jerry Cala, Ottavia Piccolo,

Fünf Geschichten von jungen Ehepaaren, die am selben Tag den entscheidenden Schritt unternehmen, der ihr Leben völlig verändern wird: Luca, ein Fernsehstar auf absteigendem Ast, sieht in seiner Ehe die

KURZ BELICHTET

einzige Möglichkeit, eine gewisse Popularität wiederzuerringen. Mit Hilfe seines Agenten und einer Gruppe von Publicity Experten findet der Computer für ihn die „richtige Frau", die ihn wieder in die Schlagzeilen bringen soll ...

Robby, süchtig auf Pferdewetten, trifft durch Zufall auf der Rennbahn die Frau wieder, mit der er vor zehn Jahren schon mal verheiratet war.

Der Film endet auf dem Standesamt, wo die Paare sich das Jawort geben.

Danny The Champion of the World

Herstellungsland	England
Regie	Gavin Millar
Drehbuch	John Goldsmith, nach dem Buch von Roald Dahl
Produktion	Portobello
Besetzung	Jeremy Irons, Sam Irons, Cyril Cusack

Gleich zwei Geschichten des Autoren Roald Dahl („Küßchen, Küßchen") werden in diesem Jahr verfilmt: Nach „The Witches" (Regie: Nicolas Roeg) kommt jetzt „Danny" dran, ein weiterer Bestseller aus der Feder des Lieblingsschriftstellers der englischen Kinderbuchszene. Diesmal spielt der vielseitige Jeremy Irons, zuletzt als Zwilling in „Twins" beschäftigt, den „wunderbarsten, aufregendsten Vater, den ein Junge haben kann", den Tankwart, Witwer und Freizeit-Wilderer William. Der Junge ist Danny The Champion, der nach seines Vaters Ansicht die besten Ideen der Welt hat; dargestellt wird er von Jeremys neunjährigem Sohn Sam. Und Doc Spencer, der, wie übrigens auch der Dorf-Polizist und die Pfarrersfrau, erstaunlich viel von unbefugtem Forellen- und Fasanenfang versteht, wird von Sams Großvater und Jeremys Schwiegervater Cyril Cusack, dem großen irischen Schauspieler der alten Garde, gegeben.

Privatdetektiv Tim weiß alles: „Just Ask For Diamond"

Just Ask for a Diamond

Herstellungsland	England
Regie	Steven Bayly
Drehbuch	Anthony Horowitz
Produktion	Red Rooster (Linda James)
Besetzung	Susannah York, Patricia Hodge, Colin Dale

Nach seiner Komödie „Coming Up Roses", dem ersten walisisch gesprochenen Film, der je in Cannes Einzug gehalten hatte (1988), hat sich Regisseur Bayly, gebürtiger Amerikaner mit Herz für Wales, jetzt einem „Komödienthriller" in schlichtem Englisch zugewandt. Es handelt sich, so Bayly, „um einen Film Noir — in Farbe". Tim Diamond arbeitet in London als unglaublich inkompetenter Privatdetektiv, dem von einem südamerikanischen Zwerg ein mysteriöses Paket anvertraut wird. Tim wird alsbald das Zentrum der Aufmerksamkeit verschiedener Gangsterbanden, landet dazu noch im Gefängnis und überläßt seinem kleinen Bruder Nick, dem eigentlichen Helden der Geschichte, das Feld und die Aufspürung der ungeschliffenen Diamanten.

Die Post ist an allem Schuld

Herstellungsland	Italien
Regie	Gianfranco Bullo
Drehbuch	Romolo della Chiesa
Produktion	Enterprise Film
Besetzung	Gianfranco Bullo, Ana Obregon

Junger Arbeitsloser nimmt in Suche nach Beschäftigung in Rom an einer der öffentlichen Ausschreibungen (in Wettbewerbsform) einer staatlichen Stelle teil. Luca wohnt für die Zeit bei einer freundlichen Tante, die einen Zeitschriftenkiosk führt. Verlobt ist er mit Claudia, der Besitzerin eines schwimmenden vegetarischen Restaurants. Durch eine Fehlverbindung im Telefonnetz erreichen Luca Anrufe, die für ein Detektivbüro bestimmt sind: Ein junger Industrieller, auf der Jagd nach dem Erbe eines Grafen, erregt seine Aufmerksamkeit und bringt ihn auf die Spur einer schönen Frau. Luca, der in seinem Leben zu viele Kriminalromane gelesen hat, nimmt den Faden auf. Von hieran überstürzen sich die Ereignisse, deren Ende nicht verraten wird.

How to Get Ahead in Advertising

Herstellungsland	England
Buch und Regie	Bruce Robinson
Produktion	David Wimbury, Ray Cooper (Handmade)
Besetzung	Richard E. Grant, Rachel Ward

Der erste Film, in dem Bruce Robinson (Drehbuch „The Killing Fields") für Regie und Buch verantwortlich war; „Whitnail and I" war ein Abgesang auf die verhaschten Jahre abgestandener Blumenkinder im ungastlich feuchten England; seinen zweiten Film versteht Robinson, wiederum als Regisseur und Autor zeichnend, als „Kommentar zu den 80er Jahren, ein entschiedener Tritt in die britischen Eier". Es geht diesmal um den berufsbedingten Ner-

KURZ BELICHTET

venzusammenbruch eines brillanten Werbefachmanns und seine Verwandlung in einen — Pickel; um den Rollentausch zwischen einsichtsvollem Herrn und aufmüpfigem — Pickel; um die Annihilierung eines hochdotierten Reklamemenschen, dem um keinen Preis ein Werbespruch für neue Pickelkreme einfallen will, durch einen bösartigen, zu ungeahnten Dimensionen anwachsenden Pickel, der sich schließlich als faschistischer Reklamefachmann ausgibt. Kraus? Originell wird's auf jeden Fall.

Full Moon in Blue Water

Herstellungsland	USA
Regie	Peter Masterson
Produktion	Lawrence Turman, David Foster
Drehbuch	Bill Bozzone
Besetzung	Gene Hackman, Teri Garr, Elias Koteas

An der Golfküste von Texas verschlafen sie ihr Leben: die kleinen Leute in Bill Bozzones Adaption seines Theaterstücks „Full Moon in Blue Water". Gene Hackman, der so verschlafen dreinsehen kann wie kaum ein zweiter amerikanischer „Method"-Schauspieler, hat seine Gründe: erstens geht's seiner Bar, dem „Blue Water Grill" nicht so gut, und zweitens weint er schon seit einiger Zeit seiner verschwundenen Frau nach, die wiederum an „erstens", der finanziellen Misere der Kneipe, Teilschuld trägt. Teri Garr, das Cocktail-Flittchen, ist der Kniffe und knappen Trinkgelder ihrer texanischen Kunden überdrüssig und sieht Licht am Ende der Theke: Gene Hackmans verschlafenes Grinsen. Da darf der Grill ja noch auf Kohle hoffen ...

Die Kneipe läuft nicht mehr: „Full Moon in Blue Water"

The Wash

Herstellungsland	USA
Regie	Michael T. Uno
Produktion	Calvin Skaggs
Buch	Philip Gotanda
Besetzung	Mako, Nobu McCarthy, Patti Yasutake

Paul Mazurskys „An Unmarried Woman" auf japanisch? Nicht ganz. Die Geschichte vom Zusammenbruch der Matsumoto-Ehe spielt im japanischen Viertel des kalifornischen San Jose. Masi Matsumoto, nachdem sie treu und hartnäckig 40 Jahre einer strapazenreichen Ehe mit Nobu durchgestanden hat, wirft die Flinte ins Korn bzw. geht auf Männersuche. Nobu glaubt zwar immer noch, daß sein Verhältnis zur jüngeren Kiyoko Masi letztlich aus Eifersucht zu ihm zurücktreiben wird, wird aber bald eines Besseren belehrt. Masi hat einen alten Witwer gefunden, Sadao, der „gerne fischt und noch lieber ins Kino geht", und wird bald Zeuge eines Mannes, den sie 40 Jahre lang für abgestumpft und gleichgültig gehalten hatte: eines eifersüchtigen Nobu nämlich, der alles daransetzt, seine Frau wiederzugewinnen.

My Best Friend is a Vampire

Herstellungsland	Jimmy Huston
Regie	Jimmy Huston
Produktion	Dennis Murphy
Buch	Tab Murphy
Besetzung	Robert Sean Leonard, Cheryl Pollak, Rene Auberjonois

Nach „The Lost Boys" mit männlichen Teenage-Vamps wie Kiefer Sutherland und Co. kommt der Vampir-Film wieder stark in Mode: er verjüngt seine Protagonisten ständig und erhält sich somit bei Kasse ... in Jimmy Hustons Film geht es um einen jungen durchschnittlich-geilen, „all american" Highschool-Buben, der gerne etwas mehr über Vampire in Erfahrung gebracht hätte und dem es durchaus attraktiv erscheint, Sonnenlicht gegenüber allergisch zu reagieren und ohne Spiegel sich rasieren zu können. Jeremy Capello ist der geborene Vampir-Anwärter. Sein Leben wartet nur darauf: angebissen zu werden bzw. anzubeißen. Letzteres erledigt dann auch das Kätzlein der bezaubernden — um nicht zu sagen „verhexenden" — Nora. Die Frau sieht Jeremys Blut und fällt spontan auf die Knie, erbietet sich, ihm die Wunde höchstpersönlich und unter Verwendung des eigenen ach-so-roten Lippenpaares auszusaugen. Schon ist's um Jeremy geschehen und wieder hat sich ein guter Amerikaner in einen blutsaugenden Transsylvanier verwandelt.

The Year my Voice Broke

Herstellungsland	Australien
Buch und Regie	John Duigan
Produktion	Terry Hayes, Doug Mitchell, George Miller
Besetzung	Noah Taylor, Loene Carmen, Ben Mendelsohn

Braidswood, New South Wales: im Hinterland Australiens, fern jeder Großstadt. Man schreibt das Jahr 1962, und Teenager dieses Nests geben sich international, pinnen Bilder von John F. Kennedy an ihre Wand, treffen sich in dem einzigen Kino oder einzigen Bar dieses Orts. „Das Jahr meines Stimmbruchs" heißt dieser von „Mad Max" Regisseur George Miller produzierte Film über einen jungen Mann, Danny Embling, und seine große Liebe zu einem wenige Jahre älteren Mädchen namens Freya. Danny hat alles versucht: sein supercooler Look kommt bei ihr nicht an, seine voyeuristischen Eskapaden schon gar nicht, seine Hypnose- und Telepathie-Experimente verlaufen im Sand oder wie Danny sagen würde: „are blowin' in the wind."

ACTION, THRILLER, ABENTEUER

Es knallt und explodiert auf vielen Leinwänden, aber so erfolgreich wie noch vor Jahresfrist sind sie nicht, die Action- und Abenteuerfilme. In Deutschland wollte selbst Schimanski nicht mehr so recht ziehen, und der einzige Action-Superhit in den USA 1988 war „Die Hard — Stirb langsam". Doch keine Sorge — denn James Bond 007 steht wieder bereit. Diesmal heißt es „License Revoked — Lizenz entzogen", aber die wird er wohl wiederkriegen. „Indiana Jones" und Spielberg arbeiten ebenso zusammen wie Tom Selleck und die schöne Paulina in „Alibi" gegeneinander.
Der „Punisher" in Gestalt von Dolph Lundgren kommt uns grimmig wie weiland Bronson, Mickey Rourke gütig wie Franz von Assisi („Franziskus"). Superstar Swayze wird zwar wieder tanzen, doch zunächst im Kugelhagel — „Sie kennen kein Erbarmen" und „Roadhouse" sind seine nächsten Projekte. Ein Wiedersehen gibt es mit Gregory Peck — an der Seite von Jane Fonda spielt er den „Alten Gringo".

James Bond

Timothy Dalton hat das Zeug zum Star. Der ehemalige Shakespeare-Mime setzte sich als neuer James-Bond-Darsteller durch und löste nach dem Zwischenspiel von Alt-Bond Sean Connery in „Sag niemals nie" nun endgültig die langjährige Nr. 1 in Sachen Bond, Roger Moore, ab. Im neuen Agenten-Abenteuer geht es ihm an die Substanz. Der Titel Agent 007 — der Code, der zum Töten berechtigt — wird ihm entzogen, was einer geheimdienstlichen Kastration gleichkommt. Warum?

Als Trauzeuge wohnt James Bond dem Ja-Wort seines Ex-Kollegen Felix Leiter und seiner reizenden Della bei. Doch ihr Glück ist nur von kurzer Dauer. Der milliardenschwere Drogenkönig Franz Sanchez, den das Team Bond/Leiter hinter Gitter brachte, entflieht und tötet das jungvermählte Paar auf grausamste Weise. James Bond sinnt auf Rache. Er widersetzt sich dreist „M"s Ordnungsrufen — und es kommt, was kommen muß: Der Code 007 wird ihm entzogen! Das hindert ihn aber keineswegs daran, Sanchez weiter zu hetzen. Es beginnt eine Verfolgungsjagd à la Bond quer durch die Karibik, die mit den packendsten Stunts, den attraktivsten Nixen, den schönsten Landschaften und wirksamsten „Lebensrettern" aus der Werkstatt Desmond Llewekyns den begeisterten Zuschauern ein Kinoerlebnis der Superlative servieren wird.

1989 ist wieder Bond-Jahr — zum zweitenmal leiht Timothy Dalton dem legendärsten Serienhelden der Filmgeschichte sein Gesicht und zieht gegen einen milliardenschweren Crack-Dealer zu Felde

Zum erstenmal widersetzt sich 007 dem Auftrag seines Bosses „M". Die Quittung: Lizenzentzug! Auf eigene Faust allerdings kämpft sich's auch mal unbeschwerter...

007 License Revoked

Das 21jährige Top-Modell Talisa Soto steht mit Mr. Dalton das erste Mal vor der Kamera. Sie spielt Sanchez' First Lady, ist aber in einigen Situationen auf die tatkräftige Hilfe von James Bond angewiesen, wofür sie sich auf ganz persönliche Weise erkenntlich zeigt. Die Frau neben Bond ist das Ex-Model Carey Lowell. Sie brach schon so manche Herzen, unlängst erst in „Ich und Er" von Doris Dörrie, und Bond wäre nicht Bond, wenn er einen vielversprechend weiblichen Sachverhalt nicht entsprechend zu würdigen wüßte. Es versteht sich aber von selbst, daß Agent 007 sich am Ende rehabilitiert und seinen Titel wieder tragen darf. Und dann gibt's den verdienten Martini — geschüttelt, nicht gerührt.

Herstellungsland	USA/Großbritannien
Regie	John Glen
Buch	Michael G. Wilson
Produktion	Albert R. Broccoli für Danja S.A.
Darsteller	Talisa Soto, Carey Lowell, Timothy Dalton

Die First Lady von Drogen-King Sanchez (Talisa Soto) macht dem Superagenten in mehrfacher Hinsicht zu schaffen. Sie ist brandgefährlich, denn sie lockt den Frauenfreund Bond mit ihren Reizen fast ins Verderben

Leviathan

George Pan Cosmatos siedelte sein Unterwassermärchen zwischen „Alien" und „Blade Runner" an

Herstellungsland	Italien
Regie	George Pan Cosmatos
Drehbuch	David Peoples
Produktion	Luigi and Aurelio de Laurentiis
Besetzung	Peter Weller, Richard Crennar, Amanda Pays, Lisa Eilbacher

SHACK 7 hockt zwei Meilen unter dem Meeresspiegel, ein Oktagon aus Stahl, groß wie ein Appartementblock, technisch perfekt, ökologisch sauber, bietet dieses künstliche Reich ein Heim für acht Männer und Frauen. Sie führen das harte Leben von Tiefseeschürfern.

Sie arbeiten für Tri-Oceanic, ein Multi, heiß auf der Wallstreet, sonst eiskalt. Ihre Wohnungen sind vollautomatisiert, und für Ausflüge steht jede Art von Fortbewegungsmittel zur Verfügung. So wirken sie wie schattenhafte „Juggernauts", wenn sie die Erdkruste nach Silber und anderen kostbaren Metallen ausplündern. Für Jahrhunderte war dies Erzlager unerreichbar, jetzt hat die Wissenschaft einen Weg gefunden; und die Natur wandelt sich zum Alptraum ...

Sie schlägt hart zurück, als nun das big Busineß seine gräßlichen Genexperimente gegen sie einsetzt.

David Peoples, der schon „Bladerunner" geschrieben hat, entwickelt hier wieder einen Lebensstil, wie man ihn noch nie auf der Leinwand gesehen hat.

Eine Welt, von der wir glauben, daß wir sie kennen, doch mit den durchaus möglichen Varianten, die uns zukünfig weitere Eingriffe bescheren können. Die Verantwortung liegt bei dem Chefingenieur (Peter Weller, bekannt aus „Robocop", „A Killing Affair", „Skakedown", „The Tunnel" und „Shoot the Moon"), der zwischen den geologischen Möglichkeiten und seinem Gewissen entscheiden muß.

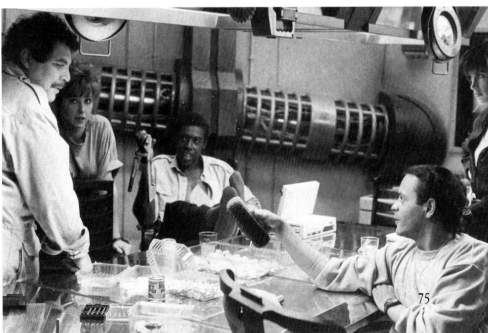

In einer Welt weit unter unserer Zivilisation muß ein Forscherteam gegen das unvorstellbare Grauen antreten — den Leviathan

The Accused

Eine junge Frau wird überfallen und vergewaltigt — Menschen sehen zu und keiner unternimmt etwas

Herstellungsland	USA
Regie	Jonathan Kaplan
Produktion	Stanley R. Jaffe, Sherry Lansing
Drehbuch	Tom Topor
Besetzung	Kelly McGillis, Jodie Foster

Sarah Tobias wird überfallen und vergewaltigt und niemand hilft ihr — obwohl Leute in der Nähe sind. Sie schreit nach dem Gesetz, doch niemand hört sie. Im Alleingang mit ihrer Rechtsanwältin Katheryn Murphy bringt sie die Leute vor Gericht, die ebenso gefährlich sind wie die Täter selbst — die Zeugen, die alles einfach geschehen ließen.

Kelly McGillis und Jodie Foster spielen in diesem Film zu einem heißen Thema. Sherry Lansing, die zuvor „Eine verhängnisvolle Affäre" produzierte, zu ihrer neuen Produktion: „Das sind Menschen, um die es da geht. Die können auch Fehler machen. Wir wollen nicht, daß ihre Charaktere idealisiert werden. Die Komplexität, die Kelly McGillis und Jodie Foster in ihrem Spiel erreichen, ist bemerkenswert." Sherry Lansing und Mit-Produzent Stanley Jaffe wissen, wie heiß dieses Thema ist. Mit einem Beinahe-Rückzieher von der eigenen Story sagen sie: „Dauernd hört man in den Nachrichten von Leuten, die das Schlimme einfach geschehen lassen. Wir wollen einfach Leute motivieren, nicht einfach herumzustehen, wenn etwas passiert." Man darf gespannt sein, ob ein gutgemachter und sich ernst nehmender Actionfilm juristische Probleme wie „unterlassene Hilfeleistung", „Notwehr" und vielleicht auch „Selbstjustiz" richtig anzupakken weiß.

Kelly McGillis spielt die Anklägerin in dem Prozeß um „unterlassene Hilfeleistung"

Bert Rigby, You're a Fool

Bergarbeiter mit großen Plänen aber ohne Geld gewinnt Wettbewerb für Amateur-Schauspieler

Tanzen, Singen und Schauspielern sind das Steckenpferd des schnieken Bert

Carl Reiner („Where's Poppa", „The Jerk", „Dead Men don't Wear Plaid", „All of Me") schrieb „Bert Rigby" speziell für Robert Lindsay, den er am Broadway in dem Musical „Me and My Girlfriend" gesehen hatte. Ohne Robert kein Rigby, behauptete er in einem Interview mit „Screen International". So sind denn in dem Film auch Teile aus Roberts Leben hineinverwoben — so stammt Robert z. B. wie Rigby auch aus einer kleinen Bergarbeiterstadt im Norden von England. Und Rigby liebt, wie Robert, Tanzen und Singen und Schauspielern, und hat darüber hinaus große Pläne für die schwangere Frau seines Lebens (Verehelichung) und für den lokalen Bingo-Saal (Zurückverwandlung ins Kino „Ritz"). Beide Vorhaben sind z. Z. undurchführbar: zum einen wegen der Differenzen zwischen den Schwiegermüttern, zum anderen, weil Rigby als Bergarbeiter gerade streikt und somit mittellos dasteht. Er gewinnt dafür in einem Wettbewerb für Amateur-Schauspieler, zieht von da an singend und tanzend durchs Land und schröpft gemeinsam mit seinem Manager (Robbie Coltrane) das Publikum, bis er für Hollywood „entdeckt" wird. Nach der Ankunft in L. A. sieht alles bald ganz anders aus; Ridley muß sich allein und recht und schlecht durchschlagen. Die reiche Filmproduzentengattin, Mrs. Perlestein (Anne Bancroft), hilft ihm dabei.

Herstellungsland	England
Buch und Regie	Carl Reiner
Produktion	Lorimar
Besetzung	Robert Lindsay, Robbie Coltrane, Jackie Gayle, Anne Bancroft

Hauptdarstellerin Jane Fonda zeichnet als Produzentin dieser klassischen Dreiecks-Romanze mit Action-Zugabe verantwortlich

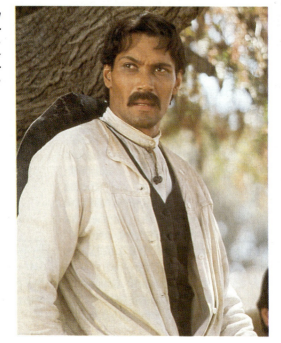

„Gringo" Gregory Peck und Pancho Villas bester Kämpfer (Jimmy Smits) bemühen sich um eine amerikanische Lady (Jane Fonda) — beide setzen ihr Leben für sie ein

Der alte Gringo

Liebe, Machthunger und die mexikanische Revolution sind die Zutaten in Luis Puenzos' Drama um das Leben des Dichters Ambrose Bierce

Herstellungsland	USA
Regie	Luis Puenzo
Produktion	Jane Fonda, Lois Bonfiglio
Drehbuch	Aida Bortnick, Luis Penzo
Besetzung	Jane Fonda, Gregory Peck, Jimmy Smits

Western-Freunde haben 1989 doppelt Spaß: Neben den Abenteuern von Billy the Kid in „Young Guns" können sie auch eine „echte" Romanze aus der Zeit der mexikanischen Revolution auf der Leinwand erleben.
Jane Fonda und Lois Bonfiglio produzierten „Der alte Gringo", eine action-geladene epische Geschichte um Leidenschaft und Macht. Erzählt wird die Lebensgeschichte des amerikanischen Journalisten und Autors Ambrose Bierce, der sich in den Wirren der Revolution in eine amerikanische Lady verliebt, um die auch ein feuriger junger General aus der Armee von Pancho Villa heftig wirbt. Luis Puenzo, der bereits den oscar-preisgekrönten Film „The Official Story" drehte, führt Regie, er und Aida Bortnick schrieben nach der Romanvorlage von Carlos Fuentes das Drehbuch. Jane Fonda, die die Idee zu dem Film entwickelte und das Projekt zum Laufen brachte, spielt selbst die Hauptrolle, den „alten Gringo" Ambrose Bierce, der nunmehr auf der Seite der Mexikaner steht, spielt Altstar Gregory Peck — ein Wiedersehen, auf das sich ganz sicher nicht nur ältere Kinofans freuen.

Vagabunden

Mario Monicelli erzählt ein Märchen vom fröhlichen Leben umherstreifender Vagabunden

Herstellungsland	Italien
Regie	Mario Monicelli
Drehbuch	Suso Cecchi D'Amico, Leo Benvenuti
Produktion	Gianni di Clemente für Clemi Cinematografica
Besetzung	Giancarlo Giannini, Enrico Montesano, Giuliana De Sio, Bernard Blier, Vittorio Gassman, Nino Manfredi

Lazzarillo (Montesano) wird als kleiner Junge an einen blinden Bettler verhökert. Dem entkommen, beginnt er ein Vagabundenleben. Er trifft Guzman (Giannini), einen gewaltigen Zocker vor dem Herrn. Beide landen als Galeerensklaven im stickigen Rumpf eines Kriegsschiffes — nicht lange! Sie werden in den Rang von Adjutanten erhoben — und derenthalben bei der nächsten Meuterei als erste über Bord geworfen.

Aneinandergekettet erreichen sie einen Strand, fallen prompt in die Hände des Gesetzes, Giuliana (De Sio) rettet sie — und sie retten sich ins Dunkel der Nacht... jeder in eine andere Richtung.

In Granada sehen sie sich wieder: Guzman als feiner Diener in einem Palazzo, Lazzarillo als falscher Blinder, eine „Tour", die er seinem ersten Besitzer abschaute. Er wirkt so überzeugend, daß er von einem Theater für ein Heiligenspiel engagiert und von einer Nonne mit ins Kloster genommen wird...

Doch was auch immer sie anstellen, das Glück ist nicht auf ihrer Seite: Guzman findet sich vor dem Richtblock kniend wieder, doch der neue Gehilfe des Scharfrichters, ein gewisser Lazzarillo, stellt sich zu blöd an, er läßt das Beil so ungeschickt fallen, daß es dem Todeskandidaten die Fesseln zerschneidet...

Wieder ziehen unsere Helden über die Landstraße, die alte Räuberweise fröhlich auf den Lippen...

„Siamo Picari, vagabondi..."

Guzman (Giancarlo Giannini) und Lazarillo (Enrico Montesano) schlagen sich mit pfiffigen Tricks durchs Leben

Indiana Jones – Der letzte Kreuzzug

Indiana Jones (Harrison Ford) hat den Spaß am Abenteuer noch lange nicht verloren

Zum dritten Mal kämpft sich Archäologe Indy durch die rauhen Teile dieses Erdballs — zur Freude des reiselustigen Regisseurs Spielberg

Herstellungsland	USA
Regie	Steven Spielberg
Produktion	Robert Watts
Besetzung	Harrison Ford, Sean Connery, Denholm Elliott, Alison Doody

Das Team zum dritten Teil von Spielbergs erfolgreicher Indiana-Jones-Serie hatte sich fast völlig von der Außenwelt abgeschottet, als im Juli 1988 die Dreharbeiten zu dem Film begannen. Drehbucheinzelheiten dringen denn auch nur ganz langsam ans Licht der Öffentlichkeit — und Dementis von Paramount-Pictures sind danach an der Tagesordnung. Also machen wir uns erst gar nicht ans Rätselraten und warten, bis die Produktion die ersten offiziellen Einzelheiten herausgibt. Klar ist, daß sich Professor Jones wieder in die Grüfte der Archäologie begibt und auf seiner Reise in die Vergangenheit diesmal gegen verbrecherische Konkurrenten (und an der Seite von himmlischen Heerscharen) durchschlagen muß. Die Zusammenstellung des Teams und das Budget von angeblich 35 Millionen Dollar versprechen ein gigantisches Spektakel: Barry Tomblin führt die Action-Regie — im biblischen Historiendrama ist er seit „König David" bestens zu Hause, Paul Beeson führt die Action-Kamera („Jane and the Lost City"), Vic Armstrong („Empire of the Sun") zeichnet für die Stunts verantwortlich. Chefkameramann ist natürlich wieder Douglas Slocombe, der die beiden ersten „Indy"-Abenteuer filmte. Die große Überraschung des Films, der zum großen Teil in Spanien und wieder Sri Lanka gedreht wurde, ist aber sicher Mit-Akteur Sean Connery. Mit ihm an Bord ist der Film schon jetzt ein doppelter Gewinn.

Dead Heat

Zwei Cops wundern sich, daß gestern totgeschoss'ne Gangster heute wieder munter ballern

Herstellungsland	USA
Regie	Mark Goldblatt
Drehbuch	Terry Goldblatt
Produktion	Michael Meltzer/David Helpern
Besetzung	Treat Williams, Joe Piscopo, Lindsay Frost, Vincent Price

Roger Mortis und Doug Bigelow denken angesichts ihrer neusten frustrierenden „shoot-outs" gerne an die gute alte Zeit zurück, als quicklebendigen Gewaltverbrechern noch mit ein paar Runden der Garaus zu machen war. Es trifft sie schwer, daß sich die Früchte ihrer Arbeit, hartgesottene, mit Müh und Not endlich totgeschossene Gangster, als längst umgebrachte Verbrechergrößen erweisen — die ihnen darüber hinaus immer wieder neu vor den Lauf kommen. Mortis und Bigelow beschließen, der Sache auf den Grund zu gehen...

Treat Williams und Joe Piscopo als Zombie-Jäger wider Willen

Fabrik der Offiziere

Nach dem Roman von Hans Hellmut Kirst drehte Wolf Vollmar einen deutsch-tschechischen Mammutfilm

Herstellungsland	Bundesrepublik Deutschland/CSSR
Regie	Wolf Vollmar
Drehbuch	Wolf Vollmar (nach dem Roman von Hans Hellmut Kirst)
Produktion	Mondada/Barrandov
Besetzung	Thomas Holtzmann, Manfred Zapatka, Karl Walter Diess, Harald Dietl, Sigmar Solbach, Brigitte Karner, Kurt Conradi, Rosel Zech

Es beginnt 1942 mit der Schlacht um Stalingrad, in der Oberleutnant Krafft alles über die grausame Realität des Krieges erfährt; das Warten, das Kämpfen, den Hunger, das Krepieren. Krafft überlebt Stalingrad. 1944 wird er als Ausbilder an eine Schule für Offiziersanwärter in Süddeutschland versetzt, wo er sich in einer Atmosphäre aus überholter deutscher Militärtradition und den abscheulichen Realitäten des Nationalsozialismus wiederfindet. Sein Vorgänger wurde ermordet, aber wie und warum? Oberleutnant Krafft untersucht den Fall, setzt dabei sein eigenes Leben aufs Spiel und entlarvt den Mörder, einen fanatischen Fähnrich namens Hochbauer. Dessen Selbstmord löst eine Kettenreaktion aus. Kraffts bewegende Totenrede endet mit seiner Verhaftung. Seine große Liebe zu Elfriede, die im Büro der Stammkompanie arbeitet, hat keine Überlebenschance: Krafft wird hingerichtet. Seine letzten Worte weisen den Weg: „Alles für ein anderes Deutschland!"

„Fabrik der Offiziere" basiert auf dem berühmten Roman von Hans Hellmut Kirst, einem der wichtigsten deutschen Autoren der Nachkriegszeit. Das 1960 erschienene Buch ist mittlerweile in 28 Sprachen übersetzt worden und hat eine Gesamtauflage von sechs Millionen Exemplaren erreicht. Fernsehregisseur Wolf Vollmar (60) hat mit der Verfilmung von Kirsts Roman nach fünfjähriger Vorbereitungszeit ein Lebenswerk vollendet: Er zeichnet nicht nur für Regie und Drehbuch verantwortlich, sondern hat als Produzent auch die 10 Millionen Mark auf die Beine gestellt, die zur Realisierung dieses für den internationalen Markt konzipierten Mammut-Projektes notwendig waren.

Zweiter Weltkrieg, Insel Borneo: Captain Fairbourne und Sgt. Tenga springen mit dem Fallschirm über dem Urwald ab, um die dort lebenden Eingeborenen dazu zu bewegen, im Kampf gegen die Japaner mitzuhelfen. Sie werden sofort von Kopfjägern umzingelt und sind erstaunt, als Anführer der Kopfjäger einen weißen Mann mit langen roten Haaren zu finden. Man nennt ihn Learoyd und er ist der König der Eingeborenen — er erzählt, daß er nach einer Schlacht desertierte, in die Hand der Kopfjäger fiel und schließlich im Schwerterkampf den ärgsten Feind der Dayaks, so heißt sein Stamm, besiegte. Danach vereinte er alle Dayaks zu einem einzigen Stamm und begann, ein Dschungelparadies aufzubauen. Nur widerwillig, nachdem man ihm schriftlich gegeben hat, sein Paradies und ihn nicht anzutasten, läßt er zu, daß sein Stamm gegen die Japaner mitkämpft. Fairbornes Männer bilden die Dayaks aus und finden Gefallen am freien Leben mit Learoyd. Der kann in einem Kampf Fairbournes Leben retten, wird aber von ihm bzw. dessen Vorgesetzten dennoch betrogen — denn man wird ihn zwingen, sein Dschungeldasein aufzugeben. Das Schicksal bricht über die Dayaks herein — sie können im Kampf gegen Japan nicht gewinnen. Fast alle sterben, Learoyds Familie im Dschungel wird ausgelöscht — er selbst auf einem Frachtschiff der Amerikaner in Richtung Heimat, und Gefängnis geschickt. Doch das Schiff strandet noch einmal und Fairbourne hat Gelegenheit, seinen Verrat wieder gutzumachen ...

Abschied vom König

Vor dem Hintergrund der Pazifikschlacht des zweiten Weltkriegs erzählt John Milius ein packendes menschliches Action-Drama

Nick Nolte spielt den "Weißen Mann von Borneo", den es nach Berichten eines amerikanischen Kriegsberichterstatters wirklich gegeben haben soll. Der Darsteller bereitete sich auf Borneo intensiv auf diese Rolle vor — er wurde wirklich von den Eingeborenen als Mitglied anerkannt, nachdem er auf deren Art ein Schwein getötet hatte ("natürlich haben wir es hinterher zusammen gegessen"). John Milius, der Drehbuchautor und Regisseur dieses Films, wollte auch mit diesem Film "zunächst einmal nur eine gute Geschichte erzählen", und dazu ließ er sich, wie in anderen Geschichten ("Conan", "Die rote Flut"), auf extreme Bedingungen ein, "die wahrscheinlich wieder Kontroversen auslösen". Milius, den nach eigenen Angaben der japanische Großmeister unter den Regisseuren, Akira Kurosawa, zum Filmemachen brachte, erläutert: "Es sind immer ähnliche Themen, die ich filme, und immer ähnliche Mißverständnisse beim Publikum hinterher. Bei mir sind immer die zivilisiertesten Völker die wahren Bösen — man wird mir vorwerfen, ich sei gegen die Japaner mit diesem Film, aber wenn man genau hinsieht, sind die Briten hier viel bösartiger als die Japaner."

Herstellungsland	USA
Regie	John Milius
Produktion	Al Ruddy, Andre Morgan
Drehbuch	John Milius
Besetzung	Nick Nolte, Nigel Havers, James Fox, Richard Morgan

The Executioner

William Friedkin, der Action-Profi von „Leben und Sterben in L.A.", verfilmt eine Romanserie mit Stallone

Herstellungsland	USA
Regie	William Friedkin
Produktion	Mario Kassar, Andrew Vajna
Drehbuch	Don Pendleton
Besetzung	Sylvester Stallone

Ob „Rambo IV" wirklich gedreht wird, steht noch in den Sternen — nachdem der 50 Millionen Dollar teure Streifen nicht die Box-Office-Erwartungen erfüllte (auch wenn er natürlich nicht als Flop bezeichnet werden darf).
Wie auch immer, der Held selbst hat ja immer noch einige andere Action-Figuren drauf, die er aus der Trickkiste holen kann. Oder er macht mal etwas ganz Neues, indem er einen smarten James-Bond-Typen spielt, so einen mit der Freikarte zum Töten. Mack Bolan heißt der Serienheld des Autors Don Pendleton, der gegen immer neue Weltenzerstörer, Paranoiker und Drogensyndikate vorgehen muß. Alles schon mal dagewesen? Gewiß, aber wenn William Friedkin („Der Exorzist" und „Leben und Sterben in L.A.") ein solches Thema angeht, darf man durchaus auf überdurchschnittliche Unterhaltung gefaßt sein. Bevor also Rocky endgültig mit dem Boxen aufhört und zum Buddhismus konvertiert, muß Mack Bolan in den Ring.

Sylvester Stallone spielt Mack Bolan, den unermüdlichen Kämpfer für Gerechtigkeit und Ordnung, dem allerdings die Waffe ziemlich locker hängt

Roadhouse

Als Rausschmeißer in einer Provinzbar verdingt sich Patrick Swayze in diesem Film von Rowdy Herrington

Aus dem anfänglich lockeren Job, eine Kneipe richtig aufzuräumen, wird schließlich ein blutiger Fight auf Leben und Tod

Herstellungsland	USA
Regie	Rowdy Herrington
Produktion	Joel Silver
Drehbuch	Hilary Henkin, David Lee Henry
Besetzung	Patrick Swayze, Ben Gazzara, Sam Elliott

Die stattliche Summe von einer Million Dollar ließ sich Patrick Swayze vom Produzenten Joel Silver zahlen, um in „Roadhouse" — seinem ersten Film seit dem internationalen Mega-Hit „Dirty Dancing" — einen Barrausschmeißer zu verkörpern, der in einem kleinen Städtchen am Missouri in die Intrigen eines Mini-Paten (Ben Gazzara) verwickelt wird. Der anfangs harmlos erscheinende Job — ein paar tausend Dollar für die „Säuberung" einer heruntergekommenen Kneipe — wird zu einem Spiel auf Leben und Tod, bei dem es — bekanntermaßen — nur einen Sieger geben kann. Swayze zur Seite steht der „Blue Jean Cop" erfahrene Sam Elliott als dessen Mentor und Partner. Für die nötige Weiblichkeit in diesem 15-Millionen-Dollar-Action-Spektakel sorgt die blonde Kelly Lynch („Cocktail"), die Swayze während all der Autoverfolgungsjagden, Schießereien und Häuserexplosionen das Leben zu versüßen weiß.
Für die Regie zeichnet der Kanadier Rowdy Herrington verantwortlich.

Franziskus kämpft für die Armen. Als er sich jedoch gegen den Orden auflehnt, bekommt er Schwierigkeiten mit der Kirche und seinen eigenen Anhängern

Herstellungsland	Italien/ Deutschland
Regie	Liliana Cavani
Drehbuch	Roberta Mazzoni, Peter Berling
Produktion	Giulio Skanni für Karol Film, Rom; Royal Film, München
Besetzung	Mickey Rourke, Helen Bonham Carter, Mario Adorf, Andrea Ferreol, Peter Berling

Franziskus

Als noch nicht heiliggesprochener Franz von Assisi schlägt sich Mickey Rourke im Mittelalter durch. Die italienische Meisterregisseurin Liliana Cavani inszenierte ein Bibeldrama mit Biß

Liliana Cavani, die vor 20 Jahren bereits die Geschichte des Heiligen Franz von Assisi in Schwarzweiß mit Lou Castel verfilmt hat, läßt diesmal mit Mickey Rourke den Heiligen weg. Sie zeigt das Aufwachsen eines Jungen (geboren 1182) aus neureicher Kaufmannsfamilie, hingegeben den Vergnügungen der „Jeunesse dorée" —, mit nichts anderem im Kopf, als den Ritterstand zu erreichen. Bei der ersten Gelegenheit, einer Lokalfehde mit dem benachbarten Perugia, gerät er schmählich in Gefangenschaft. Nur das Lösegeld seines Vaters bewahrt ihn davor, über die Klinge springen zu müssen. Wieder frei, ist er ein anderer geworden. Franziskus beginnt den Besitz seines Vaters an die Armen zu verschenken. Es kommt zum Prozeß Vater gegen Sohn vor dem Bischof, der damit endet, daß Franziskus sich auch seiner Kleider entledigt, um nichts mehr zu besitzen. Er zieht in die Wälder unterhalb Assisis, setzt eine kleine Kirche instand und sammelt gleichgesinnte Freunde um sich. Bis hierhin betrachtet die bürgerliche Gesellschaft die „Minderen Brüder" nur als Verrückte, als dann aber im Jahre des berühmten Kinderkreuzzuges 1212 auch die Töchter ihren Eltern davonlaufen, wird die Situation der jungen Gemeinschaft kritisch. Dank des Einschreitens des Bischofs wird jedoch Franziskus' Jugendfreundin Clara zur Äbtissin erhoben und in einem eigenen Kloster untergebracht, womit die Versuchung zwar nicht aus der Welt geschaffen ist, aber gebannt.

Franziskus kämpft zeitlebens dafür, nicht in die festen Regeln eines Ordens gepreßt zu werden. Doch hier hat er nicht nur die Kurie gegen sich, sondern auch seine eigenen Anhänger fallen ihm in den Rücken. 1226 stirbt Franziskus an Unterernährung und Erschöpfung, bereits zwei Jahre später wird er heilig gesprochen.

Die Bluthunde vom Broadway

Action-Comedy mit Starbesetzung — eine Story aus der guten alten Zeit Amerikas

Herstellungsland	USA
Regie	Howard Brookner
Drehbuch	Colman deKay, Howard Brookner
Produktion	Kevin Dowd
Besetzung	Matt Dillon, Madonna, Mary Stuart Masterson, Rutger Hauer, Randy Quaid, Jennifer Grey, Julie Hagerty, Esai Morales

„Bloodhounds of Broadway" war ursprünglich eine American-Playhouse-Produktion, die während des David-Puttnam-Regimes von Columbia Pictures aufgegriffen wurde. Die musikalische Komödie schildert einen Moment aus dem Leben einer Gruppe von Broadway-Aspiranten, die die Silvesternacht 1928 in einem New Yorker Nachtclub feiern. Madonna und Jennifer Grey spielen zwei Chorus-Girls. Tapdancing, Singen und natürlich Romanzen und Liebe bilden den Schwerpunkt dieser letzten Party in sorglosen Zeiten, bevor 1929 Amerikas große Wirtschaftskrise beginnt.

Matt Dillon, Rutger Hauer, Madonna und Jennifer Grey sind die Stars, die sich in Howard Brookners Film an die Zeit vor ihren Karrieren erinnern können

Verraten

Einer der spannendsten Thriller des Jahres — Costa Gavras beleuchtet ein düsteres Kapitel des amerikanischen Traums

Die ersten amerikanischen Kritiken wollten es nicht wahrhaben: sie beklagten, daß Regisseur Costa-Gavras sein Sujet — den KKK-Rassismus im Herzen Amerikas — überzeichnet hätte. Man deutete auf die unfraglich melodramatischen „plot twists" der vom „Flashdance"-Autor Joe Eszterhas entworfenen Geschichte. Völliger Blödsinn. Wochen später folgten in den amerikanischen Zeitungen Hintergrundberichte zu diesem Thema, selbst Interviews mit dem Ex-Anführer des Klu Klux Klans, Tom Metzger, der der Presse berichtete: Costa-Gavras „portraitiert uns in seinem Film als vernünftige Leute". Mit „uns" meint er die Rassisten Amerikas, ein gemütliches Völkchen, das sich gerne ums Lagerfeuer versammelt, Barbequeues veranstaltet, kinderlieb und patriotisch sich gibt. Tagsüber, so zeigt es auch der Film, erntet man kräftig das gelbe Korn, nachts gerät das Geerntete etwas „röter", blutig, schier Unglaubliches soll da umgemäht werden... Die Farmer machen Jagd auf einen Schwarzen, jagen ihn wie ein Stück Wild, schießen ihn nach der Hetzjagd zusammen und lassen die Leiche verschwinden.

Debra Winger spielt eine Undercover-Agentin des FBI, die sich bei diesen Leuten des „amerikanischen Südens und Mittelwestens" einschleicht und die Mörder eines Chicagoer Disc-Jockeys finden soll. Sie verliebt sich in Tom Berenger, einen verwitweten Familienvater, der ihr gegenüber total „offen" sein will: deshalb weiht er sie auch ins nächtliche Ritual der Menschenjagd auf Schwarze ein. Bald schon sieht Winger die amerikanische Flagge zusammen mit den Hakenkreuzflaggen unterm brennenden Kreuz der weißen Patrioten und Fanatiker wehen. Sie denkt, was wir alle denken: das kann nicht möglich sein; und: wer erklärt uns diese Bilder? Costa Gavras' Film hat sich das zur Aufgabe gemacht.

Debra Winger spielt die Agentin, die herausfindet, was nicht sein darf — Rassisten veranstalten Menschenjagden auf Schwarze

Herstellungsland	USA
Regie	Costa Gavras
Produktion	Irwin Winkler
Buch	Joe Eszterhas
Besetzung	Debra Winger, Tom Berenger, John Heard

Messenger of Death

Herstellungsland	USA
Regie	J. Lee Thompson
Produktion	Golan/Globus, Pancho Kohner
Buch	Paul Jarrico
Besetzung	Charles Bronson, Trish Van Devere, John Ireland

Das Triumvirat des Action-Genres hat wieder mal zugeschlagen: Charles Bronson, die „greise Granate" (US-Presse), sein Regisseur J. Lee Thompson und Produzent Pancho Kohner. Achtmal schon haben sie die Action-Fans das Lieben und die Kritiker das Fürchten und Lachen gelehrt — alle Filme waren am internationalen Boxoffice erfolgreich, auch wenn „St. Ives", „The White Buffalo", „Caboblanco", „Murphy's Law", „Death Wish IV" etc. nicht in die Annalen der Filmgeschichte eingehen werden.

Trotz des friedhofrüchigen Titels soll dieses letzte Werk ein Meilenstein in der Karriere Bronsons, ja eine Wende für den „Actioner" werden: Bronson wird zum erstenmal keine Waffe bei sich tragen — das soll ihn verletzlicher erscheinen lassen ...

„Messenger of Death" basiert auf der erfolgreichen Detektiv-Geschichte von Rex Burns, in der Bronson statt eines Polizisten oder rachesüchtigen Privatmanns einen schlichten Reporter spielen wird. „Schlicht" ist gut, denn er soll, als Mann des Friedens und der Wahrheit, zwischen zwei Brüdern vermitteln. Klingt langweilig? „Das Spannungs- und Action-Level bleibt enorm hoch", versichert Produzent Kohner. Und natürlich sitzen in den Kinos immer genug. Magnophile und Bleisammler, die nur darauf warten, daß das Mikrophon des Reporters sich als „stick"-Granate entpuppt und Bronsons Bleistifthand ihrer wahren Bestimmung zugeführt wird: 100 % tödlicher Kommunikation und Kunde, wie sie der Titel verspricht.

Finding Maubee

Carl Schenkel goes to Hollywood — und dreht eine Action-Komödie mit Star-Besetzung

Es hat eine Weile gedauert, doch dann hatte Carl Schenkel, das deutsche (in der Schweiz geborene) Regie-Wunderkind („Abwärts") den Marschallstab im Tornister des Reisegepäcks in die USA ausgepackt. Was mit einer Episode zur Fernsehserie „Amazing Stories", Spielbergs kleiner Fernseh-Talent-Show, begann, mündete nun in die Inszenierung eines großen Spielfilms, der in den USA von MGM in die Kinos gebracht wird.

„Finding Maubee" ist die Story eines stolzen Polizeichefs einer kleinen karibischen Insel, der seinen besten Freund aus Jugendtagen suchen lassen muß, weil der einen prominenten Geschäftsmann umgebracht haben soll. Seine Nachforschungen allerdings machen ihm Schwierigkeiten — die Vorgesetzten und auch die Herren des weißen Establishments auf der Insel wollen rasche Erfolge sehen —, doch die können erst vorliegen, wenn der Polizeichef den wahren Schuldigen an dem Mord, und das ist eben nicht Maubee, gefunden hat . . . .

Mit hervorragenden Akteuren drehte Carl Schenkel seine erste Hollywood-Produktion in Jamaica — Denzel Washington („Der Schrei nach Freiheit") und Robert Townsend („Hollywood Shuffle") spielen die Hauptrollen, Mimi Rogers, James Fox, Sheryl Lee Ralph und M. Emmet Walsh gehören zu den weiteren Stars.

Herstellungsland	USA
Regie	Carl Schenkel
Produktion	Sandy Lieberson, Marion Hunt
Drehbuch	Hampton Fancher
Besetzung	Denzel Washington, Robert Townsend, Mimi Rogers, James Fox

Die Schnüffler stolpern von einer Party zur anderen — sie wollen Maubee gar nicht finden, sondern den wirklichen Mörder

Sie kennen kein Erbarmen

Patrick Swayze einmal anders: Der schmutzige Tänzer wird zum sauberen Bullen im Kampf gegen das Unrecht

Herstellungsland	USA
Regie	John Irvin
Drehbuch	Michael Jenning/Jeb Stuart
Produktion	Dan Enright/Les Alexander
Besetzung	Patrick Swayze, Liam Neeson, Adam Baldwin, Helen Hunt

John Irvin („Hamburger Hill", „Turtle Diary") inszenierte seinen siebten Featurefilm in den USA mit „Dirty Dancing"-Star Patrick Swayze und Liam Neeson aus Nordirland in den Hauptrollen. Es geht um „Mobster" (Gangster) versus „Hillbillies" (Hinterwäldler) in diesem in Chicago und Kentucky gedrehten Action-Drama.

Truman Gates (Patrick Swayze) hat es aus den entlegenen Appalachen in die rauhe Gangsterwelt Chicagos verschlagen, wo er als Polizist arbeitet. Als sein jüngerer Bruder Gerald, der ebenfalls in Chicago arbeitet, von Mafiaboß Joey Rosselini grundlos ermordet wird, kommt es zu einer dramatischen Fehde zwischen den Familien der Beteiligten, den traditionellen, aber auch engstirnigen Hillbillies vom Lande und dem gewieften Mobsterclan der Großstadt. — Da er keinen Beweis gegen Joey hat, sind Truman als Polizist die Hände gebunden. Das interessiert seinen älteren Bruder Briar (Liam Neeson) wenig. Er mietet sich in einem billigen Chicagoer Hotel ein, um Geralds Tod zu rächen.

Nach „Raw Deal" drehte Regisseur John Irvin zum zweiten Mal in Chicago. Den 49jährigen aus Liverpool interessierte an dem Action-Skript die tiefgehende menschliche Motivation der Protagonisten durch die Einbeziehung ihrer Angehörigen. Grundverschiedene ethnische und kulturelle Welten prallen in der Handlung aufeinander. Ein guter Hintergrund, Spannung zwischen den Charakteren zu schaffen.

Flüchtlinge

Quer durch die USA geht die Flucht eines ungleichen Ganovenpärchens, das bei einem Bankraub die Beute schlicht vergessen hat ...

Nick Nolte, erst kürzlich in „Unkraut" zu sehen, jenem Film, in dem er Sträflingen die Rehabilitation erleichtert, spielt wieder einen schweren Jungen. Doch diesmal einen, wo von Rehabilitation so schnell nicht die Rede sein kann. Ein gewisser Ned Perry nämlich erweist sich als Bankräuber derart ungeeignet, daß er einen Komplizen braucht. Widerstrebend willigt er ein, daß Daniel Lucas (alias Nolte) sein Partner wird. Der Bankraub selbst allerdings geht völlig daneben — und ebenso daneben geht die Flucht vor der Polizei. Irgendwelchen glücklichen Umständen haben die beiden es zwar zu verdanken, daß sie nicht geschnappt werden, aber so recht glücklich werden sie dabei nicht.

„Cross-Country"-Verfolgungsjagden scheinen „in" zu sein, seitdem Robert De Niro und Charles Grodin mit „Midnight Run" so großen Erfolg hatten. Francis Veber, der bereits in Frankreich Pièrre Richard und Gérard Départdieu zur Flucht verhalf, orientierte sich nun in den USA neu — für Disneys Touchstone-Pictures. Die auch schon das Remake von „Drei Männer und ein Baby" auf den Markt brachten, inszenierte er diesen Film und fungiert auch als Executive-Produzent.

Herstellungsland	USA
Regie	Francis Veber
Produktion	Francis Veber, Lauren Schuler-Donner
Drehbuch	Francis Veber
Besetzung	Nick Nolte, Martin Short

95

Lügen haben kurze Beine — nicht so die der „schönsten Frau der Welt"

Alibi

Ein weiterer „Serious Thriller" — der Australier Bruce Beresford inszenierte eine weitere „verhängnisvolle Affäre"

Herstellungsland	USA
Regie	Bruce Beresford
Produktion	Keith Barish
Drehbuch	Charlie Peters
Besetzung	Tom Selleck, Paulina Porizkova, Jems Farentino, Ossie Davis

Seit der harte Thomas Magnum als einer von drei Männern mit einem Baby weich geworden ist, sind ihm noch mehr Frauenherzen zugeflogen als zuvor. In „Alibi", seinem ersten Film seit diesem Erfolg, spielt er einen Krimi-Autoren, der selbst in einen mysteriösen Fall verwickelt wird. Er trifft eine wunderschöne Frau, die des Mordes angeklagt wird. Er untersucht im Alleingang die Fakten, versucht die Situation einzuschätzen und kommt zu dem Ergebnis, daß sie unschuldig sein muß. Er gibt vor, sie sei seine Geliebte und verschafft ihr ein Alibi — indem er aussagt, sie sei zur Mordzeit bei ihm gewesen. Sie wird nicht verurteilt, doch so sehr die Romanze der beiden aufblüht, so viele Merkwürdigkeiten geschehen plötzlich. Immer wenn das Mädchen an seiner Seite ist, passieren ihr kleinere Ausrutscher und Unfälle, und immer mehr fragt er sich, ob er mit seiner Einschätzung der Situation nicht vielleicht doch falsch lag. Und es keimt in ihm die Ahnung, daß diese angeblich so verletzlich und freundliche Frau ihn noch für ganz andere „Alibis" ausnutzen will...

Neben Selleck spielt in diesem Film des australischen Regisseurs Bruce Beresford Paulina Porizkova, die „schönste Frau der Welt", die von einer Kosmetikfirma für rund 10 Millionen Dollar exklusiv verpflichtet wurde. In dem Film „Anna" gab sie ein beeindruckendes Debüt als Schauspielerin.

Die Partie

Herstellungsland	*Italien*
Regie	*Carlo Vanzina*
Drehbuch	*Enrico und Carlo Vanzina*
Produktion	*Mario & Vittorio Cecchi Gori, Reteitalia*
Besetzung	*Faye Dunaway, Matthew Modine, Jennifer Beals, Federica Moro*

Venedig, Mitte des 18. Jahrhunderts. Die deutsche Baronin Matilde von Wallenstein (Faye Dunaway) und der italienische Edelmann Francesco Sacredo (Matthew Modine) setzen zu einer ungewöhnlichen Würfelpartie an: Wenn Matilde gewinnt, gehört Francesco ihr, in jeder Beziehung. Sollte sie verlieren, wird sie Francesco das gesamte Familienerbe zurückerstatten, das sein Vater verspielte. Das Spiel ist gewagt: Francesco ist jung und schön, während Matilde auf fast teuflische Weise von Alter und Laster gekennzeichnet ist.
Francesco verliert, begleicht jedoch seinen Einsatz nicht.
Um sich ihrer lüsternen Begierde zu entziehen, flieht er. Matilde, die auf Einlösung besteht, hetzt ihm zwei Häscher auf den Hals, die Gebrüder Podestà — eine wilde Verfolgungsjagd beginnt...
Unter falschem Namen versteckt sich Francesco in halb Italien, später in Frankreich. Er begegnet immer wieder verdächtigen, düsteren Gestalten, die ebensogut auf seiner Seite stehen könnten, wie auch im Solde Matildes. Selbst Olivia (Jennifer Beals), jene betörende Hofdame, mit Francesco zeitweilig auf der Flucht vereint, könnte das Spiel der grausamen Baronin spielen...

Eine schlechte Partie macht Francesco, als er seine Jugend an eine laszive alte Dame verliert

Distant Thunder

Rick Rosenthal schildert einen Vater-Sohn-Konflikt — grausiges Nachspiel der Post-Vietnam-Ära

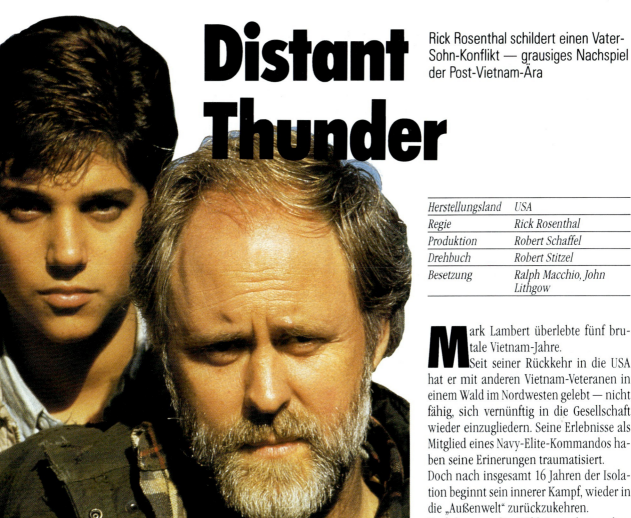

Herstellungsland	USA
Regie	Rick Rosenthal
Produktion	Robert Schaffel
Drehbuch	Robert Stitzel
Besetzung	Ralph Macchio, John Lithgow

Mark Lambert überlebte fünf brutale Vietnam-Jahre.
Seit seiner Rückkehr in die USA hat er mit anderen Vietnam-Veteranen in einem Wald im Nordwesten gelebt — nicht fähig, sich vernünftig in die Gesellschaft wieder einzugliedern. Seine Erlebnisse als Mitglied eines Navy-Elite-Kommandos haben seine Erinerungen traumatisiert.
Doch nach insgesamt 16 Jahren der Isolation beginnt sein innerer Kampf, wieder in die „Außenwelt" zurückzukehren.
Nachdem er die Wildnis verlassen hat, trifft er eine Frau, die ihm hilft, vor allen Dingen Jack, seinen Sohn, den er das letzte Mal sah, als dieser ein kleines Kind war, zu treffen.
John Lithgow und Ralph Macchio spielen die Hauptrollen in diesem traurigen und sicher wahren Film.
Beide, Vater und Sohn, werden von Erinnerungen heimgesucht, die ihnen ein Zusammentreffen mit dem Verwandten fast unmöglich machen. Und als sie sich dann treffen, ist der Schatten noch lange nicht von beiden abgefallen, denn der Sohn kann nicht verstehen, warum der Vater jemals wegging, und der Vater kann's ihm nicht erklären.
Rick Rosenthal, der den Film „Bad Boys" mit Sean Penn drehte, inszenierte.

Zwei Menschen, die sich kaum kennen: Mark Lambert (John Lithgow) und Sohn Jack (Ralph Macchio)

Zeigt dem Publikum, was 'ne Harke ist: Regisseur Nicolas Roeg

Herstellungsland	Großbritannien
Regie	Nicolas Roeg
Drehbuch	Allan Scott
Produktion	Jim Henson Productions (Mark Shivas)
Besetzung	Jasen Fisher, Mai Zetterling, Anjelica Huston, Bill Patterson

The Witches

Nic Roegs neuestes Werk richtet sich an Kinder — gemeinsam mit Puppenanimateur Jim Henson erzählt er die Geschichte des kleinen Luke, der nicht an Hexen glauben will. Die Oberhexe verwandelt ihn dafür in eine Maus

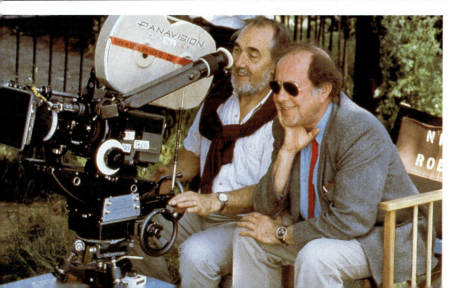

Nic Roeg, Regisseur tiefsinniger Werke über die Bedeutung von Sex und Identität („Bad Timing", „Insignificance", „Castaway", „Track 29" und natürlich „Don't Look Now"), gibt unumwunden zu, daß er seinen ersten „action-adventure Film" (Produzent Mark Shivas) für seine „zweite Familie" gedreht hat — die Söhnchen Max (4) und Staten (2 1/2) aus seiner Ehe mit der Schauspielerin Theresa Russell („Black Widow", „Track 29"). Die Idee, Roald Dahls Kinderbuch zu verfilmen, stammte allerdings ursprünglich von Jim Henson, der darin ein weites Betätigungsfeld für seinen sich auf „Animatronics" spezialisierten Creature-Shop sah. Animatronics sind Tier-, Menschen- und Fantasie-Gestalten, die per Fernsteuerung oder auch handfestem Puppenspiel zum Leben erweckt werden, in „Sesame Street" und „The Muppets" das amerikanische Fernsehen revolutioniert und Spielfilme wie „Labyrinth" und „Dark Crystal" bevölkert haben. Für Luke z. B., den neun Jahre alten Helden von „Witches", der in der 2. Hälfte des Films als hochintelligente, sprechende Maus auftritt, sind Animatronics in drei verschiedenen Größen vorgesehen: „Luke-Maus" in Größe A ist Mausegröße, in Größe B etwas größer, und Größe C ist für Nahaufnahmen mit Dialog.

Obwohl Luke (Jasen Fisher) von seiner norwegischen Großmutter (Mai Zetterling) detaillierte Information über Gewohnheiten und Merkmale „echter" Hexen erhält, gelingt es ihm nicht, dem Zugriff der gräßlichen, gummi-gesichtigen „Großen Oberhexe" (Anjelica Huston) zu entkommen. Mit Hilfe des Maus-Schrumpfers, Formel 86, wird Jasen in eine Maus verwandelt — ein Schicksal, das die Hexen allen Kindern der Welt zugedacht haben. Doch haben sie weder mit Luke-Mauses Intelligenz noch mit der Tatkraft seiner zigarrenrauchenden Großmutter gerechnet.

Die Kinder Bonnie und Sylvia werden von skrupellosen Gangstern für ein brutales Erpressungs-Szenario mißbraucht

The Wolves of Willoughby Chase

Ein Sozio-Krimi aus dem England des 19. Jahrhunderts

Herstellungsland	England
Regie	Stuart Orme
Drehbuch	William M. Akers, nach dem Kinderbuch von Joan Aiken
Produktion	Zenith
Besetzung	Stephanie Beacham, Mel Smith, Geraldine James, Emily Hudson, Aleks Darowska

Die Geschichte ist in einem imaginären England des letzten Jahrhunderts angesiedelt, als die Bevölkerung von ausgehungerten Wolfsrudeln terrorisiert wurde. Die Kusinen Bonnie (Emily Hudson) und Sylvia (Aleks Darowska) befinden sich in der Obhut der neuen Gouvernante Slighcarp, die von Bonnies Eltern während ihrer Abwesenheit im Ausland engagiert worden war. Slighcarp (Stephanie Beacham) fälscht gemeinsam mit dem Gauner Grimshaw (Mel Smith) das Testament der abwesenden Eltern, um sich in den Besitz des Herrenhauses Willoughby Chase zu bringen. Die Kinder werden kurzerhand in einem Waisenhaus untergebracht und müssen unter der Herrschaft der schrecklichen Mrs. Brisket (Geraldine James) Sklavendienste verrichten. Es gelingt ihnen zu fliehen — doch die Wölfe und Slighcarp warten schon auf sie.

The Punisher

Law-and-Order-Phantasien eines vom Schicksal Gebeutelten: Selbstjustiz und Gegengewalt sind die Themen von Mark Goldblatts knallhartem Actionfilm

Herstellungsland	USA
Regie	Mark Goldblatt
Produktion	Robert Kamen
Drehbuch	Boaz Yakim

Frank Castle hat ein gutes Leben, eine hübsche Frau, zwei reizende kleine Kinder und eine Karriere vor sich — als rauher, aber herzlicher Cop mitten in New York. Doch als ein Mafia-Boß ihn in die Luft sprengen will, und seine Familie dabei umkommt, nimmt Castle eine neue Identität an — er wird zum Punisher, zu demjenigen, der sich selbst über das Gesetz stellt.

Wieder mal sieht ein Mann rot. Wie vormals Bronson, zieht nun der Punisher aus, um die Verbrecher selbst zu bestrafen, will meinen, einfach abzuknallen. In einer Stadt, in der die Kriminalität von Tag zu Tag schlimmer wird und in der ein Mann, der in der U-Bahn drei mit Messern bewaffnete Räuber einfach über den Haufen knallt und dafür gefeiert wird, sehnen sich viele nach einem solchen Über-Menschen. Der ihnen die Ruhe, die sie sich auf dem Rücken der Unterprivilegierten, Arbeitslosen und schließlich in Gangs Organisierten geschaffen haben, erhält. Mark Goldblatt inszenierte nach einem gleichnamigen Comic strip diesen Film, der selbst Stallones „Ab-Baller-Rekord" in „Cobra" noch übertreffen soll.

Frank Castle (Dolph Lundgren) zieht aus, die Verbrecher, die seine Familie getötet haben, eigenhändig zu bestrafen

Gleaming the Cube

Ein Youngster-Spektakel auf bunten Plastikrädern — Graeme Clifford schickt Skateboardfreaks auf Verbrecherjagd

Herstellungsland	USA
Regie	Graeme Clifford
Produktion	Lawrence Turman, David Foster
Drehbuch	Michael Tolkin
Besetzung	Christian Slater, Steven Bauer

„Gleaming the Cube" ist ein Film über das Skateboard-Fahren — Freizeitsport und Action mischen sich in dieser Produktion von Lawrence Turman und David Foster („Nummer 5 lebt") zu einem faszinierenden Spektakel.
Der junge Brian Kelly ist einer der besten Skateboarder überhaupt — und doch ist er ein Punk, ein Rebell, dem Autoritäten nichts bedeuten und der an der Grenze zur Kriminalität entlangschleudert. Doch dann passiert etwas, was Brians Leben ändern wird. Sein Bruder wird von Mitgliedern einer Gang ermordet; und Brian beschließt, ihn auf eigene Faust zu rächen.
Doch da ist noch der Cop von der Ostküste, der schnell merkt, wie man mit Brian und seinen Skateboard-Freunden umgehen muß. Er ist nicht die brutale Autorität, die viele Polizisten im „Gang-Land" zu Markte tragen, sondern er präsentiert einen lockeren Stil, der nach einer Weile von den Jungs endlich akzeptiert wird. Mit seiner Hilfe gelingt es Brian schließlich, in einer faszinierend gedrehten Skateboard-Jagd die Verbrecher zu stellen.
Christian Slater aus „Der Name der Rose" spielt Brian, Steven Bauer aus „Scarface" und „Nachts werden Träume wahr", den Cop. Der Australier Graeme Clifford, der zuvor „Frances" und „Burke und Wills" inszenierte, zeichnet als Regisseur verantwortlich.

Der Bruder eines Skateboard-Stars wird ermordet. Mit Hilfe eines Cops von der Ostküste jagen die Kids aus dem Revier den Killer

Ein Schrei im Dunkeln

Neue Traumrolle für Meryl Streep — in Fred Schepisis neuem Film spielt sie die australische Mutter, die behauptete, ihr Kind wäre von einem wilden Hund verschleppt worden

Herstellungsland	USA
Regie	Fred Schepisi
Produktion	Verity Lampert
Drehbuch	Fred Schepisi
Besetzung	Meryl Streep, Sam Neill

Vor einigen Jahren erregte ein Mordfall die Gemüter Australiens und der Welt: Eine Frau, die am Rande des Outbacks der australischen Küste lebte, vermißte plötzlich ihre kleine Tochter — es gab nur eine Erklärung: ein Dingo, ein wilder australischer Hund, hatte das Kind aus seinem Körbchen entführt und getötet. Doch diese phantastische Erklärung mochte ihr niemand abnehmen — die Polizei und ein Richter klagten sie des Mordes an ihrem Kind an, und eine ganze Nation fragte sich, ob diese Frau schuldig sei oder nicht. Ein Fall, der vielleicht einige Parallelen zum Fall der Deutschen Monika Weimar aufweist, die man ebenfalls wegen Kindesmord anklagte, die diesen aber niemals gestand. Meryl Streep spielt diese Frau, die sich gegen ein unbarmherziges Interesse der Öffentlichkeit und der Medien durchsetzen und versuchen muß, von diesem Vorwurf befreit zu werden. Fred Schepisi, der bereits den Film „Plenty — Eine demanzipierte Frau" mit Meryl Streep inszenierte, inszenierte auch diesen Film. Menahem Golan und Yoram Globus, die beiden finanziell stark angeschlagenen Moguln des bröckelnden Cannon-Imperiums, produzierten diesen Film.
Kurzer Nachtrag bei Redaktionsschluß: Die angeklagte angebliche Mörderin wurde von einem australischen Gericht von diesem schweren Vorwurf freigesprochen.

Michael und Lindy Chamberlain stehen im Mittelpunkt eines der von den Medien am meisten beachteten Mordfälle — die Journaille tut sich auch hier mit der Vorverurteilung leicht

Young Guns

Billy the Kid und seine Freunde blasen zum Halali auf der Leinwand — doch so unverwundbar, wie sie glauben, sind sie schließlich nicht

Die angebliche Western-Renaissance ist zwar schon vorbei — Filme wie „Silverado" konnten das Genre nur langsam wiederbeleben, jetzt aber scheint die Zeit für neue Cowboy- und Revolverhelden-Stories wieder reif.

„Young Guns", das ist eine Gruppe von fünf heimat- und arbeitslosen Herumstreunern in der Western-Stadt Lincoln, denen der Drugstore-Besitzer John ein neues Zuhause gegeben hat. Wenn da nicht Murphy wäre, der finstere Konkurrent Johns, der mit seinen Männern und in Kooperation mit dem korrupten Sheriff die Machtverhältnisse vor Ort ein für allemal klären will.

Als John von Murphys Männern erschossen wird, erklären seine Schützlinge, allen voran William H.Bunny, genannt Billy the Kid, ihnen den totalen Krieg. Zunächst kämpfen sie als echte Deputy-Sheriffs, doch als Billy sich außerstande sieht, Gefangene zu machen, werden auch sie zu Outlaws. Doch die „Young Guns" sind den „alten" Kopfjägern nicht gewachsen — zuerst stirbt Dick, der noch kühlste Kopf der Jungen. Jetzt regiert allein der blutige Zorn Billys. Und mündet in einem Showdown, den zum Schluß nur zwei der Jungen überleben.

Emilio Estevez spielt einen überzeugenden Billy the Kid, sein Bruder Charlie Sheen spielt den coolen Dick, „La Bamba" — Richie Valens, Lou Diamond Phillips den Navajo-Indianer Chevas und Donald-Sutherland-Sohn Kiefer den Jungen, den seine Liebe zur Bettgefährtin von Murphy wahre Heldentaten vollbringen läßt. Murphy selbst wird von Jack Palance dargestellt, einem der alten Hollywood-Haudegen, der all die Bosheiten des von ihm zu porträtierenden Charakters überzeugend herüberbringt.

Herstellungsland	USA
Regie	Christopher Cain
Produktion	Joe Roth, Christopher Cain
Drehbuch	John Fusco
Besetzung	Emilio Estevez, Charlie Sheen, Kiefer Sutherland, Lou Diamond Phillips, Casey Siemaszko, Jack Palance

Der Bruch

In einem der großen Action-Filme des kommenden Jahres spielen Götz George und DDR-Superstar Rolf Hoppe zwei gewiefte Bankräuber in den 50er Jahren

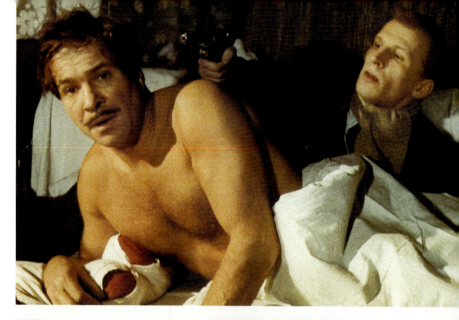

Herstellungsland	Bundesrepublik Deutschland
Regie	Frank Beyer
Buch	Wolfgang Kohlhaase, Frank Beyer
Produktion	Allianz/DEFA/WDR
Besetzung	Götz George, Otto Sander, Rolf Hoppe

Götz George und der DDR-Regisseur Frank Beyer arbeiteten schon einmal zusammen: 1981 drehten sie den TV-Film „Der König und sein Narr". Der Kinokrimi „Der Bruch" greift einen authentischen Banküberfall aus den frühen 50er Jahren auf: Ein Gangstertrio hat es auf den Tresor der Reichsbahn-Hauptkasse abgesehen und erbeutet fünf Millionen Mark. Götz George, der erst letztes Jahr in Dominik Grafs erfolgreichem Thriller „Die Katze" als Kopf eines Coups brillierte, spielt einmal mehr den Bandenchef und wird dabei von zwei „Profis" tatkräftig unterstützt: von Otto Sander, der das Ding ausbaldowert, und Rolf Hoppe als versiertem Ganoven. Obwohl die Handlung in die unmittelbare Nachkriegszeit versetzt wurde, wird keine düstere Stimmung vorherrschen: „Der Bruch" soll sich in die Tradition berühmter Gaunerkomödien einreihen.

Die Stimme

Mit einem Produktionsetat von drei Millionen Mark entstand in Hamburg unter der Regie des Neulings Gustavo Graef-Marino einer der vielversprechendsten deutschen Kinofilme der kommenden Saison: „Die Stimme". Hinter dem harmlos klingenden Titel verbirgt sich ein raffinierter Thriller, dessen klaustrophobische Grundsituation an „Das Boot" und „Abwärts" erinnern mögen, dem aber nichtsdestoweniger eigene Qualitäten und Originalität bescheinigt werden müssen.

Samstagnacht in Hamburg. Im Hafen liegt die „Cap San Diego" vor Anker, ein weißer Koloß, früher Frachtschiff auf allen sieben Meeren, heute Kulisse einer erfolgreichen Nobel-Discothek. Wer hier nicht hineinkommt, ist out, und die, die hineinkommen, riskieren ihr Leben. Zumindest in dieser Samstagnacht.

Der Laden ist voll, die Musik heiß, Rauch, Lichter, Champagner — und da passiert es: Eine halbe Tonne Fische fällt von oben auf die Tanzfläche im Bauch des Schiffes herab. Das Publikum drängt schreiend zum Ausgang. In Windeseile ist die Disco leer. Ein Attentat? Niemand weiß es, auch die sechs Personen nicht, die aus verschiedensten Motiven an Bord zurückgeblieben sind. Zum Spekulieren bleibt ihnen keine Zeit: Die Ausgänge sind plötzlich nicht mehr aufzukriegen, die Telefone sind tot, die Luken schließen sich, Rauch quillt durch die Entlüftungsschächte. Das Inferno beginnt. Und da meldet sich eine Stimme, die drohend verkündet: „Dies ist ein schwimmender Sarg!" Ein Gegner, den man nicht sieht, ein Mann, den man nicht fassen kann. Er wird allen zum Verhängnis, die erfahren, was dieser Mensch will, wer dieser Mensch ist.

Fünf Männer und eine Frau, eine ganze Nacht eingesperrt, und das in einem gigantischen Metallsarg ohne jeden Kontakt zur Außenwelt, acht Meter unter der Wasserlinie. Daß es zu Gefühlsausbrüchen, Nervenkrisen und gegenseitigen Beschuldigungen kommt, ist der Sinn dieses makabren Spiels, das jeden Moment in Mord umschlagen kann. Die Stimme hat es so geplant . . .

Gustavo Graef-Marino, 1955 als Deutscher in Santiago de Chile geboren, absolvierte zwischen 1977 und 1980 ein Studium an der Hochschule für Fernsehen und Film in München. 1978 machte er mit einem Film über den Hollywood-Veteranen Douglas Sirk auf sich aufmerksam. Mit „Die Stimme", seinem ersten Kinospielfilm, hat er bereits den Weltmarkt im Auge: Drei der sieben Hauptrollen besetzte er mit namhaften Darstellern aus England — Suzanna Hamilton („Out of Africa", „1984"), Jon Finch („Frenzy", „Macbeth") und Rockmusiker Ian Dury —, und gedreht wurde in Englisch. Auch die übrige Besetzung kann sich sehen lassen: Uwe Ochsenknecht („Männer"), Heinz Hoenig („Die Katze") und Claude-Oliver Rudolph („Rote Erde") standen bereits in „Das Boot" gemeinsam vor der Kamera, und für Richy Müller („Jetzt und alles") ist dies der erste Film seit „Das Arche-Noah-Prinzip".

Nach einem nebulösen Unfall bleiben fünf Männer und eine Frau in der Discothek zurück. Da ertönt eine mysteriöse Stimme . . .

Herstellungsland	Bundesrepublik Deutschland/ Großbritannien
Regie	Gustavo Graef-Marino
Buch	Gustavo Graef-Marino
Produktion	Radiant/Salinas/Liberty
Besetzung	Suzanna Hamilton, Ian Dury, Jon Finch, Uwe Ochsenknecht, Heinz Hoenig, Claude-Oliver Rudolph, Richy Müller

Watchers

Aus dem besten Freund des Menschen, einem friedfertigen Wachhund, wird nach einem genetischen Experiment ein Monster

Herstellungsland	USA
Regie	Jon Hess
Produktion	Damian Lee, David Mitchell
Drehbuch	Bill Freed, Damian Lee
Besetzung	Corey Haim, Barbara Williams, Michael Ironside

Golden Retrievers sind Hunde, die, ähnlich den Bernhardinern als Wachhunde bestens zu gebrauchen sind und im Notfall Menschen retten können. Ein kleiner Junge hat einen solchen Hund, von dem wir wissen, daß er vorher in einem Forschungslabor monatelang behandelt wurden. Das Tier ist außergewöhnlich intelligent — es scheint, als wohne der Geist eines gutmütigen und friedfertigen Menschen in ihm. Was weder der Hund noch kleine Junge wissen: Jenes Labor, ein Waffen-Entwicklungs-Labor der Armee, hat noch eine zweite Kreatur behandelt, die im Gegensatz zum friedfertigen Hund dazu ausersehen ist, im Kampf so viele Feinde wie möglich zu töten. Ein genetisches Experiment gerät außer Kontrolle — und ein unschuldiger kleiner Junge in große Gefahr. Corey Haim, der bereits in der Stephen King-Verfilmung „Der Werwolf von Tarker Mills" zu Felde ziehen mußte, kann aus dieser Erfahrung heraus nun gleich das genetische Monster außer Kraft setzen. Regie führt Newcomer Jon Hess.

Ein kleiner Junge (Corey Haim) muß sich erzählen lassen, daß sein liebster Spielgefährte zur tödlichen Gefahr geworden ist

KURZ BELICHTET

Laurin

Herstellungsland	Bundesrepublik Deutschland
Regie	Robert Sigl
Buch	Robert Sigl, Adam Rozgonyi
Produktion	Salinas/TS/SWF
Besetzung	Dora Szinetar, Brigitte Karner, Karoly Eperjes

Deutschland um die Jahrhundertwende. In einem idyllischen Hafenort geschehen seltsame Dinge. Kinder verschwinden spurlos. Der Tod in Gestalt eines schwarzgekleideten Mannes scheint die romantische Gegend heimzusuchen. Die kleine Laurin, die mit ihrer Großmutter in einem abgeschiedenen Haus mitten im Wald lebt, wird von düsteren Träumen und Halluzinationen verfolgt. Immer wiederkehrende, bizarrphantastische Bilder (ein Mann, der einen Sack durch die Wälder schleppt; ein herrenloser, wolfsähnlicher Hund, der in den Trümmern einer Burgruine haust; Kinder, die entsetzt gegen verschlossene Fenster trommeln) setzen sich allmählich zu einem grausigen Mosaik zusammen. Laurin enträtselt das Geheimnis mit Hilfe visionärer Kräfte — und gerät in Todesgefahr.

Morgen wird es geschehen

Herstellungsland	Italien
Regie	Daniele Luchetti
Drehbuch	Franco Bernini
Produktion	Sacher Film
Besetzung	Paolo Hendel, Giovanni Guidelli

1848: In der toscanischen Maremma entschließen sich zwei junge Viehhirten zu einem Raubüberfall, um einem kranken Gefährten helfen zu können. Der Anschlag geht fehl, sie müssen fliehen, verfolgt von Diego del Ghiana, dem Sohn des Gutsbesitzers, dem ihr Überfall galt, und drei aus Österreich angeheuerten Söldnern.

Seven Hours to Judgement

Herstellungsland	USA
Regie	Beau Bridges
Produktion	Mort Abrahams
Buch	Walter Davis, Elliot Stephens
Besetzung	Beau Bridges, Ron Leibman, Julianne Phillips

Beau Bridges — Jeff Bridges' älterer Bruder — führt hier Regie und spielt die Hauptrolle: einen einflußreichen Richter, der eine Bande junger Krimineller, eines Versehens wegen, freisetzt. Die Bande hatte die Frau eines ansässigen Geschäftsmannes attackiert; das Opfer starb wenige Tage nach dem Überfall. Der Geschäftsmann dreht durch und entführt Bridges Ehefrau. Sein Ultimatum: Bridges soll neue Beweismittel heranschaffen, die die Gang wieder hinter Gitter bringt, oder — Bridges' Frau wird den Tod finden. Die aktions-gepackte Jagd führt den Richter in die ihm bis dahin unbekannte Unterwelt der Stadt ...

Blue Steel

Herstellungsland	USA
Regie	Kathryn Bigelow
Produktion	Edward R. Pressman
Drehbuch	Kathryn Bigelow
Besetzung	n. n.

Kathryn Bigelow, die Regisseurin des schnell zum Kultfilm avancierten Horrorfilms „Near Dark" erhielt die Möglichkeit, einen zweiten Spielfilm zu drehen: „Blue Steel" ist ein eiskalter Thriller, in dem eine Art weiblicher Don Johnson auf die Suche nach einem bösartigen Serienkiller geht — nicht zuletzt um auch ihr eigenes Leben zu retten.

Maya

Herstellungsland	Italien
Regie	Marcello Avallone
Drehbuch	Maurizio Tedesco, Andrea Purgatori
Produktion	Trio Cinema, Reteitalia
Besetzung	Peter Phelbs, Mariella Valentini, William Berger, Cyrus Elias

Im Morgengrauen eines gewöhnlichen Tages sieht Solomon Slivak dem Tod entgegen, wie einer Verabredung. Das Leben, die Suche nach der einzigen Verbindung zwischen den zwei Welten der eigenen Existenz: Licht und Dunkel. Der Tod kommt.
Vor dem Hintergrund mächtiger Mauern: Die Pyramide des Xibalbay, verfluchter König, der in den Wind floh. Eine Maya-Legende, die nach Vergeltung schreit. Die Bewohner des Fischerdorfes beschwören sie seit Jahrhunderten mit dem Fest der Toten.
Nur Francisco wäre in der Lage, den Geheimnissen auf den Grund zu gehen. Von ihm hört man immer wieder, doch gesehen hat ihn keiner.
Solomons Tochter Lisa bekommt Hilfe von Peter, einem jungen amerikanischen Hippie. Den beiden bleiben wenige Stunden, um Francisco zu finden, und das Fest der Toten hat schon begonnen ...

Der Tod kommt bei den Pyramiden: „Maya"

Nachtjäger

Herstellungsland	Bundesrepublik Deutschland
Regie	Johann Feindt
Buch	Johann Feindt
Kamera	Manfred Scheer, J. Feindt
Musik	Andi Brauer
Produktion	Journal/ZDF

Nacht für Nacht durchstreifen Pressefotografen die Stadt auf der Suche nach dem großen Ding. Unfälle, Schießereien, Brände, Polizeieinsätze sind die Aktionen, auf die sie warten. Und sie warten stundenlang, tagelang, wochenlang. Der

KURZ BELICHTET

Film beobachtet Zeitungsmacher in ihrer Welt. Er zeigt Fotografen und Reporter, die im ständigen Druck leben, täglich etwas finden zu müssen, was sich als Geschichte verkaufen läßt. Die Zeit drängt. Betroffenheit über menschliches Schicksal zuzulassen, ist nicht angesagt. Die Kamera folgt den Reportern zum Ort des Geschehens, läßt sich Zeit, sucht nach Hintergrund und Umfeld menschlichen Verhaltens.

Der Januar-Mann

Herstellungsland	USA
Regie	Pat O'Connor
Produktion	Norman Jewison, Ezra Swerdlow
Drehbuch	John Patrick Shanley
Besetzung	Kevin Kline, Susan Sarandon, Harvey Keitel, Danny Aiello, Rod Steiger

Im Zeitalter der neuen Thriller wie „Eine verhängnisvolle Affäre" und „Der Mann im Hintergrund" spielt auch der „January Man". John Patrick Shanley, der zuvor „Moonstruck" geschrieben hatte, schrieb das Drehbuch zu diesem Action-Film, der auch komische Elemente und natürlich einen Schuß Love-Story aufweist. Im Angesicht von 11 brutalen Morden in ebensovielen Monaten glaubt der Bürgermeister von New York, dargestellt von Rod Steiger, daß nur ein Mann den merkwürdigen Mörder finden kann: Nick Starkey, ein ausgeflippter Bulle mit viel Erfahrung im Fach Psychologie. Umgeben von seinem seltsamen Bruder, der der Polizeichef ist, von seiner Ex-Freundin, die heute mit seinem Bruder verheiratet ist, und der Tochter des Bürgermeisters beginnt er die Jagd nach dem Mondphasen-Killer.

Resurrected

Herstellungsland	England
Regie	Paul Greengrass
Drehbuch	Martin Allen
Produktion	St. Pancras Films/Film Four International
Besetzung	David Thewliss, Tom Bell, Rita Tushingham

Vor Jahren stieß der Regisseur Paul Greengrass, damals als Produzent fürs Fernsehen tätig, während seiner Recherchen über Einschüchterungspraktiken beim Militär auf einen Fall, der ihn nicht mehr losließ.

Für den jungen Kevin Deakin, der „nach heroischem Einsatz im Feld" in den Malvinen als vermißt und gefallen gilt, wird eine Gedenkfeier abgehalten. Sieben Wochen später taucht er in den Malvinen wieder auf, ohne sich an seine jüngste Vergangenheit erinnern zu können — ein typischer Fall von Amnesie, wie die untersuchenden Militärs feststellen. Zu Hause in Lancashire erwartet ihn eine Heldenfeier. Bald jedoch machen sich Gerüchte breit — Kevin sei in Wirklichkeit desertiert.

Les pyramides bleues

Herstellungsland	Frankreich
Buch und Regie	Arielle Dombasle
Produktion	Catherine Winter, Robert Bergman
Besetzung	Omar Sharif, Arielle Dombasle

Film in Mexiko: Arielle Dombasle in „Les pyramides bleues"

In Cuernavaca, Mexiko, entflieht eine junge Frau (Arielle Dombasle) ihrem steinreichen Ehemann (Omar Sharif). Durch Klostermauern und in die Fänge einer obskuren Sekte führen die verschlungenen Pfade, auf denen sie traumwandelt. Ein Abenteuer, inspiriert von den naiven, bunten Mythen Mittelamerikas. Geboren in Connecticut, in Mexiko aufgewachsen, Theaterschauspielerin, Protagonistin in Filmen Eric Rohmers, Interpretin Bachscher Kantaten: Arielle Dombasle zählt zu den schillerndsten Figuren, die es in Frankreich ins Regiefach verschlagen hat. Nach einem surrealistisch angehauchten Debüt hat sie mit „Les pyramides bleues" ihren zweiten, umstrittenen Film inszeniert. „Barocker Kitsch", befinden die einen, „innovativ" die anderen.

Blauäugig

Herstellungsland	Bundesrepublik Deutschland
Regie	Reinhard Hauff
Drehbuch	Dorothee Schön
Produktion	Bioskop/ZDF
Besetzung	Götz George

Reinhard Hauff, Jahrgang 1939, ist bekannt für brisante Kinostoffe: Ob „Die Verrohung des Franz Blum" (1973), „Messer im Kopf" (1978) oder „Stammheim", für den er 1986 mit dem Goldenen Bären der Berliner Filmfestspiele ausgezeichnet wurde — immer stand packende Tagesaktualität im Mittelpunkt seiner oft auch kontrovers aufgenommenen Filme. Nach einem Ausflug ins Musical-Fach („Linie 1") kehrt er nun wieder zu „seinem" Genre zurück: „Blauäugig" erzählt die Geschichte eines Mannes, der als Kind den deutschen KZs entkommt, nach Argentinien emigriert, dort Karriere macht und dabei die brutalen Aktionen der Militärjunta nicht wahrhaben will. Bis eines Tages seine Tochter verschwindet und er schmerzhaft von seiner Blauäugigkeit kuriert wird. — Für die Hauptrolle ist Götz George vorgesehen.

Melencolia

Herstellungsland	England
Regie	Andi Engel
Produktion	British Film Institute/Colin MacCabe
Besetzung	Jeroen Crabbé

Ein Thriller, der in London, Hamburg und Florenz spielt. David Keller ist ein deutscher Kunstkritiker in London, dessen Leben richtungslos geworden ist. Manfred, ein Rechtsanwalt in Hamburg, versucht, ihn zu einem Attentat auf einen in London weilenden Physiker

KURZ BELICHTET

aus Chile zu überreden: schließlich hatte sich Keller in den 60er Jahren selbst für militante Methoden zur Erreichung politischer Ziele eingesetzt. Der Titel des Films bezieht sich auf einen Kupferstich von Albrecht Dürer.

Chase — Die Jagd beginnt

Herstellungsland	Bundesrepublik Deutschland/ Ungarn
Regie	Walter Bannert
Buch	Walter Bannert, Eduardo Ricoza
Produktion	Seybusch/ Alpha/Hungaro
Besetzung	Ursula Caven

New York. Das Fotomodell Kate Stewart hat Krach mit ihrem Freund, will Abstand gewinnen und bucht eine Reise nach Kuba. Mike Malloy, der in dem Reisebüro arbeitet, verliebt sich in die hübsche Kundin. Als Kate in Kuba ankommt, gerät sie unversehens zwischen die Fronten verschiedenster Interessengruppen: Auf der einen Seite ist da ein dubioser kubanischer Geschäftsmann mit seinen Freunden, auf der anderen die New Yorker Mafia und ihr kubanischer Verbindungsmann — beide Parteien sind hinter einer Kiste Gold her, die vor 25 Jahren zur Finanzierung einer Aktion der „Kolonne" auf Kuba versteckt wurde.

Verabredung in Liverpool

Herstellungsland	Italien
Regie	Marco Tullio Giordana
Drehbuch	Leone Colonna
Produktion	Numero Uno Cinematografica
Besetzung	Isabella Ferrari, John Steiner, Valeria Ciangottini, Nigel Court

Caterina war mit ihrem Vater im berüchtigten Mai 1985 im Heysel-Stadion von Brüssel beim Finalspiel Liverpool gegen Juventus. Bei der anschließenden Randale, dieser furchtbaren Metzelei, kam er um.
Ein englischer Polizeiinspektor sucht sie auf, um sie als Augenzeugin zu verhören. Auf dem Videomaterial entdeckt sie den Mord an ihrem Vater, prägt sich das Gesicht des Mörders ein und schweigt. Sie gibt ihre Stellung auf und reist nach Liverpool, um eigenhändig den Täter zu strafen. Sie sucht ihn in den Kneipen, in den Fanclubs — und sie findet ihn. Sie merkt sich sein Haus und lauert ihm auf. In ihrer Tasche umgreifen ihre Finger den kalten Stahl einer Pistole...

Eine Nacht, ein Traum

Herstellungsland	Italien
Regie	Massimo Manuelli
Drehbuch	Marie-Cristine Questerbert, Manuelli
Produktion	Progetto Visivo
Besetzung	Sergio Rubini, Claire Nebout, Hugues Quester, Laura Lieblein

Eine junge Frau verläßt die Villa, in der sie lebt, gelangweilt und abgestoßen von ihrem Ehemann und dessen Freundinnen. Sie begibt sich in die Innenstadt von Turin. Wird von jugendlichen Straßenräubern angefallen und von einem Fotografen gerettet. Doch der Fotograf ist selber auf der Flucht, denn er war kurz zuvor Zeuge eines Verbrechens der chinesichen Mafia. Zwischen den beiden Flüchtlingen entsteht zunächst Solidarität und dann engere Bindung. Doch die kurze Lovestory endet im Morgengrauen am Bahnhof, er muß ausgerechnet einen Zug nach Narvik besteigen, um den Schlitzaugen zu entgehen. (Dabei ist die Polrute viel kürzer als er denkt). Und sie bleibt zurück.

The Tree of Hands

Herstellungsland	England
Regie	Giles Foster
Drehbuch	Godon Williams, nach dem Buch von Ruth Rendell
Produktion	Granada Filmproductions
Besetzung	Helen Shaver, Lauren Bacall, Peter Firth, Paul McGann

Tree of Hands", nach Ansicht der Produzentin Ann Scott ein „außerordentlich billiger High-Budget-Film" (d. h. er kostete um die 2 Millionen Pfund), ist ein psychologischer Thriller, der, mit geringen Abweichungen, nach dem Roman von Ruth Rendell, einer der großen englischen Kriminalschriftstellerinnen, gestaltet wurde. Benet Archdale (Helen Shaver, aus „Amityville Horror", „The Color of honey", „Desert Hearts"), eine bekannte Schriftstellerin, die alleine in London lebt, wird mit dem tragischen Tod ihres Söhnchens nur schwer fertig. Um sie zu trösten, stiehlt ihre Mutter (Lauren Bacall) ihr ein kleines Kind. Benet verpaßt in ihrer Konfusion den Moment, wo sie das Kind, noch ohne Verdacht zu erregen, zurückgeben könnte. Der falsche Schritt führt schließlich zu Erpressung und Mord.

Erpressung, Entführung: „The Tree of Hands"

The Deceivers

Herstellungsland	England
Regie	Nicholas Meyer
Produktion	Ismail Merchant
Buch	Michael Hirst
Besetzung	Pierce Brosnan, Shashi Kapoor, Saeed Jaffrey

Nach so erfolgreichen „Kostümfilmen" wie „Room with a View" und „Maurice" scheint der englische Produzent Ismail Merchant die Formel gefunden zu haben: er nimmt einen angesehenen Roman — hier John Masters gleichnamiges Werk — der möglichst im 19. Jahrhundert spielt und von Geschehnissen in fernen Ländern berichtet — diesmal ist es Indien, anno 1825 — und produziert das ganze so genial-billig, daß er, wären seine Produktionen nicht so hochwertig, gut als Roger Corman Britanniens bezeichnet werden könnte.

KURZ BELICHTET

Erzählt wird von William Savage, einem Angestellten der British East India Company, der auf das Geheimnis eines indischen Kults von Straßenräubern stößt. Diese „Thuggees" schließen sich nichtsahnenden Reisenden an und erwürgen ihre Reisegefährten schon während der ersten Nachtwache mit einem seidenen Schal.

Rache

Herstellungsland	USA
Regie	Tony Scott
Produktion	Ray Stark, Kevin Costner
Drehbuch	John Huston, Tony Huston
Besetzung	Kevin Costner

Kevin Costner gehört heutzutage zu den am meisten umworbenen jungen Stars. Der unwiderstehliche Eliot Ness aus „The Untouchables" und weitsichtige Doppelagent aus „No Way Out" produziert demnächst seinen ersten eigenen Film. Eine Geschichte, die noch der inzwischen verstorbene John Huston zu schreiben begonnen hatte, die dann von dessen Sohn Tony beendet wurde.
„Rache" ist die Geschichte des Kampfpiloten Cochran, der nach seinem Abschied von der Navy erst einmal eine Zeit bei seinem Freund Tiburon verbringt, einem mexikanischen Großgrundbesitzer. Dort verliebt sich Cochran in die Frau seines Freundes. Miryea liebt Tiburon, der nur noch mit Macht protzen kann, längst nicht mehr und erwidert die Zuneigung des harten Burschen aus den USA. Doch ein gemeinsamer Ausflug in die Wüste wird für beide zum Alptraum. Tiburons Männer überlassen Cochran in der Wüste den Klapperschlangen und dem sicheren Tod, während Tiburon aus seiner Frau eine drogenabhängige Prostituierte macht.
Doch Cochran findet Hilfe in der Wüste und wird von einer Bauernfamilie gesundgepflegt. Zusammen mit zwei neugewonnenen Freunden zieht er in einen ungleichen Kampf gegen die Armee von Tiburon...

Mamba

Herstellungsland	Italien
Regie	Mario Orfini
Drehbuch	Lidia Ravera
Produktion	Eidoscope International, Rete Italia
Besetzung	Trudie Styler, Gregg Henry

Angst vor dem Biß: „Mamba"

Eine zierliche Schlange, nicht sehr lang, dunkel, mit einem eckigen Kopf, der an einen Sarg erinnert, und ungeheuer giftig: das ist die Mamba. Und eine Mamba deponiert Gene, um sich zu rächen in der großzügigen Loft von Eva, der Frau, die ihn verlassen hat. Mit der unverfänglichen Ausrede, ihr die Schlüssel zurückgeben zu wollen, hat er ein letztes Treffen erreicht. Während er die Schlange mit sich in einer Zeichenrolle trägt. Die Schlüssel gibt er ihr nicht zurück, sondern schließt das Appartement von außen ab. Eva ahnt trotzdem nichts Böses, derweil der Tod ihr bedenklich näher rückt. Unten auf der Straße verfolgt Gene das Geschehen vermittels einer raffinierten, elektronischen Apparatur. Er sieht zu, wie Eva die Schlange entdeckt und fliehen will. Als sie feststellt, daß sie gefangen ist und der Schlange nicht entkommen kann, verändert sie ihre Beziehung zu dem todbringenden Geschöpf.

Die Unsichtbaren

Herstellungsland	Italien
Regie	Paquale Squitieri
Drehbuch	Nanni Balestrini
Produktion	Achille Manzotti für Vidi Film
Besetzung	Alfredo Rotella, Giulia Fossa, Igor Zalewsky

Sirio ist eines der zahlreichen Mitglieder der Brigade Rosse, die seit Beginn der 80er Jahre in die Hände der Polizei gefallen sind. Er ist Student, 20 Jahre alt und die Justiz will ihm den Weg in die Zukunft nicht verbauen, sie erwartet allerdings „Zusammenarbeit". Sirio ist nicht bereit, seine Kameraden zu verraten und wird zur Strafe nach Süditalien verlegt, in einen der überfüllten Kerker „normaler" Schwerstkriminalität. Hier lernt Sirio, was Solidarität zwischen Gefangenen bedeutet: fast uneingeschränkte Bewegungsfreiheit, Komfort, Kontakte mit der Außenwelt (für den Fall, daß man sich der unsichtbaren „Gesellschaft" einordnet) und Tod, wenn man ihre Gesetze nicht achtet.

African Timber

Herstellungsland	Bundesrepublik Deutschland/ Frankreich
Regie	Peter F. Bringmann
Drehbuch	Christoph Mattner
Produktion	NDF/Torri
Besetzung	Heiner Lauterbach, Iman

Peter Bechtle (Heiner Lauterbach), Mitte 30 und auf dem Weg ins Management, greift sofort zu, als ihm der Chef Müllers Job in Westafrika anbietet. („Sehr tragisch, ein Herzinfarkt, aber ihre Chance, Bechtle!") Daß es Mord war, begreift Bechtle erst, als er an Ort und Stelle ist; außerdem wird ihm klar, daß er nicht nur im Urwald, sondern in einem Dschungel von Korruption gelandet ist.

Last Rites

Herstellungsland	USA
Regie	Don Bellisario
Produktion	Patrick McCormick, Don Bellisario
Drehbuch	Don Bellisario
Besetzung	Tom Berenger, Daphne Zuriga

Die Kirche schützt die Verfolgten, so heißt es — und wenn die Verfolgten selbst in finstere Geschehnisse verstrickt sind? Tom Berenger spielt in „Last Rites" einen New Yorker Priester, der ein junges Mädchen, das von einer Mafia-Organisation zum Tode verurteilt wurde, beschützt. Doch der Priester selbst hat eine dunkle Vergangenheit, und die kommt immer wieder hoch — zumal er sich zu seinem Schützling auch körperlich hingezogen fühlt...

SCIENCE-FICTION HORROR

Die sieben mageren Jahre der Science-fiction scheinen noch immer nicht vorbei — nur langsam offenbar kann sich das Genre aus der Lethargie der frühen 80er Jahre wieder erholen. Nur vereinzelt sind Science-fiction-Streifen in der Post — nur „Star Wars"-Zeit Hits und alte Helden wie Luke Skywalker, Ripley und Spock vermögen zu punkten. Die „Cocoon"-Außerirdischen kommen wieder, und Jack Nicholson versauert „Batman" als Joker das Leben in Gotham City. Zwei Filme beschäftigen sich, wenn auch völlig unterschiedlich, mit der Urzeit, das Prähistorienspektakel „The Link" und Spielbergs Zeichentrick-Paläontologikum „The Land before Time". Horrormäßig ebenfalls nichts Neues: Neben der Neuverfilmung von „Dr. Jekyll and Mr. Hyde" wiederholen sich die „Radioactive Dreams", der „Hellraiser" und die alte Monsterclique (in „Waxwork"). Vielleicht ist ein Hit dabei, sonst hoffen wir aufs nächste Jahr.

Entgegen anderslautenden Gerüchten war der paranoide Doktor ein wunderbarer Liebhaber...

Dr. Jekyll and

Der proper gekleidete Gentleman Dr. Jekyll (Anthony Perkins) verwandelt sich nächtens in Mr. Hyde, den Massenmörder, der Jack the Ripper Konkurrenz macht

Mr. Hyde

Mit seiner Novelle „Der seltsame Fall von Dr. Jekyll und Mr. Hyde" hatte der 35jährige Robert Louis Stevenson 1886 seinen ersten großen Erfolg. 10 000 Exemplare der Novelle wurden in knapp sechs Monaten verkauft; ein Jahr später wurde sie bereits als Gruselstück in den USA aufgeführt, und 1908 in Hollywood zum erstenmal verfilmt. Inzwischen ist Anthony Perkins der 41. Dr. Jekyll, der sich in den Psychopathen Hyde verwandelt (und das ohne extra Make-up, Gesichtsprothesen oder sonstige Nachhilfe); zu seinen Vorgängern gehören u. a. der große John Barrymore (1921), Fredric March (als Oscar-Preisträger, 1932), Spencer Tracy (1941); Stan Laurel interpretierte den wahnsinnigen Doktor 1925 in „Dr. Pyckle and Mr. Pride" auf eigene Weise (und ohne jede Hilfe von Oliver Hardy), ebenso Mighty Mouse (1944) in „Mouse Jekyll and Hyde Cats", und Jerry Lewis („The Mutty Professor"). In „Dr. Jekyll and Sister Hyde" (1971) machte der arme Doktor gar eine Geschlechtsveränderung mit — als ob er nicht schon genug Probleme hätte.

Den Anstoß zu seiner Novelle bezog Stevenson aus einem Alptraum, den er sofort niederschrieb. Auf Drängen seiner Frau, die die Moral in der grausigen Geschichte vermißte, schrieb er die Sache noch mal neu und lieferte damit der Nachwelt eine „klassische Darstellung der Sehnsucht, das einem starken Lebensdrang im Wege stehende Gewissen loszuwerden". Die Moral des respektablen Dr. Jekyll erweist sich als eine Zwangsjacke; in der Gestalt des Mr. Hyde, in den er sich mittels eines Elixiers verwandelt, legt er sie ab und folgt nur noch seinem Instinkt. So erfährt er ein Gefühl nie gekannter Freiheit. Leider erweist sich sein Instinkt als außerordentlich abwegig und macht ihn schließlich zum vielfachen Frauenmörder. Kikoine sieht „seinen" Dr. Jekyll als „einen Mann von heute, der es wagt, seine Fantasien auszuleben" — ein Mann, „der seiner Zeit um ein Jahrhundert voraus war". Der Frauenmörder als wahres Image des heutigen Mannes?

Herstellungsland	England
Regie	Gerard Kikoine
Drehbuch	J. P. Felix, Ron Raley, nach der Novelle von R. L. Stevenson
Produktion	Allied Vision
Besetzung	Anthony Perkins, Glynis Barber

Batman

Bald kämpft er wieder, der Comic-Held Batman, der mit Billigung der Bullen die bösen Buben besiegt — darunter „Joker" Jack Nicholson

Herstellungsland	USA
Regie	Tim Burton
Produktion	Peter Guber, Jon Peters
Drehbuch	Sam Hamm
Besetzung	Michael Keaton, Jack Nicholson

Bereits in den frühen siebziger Jahren gab es eine erste Kinoverfilmung des berühmten Comic strips „Batman" — Adam West spielte damals den Superhelden, der, anders als sein Kollege Superman, ohne Superkräfte auskommt und sich allein mit irdischen Hilfsmitteln begnügt, um den Erzbösewicht Joker von grausigen Verbrechern fernzuhalten.

Batman hat, wie fast alle Comic-Helden, auch eine bürgerliche Existenz, und nur zum Zweck der Verbrecherbekämpfung oder für caritative Aufgaben bedient er sich der Tarn-Identität Batman. Er und sein treuer Gefährte Robin verfügen über eine Festung, von der aus sie ihre Fledermaus-Aktivitäten steuern, sie haben ein superschnelles Auto, ein Rennboot und natürlich auch ein Flugzeug und einen Helikopter, sinnvolle Gadgets im Kampf gegen den ebenfalls hochtechnisierten Joker. Natürlich hält sich auch Sam Hamms Drehbuch an die bekannte Grundstimmung des Comics, die Stadt ist die Comic-Metropole Gotham City — die Zeit ist die Gegenwart.

Michael Keaton, seit „Beetlejuice" vielbeschäftigter Mime, spielt den dunkelgewandeten Helden in diesem Film von „Beetlejuice"-Regisseur Tim Burton — für die Rolle des Erzschurken gewannen sie einen, der solche Rollen immer wieder gern mit der ihm eigenen Diabolik spielt: Jack Nicholson, der nach „Die Hexen von Eastwick" offensichtlich noch nicht genug hatte.

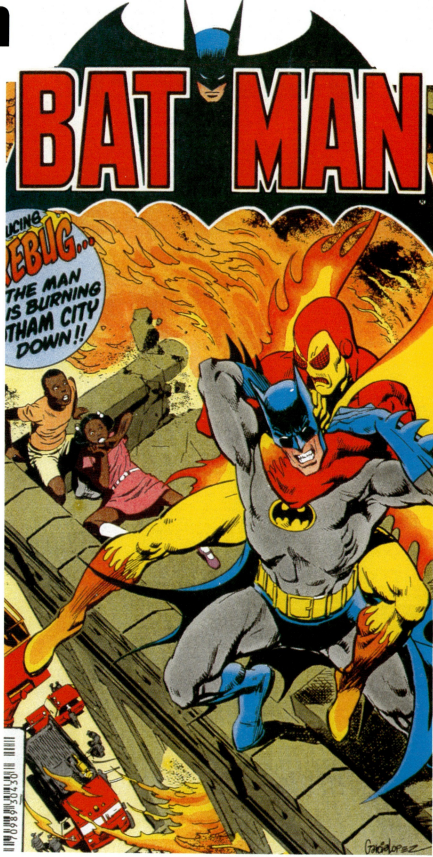

Eine der populärsten Comic-Figuren kommt wieder ins Kino — Michael Keaton wird „Batman" spielen

Deep Star Six

Herstellungsland	USA
Regie	Sean Cunningham
Produktion	Sean Cunningham, Patrick Markey
Drehbuch	Lewis Abernathy, Geof Miller
Besetzung	Elya Baskin, Taurean Blacque, Thom Bray

Die Kinder, die das Massaker am „Freitag, den 13." überlebten, holt nun ein prähistorisches Monster

Sean Cunningham hat sich mit der Film-Serie „Freitag der 13." einen Namen als Regisseur und später als Produzent gemacht. Obwohl er es in späteren Produktionen immer ablegen wollte — das Image als hervorragender Meister des Grauens blieb. Auch „Deep Star Six" ist ein Film dieses Genres. Aus den Teenagern, die die Massaker von „Freitag der 13." überlebt haben, sind inzwischen Erwachsene geworden, Wissenschaftler, die einem Geheimnis des Meeresgrundes auf der Spur sind. Auf den Pfaden von Jack Arnold läßt Sean Cunningham seine Protagonisten wandeln und läßt sie von einem prähistorischen Monster angreifen. Völlig abgeschlossen von der Zivilisation müssen sie sich gegen das Unbekannte wehren. Während die Zeit in einem Forschungs-U-Boot gegen sie läuft, wächst der Terror, und der Kampf ums Überleben scheint bereits entschieden.

Auf dem Meeresgrund kämpft eine Gruppe von Wissenschaftlern gegen das unvorstellbare Grauen

Hellraiser II

„Ich habe die Zukunft des Horrors gesehen: Ihr Name ist Clive Barker immer noch" (Stephen King)

Als Clive Barker seine „Bücher des Blutes" herausbrachte, hielten viele diese wegen der kruden Szenen darin für unverfilmbar; zumindest würden an die Maskenbildner gewaltige Aufgaben gestellt. Nun, der Film „Hellraiser" hatte zumindest so großen Erfolg, daß Teil II sofort in Vorbereitung ging, diesmal mit Barker als Produzent, nicht mehr als Regisseur. „Hellraiser II" läßt die Geschichte einfach da weitergehen, wo Teil I endete. Kirsty Cottons Alptraum wird nie zu Ende gehen: Sie wacht in einem Krankenhausbett auf, all die schrecklichen Geschehnisse in der Ludovico Street sind noch in ihrem Kopf. Sie befindet sich in einer Psycho-Klinik. In den Händen eines Arztes, der sich mit der dunklen Seite des menschlichen Geistes befaßt, für den Alpträume, in denen Menschen gehäutet, zerstückelt, in Säure aufgelöst und von Cenobiten zerbröselt werden, durchaus normal sind.

Daß da ein kleines Mädchen vorkommt, das die Einzelteile eines solchermaßen durch den Wolf gedrehten menschlichen Körpers gern als Puzzlespiel wieder zusammensetzt, vermag nicht mehr zu überraschen.

Wie auch immer — die Tricktechniker sind auch in dieser Episode aus Barkers Phantasie wieder die am meisten geforderten Personen. Daß die Regieleistung da womöglich etwas schwächer ausfällt, ist da nur noch von nebensächlicher Bedeutung. Tony Randel inszenierte das krude Spektakel für „abgebrühte" Horror-Fans.

Herstellungsland	USA
Regie	Tony Randel
Produktion	Clive Barker, Christopher Figg
Drehbuch	Peter Atkins
Besetzung	Clare Higgins, Ashley Laurence, Ken Cranham

Lust for Freedom

Kalter Stahl und heißes Fleisch sorgen für einen Showdown, der sich (nicht) gewaschen hat

Wenn auch die Pressemappe „Lust for Freedom" als die „originellste" Action-Story seit Jahren anpreist und die Hauptdarstellerin als „heißeste Heldin" überhaupt, sei angemerkt: Die Herren der Firma „Troma" nehmen den Mund meist ganz schön voll, wie sich auch bei den Filmen „Radioactive Dreams II" und „Troma War" zeigt. Aber eines muß man ihnen lassen: Unter ihren Schmutz- und Schundfilmen findet sich immer mal wieder einer, der vielleicht in 20 Jahren einmal in der Liste der „schlechtesten" Filme aller Zeiten auftaucht und allein dadurch zum Kultfilm wird (man denke nur an die legendären „Killertomaten" oder das Troma-Produkt „Surf Nazis Must Die").

Wie auch immer, „Lust for Freedom" ist die wenig originelle Story von einer Gangsterstadt, in der alle zufällig ankommenden jungen Frauen erst mal vergewaltigt werden und dann bei unaussprechlichen Verbrechen mitmachen müssen. Als die Herren dieser Geisterstadt eines Tages den Freund einer ebenso gutaussehenden wie schwerstbewaffneten jungen Dame umbringen, sinnt sie auf Rache. Doch zunächst einmal fällt sie den Oberpeinigern in die Hände und wird in einer Art von Frauengefängnis mit angeschlossenem Versuchslabor für einen sadistischen Doktor untergebracht. Das Motiv für einen Ausbruch plus die Rechtfertigung, hier alles kurz und klein zu schießen, ist somit bald gefunden. Und so erhält auch diese Troma-Produktion den Showdown, den sie verdient: Die korrupten Sklaventreiber sterben die grauenvollsten Tode, denn das Mädchen Gillian macht jetzt kurzen Prozeß. Die „Lust zur Freiheit", dieses Motto hat die junge Gillian an ihre Mitstreiterinnen ausgegeben, verbietet es einfach, die Quälgeister über ihre Rechte aufzuklären oder gar dem Polizeigewahrsam zu übergeben.

Die Maskenbildner müssen mit Eimern von Kunstblut durch die Schlußszene gewatet sein...

Die Waffen der Frauen sind angelegt — Bikinis und Ballermänner sind durchgeladen

Herstellungsland	USA
Regie	Eric Louzil
Produktion	Eric Louzil, Lloyd Kaufman, Michael Herz
Drehbuch	Craig Kusaba
Besetzung	Melanie Coll, William J. Kulzer, Judi Trevor

Cocoon

Die Leute vom Planeten Antarea haben eine Raum-Panne — so kommt es, daß sie neue „Eier" legen und irdische Hilfe benötigen

Die Rückkehr

Die freundlichen Außerirdischen kommen wieder — und bringen unsere „Auswanderer" zurück

Herstellungsland	USA
Regie	Daniel Petrie
Produktion	Richard D. Zanuck, David Brown, Lili Fini Zanuck
Drehbuch	Stephen McPherson
Besetzung	Don Ameche, Wilford Brimley, Brian Dennehy, Steve Guttenberg, Tahnee Welch

Wir erinnern uns — in dem höchst erfolgreichen Film von 1985 „Cocoon" kommen Abgesandte einer außerirdischen Macht zur Erde und verhelfen einer Gruppe von alten Menschen zu neuer Jugend und entschließen sich schließlich, einige von ihnen sogar mitzunehmen nach Antarea, ihren Heimatplaneten. Der Film spielte über 100 Millionen Dollar ein und verhalf einigen der Alt-Stars wie Don Ameche, Hume Cronyn, Maureen Stapleton und Jessica Tandy zu enormen Comebacks — der jungen Tahnee Welch darüber hinaus zu einem Durchbruch.

Es war sozusagen nur eine Frage der Zeit, wann die Außerirdischen sich dazu entschließen würden, entgegen ihrer Ankündigung, nie wiederzukommen, die Erde erneut zu besuchen. Tatsächlich ist es auch kein freiwilliger Besuch, denn eine Rettungsmission zwingt sie dazu.

Die inzwischen „ausgewanderten" älteren Bürger dürfen ebenfalls zurückkommen, Steve Guttenberg als Kapitän des kleinen Bootes ist ebenso wieder mit dabei, und natürlich die netten Fremdlinge, gespielt von Brian Dennehy und Tahnee Welch. Natürlich flammt die Liebe des Bootsmannes zur extraterrestrischen Lady wieder auf — umgekehrt verliebt sich aber auch eine junge Doktorandin in einen Außerirdischen, der sich verlaufen hat.

David Brown und Richard Zanuck sowie dessen Frau (von der die Idee für den Ur-„Cocoon" stammt) bemühten sich nach Kräften, all jene Elemente, die für den Erfolg von Teil Eins verantwortlich waren, weiter auszubauen, um womöglich eine weitere Fortsetzung in Frage kommen zu lassen. Und immerhin — in einer Zeit, da der Science-fiction-Film nicht eben populär ist, ist das eine gewagte Aufgabe.

They Live

John Carpenter, Altmeister und Mentor der lebenden Horror-Regisseure, dreht wieder. Doch bevor „Klapperschlange II" vor die Kamera geht, läßt er fremde Intelligenzen wüten

Herstellungsland	USA
Regie	John Carpenter
Produktion	Larry Franco
Drehbuch	Frank Armitage
Besetzung	Roddy Piper, Keith David, Meg Foster

Neues vom Alt-Meister John Carpenter: Der Grusel-Experte, der Filme wie „The Fog-Nebel des Grauens" und „Halloween" inszenierte, schloß vor zwei Jahren einen Vertrag über vier Filme mit den Bossen der Firma Carolco, jener Produktion, die mit „Rambo" weltbekannt und groß geworden ist. Nach den US-Flops von „Rambo 3", „Red Heat" und leider auch dem ersten Carpenter-Carolco-Projekt „Fürst der Dunkelheit" sackten die Carolco-Aktien erst mal in den Keller. In der Hoffnung, daß die Firma nun nicht wie Dino De Laurentiis Konkurs anmelden muß, drehte Carpenter seinen zweiten Film mit Carolco. „They Live" ist mal wieder eine Story über Außerirdische, die uns nichtsahnende Erdlinge besuchen. Die Wesen kommen aus einer anderen Dimension und haben es geschafft, so unter uns zu leben, daß wir es nicht gemerkt haben. Mit Hilfe unserer vermeintlichen Hoch-Technologie haben sie uns hypnotisiert und glauben gemacht, daß wir die Herren auf Erden seien. Das ist aber ein Irrtum... Roddy Piper und Keith David spielen die Hauptrollen.

Die extraterrestrischen Algen machen den Menschen schwer zu schaffen. Ob unsere gesamte Existenz auf einem Irrtum beruht?

Waxwork

Horror klassisch heißt es bei Anthony Hickox — Werwolf, Vampir, Mumie und die anderen kommen (wieder mal) aus ihren Löchern gekrochen

Sechs junge Studenten statten einem bizarren Wachsmuseum in ihrer Nachbarschaft, das praktisch über Nacht dort eröffnet wurde, einen Besuch ab — Punkt Mitternacht lassen sie sich von dem alten Mann, der dort haust, die 18 schrecklichsten Kreaturen, die jemals lebten, vorführen: „Dracula", „Werwolf", „Zombies", die „Mumie", den „Marquis de Sade" und andere. Zu fast jedem dieser Ausstellungsgegenstände aus Wachs hat ein begnadeter Modelleur auch ein Opfer gemacht — nur bei sechs der Monster fehlt das Opfer. Wir ahnen, was geschehen wird — die Monster sind die echten Monster und die Opfer waren einst lebende Menschen. Nur diese Opfer fehlen noch, um das Gesamtkunstwerk aus Wachs vollständig werden zu lassen. Und noch schlimmer — jedes Monster, dem ein Wachs-Opfer zugeordnet werden kann, darf wieder leben und darf wieder morden. Zwei mutige Studenten wagen es, dem Horror im Wachsmuseum zu begegnen. Mit Hilfe von Sir Wilfried, einem im Rollstuhl sitzenden Opa, reisen sie durch Raum und Zeit. Doch zu spät — alle Monster erwachen wieder zum Leben, bzw. zu dem Zustand, in dem Untote sich eben befinden können...

Anthony Hickox engagierte eine Reihe bekannter Namen für seinen aufwendigen Monsterfilm klassischer Prägung: Zach Galligan, der die Hauptrolle in „Gremlins" spielte, Miles O'Keefe, den Film-„Tarzan" von Bo Derek, den Hollywood-Veteranen David Warner, den Gefährten von Indiana Jones aus „Jäger des verlorenen Schatzes" John Rhys Davies und den Mann mit „Schirm, Charme und Melone" Patrick McNee. Daß bei einer solchen Besetzung das Gute zum Schluß siegt, ist ja beinahe selbstverständlich.

Herstellungsland	USA
Regie	Anthony Hickox
Produktion	Staffan Ahrenberg
Drehbuch	Anthony Hickox
Besetzung	Zach Galligan, Deborah Foreman, Michelle Johnson, Miles O'Keefe

The Link

Carol und David Hughes schufen einen Film über die ersten Tage der menschlichen Zivilisation — beeindruckende Bilder einer vergessenen Zeit

Seit „Im Anfang war das Feuer" hat sich kein Film mehr ernsthaft mit der Ur-Geschichte des Menschen beschäftigt.
Jean-Jaques Annauds Steinzeit-Drama wurde weltberühmt, weil darin kein Schauspieler sprach und er versuchte, sich dem Thema tatsächlich zu nähern. Etwas Ähnliches haben nun auch Carol und David Hughes vor, ein Autoren-Ehepaar, die die letzten Tage im Leben des letzten Affen-Menschen zeigen — und damit den Moment, indem aus unseren primitiven Vorfahren Menschen wurden... Peter Elliott spielt sie, diese Kreatur, die an der Schwelle zur menschlichen Intelligenz steht und dennoch noch keine Chance hat, sie zu überschreiten...

Herstellungsland	USA
Regie	Carol Hughes, David Hughes
Produktion	Dennis B. Kane
Drehbuch	Carol Hughes, David Hughes
Besetzung	Peter Elliott

„Cogito ergo sum" — Peter Elliott spielt das Wesen, das sich als solches begreift und sich damit von seinen tierischen Vorfahren abhebt

The Land before Time

Aus der Ideenküche von Steven Spielberg stammt Don Bluths neuer Zeichentrickfilm — kleine Saurier in dem Land, das vor der Zeit war, in der wir leben. Imagination und Phantasie von den besten Animationstechnikern der Welt

Ducky, der kleine Anatosaurus, trifft auf Bruder Kleinfuß, den kleinsten Saurier des ganzen Regenwaldes

Herstellungsland	USA
Regie	Don Bluth
Produktion	Don Bluth, Gary Goldman

Don Bluth war vor zehn Jahren noch einer der Chefzeichner der Walt-Disney-Studios — deren fähigster, wie seine damaligen Kollegen heute ein bißchen neidisch anmerken. Bluth beschloß, dem übermächtigen Studio im Alleingang Konkurrenz zu machen. Mit seinem Film „Mrs. Brisby und das Geheimnis von Nimh" zeigte er Micky Maus, wie heute Mäuse auszusehen haben. Nach einem überraschenden Erfolg dieses perfekt animierten Filmes nahm sich Produzent Steven Spielberg des Genies an, und nach einer Story, die ein wenig verändert gar Szenen aus dem Leben von Spielbergs Großvater beschreibt, wurde der Film „Feivel — Der Mauswanderer" — nicht gerade ein Blockbuster-Hit, aber immerhin. Bluth, der inzwischen mit Gary Goldman und John Pomeroy bei Dublin, Irland, seine neue Produktionsfirma plus Trickstudio „eröffnet" hatte, erhielt ein weiteres Angebot, für Spielberg einen Animationsfilm zu machen, diesmal unter der Beteiligung von Spielbergs Partner aus „Indiana Jones"-Tagen, George Lucas.

So entstand „The Land before Time", ein wunderschönes Zeichentrick-Abenteuer für die ganze Familie, ein Märchen, in dem Hoffnung und Überleben die Hauptrollen spielen und — das in prähistorischer Vergangenheit spielt und uns Saurier, Flugdrachen und die ganze vorzeitliche Fauna und Flora so zeigt, wie wir sie uns in unseren kühnsten Träumen nicht vorgestellt haben.

War

Herstellungsland	USA
Regie	Michael Herz, Samuel Weil
Produktion	Lloyd Kaufman, Michael Herz
Drehbuch	Mitchell Dana
Besetzung	Carolyn Beauchamp, Sean Bowen, Michael Ryder, Ara Romanoff

Die Herren der Junk-Movie-Company Troma bescheren uns ein ausgesucht scheußliches Epos der Gewalt

Ein weiterer Streifen aus den Hinterhaus-Ateliers der berüchtigten Firma Troma erklärt schlicht den Krieg: Eine Gruppe von amerikanischen Touristen verschlägt es auf dem Weg in ein Tropenparadies durch einen Flugzeugabsturz auf eine einsame Insel. Doch sie sind nicht die einzigen Bewohner dort, denn auch eine Truppe von international gesuchten Terroristen plant dort gerade eine Invasion — man will die USA angreifen und politisch umpolen. Keine ganz einfache Aufgabe für ansonsten brave Bürger, die eigentlich in der Sonne brutzeln wollen... Doch es gibt keine andere Wahl. Entweder sie kämpfen oder sie sterben. Aber — es geht schließlich nicht nur ums eigene Leben, sondern auch ums Überleben der gesamten Nation. „Troma's War" ist natürlich mit Kampfszenen vollgepackt wie ein Ford Granada auf dem Weg von Castrop Rauxel nach Ankara. Und die Werbung für den Film verspricht, daß alle braven Bürger mit einem gefühl von Stolz aus diesem Film herausgehen werden. Ein Gebrauchtwagenhändler, ein McDonald's-Angestellter, eine 70jährige Hausfrau, ein kleines Baby und eine toll aussehende junge Dame (muß sein!) werden zu eiskalten Kriegern in diesem erschütternden Film. Der, wie die Werbung weiter verheißt, irgendwo zwischen „Platoon", „Full Metal Jacket" und „Das drekkige Dutzend" angesiedelt sein soll.

Eine Gruppe von Touristen muß einen Krieg verhindern — die braven Bürger, unter ihnen ein siamesisches Zwillingspaar, packen kräftig mit an...

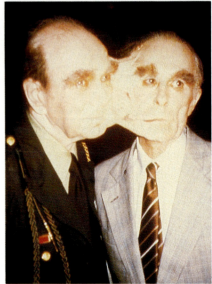

Slipstream

Der Wind der Zerstörung fegt über die Erde — die letzten Androiden versuchen, das Wissen der Menschheit zu bewahren

„Slipstreams" Science-fiction-Stammbaum ist beachtlich: Produzent ist Gary Kurtz, einer der erfolgreichsten Produzenten der Filmgeschichte, der sich nach kurzem Ausflug in ein von Nostalgie gefärbtes Teenage-Territorium („American Graffiti", 1973) entschlossen der Phantasie-Welt des Science-fiction zugewandt hatte („Star Wars", „The Empire Strikes Back", „The Dark Crystal"). Sechzehn Monate lang dauerten die Vorbereitungen für „Slipstream", bevor die Dreharbeiten beginnen konnten. Auch dem Regisseur Steven Lisberger sind Abenteuer und Probleme der Zukunft nicht fremd: er war für Drehbuch und Regie von „Tron" verantwortlich. Und Mark Hamill ist als Luke Skywalker der „Star Wars"-Trilogie weltbekannt geworden. Nach fünfjähriger Drehpause — in der er sich im Anschluß an „The Return of the Jedi" ganz der Bühnenarbeit gewidmet und u. a. die Titelrollen von „The Elephant Man" und „Amadeus" gespielt hatte — tritt Hamill jetzt in „Slipstream" wieder zum erstenmal vor die Kamera.

„Slipstream" wird der Windstrom genannt, der über die Erde seit ihrer Zerstörung durch menschliche Verantwortungslosigkeit hinwegfegt und auch die letzten Überbleibsel von Kultur vernichtet. Die Überlebenden der Katastrophe haben sich in kleinen Gemeinschaften zusammengeschlossen und fristen in phantastisch kahler, von tiefen Schluchten durchzogener Landschaft ihr Leben. Zur Fortbewegung dienen ihnen kleine Flugkörper, mit denen sie im Slipstream dahingleiten. — Die Gesetzeshüter Tasker (Hamill) und Belitski (Kitty Aldridge) haben den Mörder Byron (Bob Peck) festgenommen. Matt Owens (Bill Paxton), hauptberuflicher Opportunist, wittert eine dicke Belohnung für Festnahme und Übergabe des Mörders — und entführt den merkwürdigen Fremden. Die beiden werden im Laufe der Zeit, während der sie viele gefährliche Abenteuer zu bestehen haben, zu Freunden. Es stellt sich heraus, daß Byron einer der letzten überlebenden Androiden ist und über ein unermeßliches Literaturwissen verfügt — was seinen Wert in den Augen seiner Verfolger noch weiter erhöht. In den orkanartigen Winden des Slipstream kommt es zum Showdown.

Herstellungsland	England
Regie	Steven Lisberger
Drehbuch	Charles Pogue, Tony Kayden, Steven Lisberger
Produktion	Gary Kurtz (Entertainment Group)
Besetzung	Mark Hamill, Bob Peck, Bill Paxton, Kitty Aldridge, Ben Kingsley, F. Murray Abraham

Nightmare 4

Herstellungsland	USA
Regie	Renny Harlin
Produktion	Robert Shaye, Rachel Talalay
Drehbuch	Brian Helgeland, Scott Pierce
Besetzung	Robert Englund, Rodney Eastman

Man kann über Freddy Krüger sagen was man will — aber er zieht die Massen ins Kino. Als Wes Craven vor Jahren „Nightmare on Elm Street" in die Kinos brachte, war bald klar, daß da ein Kulthit schlummerte. Daß es aber einen zweiten, einen dritten Teil geben würde, die ebenfalls erfolgreich sein würden, daran haben selbst die Produzenten nicht geglaubt. Nun, Teil 4, der bislang am aufwendigsten produzierte Teil, hat allein den USA in den ersten sechs Wochen vom Start ab 60 Millionen Dollar eingespielt. Die Special Effects Crew war diesmal die, die zuvor „Aliens", „Cocoon", „Gremlins" und „Ghostbusters" gedreht hatte, und Monster Freddy, in seiner unerbittlichen Suche nach Überlebenden auf der Elm Street wird zum fünf Meter großen Freddy, der sich unter anderem unter der erstaunten Augen des Kinopublikums in eine 8 Meter lange, dicke, fleischfressende Schlange verwandelt ... Bald kann er es auch mit „King Kong" aufnehmen, meint Freddy. Regie führte der junge Finne Renny Harlin, der sein Handwerk in Helsinki lernte und in den USA dann gleich mit „Born American" einen Action-Hit vorlegte.

Bald könne er es auch mit King Kong aufnehmen, meint Freddy Krüger, und verwandelt sich in eine acht Meter lange, fleischfressende Schlange

Freddy lehrt die Schüler das Fürchten

Radioactive Dreams II

Vor Jahresfrist etwa machte bei uns und anderswo ein Thriller Furore, der mit dem genauen Gegenteil der gelackten Eleganz vieler Hollywood-Produktionen aufwartete: „Radioactive Dreams". Er erzählte die Geschichte von einem Monster, das, aus der Umweltverschmutzung in einer radioaktiven Chemikalie geboren, Grauen verbreitet; auf der anderen Seite aber wieder auch hilflos und ohnmächtig zu sein scheint, wie weiland Frankenstein selbst. Der Film, von den beiden jungen Produzenten Michael Herz und Lloyd Kaufman für eine knappe Million Dollar abgekurbelt, spielte weltweit das 20fache seiner Herstellungskosten ein — eine geradezu gigantische Summe. Kaufman und Herz, die Herren der „Trash-Film"-Produktionsfirma „Troma", die einige ähnliche „Kult-Hits" auf dem Gewissen hat (z. B. „Surf Nazis Must Die" — ob man's glaubt oder nicht: ein Riesenerfolg), sind dabei, den Erfolg ihres Umwelt-Monsters fortzusetzen und drehten Teil II. Natürlich mit der Ankündigung, daß noch eine weitere Fortsetzung den Fans gegeben werden soll.

Drehort war Japan. Aus zwei Gründen, wie Michael Herz in einem Interview sagte: a) sind in Japan die Filmcrews billiger und b) war New Jersey, die eigentliche Heimat des Gift-Rächers, nicht verschmutzt genug, um zu zeigen, wie schlimm es um die Welt steht. Außerdem sollte der Öko-Frankenstein diesmal Japan vor der nuklearen Verseuchung retten, das Land, in dem Teil I das meiste Geld macht …

John Altamura spielt den Rächer, der die Kinder Nippons vor einem chemischen Godzilla bewahrt und daneben noch auf seine Freundin aufpaßt, die superblonde und sehr hübsche Claire. Die aber nicht sehen kann, wie häßlich ihr Held ist — sie ist (zu ihrem Glück) blind. Gespielt wird Claire von der New Yorker Allround-Künstlerin Phoebe Legére.

Herstellungsland	USA
Regie	Michael Herz
Produktion	Michael Herz, Lloyd Kaufman
Drehbuch	Lloyd Kaufman
Besetzung	John Altamura, Lisa Gaye, Phoebe Legére

Die Geburt eines Monsters aus Schmutz und Radioaktivität konnte einfach nicht folgenlos bleiben …

Die blendend-bildhübsche, blonde, blinde Claire ist die Busenfreundin des blauäugigen „Kloakenmonsters"

Herstellungsland	Canada
Regie	David Cronenberg
Drehbuch	Norman Snider, David Cronenberg
Produktion	David Cronenberg, Marc Boyman
Besetzung	Jeremy Irons, Genevieve Bujold

Twins

David Cronenbergs „Twins" ist ein Psychothriller, der vom komplizierten Seelenleben eines Gynäkologen-Zwillings-Paares erzählt

Mit „Twins" wendet sich David Cronenberg, lorbeergekrönter „Prinz des Horror-Films" und profilierter Science-fiction-Spezialist („Rabid", „Scanners", „The Dead Zone", „The Fly") zum erstenmal einer neuen Filmgattung zu: der des Psychothrillers. Er verwirklicht damit ein langgehegtes Projekt seines Koproduzenten Marc Boyman, der bereits 1982 mit seinen Recherchen über das komplizierte Innenleben identischer Zwillinge begonnen hatte, dann gemeinsam mit Cronenberg in die Produktion der „Fly" einstieg. 1986 kehrte Boyman erneut zu den Vorbereitungen für „Twins" zurück, um sie dann wegen der finanziellen Schwierigkeiten im Hause De Laurentiis wieder abzubrechen. Zu dem Zeitpunkt hatten sich nun Boyman und Cronenberg derart in die Geschichte der Zwillinge Dr. Elliot und Dr. Beverly Mantle verbissen, daß sie beschlossen, den Film selbst zu finanzieren. Der Umstand, daß die Zwillinge von ein und demselben Schauspieler, Jeremy Irons („The Frensch Lieutenant's Daughter", „Betrayal", „The Mission"), gespielt werden, führte dann zu erheblichen Neuerungen im Bereich der „Split Screen". Lee Wilson, Leiter des Optical Effects Department, entwickelte anhand von computergesteuerten Kameras neue Aufnahmetechniken, die nicht mehr an die traditionelle, mehr oder weniger in der Mitte der Leinwand, vertikal verlaufende Fusions-„Naht" gebunden waren; Fusionen sind inzwischen in „Twins" in beinah jeder Richtung möglich. — Elliot und Beverly Mantle, das weltberühmte Gynäkologen-Team, sehen sich zum Verwechseln ähnlich. Charakterlich sind die beiden allerdings recht verschieden: Elliot ist extrovertiert, erfolgreich bei Kollegen und Frauen; Beverly ist ein Einzelgänger, ein Forscher, ein Mann, der sich mit Frauen schwertut. Die Beziehung zu der Schauspielerin Claire (Genevieve Bujold), die von Elliot genüßlich verführt wird und in die Beverly sich heftig verliebt, führt zu ihrer gegenseitigen Zerstörung.

Die Zwillinge Beverly und Elliott Mantle (Jeremy Irons) haben sich in Claire (Genevieve Bujold) verliebt — sie weiß nicht, daß es zwei sind...

KURZ BELICHTET

Die Besucher

Herstellungsland	USA
Regie	Philippe Mora
Produktion	n. n.
Drehbuch	Whitley Strieber
Besetzung	n. n.

Whitley Strieber ist ein ernster Mensch, der wirklich nur selten zum Scherz aufgelegt ist. Whitley Strieber hat außerirdische Wesen getroffen und ihnen die Erde gezeigt. Whitley Strieber ist ein ernster Autor, der zuvor Drehbücher wie das zu „Wolfen" oder „The Hunger" geschrieben hat. Dieser Mann nun wird während eines Wochenendes auf dem Lande von Außerirdischen besucht, die ihn auf einer Art Operationstisch festschnallen und operieren. Am nächsten Tag erwacht er schweißgebadet und kann sich nur noch an Bruchstücke eines seltsamen Geschehens erinnern. Sein Arzt hypnotisiert ihn um herauszufinden, ob er nur geträumt hat. Doch es sind keine Träume, die ihn plagen... Aus dem Buch „Communion", das lange Zeit auf der Bestsellerliste der New York Times stand, entsteht jetzt unter der Regie von Philippe Mora ein aufsehenerregender Film. Ob das, was da zu sehen sein wird, glaubwürdig ist, muß der Kinogänger selbst entscheiden...

Paperhouse

Herstellungsland	USA
Regie	Bernard Rose
Produktion	Tim Bevan
Buch	Matthew Jacobs
Besetzung	Charlotte Burke, Ben Cross, Glenne Headly

Anna zeichnet Bilder, die nachts in ihren Träumen lebendig werden und das Wachleben des jungen Mädchens zu kontrollieren beginnen. Annas Einbildungskraft vermittelt zwischen ihrer subjektiven Einsamkeit und der geheimnisvollen Außenwelt, der sich Anna aus Furcht verschlossen hat; einer Außenwelt, in der Eltern rätselvoll über Dinge und Wesen walten, junge Männer das Mädchen bedrohen, die Furcht vor dem Tod sich alltäglich bestätigt, und das Wachsen des eigenen Körpers von den „Anderen" interessiert mitverfolgt bzw. hämisch kommentiert wird.

Adoleszenz als Horror, dem in Annas Fantasie zunächst Einhalt geboten wird, nur um schließlich doch durchzubrechen und das Leben auch ihrer Realwelt zu überfluten. Ben Cross spielt Annas Vater, der das Selbstbewußtsein seiner Tochter durch seine langen Absenzen untergräbt und ihr gestörtes Verhältnis zur Mutter nicht korrigieren hilft. In ihren Träumen nähert Anna sich einem Haus, das Detail für Detail einem in ihren Zeichnungen herangewachsenen Haus entspricht, dem „Papierhaus", auf das sich auch der englische Titel bezieht. Das „Haus" gilt dem Unterbewußten immer als Symbol für das „Selbst" — eines Selbsts, das es eben in Wirklichkeit für Anna noch nicht gibt, das noch wachsen und die Zeit des Wachstums erst noch zu bestehen hat. Und wer erinnert sich nicht an die nicht enden wollenden Alpträume der Kindheit, in denen nichts als Angst uns die Knochen langzieht, uns aufzieht: einem Uhrwerk nur allzu ähnlich...

Anna malt ihre Träume auf: „Paperhouse"

Little Sweetheart

Herstellungsland	England
Regie	Anthony Simmons
Drehbuch	Anthony Simmons, nach dem Roman von Arthur Wise
Produktion	BBC/West One
Besetzung	John Hurt, Karen Young, Cassie Barrasch, James Waterston

Little Sweetheart" ist der 1. Spielfilm, den „Tantchen BBC", wie Englands ehrwürdige British Broadcasting Corporation zärtlich (und oft auch erbittert) genannt wird, im Rahmen neuer Gewerkschaftsabkommen produziert hat — ein historisches Ereignis. Die Geschichte spielt in einem verschlafenen Dorf in Florida. Die niedliche, kleine Thelma Davies lebt in einer Vorstellungswelt, in der sich Realität und Fernsehgeschehen unentwirrbar verknäuelt haben. Hemmungslos wendet die Neunjährige die vom Flimmerkasten frisch-gelernten Manipulationsmethoden auf ihre Umwelt an. Mit der Erpressung ihres älteren Bruders (Ja-

KURZ BELICHTET

mes, Sohn von Sam Waterston), den sie heimlich beim Sex aufgenommen hat, beginnt es; die Sache wird lebensgefährlich, als sie zwei Neuankömmlinge (John Hurt, Karen Young) auf ähnliche Weise unter Druck zu setzen versucht — die beiden „Turteltauben" werden von der Polizei wegen eines Millionenbetrugs gesucht.

Slugs the Movie

Herstellungsland	USA
Regie	J. P. Simon
Drehbuch	Ron Gantman, nach dem Roman von Shaun Hutson
Produktion	Jose A. Escriva/ Francesca de Laurentiis/ J. P. Simon
Besetzung	Michael Garfield, Kim Terry, Santiago Alvarez

In den Abwasserkanälen unter Ashton Estates brütet der neuste Filmhorror: die fleischfressende Nacktschnecke. Sie tritt mit Vorliebe als Herdentier auf — wie der Penner Bell, das Pärchen Moss und Talbot zu ihrem Schaden entdecken müssen. Sie weiß sich aber auch durchaus im Alleingang durchzuschlagen bzw. -zufressen, wie die angeknabberte Hand von Harold Morris und der ausgehöhlte Schädel von Dave Watson bald beweisen. Mick Brady, der wackre Mann von der Gesundheitsbehörde, und der Lehrer Foley machen sich gemeinsam daran, der mysteriösen Mutation der Schreckensschnecken nachzugehen.

Auf der Suche nach Schreckenschnecken: „Slugs — The Movie"

Träume ohne Worte: „Alice"

Alice

Entstehungsland	Schweiz
Produktion	Condor
Regie/Drehbuch/ Ausstattung	Jan Svankmajer
Besetzung	Kristyna Kohoutova

Keine Verfilmung der „Alice im Wunderland" hat erreicht, was dem tschechischen Surrealisten Svankmajer mit seiner Interpretation des berühmten Stoffes anscheinend mühelos gelang: mit der Belebung ganz alltäglicher Bestandteile eines ganz alltäglichen Haushalts eine so eindrucksvoll eigenwillige, bedrohliche, komische, phantastische und dabei in sich so stimmige Traumwelt zu schaffen, daß der Zuschauer oft glaubt, einem seiner eigenen Träume beizuwohnen. „Alice" kommt beinah ohne Worte aus; erzählt wird in Bildern und erstaunlichen Handlungsabläufen. Was sonst läßt sich über „Alice" auf so kleinem Raum sagen — angesichts eines mordlustigen Kaninchens, aus dem das Sägemehl rinnt, eines Auges, das von einer stopfenden Nadel fürsorglich geschlossen wird, eines Stück rohen Fleisches, das leicht verängstigt von Topf zu Topf krabbelt? Unbedingt ansehen!

Felix - Der Kater

Herstellungsland	USA
Regie	Tibor Hernady
Produktion	Don Oriolo, Janos Schenk, Christian Schneider

Eine der beliebtesten Comic-Figuren seit über 70 Jahren, wesentlich länger im Geschäft also als Mickymaus und Donald Duck, findet jetzt endlich auch den Weg auf die große Kinoleinwand. Nachdem ihr zuvor nur das Comic-Heft und der Fernsehbildschirm vorbehalten war. Felix — der Kater, sein Freund Poindexter und der böse Professor und eine ganz neue Schar von Freunden ziehen aus, um das Fantasy-Königreich Oriana von dem Herzog von Zill zu befreien und die Prinzessin von Oriana aus dessen Klauen zu retten. Der „Dimensporter", ein Transportgerät, das die Fabeltiere in die verschiedenen Dimensionen bringt, in denen sie agieren, sorgt für die notwendige Action. In vielen Zeit-Epochen, bizarren Palästen und Tunneln finden Felix und seine Freunde sich zurecht — daß es für die Kinobesucher auch eine Menge zu lachen gibt, versteht sich von selbst. Der ungarische Zeichentrick-Profi Tibor Hernadi gab diesem Film seine Handschrift.

DRAMA

"Gorillas im Nebel" heißt Michael Apteds Verfilmung des Lebens der Biologin Dian Fossey, die in Zentralafrika unter Berggorillas lebte und schließlich unter mysteriösen Umständen zu Tode kam — zweifellos einer der Höhepunkte des dramatischen Kinos des nächsten Jahres. Neben Sigourney Weaver wird bei der Oscar-Verleihung sicherlich auch wieder Dustin Hoffman zu sehen sein, und vielleicht auch sein Filmpartner aus "Rainman", Tom Cruise. Don Johnson läßt das Tough-Guy-Image sausen ("Sweetheart's Dance"). Jean-Jacques Annaud beschwört einen Bären ("Der Bär"), Uli Edel fährt zur "Letzten Ausfahrt Brooklyn", während Willi Bär und Daniel Cohn-Bendit "Zwischen Plaste und Elaste" wühlen, um, wie ein halbes Dutzend weiterer Regisseure, die 60er Jahre noch einmal filmisch Revue passieren zu lassen. Vietnam, Elvis, '68, Baby Boom etc. läuten 20 Jahre später sozusagen den Ausklang der vergleichsweise langweiligen 80er Jahre ein.

Gorillas im

Dian Fossey (Sigourney Weaver) war hin- und hergerissen zwischen ihrer Liebe zu den Menschen und zur Natur — bis ein tückischer Mord sie viel zu früh ins Grab brachte

Nebel

Michael Apted verfilmte das Leben der amerikanischen Biologin Dian Fossey, die jahrelang unter Gorillas lebte und sensationelle Forschungsergebnisse erzielte

Herstellungsland	USA
Regie	Michael Apted
Produktion	Arnold Glimcher, Terence Clegg
Drehbuch	Anna Hamilton Phelan
Besetzung	Sigourney Weaver, Bryan Brown, Julie Harris

Eines der außergewöhnlichsten menschlichen Abenteuer der letzten Jahre wurde nun von Michael Apted verfilmt: Das Leben der Anthropologin Dian Fossey, die sich zum Ziel gesetzt hatte, die letzten Geheimnisse der größten Menschenaffen zu erforschen — die Gorillas. Der Film beschreibt die enorme Herausforderung, die Dian Fossey angenommen hat, und berichtet auch von den Forschungsergebnissen, die sie der Fachwelt liefern konnte. Biologische Erkenntnisse und

neue Verfahren, sinnvollen Naturschutz zu betreiben, waren neben der Liebe zu „ihren" Gorillas die wichtigsten Aufgaben. Dian Fossey lebte schließlich sogar in einer Horde von Gorillas, wurde von den Tieren sozusagen als Mitglied der Gemeinschaft angenommen und von ihnen ebenso vor Gefahren beschützt, wie sie die Tiere vor Wilderern, Tierexperimenten und skrupellosen Geschäftemachern lange Zeit bewahrte. Doch neben all dem war sie auch noch eine ganz normale Frau — die von einem Mann geliebt werden wollte und Liebe geben konnte. Sigourney Weaver, die Weltraum-Heldin aus „Aliens", spielt Dian Fossey, eine Frau, die stark sein mußte und stark war — doch nicht so stark, einem heimtückischen Mörder auszuweichen.

Diane Fossey (S. Weaver, u.) kommt auf mysteriöse Weise zu Tode. Ihre Freunde (o.) trauern

Die Legende vom heiligen Trinker

Der Italiener Ermanno Olmi erzählt die Geschichte von der Läuterung eines Säufers, den plötzlich das schlechte Gewissen plagt — der Holländer Rutger Hauer spielt die Hauptrolle

Unter den Seine-Brücken erscheint ein merkwürdiger Herr, der sich unter den Clochards einen auswählt und ihm zweihundert Francs in die Hand drückt. Jedoch mit der Bedingung, daß dieser das Geld am Sonntag morgen nach der Messe unter der Statue der heiligen Therese zurückerstattet.

Der derartig beglückte Andreas Kartak, ein Minenarbeiter aus Schlesien, gerade aus dem Gefängnis entlassen, beginnt sofort wieder zu trinken. Und er trifft nur Leute, die ihn von seinem Entschluß abbringen wollen, die 200 Francs pünktlich zurückzuzahlen. Auf seiner Odyssee durch die Stadt und auch durch seine Vergangenheit trifft er Caroline wieder, derentwegen er er einst einen Mann umgebracht hat, — ein Schulfreund taucht auf, der inzwischen ein berühmter Boxer ist und ihm ein Hotel bezahlt, und schließlich dort ergibt sich eine neue, leidenschaftliche Liebesgeschichte. Soviel er auch trinkt, es geht ihm immer besser. Doch der Stachel des schlechten Gewissens wegen der nicht zurückbezahlten Summe dringt immer tiefer in ihn, und so läuft er eines Morgens, es ist der dritte Sonntag mittlerweile, aus dem Hotel, um die Schuld loszuwerden...

Herstellungsland	Italien
Regie	Ermanno Olmi
Drehbuch	Tullio Kezich, Olmi nach einem Roma von Joseph Roth
Produktion	Aura Film, Cecchi Gori
Besetzung	Rutger Hauer, Anthony Quayle, Sandrine Dumas, Dominique Pinon

Erinnerungen an mich

Vater und Sohn haben es oft nicht leicht miteinander — in Henry Winklers Film will der Junge einfach nie erwachsen werden

Herstellungsland	USA
Regie	Henry Winkler
Produktion	Billy Crystal, Alan King, Michael Hertzberg
Drehbuch	Billy Crystal, Eric Roth
Besetzung	Billy Crystal, Alan King

Das einzige Herz, mit dem der Herzchirurg Dr. Abbie Polin nicht richtig umgehen kann, ist sein eigenes. Also hält er sich an den Mann, der es ihm als erster gebrochen hat — an seinen Vater. Die Behandlung von Abe sen. ist einfach. Ein Klaps auf den Rücken, ein dummer Spruch oder zwei und alles ist wieder in Ordnung. „Memories of Me" ist ein Film, der die merkwürdige Beziehung eines Sohnes, der zu schnell aufwuchs, zu einem Vater, der nie erwachsen geworden ist, untersucht. Billy Crystal und Alan King spielen dieses ungleiche Paar — Jobeth Williams spielt eine Kollegin und Freundin von Abbie jun., die schnell feststellt, daß eine gemeinsame Zukunft mit Abbie nur stattfinden kann, wenn dieser endlich lernt, seinen Vater ernst zu nehmen. Der Schauspieler und Produzent Henry Winkler gibt mit diesem Film sein Regiedebüt.

Billy Chrystal und Alan King spielen in diesem Familiendrama

Ground Zero

Die „Wahrheit über Maralinga" ist das Thema eines der besten australischen Filme der letzten Jahre

Atomtests führen dazu, daß große Wüstenteile nie mehr genutzt werden können — auch für viele Familien eine Katastrophe

In den 50er Jahren hieß die australische Regierung die Engländer willkommen und ließ ihnen freie Hand, Atomversuche in den scheinbar endlosen Wüsten ihres Kontinents durchzuführen. Ähnlich wie die Amerikaner, zeigten sich die Australier damals offen gegenüber dem nuklearen Zeitalter. Die Folgen der in der Maralinga-Wüste vorgenommenen Tests waren verheerend: Tausende der dort einst ansässigen Ureinwohner, Zivilisten und damals in dem Gebiet stationierten Soldaten erkrankten oder starben an den Strahlenschäden. Die Wüste wird für mindestens 25 000 Jahre unbewohnbar bleiben, heißt es in den Titeln des Films.

Auf diesem politischen Hintergrund basiert Michael Pattinsons und Bruce Myles' „Ground Zero", die fiktive persönliche Story eines von Frau und Kind getrennt lebenden Mannes namens Harvey Denton. — Seine Nachforschungen über den frühen mysteriösen Tod seines Vaters, den Denton kaum richtig kannte, verstricken sich unweigerlich mit der Suche nach der Wahrheit über den Fall „Maralinga"...

Herstellungsland	Australien
Regie	Michael Pattinson, Bruce Myles
Drehbuch	Mac Gudgeon, Jan Sardi
Produktion	Michael Pattinson
Besetzung	Colin Friels, Jack Thompson, Donald Pleasence

Der Marquis de Sade (von dem der Textausschnitt des Plakates stammt) verbrachte wegen sexueller und politischer Vergehen 27 Jahre im Gefängnis. Nach ihm wurde der psychopathologische Begriff des Sadismus benannt — ein provokanter Film von Michel Deville

Herstellungsland	Frankreich
Buch und Regie	Michel Deville
Produktion	Rosalinde Deville
Besetzung	Miou-Miou, Maria Casarés, Patrick Chesnais, Clotilde de Bayser, André Wilms, Pierre Dux

Michel Deville, einer der profiliertesten Regisseure Frankreichs („Gefahr im Verzug"), hat einen neuen Film gedreht, der jenseits des Rheins wegen seines gewagten Plakats für einen kleinen Skandal sorgte. Auf diesem ist ganz klein Hauptdarstellerin Miou-Miou im Unterhöschen zu sehen, von riesig großen Wörtern (ein Aszug aus einem Marquis-de-Sade-Text) umgeben, von denen die obszönsten zensurmäßig dick schraffiert sind. Worum geht es in dem Film, der von Kritik und Publikum begeistert aufgenommen wurde? Eigentlich um nicht sehr viel: Constance (großartige Miou-Miou) ist eine professionelle Vorleserin, die sich durch die Lektüre diverser Texte — Maupassant, Duras, Marquis de Sade usw. — den Lebensunterhalt verdient. Bei dieser für heutige Zeiten recht ungewöhnlichen Tätigkeit lernt sie die unterschiedlichsten, seltsamsten Menschen kennen. Das ist, wenn man so will, schon der ganze Film. Doch bei Deville war der Inhalt schon immer eher zweitrangig; bei ihm sorgt die Inszenierung für den cineastischen Genuß. Und der ist bei „La lectrice" ungeheuer groß. Selten sieht man Filme, in denen auf derart originelle und meisterliche Art mit allen dem Regisseur zur Verfügung stehenden Mitteln — Kamera, Schnitt, Musik und Schauspieler — wirklich künstlerisch gearbeitet wird.

La lectrice

Zu zweit hat Bettlektüre schon stets mehr Beachtung gefunden

147

'68

Baby-Boomer und Establishment — die Söhne und Töchter vieler US-Neubürger können damit nichts anfangen und verfolgen eigene Interessen

Herstellungsland	USA
Regie	Steven Kovacs
Produktion	Dale Djerassi, Isabel Maxwell, Steven Kovacs
Drehbuch	Steven Kovacs
Besetzung	Eric Larson, Sandor Tecsi, Robert Locke, Terra Vandergram

Im Zeitalter der Renaissance der 60er Jahre, in der kurioserweise zwei Filme mit Jahreszahlen als Titel gleichzeitig herauskommen, „68" und „69", drehte Steven Kovacs einen Film über diese Zeit aus der Sicht eines ungarischen Einwanderers in die USA. Als kalter Krieg und neue Offenheit die Themen waren, der Konflikt zwischen Baby-Boomern und Establishment sich zuspitzt, Janis Joplin, Jimi Hendrix, Martin Luther King und Robert Kennedy sterben, versucht Zoltan, der in San Francisco ein Restaurant eröffnet hat, eine Restaurant-Kette zu bilden. Sein Bruder, dessen Freundin und ein weiterer Freund sind die zentralen Figuren in Kovacs' Film, in dem die Akteure wohl erfolgreich sind — ihre Ideale aber immer schneller zerbröckeln. Was bleibt, ist ein romantischer Held, der noch immer nach der besseren Welt sucht.

Flower-Power und Hippie-Leben sind bei Zoltan und seinen Freunden angesagt.

1969

Die Jugend muckt auf und macht lieber Liebe, während die Alten Krieg in Vietnam machen — drei Regisseure erzählen von einer stillen Rebellion

Herstellungsland	USA
Regie	Ernest Thompson, Daniel Grodnick, Bill Badalato
Drehbuch	Ernest Thompson
Besetzung	Robert Downey, jr., Kiefer Sutherland, Winona, Ryder, Bruce Dern

Der zweite Film über die 60er Jahre, der einfach eine Jahreszahl als Titel hat, zählt einfach eins weiter: „1969" ist die Geschichte zweier High School-Studenten kurz vor dem Examen, die feststellen müssen, daß ihnen viele Dinge außer Kontrolle geraten. In der Zeit, als die Eltern weder von sexueller Revolution noch von alternativem Leben etwas hören wollten und in vielen Fällen den Vietnam-Krieg für richtig hielten, war es schwer für die Kinder, sich durchzusetzen und einen eigenen Weg zu gehen. Zwei Söhne von Schauspielern, Robert Downey jr. und Kiefer Sutherland, spielen Jugendliche, die sich mit ihrer Situation nicht abfinden wollen, zwei Darsteller, die vor zwanzig Jahren in diesen Situationen waren, spielen die Eltern: Bruce Dern und Joanna Cassidy.

Angesichts unüberbrückbarer Gegensätze zerbröckeln zwei Familien in den USA der späten 60er Jahre

Anna

Nach der erfolgreichen Fernsehserie produzierte das „Anna"-Team jetzt den Film fürs Kino

„Anna" war eine der erfolgreichsten Serien des deutschen Fernsehens. Über 12 Millionen Zuschauer haben 1987 die ZDF-Weihnachtsserie gesehen. Silvia Seidel, die damals 17jährige Münchner Tanzschülerin, wurde über Nacht zum Liebling der Nation. Deutsche Ballettschulen erlebten einen noch nie dagewesenen Boom. „Anna"-Schallplatten, Hörspiele und Bücher wurden zu Bestsellern, der Original-Soundtrack mit Gold veredelt. Silvia Seidel und Patrick Bach wurden für ihre Leistungen mit der Goldenen Kamera ausgezeichnet.

Jetzt entstand der große „Anna"-Film fürs Kino — natürlich mit Silvia Seidel in der Titelrolle. Gedreht wurde in München, Ingolstadt, Bregenz und New York. Das erfolgreiche „Anna"-Team ist zusammengeblieben: Bernd Burgemeister produzierte, Justus Pfaue schrieb das Drehbuch, Frank Strecker führte Regie, und die Choreographin Molly Molloy zeigt große klassische Ballett-Bilder, aber auch begeisternde moderne Tanzszenen.

Die Story: Anna ist an einem Provinztheater engagiert. Neben der Liebe zum Tanz nimmt Rainer, ihr Freund im Rollstuhl, einen wichtigen Platz in ihrem Leben ein. Aber sowohl ihr privates als auch ihr künstlerisches Schicksal verläuft dramatisch. Sie begegnet einem jungen amerikanischen Tänzer, der ihr Gefühlsleben durcheinanderbringt. Sie muß sich entscheiden. Anna lebt wie jede Künstlerin, aber auch wie jedes junge Mädchen ihres Alters mit der Angst zu versagen, muß mit Niederlagen fertigwerden und erfährt durch ihr großes Talent den Rausch des Beifalls. Aber mit Begabung allein setzt man sich nicht durch. Anna muß Opfer bringen, auch im Privatleben. Eines Tages muß sie eine Entscheidung treffen, die ihr weiteres Leben bestimmen wird. Anna hat Zweifel, sie weiß, es gibt für sie nur Triumph oder Niederlage.

Anna (Silvia Seidel) verschlägt es von einem Provinztheater direkt nach Amerika — der Liebe wegen

Herstellungsland	Bundesrepublik Deutschland
Regie	Frank Strecker
Drehbuch	Justus Pfaue
Produktion	TV 60/ZDF
Besetzung	Silvia Seidel, Patrick Bach, Jon Peterson, Ronnie Janot, Ilse Neubauer, Uwe Ochsenknecht, Eberhard Feik

Der junge Toscanini

Herstellungsland	Italien
Regie	Franco Zeffirelli
Drehbuch	Ennio De Concini
Produktion	Italian International Film, Carthago Films
Besetzung	C. Thomas Howell, Sophie Ward, Elizabeth Taylor, Philippe Noiret

Der 18jährige Toscanini bewirbt sich um eine Anstellung als Cellist bei der berühmten Scala von Mailand, doch es wird ihm nicht mal eine Audition gewährt. Wütend und stolz — wie sein Charakter so ist und bleiben wird — verläßt er Europa, segelt nach Südamerika.
In Rio de Janeiro bereitet der berühmte Sopran Nadina Bulicioff — der man nachsagt die Geliebte des Zaren Peter II zu sein — ihr Operncomeback vor und sucht für die Proben einen Maestro, um die Rolle der Aida von Verdi einzustudieren. Als ihr der junge Toscanini offeriert wird, erleidet sie einen hysterischen Anfall ob seiner Jugend, muß sich aber bald davon überzeugen, einem einzigartigen Talent in die Hände gefallen zu sein.
Der Premierenabend rückt heran und der vorgesehene Dirigent ist plötzlich nicht auffindbar, in letzter Minute springt Toscanini ein. Er ist trotz seiner Jugend bereits ein Phänomen was Opernpartituren anbetrifft: Er kann sie alle auswendig. Und gestaltet die Aufführung zu seinem persönlichen Triumph. Man schreibt das Jahr 1886. Die Sklaverei wird erst 1889 in Brasilien abgeschafft. Die Bulicioff - noch völlig verhaftet in feudalen Traditionen — ist so überwältigt, daß sie spontan die Aufführung unterbricht, um von der Bühne herab zu verkünden, daß sie sieben ihrer Sklaven freilassen wird. So kann sie die Aufmerksamkeit auch wieder auf sich ziehen.
Toscanini verläßt verärgert die Stadt. In den Urwäldern des Amazonas trifft er auf seine erste große Liebe: ein junges Mädchen aus seiner Heimat in Mailand. Der Film beschreibt lediglich diese eine Episode aus dem reichen und wilden Leben des großen Meisters.

Franco Zeffirelli, Musik- und Opernregisseur, verfilmte eine weitere Klassiker-Karriere

C. Thomas Howell spielt das junge Dirigentengenie Toscanini

Das FBI löst im „Sommer der Freiheit" 1964 eine der größten Menschenjagden in der Geschichte Amerikas aus

Der Mississippi brennt

Ein neues Meisterwerk von Alan Parker — mit bewegenden Bildern rollt er einen politischen Skandal der 60er Jahre neu auf

Herstellungsland	USA
Regie	Alan Parker
Produktion	Frederick Zollo, Robert F. Coelsberry
Drehbuch	Chris Gerolmo
Besetzung	Gene Hackman, Willem Dafoe, Frances McDormand

Alan Parkers letzter Film „Angel Heart" führte den Regisseur dank einiger Schlüsselszenen in den Süden Amerikas — nach New Orleans. Das politische und soziale Klima dort, auch Gegenstand von Martin Davidsons Film „Heart of Dixie", inspirierte auch den Briten Parker. Der sich so virtuos in für ihn fremde Welten einarbeiten kann, daß man glaubt, er habe selbst dort gelebt. Seine Filme „Midnight Express", „Pink Floyd — The Wall", „Angel Heart" ebenso wie seine US-Erfahrung mit „Shoot the Moon" sind Zeugnisse hierfür.

„Mississippi Burning" spielt 1964, im „Sommer der Freiheit", Zeitpunkt einer der blutigsten Aufstände für soziale Gerechtigkeit der letzten 40 Jahre. Drei junge Sozialarbeiter, zwei Weiße und ein Schwarzer, die sich einem Aufruf zur Erfassung ins Wahlregister widersetzen, verschwinden plötzlich und lösen damit die gewaltigste Menschenjagd aus, die das FBI in seiner Geschichte inszenierte.

Rechtsanwälte am Ort glauben an ein Polit-Theater — doch was wirklich hinter der Geschichte steckt, schockiert die Welt und wird zu einem neuen Höhepunkt im Kampf der Menschen um Bürgerrechte... Wieder packte Regie-Genie Parker ein heißes Eisen an und wieder wird er vielleicht nicht gerade einen Box-Office-Hit an die Kinokassen bringen. Er und seine Hauptdarsteller Gene Hackman und Willem Dafoe („Platoon", „Die letzte Versuchung") jedoch garantieren bereits für ein großes Kinoereignis.

Multitalent Gene Hackman in einer seiner packendsten Rollen

„Platoon"- und „Christus"-Darsteller Willem Dafoe als engagierter Polizist

Bryher

Herstellungsland	England
Regie	Clive Rees
Drehbuch	Michael Morpurgo, nach seinem Buch „Why the Whales came"
Produktion	Golden Swan
Besetzung	Paul Scofield, Helen Pearce, Max Rennie, Helen Mirren, Dexter Fletcher

Clive Rees' beeindruckende Liebeserklärung an eine Insel, die von menschlichen Eingriffen in die Natur bedroht ist

„Bryher" heißt die kleinste der fünf bewohnten Scilly-Inseln südwestlich von England; und Bryher ist sowohl Handlungs- wie Drehort der Geschichte, die zu Beginn des 1. Weltkriegs spielt, und in der es um die mangelnde Achtung des Menschen vor Umwelt und Natur geht. — Zwei Kinder freunden sich mit einem alten tauben Mann an, den die übrigen Inselbewohner meiden, weil er ihrer Meinung nach übernatürliche Kräfte besitzt. Er ist der letzte Überlebende einer Naturkatastrophe auf der Nachbarinsel Samson, die seitdem unbewohnbar und wasserlos geworden ist. Und er ist der einzige, der den Zusammenhang zwischen der Ankunft des gestrandeten Narwals und dem Besuch der Kinder auf Samson erkennt. Er weiß, daß die Zukunft von Bryher auf dem Spiel steht, wenn sich die Menschen dort an der Herde von Narwalen, die sich in der Bucht sammeln, vergreifen.

Nur ein Mann weiß, was es wirklich bedeutet, wenn ein Narwal an der Küste von Bryher strandet...

Bird

Multitalent Clint Eastwood wieder einmal als Regisseur — jetzt verfilmte er grandios die Lebensgeschichte des legendären Jazzers Charlie Parker

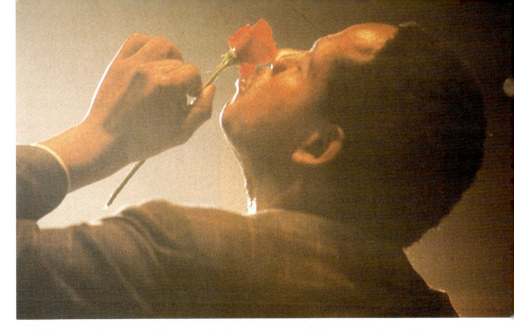

Herstellungsland	*USA*
Regie	*Clint Eastwood*
Produktion	*Clint Eastwood*
Drehbuch	*Joel Oliansky*
Besetzung	*Forest Whitaker, Michael Zelniker, Sam Wright, Diane Venora*

Ein 16jähriger Junge kommt mit seinem Saxophon auf die Bühne eines kleinen Nachtklubs in Kansas. Viele Kids sind an diesem Abend gekommen, um erstmals öffentlich aufzutreten. Doch dieser eine Junge hat etwas, was die anderen nicht haben — nur wenige merken schon jetzt, welches außergewöhnliche Talent der Jazz-Musik einst neue Impulse geben wird. Dies ist die Titel-Sequenz eines neuen Films, der mit vielen Rückblenden das Leben eines der wichtigsten Jazz-Musiker aller Zeiten beleuchtet: Charlie „Bird" Parker.
Die Kraft und die Schönheit seines Spiels heben „Bird" musikalisch von seiner Zeit ab und füllen diesen Teil seines Lebens völlig aus — doch wenn er nicht auf der Bühne steht, kämpft er ständig mit lebensbedrohlichen Dämonen. „Bird" läßt auch Parkers Drogenprobleme nicht aus und seine vielen Versuche, damit fertigzuwerden. Ständig am Rande der Legalität strauchelt er durchs Leben. Doch er hat viele Freunde, die ihm helfen — Musikerkollegen wie Red Rodney und Dizzy Gillespie und die immer präsente Frau in seinem Leben, Chan Parker.
Dieser einfühlsame Film wurde von einem produziert und gedreht, von dem man sonst härtere Kaliber gewohnt ist — Clint Eastwood. So prägnant geriet der Film, daß er auf dem Filmfestival in Cannes 1988 gleich zweimal ausgezeichnet wurde. Ein Darstellerpreis ging an „Bird"-Darsteller Forest Whitaker, ein Spezialpreis an Regisseur Eastwood.

Beaches

Eine langjährige Freundschaft zweier Frauen, die vom Leben enttäuscht sind — nach der wilden Komödie „Overboard — Ein Goldfisch fällt ins Wasser" wagte Regisseur Marshall einen Ausflug in ernste Gefilde

Herstellungsland	USA
Regie	Gary Marshall
Produktion	Bette Midler, Bonnie Bruckheimer-Martell, Margaret Jennings-South
Drehbuch	Mary Agnes Donohue
Besetzung	Bette Midler, Barbara Hershey, John Heard

„Beaches" ist nach „The Rose" der erste dramatische Film, den Bette Midler, zuletzt ausschließlich in verrückten Komödien anzutreffende Allround-Künstlerin, drehte. Eine bemerkenswerte und ungewöhnliche Freundschaft ist es, die da an einem heißen Sommertag im Jahre 1957 begann: Die elf Jahre alten Mädchen CC Bloom und Hilary Whitney treffen sich an einem Strand bei Atlantic City. Sie kommen aus verschiedenen Welten — die eine, aus New York ist fix und clever, wird beinahe zwangsläufig eine berühmte Sängerin, die andere, eher scheu und brav, kommt aus San Francisco und wird zur netten Hausfrau und Mutter.

Über die Jahre hält ein starkes Band der Freundschaft die beiden zusammen und gemeinsam. Obwohl ein ganzer Kontinent sie die meiste Zeit trennt, teilt man Hoffnungen, Träume und Frustrationen, tauscht Briefe, Fotos und Erinnerungen aus. Weder das Künstlerleben von CC hält, was es verspricht — es ist von Niederlagen und Enttäuschungen begleitet, noch das Leben im goldenen Ehekäfig von Hilary ist beneidenswert, weil ihr Ehemann sich noch eine Geliebte hält. Gary Marshall, Komödienregisseur von „Young Doctors in Love" und „Overboard — Ein Goldfisch fällt ins Wasser", inszenierte diesen Film mit Bette Midler als Sängerin — eine halbe Stunde Midler on Stage ist inbegriffen — und Barbara Hershey, seit ihren Rollen bei Martin Scorsese und Woody Allen eine der ganz Großen ihres Faches.

Bette Midler und Barbara Hershey sind die Freundinnen, die an verschiedenen Ufern leben und dennoch zusammenbleiben

Burning Secret

„Brennendes Geheimnis" — Andrew Birkins Verfilmung eines der schönsten Werke des Dichters Stefan Zweig

Edgar (Klaus Maria Brandauer) und die schöne Jüdin (Faye Dunaway) verbindet ein seltsames Schicksal

Herstellungsland	USA
Buch und Regie	Andrew Birkin
Produktion	Norma Heyman, Eberhard Junkersdorf
Buch	Andrew Birkin
Besetzung	Faye Dunaway, Klaus Maria Brandauer, David Eberts

Die Novelle von Stefan Zweig — „Brennendes Geheimnis" —, nach der der Erstlings-Regisseur Andrew Birkin sein Drehbuch entwarf, erzählt von einem Kind Edgar — Birkin adaptiert: „Edmund" —, dem kränklichen Sohn einer in ihrer letzten Blüte stehenden üppig-schönen Jüdin der Wiener Bourgeoisie. Die Begegnung seiner Mutter mit einem verführerischen und leichtlebigen Baron wird ihm zum Anlaß, das „brennende Geheimnis" des Verhältnisses der Geschlechter zu entdecken. Beide, die Mutter und der Baron, leben in einer Atmosphäre, deren Schlaffheit — um Stefan Zweig zu zitieren — „ebenso sinnlich macht wie Schwüle oder Sturm, eine Wohltemperiertheit des Glückes, die aufreizender ist als Unglück".

Birkin hat seinen Film genial mit Faye Dunaway und Klaus Maria Brandauer besetzt und fand die verflossen-goldene Atmosphäre des k. u. k. Reiches noch in der Architektur des tschechischen Marienbad (das „Marienbad" auch in Alain Resnais' berühmtem Film) versteinert und brachte den alten Glanz, in akribischem Detail sich spiegelnd, wieder zum Glühen.

Der Preis der Schönheit

Beim Stromern am Strand stößt Mike Menroe (Christopher Lambert) auf eine Amphore mit sinnlichem Inhalt

Herstellungsland	Italien
Regie	Charles Finch
Drehbuch	Charles Finch
Produktion	Nicole Seguin
Besetzung	Christopher Lambert, Diane Lane, Francesco Quinn, Claudia Ohan, Monica Scattini

Mike Menroe (Christopher Lambert) zieht sich nach dem tragischen Tod seines Bruders Jimmy, an dem er sich schuldig fühlt, in ein einsames Haus an der Küste zurück. Menroe stand auf dem Höhepunkt seiner Karriere als Musiker, jetzt will er nur noch vergessen. Beim Baden schließt er Freundschaft mit Manny (Francesco Quinn).

Eines Tages glaubt er auf einem seiner Spaziergänge zu beobachten, wie im Meer eine junge Frau ertrinkt, und er versucht sie zu retten. Statt der Frau findet er aber eine Amphore, auf der ein Schwan eingraviert ist. Menroe glaubt an eine Sinnestäuschung, doch in der Nacht entsteigt dem Gefäß eine wunderschöne Frau (Diane Lane), die all seine Wünsche Wirklichkeit werden läßt. Menroes Leben erhält eine neue Perspektive.

Durch das rätselhafte Erscheinen dieser schönen Nixe gewinnt er wieder Lebensmut und begreift, daß er unter sein bisheriges Leben einen Schlußstrich ziehen muß, um noch einmal von vorne anzufangen.

Durch eine Erbschaft, die der Clevere dem geistig Behinderten abgaunern will, finden zwei Brüder wieder zueinander

Rainman

Herstellungsland	USA
Regie	Barry Levinson
Produktion	Mark Johnson
Drehbuch	Ron Bass, Barry Morrow
Besetzung	Dustin Hoffman, Tom Cruise

Lang war dieses Projekt angekündigt, mit immer wieder neuen Produzenten bzw. Regisseuren. Gedreht wurde der Film schließlich von Barry Levinson. „Rainman" ist die Geschichte von Charlie Babbitt, einem smarten jungen Kerl, der lange auf der Flucht war vor einer Vergangenheit, an die er sich selbst kaum erinnern kann. Doch eines Tages ist sie wieder da: Sein autistischer älterer Bruder Raymond hat von ihrem gemeinsamen Vater drei Millionen Dollar geerbt. Um dieses Geld seinem behinderten Bruder abzugaunern, fährt Charlie mit Raymond in einem alten Buick quer durch die USA. Doch die Reise wird für ihn auch der Schlüssel zur eigenen Vergangenheit, und Raymond gibt ihm Unterricht in der Schule des Lebens, ironischerweise merkt er das natürlich selbst nicht.

Tom Cruise und Dustin Hoffman spielen diese ungleichen Brüder in einem bemerkenswerten Film, der sicher auch bei der Oscarverleihung 1989 mehrfach aufgerufen werden wird.

Der leichtlebige Charlie Babbit (Tom Cruise, l.) begibt sich mit seinem autistischen Bruder Raymond (Dustin Hoffman) auf eine Reise durch die Vereinigten Staaten

Snackbar Budapest

Herstellungsland	Italien, Frankreich
Regie	Tinto Brass
Drehbuch	Tinto Brass
Produktion	Giovanni Bertolucci für San Francisco Film, Rom Metro Film, Paris
Besetzung	Giancarlo Giannini, François Negret, Raffaella Baracchi, Philippe Leotard

24 Stunden unter dem bleiernen Himmel eines tristen Wintertages: Krimistimmung. Molecola, ein 16jähriger Junge aus kleinstem Zuhältermilieu, versucht, seine Vorstellung vom Paradies auf Erden zu verwirklichen.

Aus den verräucherten Spelunken voller einarmiger Banditen, den vergammelten Strandbuden eines heruntergekommenen Badeortes soll ein gigantischer Rummelplatz entstehen, strotzend von Lichterketten, Tag und Nacht geöffneten Glücksspielhallen und schönen Frauen, wohin das Auge blickt.

Ein verkrachter Anwalt (Giancarlo Giannini) ist fasziniert von der Idee. Doch Molecola, kindlich-brutal und zerbrechlich wie seine Utopie, besteht darauf, die Welt in der er lebt — eine Bande blutjunger Schläger und bunter Huren — in seinen Traum einzubeziehen.

Der Anwalt, in Begleitung seiner rassigen wie resoluten Freundin Milena, ist bereit, das Projekt zu finanzieren.

Aber noch vor dem Morgengrauen wird aus den Las-Vegas-Phantasien der miese kleine Ganovenalltag. Das rauschende Fest der Unterweltkönige kippt um in Gewalttätigkeit, Abhängigkeit, Sinnlosigkeit — die Trümmer bescheint das kaltweiße Licht der Neonröhren ...

Skandalfilmer Tinto Brass berichtet mit diesem Film über die kleinen Gauner, die sich ihr eigenes Las Vegas aufbauen wollen und furchtbar scheitern

Drôle d'endroit pour une rencontre

Regie-Newcomer François Dupeyron debütiert mit einer Love-Story am Autobahnrastplatz

Herstellungsland	Frankreich
Buch	Dominique Faysse, François Dupeyron
Regie	François Dupeyron
Besetzung	Catherine Deneuve, Gérard Depardieu, André Wilms, Nathalie Cardone

Zwei absolute Superstars des französischen Films, Catherine Deneuve und Gérard Depardieu, im Erstlingswerk eines Regiedebütanten — das ist nicht die einzige Besonderheit von „Ein seltsamer Ort für eine Begegnung". Die zweite Besonderheit steckt bereits im Titel des Films — der Ort der Handlung nämlich: ein verlassener Autobahnparkplatz bei Nacht. Dort begegnen sich France und Charles, nachdem die eine von ihrem Mann quasi ausgesetzt wurde und dem anderen der Wagen wegen Motorschadens stehengeblieben ist. France hat sich vorgenommen, auf ihren Mann zu warten, denn sie kann nicht glauben, daß er sie tatsächlich endgültig verlassen hat. Charles benutzt die Autopanne als willkommenen Vorwand, um mit sich und seinem Leben ins reine zu kommen. Er fängt an, den Motor unnötigerweise auseinanderzunehmen, und die einsame Frau, die da in der Kälte wartet, stört ihn eigentlich nur. Doch zwischen beiden entwickelt sich allmählich eine (Liebes-)Geschichte, die an einem Freitagabend beginnt und Sonntag nacht ihr ungewöhnliches Ende findet. „Drôle d'endroit pour une rencontre" ist bereits der fünfte Film, in dem Catherine Deneuve und Gérard Depardieu gemeinsam spielen; zuvor drehten sie „Fort Saganne", „Wahl der Waffen", „Die letzte Metro" und „Je vous aime".

France (Catherine Deneuve) und Charles (Gerard Depardieu) erleben an der Autobahn ihr seltsamstes Liebes-Abenteuer

The Raggedy Rawney

Bob-Hoskins-Fans können sich freuen — der britische Meisterschauspieler in einer Paraderolle — inszeniert von ihm selbst

Bob Hoskins, Englands „Untermann" mit Herz, einstiger Gelegenheitsarbeiter in Covent Garden, Seemann für die norwegische Marine, Straßenarbeiter, Steuerberater, der Shakespeare-Verse ebenso drauf hat wie rauhestes Cockney, auf Londons Bühnen ebenso zu Hause ist wie in Fernsehen und Film („The Long Good Friday", „The Honorary Consul", „Mona Lisa", „Who Framed Roger Rabbit?"), gibt mit „Raggedy Rawney" sein Debüt als Regisseur und Drehbuchautor; nebenbei spielt er auch noch mit in seinem ersten Film für „Handmade", die von Ex-Beatle George Harrison und Denis O'Brian geleitete Produktionsgesellschaft, die für ihre scharfzüngig-humorigen Filme mit Tiefgang („Life of Brian", „A Private Function" und auch „Mona Lisa") bekannt ist. Auf dem Karlovy Vary Film Festival in der Tschechoslowakei, wo Hoskins drehte, wurde ihm für „Raggedy Rawney" bereits der Preis für den „besten Neufilmer" verliehen. Die Geschichte von „Rawney" geht auf Hoskins' Großmutter und deren Zigeunervorfahren zurück. Es ist eine Geschichte über den Krieg — d. h. für Hoskins: eine Geschichte gegen den Krieg: „der Krieg ist der Feind". Hoskins spielt Darky, den Anführer einer kleinen Gruppe von Zigeunern, die versuchen, dem Zugriff der kriegführenden Armeen zu entgehen. Und vor allem, ihre jungen Männer vor dem Eingezogenwerden zu bewahren. Tom (Dexter Fletcher aus „Caravaggio"), ein fahnenflüchtiger junger Rekrut, sucht in ihren Reihen Schutz vor den Greueln des Krieges. Sie halten ihn wegen seines erstaunlichen Aufzugs für ein halb-verrücktes junges Mädchen — ein „Raggedy Rawney" — und Tom läßt sie in dem Glauben. Nur Jessie (Zoe Nathenson), Darkys Tochter, entdeckt, was es mit Tom wirklich auf sich hat. Die beiden verlieben sich leidenschaftlich ineinander, und Jessie wird schwanger.

Herstellungsland	England
Regie	Bob Hoskins
Drehbuch	Bob Hoskins, Nicole de Wilde
Produktion	Handmade (Bob Weis)
Besetzung	Bob Hoskins, Dexter Fletcher, Zoe Nathenson, Ian Dury

Oliver and Company

Ein neuer großer Zeichentrickfilm aus den Disney-Studios — der Charles-Dickens-Roman „Oliver Twist" erhält eine „tierische" Variante

Herstellungsland	USA
Regie	George Scribner
Produktion	Walt Disney Prod.

Seit über vier Jahren arbeiten die Walt-Disney-Studios an diesem, ihrem neuesten großen Zeichentrickfilm. Er muß gut werden — denn die Konkurrenz ist groß, und zum Teil kommt sie gar aus dem eigenen Haus. „Who Framed Roger Rabbitt" jedenfalls war ein Touchstone-Disney-Film, und diesen Erfolg scheint ein Nur-Zeichentrickfilm nicht wiederholen zu können. Erst recht dann nicht, wenn gegen „Oliver" eines Tages Don Bluths und Spielberg-Produktion „The Land before Time" steht.

Wie auch immer — „Oliver and Company", eine „tierische" Neuauflage des legendären Charles-Dickens-Romans „Oliver Twist", wird ein klassischer Animationsfilm. Auch wenn die Mickymäuse die Produktionszeit dank Computerhilfe von rund sieben auf rund vier Jahre senken konnten. So ganz aber mochte man sich von den alten Techniken nicht trennen, der Stil mußte auch beim insgesamt 27. Disney Zeichentrickfilm seit 1936 gewahrt bleiben: Georgette, ein feiner Pudel, Tito, ein kläffender Chihuahua, Einstein, ein riesiger Terrier, Oliver, natürlich ein süßes Kätzchen, Francis, ein edler Rassehund und Rita, eine Straßenmischung, aber sehr weltgewandt, schlagen sich nach Dickens-Motiven durchs Hunde- bzw. Katzenleben. Regie führte übrigens Disney-Veteran George Scribner.

Anna (Dana Vavrova) muß nach dem Tod der Mutter schon bald die Verantwortung für die Familie übernehmen — eine fast nicht zu bewältigende Aufgabe

Vor drei Jahren veröffentlichte der Piper-Verlag die Lebenserinnerungen der niederbayerischen Bäuerin Anna Wimschneider. Ein Jahr später war die Sensation perfekt: „Herbstmilch" entwickelte sich zu einem absoluten Bestseller und ist heute mit ca. 450 000 verkauften Exemplaren eines der erfolgreichsten Bücher der letzten 20 Jahre. Was den ungewöhnlichen Reiz dieses Buches ausmacht, kennzeichnet auch diesen Film. Mit seinen rührenden und ergreifenden Bildern wird der Film zu einem Panorama bäuerlichen Lebens in Deutschland, dessen gnadenlose Härte heute fast exotisch anmutet und doch „Heimat" ist.

Nach dem frühen Tod der Mutter muß

Ein Stück Heimat: Die Bestseller-Erinnerungen der niederbayerischen Bäuerin Anna Wimschneider wurden jetzt verfilmt

Herbstmilch

Herstellungsland	Bundesrepublik Deutschland
Regie	Josef Vilsmaier
Drehbuch	Peter Steinbach (nach dem Roman von Anna Wimschneider)
Produktion	Perathon/ZDF
Besetzung	Dana Vavrova, Werner Stocker, Claude Oliver Rudolph, Karel Hermanek, Renate Grosser, Hertha Schwarz, Eva Mattes

Anna — selbst noch Kind — die Verantwortung für die neunköpfige Familie übernehmen. Es wird zu ihrer selbstverständlichen und mühsamen Pflicht, für Vater und Geschwister zu kochen, putzen, spülen, flicken, waschen ... Ein tag- und nachtfüllendes Arbeitsprogramm beherrscht ihre Kindheit und Jugend. Selbst den Schulbesuch muß sie ihren häuslichen Pflichten opfern. Kein Wort des Dankes hört sie in diesen Jahren. Ihr erstes tiefes Glück währt nur kurz: Kaum vermählt, wird ihr Mann als Soldat an die Front kommandiert. Von Stund an muß sie seine Verwandtschaft pflegen und, obwohl hochschwanger, völlig allein in Schwerstarbeit seinen Hof versorgen, während ihr die krankhaft eifersüchtige Schwiegermutter das Leben zur Hölle macht. Nach dem Krieg, aus dem ihr Mann schwer verletzt zurückkehrt, gilt es schließlich, die eigenen Kinder großzuziehen und den Hof in Schuß zu halten.

Regisseur Josef Vilsmaier (49), der bisher bei 100 Fernseh-, 14 Dokumentar- und vier Kinofilmen als Kameramann gearbeitet hat, stammt aus einem Nachbardorf der Wimschneiders. „Herbstmilch" ist für ihn das erste Projekt als Regisseur. Zwei Jahre lang bereitete er seinen Film vor — und begegnete auf Schritt und Tritt seiner Vergangenheit. „Ich spürte immer mehr, warum ich mich in diesen Stoff verbissen hatte. Ich wollte nicht nur die Lebens-Chronik der Anna Wimschneider verfilmen, ich suchte auch meine eigenen Wurzeln." Vilsmaier ist es gelungen, eine Bildsprache zu finden, die wie das Buch nicht anklagen, sondern packend und hautnah erzählen will.

Anna Wimschneider wird von der tschechischen Schauspielerin Dana Vavrova verkörpert, die bei uns durch die Hauptrolle in dem mehrteiligen Fernsehfilm „Ein Stück Himmel" bekannt wurde. Kameramann bei jener Produktion war damals kein anderer als Josef Vilsmaier, und inzwischen sind er und Dana Vavrova verheiratet und haben eine kleine Tochter namens Janina, die ebenfalls in „Herbstmilch" zu sehen sein wird.

Eis

Berthold Mittermaiers anklagender Film über den Mann, der fast drei Wochen von allen vergessen wurde . . .

Eine kleine Gemeinde am Neusiedler See unweit der österreichisch-ungarischen Grenze. In der Neujahrsnacht wird der junge Sandor Horvath (gespielt von Erwin Leder, bekannt aus „Das Boot") von der Polizei wegen Trunkenheit in Gewahrsam genommen. Am nächsten Morgen ist er spurlos verschwunden. Die Suche seiner Freunde, seiner Mutter und der Behörden bleibt aus verschiedenen Gründen erfolglos: Egoismus, Angst, Intrige, Schlamperei, Dummheit — kurz: eine „Verkettung unglücklicher Umstände". Als man Sandor schließlich durch einen Zufall in der Arrestzelle des Gendarmeriepostens findet, hat er 18 Tage ohne Essen und Trinken überlebt. Die Wissenschaft ist bemüht, das medizinische Wunder zu erklären, die Behörden versuchen, die Sensation nicht zum Skandal werden zu lassen. Während Sandors Genesung kommt zunehmend der Verdacht auf, daß sich in- und ausländische Geheimdienste irrtümlich seiner Person bedient haben könnten. Wegen der Gedächtnislücke über die Zeit seiner Abwesenheit muß sich der junge Mann einer Hypnosetherapie unterziehen. Als er zu wissen glaubt, was in den 18 Tagen mit ihm passiert ist, muß Sandor um sein Leben fürchten . . .

Regisseur und Drehbuchautor Berthold Mittermayr zum Hintergrund seines Debütfilms: „Im April 1979 wurde im Gemeindearrest von Hoechst in Vorarlberg ein Mann 18 Tage lang vergessen und überlebte. Abgesehen von dieser Tatsache ist die Handlung meines Film frei erfunden und basiert in wesentlichen Teilen auf dem Roman ‚Eis' von Georg Silvester. Ich wollte zeigen, wie kompliziert es ist, in diesem für derlei Ereignisse atypischen Milieu die Helden und die Bösen zu identifizieren."

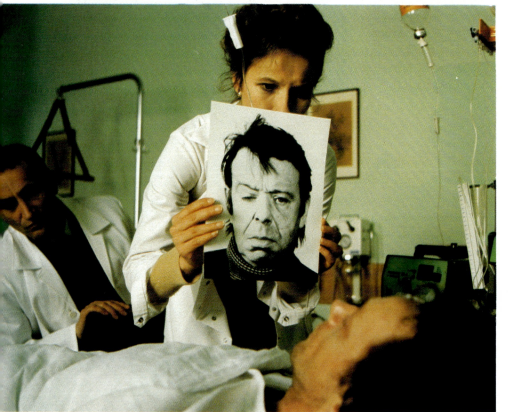

Sandor Horvath (Erwin Leder) hat 18 Tage ohne Nahrung und Wasser überlebt. Ein Wunder?

Herstellungsland	Bundesrepublik Deutschland
Regie	Berthold Mittermayr
Drehbuch	Berthold Mittermayr
Produktion	Stefan Reiss/BR
Besetzung	Erwin Leder, Michele Sterr, Holde Naumann, Dagmar Cassens, Ulf Dieter Kusdas, Joe Berger

Heart of Dixie

Ein weiterer Film über die 60er Jahre — diesmal aus ländlicher Perspektive

Herstellungsland	USA
Regie	Martin Davidson
Produktion	Steve Tisch
Drehbuch	Tom McCowmn
Besetzung	Ally Sheedy, Virginia Madsen, Phoebe Cates, Don Michael Paul, Treat Williams

Drei junge Ladies aus dem Brat-Pack, Hollywoods ungezogene junge Darstellerinnen emanzipieren sich: Ally Sheedy, in diesen Tagen in „Nummer 5 kehrt zurück" zu sehen, Virginia Madsen, aus „Creator", und Phoebe Cates, die zwar eine Reihe von Filmen, aber keinen Erfolg hatte, spielen drei Frauen aus dem schwülen Süden Amerikas. Dort, wo Rassen-, Ehe- und politische Probleme schneller als anderswo mit der Waffe gelöst werden. Frauen hatten dort in den späten 50er und beginnenden 60er Jahren schon gar nichts zu sagen — die sexuelle Revolution und die Flower-Power-Bewegung war eine Angelegenheit, der sich am ehesten der Ku-Klux-Klan annahm. In diesem Klima spielt der neue Film von Martin Davidson, in dem drei Frauen aus dem ihnen zugedachten Käfig einfach ausbrechen wollen.

The Killing Time

Herstellungsland	USA
Regie	Rick King
Drehbuch	Don Bohlinger, James Nathan, Franklin Singer
Besetzung	Kiefer Sutherland, Beau Bridges, Camelia Kath, Joe Don Baker

Mit der Pensionierung von Carl Cunningham (Joe Don Baker) wird in Santa Alba ein neuer Sheriff fällig. Der ernsthafte junge Brian (Kiefer Sutherland) wird von Carl und seinem Deputy Sam (Beau Bridges) mit offenen Armen aufgenommen. Die beiden wissen allerdings nicht, daß der echte Brian auf seiner Fahrt nach Santa Alba ermordet wurde. Sam, der eine leidenschaftliche Affaire mit Laura Wilson (Camelia Kath) hat, und mit ihr den Mord ihres rücksichtslosen Mannes plant, kommt als erster darauf, daß etwas an dem jungen Brian nicht stimmt — als nämlich ein mysteriöser Mörder ihrem Plan zuvorkommt, Jake selber umbringt, und der Verdacht auf die beiden Liebenden fällt.

Nach all dem Hin und Her mit den verschiedenen Identitätskrisen stellten sich als die wahren Liebenden Kiefer Sutherland und Camelia Kath heraus, die sich bei den Dreharbeiten kennengelernt hatten und bald darauf heirateten.

Kiefer Sutherland ist der falsche Sheriff, der den Tötungsabsichten des echten Deputys (Beau Bridges) zuvorkommt — und der Camelia Kath dann in Wirklichkeit heiratet

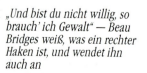

„Und bist du nicht willig, so brauch' ich Gewalt" — Beau Bridges weiß, was ein rechter Haken ist, und wendet ihn auch an

A Dry White Season

Nach Richard Attenboroughs „Der Schrei nach Freiheit" folgt nun ein Film über einen weißen Schullehrer in Südafrika, der sich gegen die rassistische Staatsmacht auflehnt

Nach langer Film-Abstinenz begibt sich Marlon Brando wieder auf die Filmleinwand — er spielt den Rechtsanwalt des unnachgiebigen Lehrers

Herstellungsland	USA
Regie	Euzhan Palcy
Produktion	Paula Weinstein
Drehbuch	Andre Brink
Besetzung	Marlon Brando, Donald Sutherland

Fast ein Jahrzehnt seit seinem letzten Film hat es gedauert, bis sich der alternde Mime Marlon Brando wieder vor die Kamera locken ließ. Die einen sagen, er will beweisen, daß er nicht an der Alzheimer-Krankheit leidet, die anderen meinen, er will seine Diäterfolge vorführen, wieder andere sind überzeugt, daß ihm einfach das Geld ausgegangen ist. Letzteres ist unwahrscheinlich, denn allein die Rekordgage von 10 Millionen Dollar für seinen Kurzauftritt im ersten „Superman"-Film dürfte selbst Brando zum bloßen Leben eine Weile reichen.

„The Dry White Season" ist die Geschichte eines weißen Schullehrers in Südafrika, dessen Leben aus den Fugen gerät, als er der Staatsmacht vorwirft, einen seiner schwarzen Schüler in der Schutzhaft ermordet zu haben.
Euzhan Palcy, die erste schwarze Filmregisseurin, die internationale Erfolge hatte (mit „Sugar Cane Alley"), inszenierte diese Verfilmung des gleichnamigen Romans des südafrikanischen Autors Andre Brink. Brando, der bereits seit vielen Jahren gegen jeden Rassismus auf Erden kämpft, spielt den Rechtsanwalt, der dem Lehrer hilft, den Horror der Apartheid-Regierung so transparent wie möglich zu machen, Susan Sarandon eine Reporterin, die ebenfalls auf seiner Seite kämpft. Die Hauptrolle wird von Donald Sutherland gespielt.

Herstellungsland	Bundesrepublik Deutschland
Regie	Monica Teuber
Drehbuch	Monica Teuber
Produktion	TAT
Besetzung	Nastassja Kinski, Steve Bond, Franco Nero, David Warner, Günter Meisner, Trevor Howard, Fernando Rey, Max Tidoff, Katharina Böhm, William Hickey

Hätten Sie's gewußt? „Stille Nacht, heilige Nacht" ist das bekannteste und am meisten gesungene Lied der Welt. Weniger bekannt ist, wer und was hinter diesem „Welthit" steckt. Die Münchner Regisseurin, Drehbuchautorin und Produzentin Monica Teuber verfilmte mit einem Etat von acht Millionen Mark das Leben des Pfarrers Joseph Mohr, der 1918 in einem kleinen Dorf bei Salzburg den Text zu „Stille Nacht, heilige Nacht" dichtete — einer Melodie seines Freundes, des Komponisten Franz Xaver Gruber.

Für die weibliche Hauptrolle in ihrem aufwendigen Kostümfilm mit viel dramatischem Zeitkolorit konnte Monica Teuber Nastassja Kinski gewinnen, die damit zum ersten Mal seit Wim Wenders' „Paris, Texas" von 1984 wieder in einem deutschen Film mitspielt. Es ist zugleich ihr erster Film unter der Regie einer Frau.

Nastassja Kinski spielt die als „Dorfhure" verschrieene Magdalena, die sich in den jungen Pfarrer Mohr (Steve Bond) verliebt. Auch sonst sorgt der liberale Pfarrer für Wirbel in dem Dorf, denn selbst hier im hintersten Winkel ist das eiserne Regime des allmächtigen Kanzlers Metternich und seine Kumpanei mit der katholischen Kirche zu spüren. Jede kleinste liberale Regung des niederen Volkes wird im Keim erstickt, Plündereien und Willkürherrschaft des Adels sind an der Tagesordnung — wilde Zeiten, in denen die „Stille Nacht" wie ein Protestsong klingt.

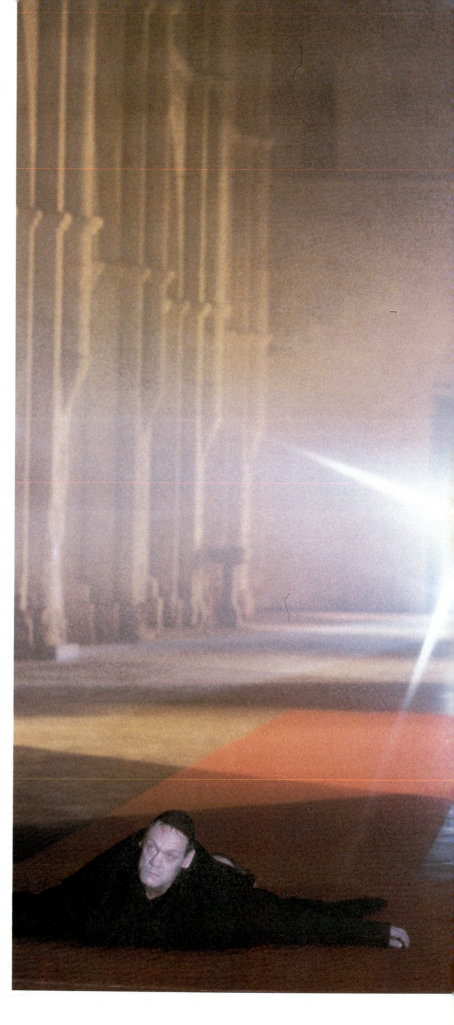

Pfarrer Mohr (Steve Bond) hat Probleme, weil sich die als Dorfhure verschrieene Magdalena (Nastassja Kinski) in ihn verliebt — Stille Nacht?

Stille Nacht

Die deutsche Regisseurin Monica Teuber erzählt die Entstehungsgeschichte des bekanntesten Liedes der Welt

Deux minutes de soleil en plus

Eine ungewöhnliche Dreiecksgeschichte, die die Protagonisten in einen Gefühlsstrudel reißt — Frankreich wartet mit einem neuen Psycho-Thriller auf

Herstellungsland	*Frankreich*
Buch und Regie	*Gérard Vergez*
Produktion	*Catherine Lapoujade*
Besetzung	*Christophe Malavoy, Pauline Lafont, Catherine Wilkening*

Vic ist ein Schriftsteller („Eine Art Hemingway, aber besser"), der systematisch alles zerreißt, was er schreibt. Aber einen Bestseller hat er in seiner bisherigen Karriere immerhin schon verfaßt: ein autobiographisches Plädoyer für seine Frau, die seit der Verurteilung als Mörderin ihres Kindes in einer Nervenklinik lebt. Vic ist der Meinung, daß Cat die Hälfte des finanziellen Erfolgs gebührt, doch da er das gesamte Geld bereits beim Spielen verloren hat, will er wenigstens versuchen, Cats Liebe zurückzugewinnen. Nachdem Vic seine Frau in der Irrenanstalt abgeholt hat, fahren sie zur Erholung in den Süden. Da taucht plötzlich Aina, eine Anhalterin, auf, die Cat genau zu kennen scheint. Tatsächlich war sie Insassin der Klapsmühle, wo Cat zwei Jahre verbracht hat, die sie mehr gezeichnet haben, als ihr Mann zunächst erkennt. Aina erweist sich nicht nur als lästige Klette, die das Paar keine Minute mehr in Ruhe läßt, sie hat auch die unangenehme Angewohnheit, in brenzligen Situationen eine spitze Schere hervorzukramen... Gérard Vergez drehte mit „Zwei Minuten mehr Sonne" — nach einem Kultroman von Francis Ryck — eine seltsame Ménage-à-trois-Geschichte: eine (selbst-)mörderische Reise in die Gefühle, in der Tradition von Jean-Jacques Beineix' „Betty Blue".

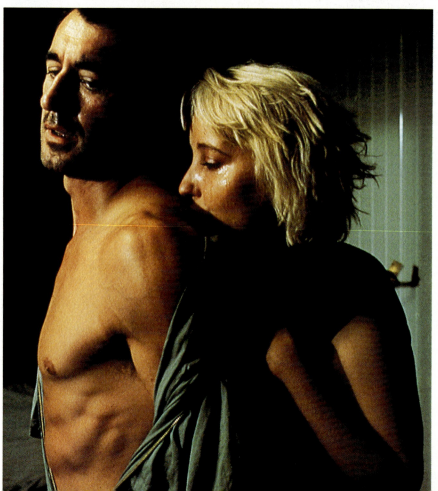

Der Autor Vic bemüht sich um seine kranke Frau Cat. Doch da ist auch immer noch die unheimliche Aina, offenbar eine Mitpatientin von Cat aus der psychiatrischen Anstalt

Great Balls of Fire

Kult-Regisseur Jim McBride („Atemlos") verfilmt das Leben eines weiteren Rockstars der 50er — die Love-Stories und Exzesse von Jerry Lee Lewis

Elvis ist ja nun schon ein halbes dutzendmal auf der Bühne und auf der Leinwand porträtiert worden. In einer Zeit, wo das 50er Jahre Revival weiterfeiert, darf neben Richie Valens („La Bamba") und Buddy Holly natürlich auch Jerry Lee Lewis nicht fehlen — zumal er einer der wenigen der alten Garde von Rockern ist, die das Zeitliche noch nicht gesegnet haben.

Dennis Quaid, einer der großen Filmstars der späten 80er Jahre, bekant aus „Enemy Mine" und „Big Easy", spielt nun den Rock-Giganten. Vorlage war die Autobiographie von Lewis-Ehefrau Myra Lewis. Die Kusine des Stars, die im Alter von zarten 13 Jahren von Lewis geschwängert wurde, hätte beinahe die Karriere des Idols ins Wanken gebracht. So wenig nachsichtig waren die Zeitungen damals mit ihrem Helden (heute hätte man Lewis dafür wahrscheinlich ins Gefängnis gesteckt, so wie man Polanski des Landes verwies). Der Film setzt in der frühen Kindheit von Jerry Lee Lewis an. In jener Zeit, als Lewis und ein anderer Vetter von ihm, der heute in Medien-Ungnade gefallene TV-Evangelist Jimmy Swaggart, bei einer talentierten Großtante Klavierstunden nahmen und damit die Grundkenntnisse für ein Dasein als Medienereignis erlernten.

Der Film von Jim McBride („Breathless") untersucht die Musik von Jerry Lee Lewis ebenso wie alle Skandale und Kontroversen, die sich um seine Person ansammelten. Und erzählt auch, wie der Künstler zu seinem Spitznamen „The Killer" kam — eine der letzten lebenden Rock'n'-Roll-Legenden.

Herstellungsland	USA
Regie	James McBride
Produktion	Adam Fields
Drehbuch	James McBride, Jack Baran
Besetzung	Dennis Quaid

Jerry Lee Lewis (Dennis Quaid) ist eine der skandalträchtigsten Show-Figuren seiner Zeit — und dennoch ein musikalisches Genie

Rocket Gibraltar

„Tough Guy" Burt Lancaster gibt noch lange nicht auf — auch wenn er als „Levy Rockwell" vorerst seinen Letzten Willen durchsetzen will

Der schon vor zwanzig Jahren todgeweihte spielt noch immer: Burt Lancaster, der vor gut zwei Jahrzehnten mit Frank Perrys schwermütigem „Der Schwimmer" schon seinen „wohl letzten" Film beendet hatte, ist in Hollywood fast wieder in Mode gekommen. Zwar wollte ihn die amerikanische Versicherung für die Großproduktion „Gringo" — mit Jane Fonda — nicht mehr übernehmen, aber Lancaster ließ sich von solchen zimperlichen Absagen nicht entmutigen. Er verklagte prompt die Produzenten jenes Films und nahm das nächste Drehbuch an, das ihm gefiel: „Rocket Gibraltar". Als Levi Rockwell spielt er darin einen Poeten, Professor, Komiker und Patriarchen einer großen Familie, die im Rahmen eines Treffens auf dem Familien-Besitz in Long Island seinen 77. Geburtstag feiern wollen. Die Generation seiner Kinder scheint dabei eher selbstbeschäftigt, abwesend und wenig respektvoll auf die eigenen Probleme fixiert: sein Sohn Rolo Rockwell, ein Filmproduzent, vertelefoniert die Zeit, die er eigentlich seinem Vater widmen wollte; seine Tochter Ruby versucht, ihren Gatten — einen Komiker, dessen Witze nicht mehr ziehen — tiefster Depression zu entreißen; und Rose hat alle Hände voll zu tun mit ihrem Ehemann, einem Baseball-Spieler, dessen goldene Wurf-Hand — ständig daneben wirft. Es ist einzig die jüngere und jüngste Generation, Levis Enkelkinder, die mit ihrem Großvater herrlich zu harmonieren scheinen. Vor allem mit dem 5jährigen Cy Blue verbindet Levi mehr als nur die „große Liebe zum Meer", für die Levi so berühmt ist. Als Geburtstagsgeschenk für den alten Mann organisieren die Kinder ein Boot, das sie „Rocket Gibraltar" taufen und auf dem wahr werden soll, was den „Letzten Willen" des Patriarchen ausmacht: Levi Rockwell will nicht in Erde begraben werden, sondern zur See soll stattfinden, was er sich schon seit seiner Kindheit gewünscht hat: Ein Vikinger-Begräbnis, sein eigenes ...

Herstellungsland	USA
Regie	Daniel Petrie
Produktion	Michael Ulick, Jeff Weiss
Buch	Amos Poe

Das Alter macht nicht kindisch: Patriarch und Enkelkind bei der Inspektion des Bestattungsschiffes

Shoeless Joe

Farmer (Kevin Costner) läßt sich von barfüßigem Baseball-Spieler das Ackerland bewirtschaften — eine wahre Geschichte aus dem Land der unbegrenzten Möglichkeiten

Herstellungsland	USA
Regie	Phil Alden Robinson
Produktion	Lawrence Gordon, Charles Gordon
Drehbuch	Phil Alden Robinson
Besetzung	Kevin Costner, Burt Lancaster, Amy Madigan, Ray Liotta

„Shoeless Joe" ist ein erfolgreicher Roman von W. P. Kinsella, in dem ein Baseball-Profi mit einem Farmer zusammen Geschäfte macht. Kevin Costner, demnächst auch selbst als Baseball-Spieler „Bull Durham" auf der Leinwand, spielt den braven Farmer in Iowa, der auf den Rat des legendären Spielers „Shoeless Joe" (warum dieser so genannt wurde, muß wohl an dieser Stelle nicht erklärt werden) einen Teil seines Ackerlandes für ein Baseball-Feld zur Verfügung stellt.
Neben Kevin Costner sind in diesem Film auch der im Moment sehr aktive Burt Lancaster („Rocket Gibraltar") zu sehen, Multitalent James Earl Jones und Ray Liotta, der ja noch aus Jonathan Demmes „Something Wild" in Erinnerung ist.

Don Johnson, der Frauenliebling aus „Miami Vice", als Daddy mit Problemen

Wiley Boon (Don Johnson) und sein bester Freund (Jeff Daniels) machen neue Erfahrungen — der eine macht Schluß mit Frauen, der andere verliebt sich zum ersten Mal

Sweetheart's Dance

Herstellungsland	USA
Regie	Robert Greenwald
Produktion	Jeffrey Lurie
Drehbuch	Ernest Thompson
Besetzung	Don Johnson, Susan Sarandon, Jeff Daniels, Elizabeth Perkins

„Miami Vice" machte Don Johnson weltberühmt. Und seine Fangemeinde wollte nicht allzulang warten, bis das Idol endlich in einem abendfüllenden Spielfilm zu sehen sein würde. Ein bißchen hat es dann noch gedauert, und nun ist es soweit — „Sweetheart's Dance" zeigt uns den harten Bullen mit weicher Schale — vielleicht eine Spur zu weich.

Wiley Boon, von Johnson gespielt, und sein bester Freund Sam machen ganz neue Erfahrungen: Während Wiley von seiner bürgerlichen Existenz, die ihn früh heiraten, drei nette Kinder und ein gepflegtes Zuhause haben ließ, die Nase voll hat, verliebt sich Sam erstmals in seinem Leben. Wiley sieht es mit Schrecken. Verliert er jetzt das letzte im Leben, was ihm nicht langweilig erscheint, jenen Freund, der immer darüber klagte, daß er sich nie verlieben könne? Sich zu verlieben ist eine Sache, aber die Liebe dann auch haltbar zu machen, eine andere, weitaus schwierigere. Ernest Thompson, der Drehbuchautor, der für „Am goldenen See" einen Oscar erhielt, nahm sich dieses bewegenden Themas an. Der kantige Johnson, im Privatleben übrigens der Ex-Ehemann von Melanie Griffith und heutige Lover der ewig jungen Barbra Streisand, war von Anfang an erste Wahl von Autor und Regisseur, weil er die Ausstrahlung hat, die eine solch komplexe Rolle verlangt.

Den perfekten Sam hingegen fand man in Jeff Daniels, der zuletzt neben Kelly McGillis in „Das Haus in der Carroll Street" agierte — der Großstadteigenbrötler mit Seele.

L'étudiante - La Boum III

„Die Studentin" Sophie Marceau wird von Film zu Film erwachsener. Inzwischen fühlt sie sich an der Uni am wohlsten

Herstellungsland	Frankreich
Buch	Danièle Thompson, Claude Pinoteau
Regie	Claude Pinoteau
Besetzung	Sophie Marceau, Vincent Lindon

Valentine (S. Marceau) verliebt sich in den Musiker Edouard — es gibt jede Menge Probleme

Auch wenn der deutsche Verleiher „L'étudiante" als „La Boum III" ankündigt: mit den beiden weltweit erfolgreichen Teeniestreifen der Sophie Marceau hat ihr neunter Film nicht das geringste zu tun. Die titelgebende „Studentin" heißt Valentine (nicht Vic) und ist in Wirklichkeit schon fast mit ihrem Lehramts-Studium fertig. Sie muß nur noch die Referendariatszeit hinter sich bringen, dann hat sie ihren Studienrat sozusagen in der Tasche. Die arbeitswütige, genaue, pünktliche, gut organisierte Valentine hat in dieser stressigen Zeit so gut wie kein Privatleben. Da schneit ihr — wenige Monate vor der alles entscheidenden Prüfung — die große Liebe in Gestalt von Edouard ins Haus. Edouard ist Musiker und das genaue Gegenteil von Valentine: instinktiv, lässig, impulsiv und unsicher. Sie lebt am Tag und ist die Intellektuelle. Er lebt nachts und ist Künstler. Ob es für beide eine gemeinsame Zukunft geben kann? Antwort gibt die realistische Love-Story von Regisseur Claude Pinoteau, der einst Isabelle Adjani entdeckte („Die Ohrfeige") und hier bereits zum dritten Mal mit Sophie Marceau dreht. Edouard wird gespielt von einem jungen Darsteller, der in Frankreich von vielen als der kommende männliche Star apostrophiert wird: Vincent Lindon. Bei uns war er bisher in kleineren Rollen in „Betty Blue" und „A Man in Love" zu sehen.

Imagine: John Lennon

zeigt John Lennon, wie er wirklich war — und nicht, wie ihn sein neuester „Biograph" gern hätte

Gerade zu der Zeit, in der Albert Goldmans diffamierende Lennon-Biographie auf den Markt kommt und das Thema „Lennon" wieder die Gazetten füllt, kommt auch Andrew Solts und David Wolpers Lennon-Film „Imagine" auf den Markt. Und noch während sich die Familie, die Freunde und die drei Ex-Beatles für den 1980 ermordeten Oberbeatle stark machen — versuchen Solt und Wolper nicht mit dem Aufkochen von alten Gerüchten einen der großen Geister der Nachkriegszeit zu zerstören. Er war „nur" einer der Beatles, doch sein Einfluß als Musiker, Künstler, Autor, Philosoph und Dichter schwebt über seinem Ruf — er war vielleicht das größte Entertainment-Phänomen dieses Jahrhunderts. Sein tragischer Tod mit nur 40 Jahren schreckte die Welt auf und hinterließ eine unzerstörbare Trauer. Doch sein Leben in Dokumenten zu beschreiben, ist leichter, als Goldman uns glauben machen wollte — unzählige Interviews, Videoaufzeichnungen, Nachrichtensendungen, Fotos und Selbstzeugnisse aus der Sammlung von Yoko Ono sind zugänglich und wurden für diesen Film verwendet. Aus mehr als 200 Stunden Material stellten Solt und Wolper diesen Film zusammen. Sie zeigen das wahre Vermächtnis eines Mannes, der heute bereits für drei Generationen eine wichtige Persönlichkeit ist.

Regie	Andrew Solt
Produktion	David L. Wolper, Andrew Solt
Drehbuch	Sam Egan, Andrew Solt

John Lennon mit seiner Lebensgefährtin Yoko Ono

Her mit den jungen Pferden

Nach Ina Deters „Neue Männer braucht das Land" ist man auch in Hollywood auf den Gaul gekommen Molly Ringwald als scheue Dompteuse aus Kentucky

Herstellungsland	USA
Besetzung	Molly Ringwald, Andrew McCarthy

So austauschbar sind viele Filme der jungen Generation Hollywoods, daß sich weder in den Stab- und Creditlisten noch in den Inhaltsangaben nennenswerte Neuigkeiten finden.

Wer's gesehen hat, erinnert sich noch an „Die Rote in Pink", wo das sozial leicht unterbelichtete Hascherl, dargestellt von Molly Ringwald, schließlich doch den konservativ-schüchternen reichen Yuppie-Sohn, dargestellt von Andrew McCarthy, bekommt. Diesmal spielt Molly, die endlich mal eine vernünfige Rolle verdient hätte, ein Country-Girl aus Kentucky, während Andy wieder als Reiche-Leute-Söhnchen agiert (wie zuvor in „Class", „Die Rote in Pink", „Unter Null"...), das sich an die scheue Kleine unbedingt ranmachen will. Ob's klappt oder nicht, ist dabei schon fast egal. Denn die Fans wollen schließlich nur ihre Stars sehen und ein bißchen was fürs Herz haben. Das bekommen sie in diesem Film reichlich — und natürlich proper inszeniert geboten.

Die Logik des Lebens

Hartnäckigkeit währt am längsten. Ein Footballspieler muß nach 15 Jahren erkennen, daß er zwar keinen Erfolg, dafür aber graue Haare bekommen hat

Herstellungsland	USA
Regie	Taylor Hackford
Produktion	Taylor Hackford, Laura Ziskin, Ian Sander
Drehbuch	Tom Rickman
Besetzung	Dennis Quaid, Jessica Lange, Timothy Hutton

Die Leben von drei langjährigen Freunden — einem „All-American"-Football-Helden, seiner College-Liebe und seinem bewunderndem Neffen — bleiben ein Vierteljahrhundert ineinander verwoben in Taylor Hackfords neuem romantischem Drama. Tom Rickman („Nashville Lady") schrieb das Drehbuch nach Frank Defords Roman, der in den Jahren 1950 bis 1985 spielt.

Dennis Quaid, der in „Innerspace", „The Big Easy", „Suspect" und „D.O.A." agierte, spielt den Gavin Gray, den „Gray Ghost", der fast 15 Jahre lang ein erfolgreicher Football-Spieler werden will. Doch in all dieser Zeit, in der er kämpft und kämpft, spürt er nicht, wie seine Jugend ihm durch die Finger gleitet und sein tatsächlicher Erfolg abnimmt. Bis er schließlich abrupt gezwungen ist, mit dem Sport aufzuhören.

Jessica Lange, die Oscar-Preisträgerin aus „Tootsie" und Darstellerin aus „Frances", „Country" und „Die süßen Träume der Patsy Cline", spielt Grays „Sweetheart" aus College-Zeiten, Babs Rogers. Zunächst sieht es ja so aus, als könnte die Hochzeit mit Gray ihre Hoffnungen erfüllen, doch als seine Karriere sich dem Ende zuneigt, muß sich Babs auf ihre eigenen Ressourcen besinnen und eigene Fähigkeiten weiterentwickeln.

Beide werden über die Jahre von Gavins Neffen Donnie beobachtet, der vom Oscar-Preisträger Timothy Hutton dargestellt wird. Für ihn bedeutet der Lauf der Zeit nur eine Steigerung seiner leidenschaftlichen und stillen Liebe zu Babs, die zuletzt dramatisch eskaliert. Taylor Hackford ist der Regisseur von „Ein Offizier und Gentleman" und „White Nights". Darüber hinaus produzierte er auch, zum Beispiel „La Bamba".

Madame Sousatzka

Herstellungsland	Großbritannien
Regie	John Schlesinger
Drehbuch	Ruth Prawer Jhabvala, John Schlesinger
Produktion	Robin Dalton
Besetzung	Shirley MacLaine, Peggy Ashcroft, Twiggy, Shabana Azmi

Shirley MacLaine als russische Pianistin mit Prinzipien

Shirley MacLaine ist als Madame Sousatzka in John Schlesingers gleichnamigem Film zu sehen, ihre erste Rolle nach ihrem Erfolg von „Terms of Endearment". Ruth Prawer Jhabvala, die sich durch die zahlreichen Kollaborationen mit James Ivory und Ismail Merchant einen Namen machte, schrieb zusammen mit dem Regisseur das Drehbuch.

Die aus Rußland stammende Madame Sousatzka gilt in London als renommierte Klavierlehrerin. Und nicht allein das: sie ist kultiviert, kennt sich aus in den schönen Künsten, insbesondere natürlich in der Klassik; sie hat ihre Grundsätze und gibt sich autoritär. — Mit Erfolg: die Liste erfolgreicher Pianisten, die sie einst unterrichtete, ist beachtlich. So ist es kein Zufall, daß ihr Nachbar — Leiter einer Talenteagentur — Augen und Ohren offenhält, wer bei ihr ein- und ausgeht, in der Hoffnung auf neue Klienten.

Einer der besten Schüler Madame Sousatzkas, ein junger Inder namens Manek (Navin Chowdhry), wird bald zum unfreiwilligen Spielball zwischen den Bewohnern dieses alten, schon etwas verfallenen Mietshauses aus Victorias Zeiten. Noch komplizierter wird die Angelegenheit, als sich Manek in Jenny von der oberen Etage verliebt (gespielt von Twiggy, dem Supermodell aus den 60er Jahren), auf die auch der Agent schon lange ein Auge geworfen hat.

Produzentin Robin Dalton, eine bekannte Londoner Literaturagentin, geriet zufällig in die Welt der Filmemacher. Ihr gehörten die Rechte zu Bernice Rubens Roman „Madame Sousatzka", den diese bereits vor achtzehn Jahren schrieb. Im Laufe der Zeit wurde wiederholt erwogen, das Buch zu verfilmen; doch erst als Robin Dalton mit John Schlesinger und Ruth Prawer Jhabvala zusammentraf, wurde der Plan in die Realität umgesetzt.

La passion Béatrice

Bertrand Taverniers bildgewaltiges Fresko einer längst vergangenen Epoche

Herstellungsland	Frankreich
Buch	Colo Tavernier O'Hagan
Regie	Bertrand Tavernier
Besetzung	Bernard Pierre Donnadieu, Julie Delpy

Nicht zum erstenmal siedelt Regisseur Bertrand Tavernier einen seiner Filme („Ein Sonntag auf dem Lande") in der Vergangenheit an, doch nie war er so weit zurückgegangen. Sein jüngstes Werk spielt im 14. Jahrhundert und beschreibt die tragische Beziehung zwischen einem Vater und seiner Tochter. Seit vier Jahren schon wartet Béatrice auf die Rückkehr ihres Vaters und ihres Bruders, die beide bei der Schlacht von Crécy 1346 gefangengenommen wurden. In dieser Zeit mußte sie lernen, sich zu behaupten, denn es galt, das väterliche Schloß mit seinen Ländereien zu verwalten, eine Aufgabe, die zu jener Zeit nur selten von Frauen wahrgenommen wurde, noch weniger von einem jungen Mädchen, das gerade erst den Kinderschuhen entwachsen ist. Als der Vater endlich zurückkehrt, stehen sich plötzlich zwei Menschen gegenüber, die sich kaum noch kennen. Zwischen beiden entbrennt ein Kampf, in dem es auch darum geht, die Liebe des anderen zu erringen ... Bertrand Tavernier, zuletzt mit „Um Mitternacht" in eine jazzige US-Vergangenheit gereist, inszenierte „La passion Béatrice" als bildgewaltiges Fresko einer Zeit, die für die meisten von uns heute so fremd und utopisch wirkt wie ein „Star Wars"-Abenteuer.

Die junge Béatrice muß ganz allein das Familienschloß hüten und gegen Räuber und Abenteurer verteidigen

Men Don't Leave

Paul Brickman erzählt, was geschieht, wenn der Mann einer Mutter mit zwei kleinen Kindern plötzlich und unerwartet das Zeitliche segnet

Herstellungsland	USA
Regie	Paul Brickman
Produktion	Paul Brickman
Drehbuch	Barbara Benedek, Paul Brickman
Besetzung	Jessica Lange

Männer sterben nicht so einfach weg — jedenfalls nicht in diesem Alter. Der neue Film von Paul Brickman behandelt dieses ernste Thema mit viel Gefühl. Barbara Benedek schrieb das Drehbuch: Jessica Lange spielt die Frau Anfang 30, die mit ihren zwei kleinen Kindern allein zurechtkommen muß, nachdem ihr Mann plötzlich stirbt, die zunächst erkennen muß, wie sehr sie auf ihn fixiert war, wie sehr sie ihn brauchte. Doch es muß gehen, und siehe da — es geht auch. Und in einem Hollywood-Film, für den die Hauptdarstellerin einen Oscar gewinnen will, gibt es natürlich auch ein Happy-End — aber anders als gewohnt.

Die Mutter (Jessica Lange) ist von einer Sekunde zur anderen auf sich allein gestellt — ihr Mann ist plötzlich verstorben

Stealing Heaven

Clive Donner verfilmte die historische Liebesromanze zwischen dem Philosophen Abälard und der schönen Heloise

Herstellungsland	England
Regie	Clive Donner
Drehbuch	Chris Bryant
Produktion	Amy International (Andros Epaminondas, Simon MacCorkindale)
Besetzung	Derek de Lint, Kim Thomson, Denholm Elliot

Abaelard und Heloise gehören zu den klassischen Liebespaaren der Weltliteratur. Im Gegensatz zu Tristan und Isolde oder Romeo und Julia haben die beiden tatsächlich ihre Liebe durchlebt und durchlitten, wie ihr Briefwechsel (die „Epistulae"), der nach dem schrecklichen Ende ihrer heimlichen Ehe begann, bezeugt. „Stealing Heaven" erzählt die Geschichte ihrer Liebe.
Sie lebten Anfang des 12. Jahrhunderts in Paris. Petrus Abaelardus (1079—1142) gehörte zu den angesehendsten Philosophen seiner Zeit; seine Vorlesungen waren international berühmt. Heloise (1101—1164) war eine seiner begabtesten Schülerinnen. Trotz des Altersunterschieds von 22 Jahren, trotz Abälards Erfahrung und jahrelanger Studien ist Heloise ihm emotional und intellektuell durchaus ebenbürtig. Die beiden verlieben sich rettungslos ineinander. Abälard bricht sein Gelöbnis der Keuschheit, und sie heiraten in aller Heimlichkeit. Die Konsequenzen sind katastrophal: der Onkel, in dessen Obhut Heloise aufgewachsen ist, und der in der Liebe zwischen seiner Nichte und dem Philosophen nichts als eine Beschmutzung der Ehre seines Mündels sieht, veranlaßt die Kastration Abälards.

Sie sollten zusammen nicht kommen — und tun es doch: Abälard (Derek de Lint) und Heloise (Kim Thompson)

Tap

Schritt auf Tritt: Sammy Davis jr. und Gregory Hines als alter und junger Steptänzer

Herstellungsland	USA
Regie	Nick Castle
Produktion	Gary Adelson, Richard Vane
Drehbuch	Nick Castle
Besetzung	Gregory Hines, Suzanne Douglas, Savion Glover, Bunny Brings

Tanzfilme, die heutzutage herauskommen und eine Stilrichtung hervorbringen, können mit ein wenig Glück, und wenn sie den richtigen Nerv treffen, Dutzende von Filmen nach sich ziehen (und ihren Produzenten eine Menge Geld einbringen). Der letzte Film, dem dies gelang, war natürlich „Dirty Dancing" — die Tanzschulen heute sind voll von Leuten, die diese Variante des Mambo tanzen wollen.

Vielleicht erfährt auch der Steptanz, der amerikanische „Tap-Dance" bald so eine Renaissance, wenn Gregory Hines in seinem neuen Film wieder damit loslegt. „Tap" ist die Geschichte des Tänzers Max Washington, der von zwei Vergangenheiten gleichzeitig eingeholt wird. Da ist zum einen das Vermächtnis seines Vaters, eines legendären Steppers, und zum anderen seine eigene Vergangenheit — die meiste Zeit davon verbrachte er im Gefängnis.

Nachdem er dort nämlich entlassen wurde, sucht er seine Ex-Freundin Amy und deren Vater auf. Die beiden wollen ihm helfen, das Vermächtnis seines Vaters zu bewahren und nicht noch tiefer in die schiefe Bahn zu rutschen. Zusammen mit Lil'Mo, dem Vater der Exfreundin, entwickelt er ungeheure Energie bei der Kreation eines neuen Tanz-Stils, der die traditionellen Tap-Schritte mit Tanzschritten aus zeitgenössischem Rock- und Funk-Repertoire verbindet. Und ganz langsam überwindet Max seine Selbstzweifel und erfüllt das Vermächtnis seines toten Vaters.

Gute Mutter

Der „Baby-Boom" geht weiter: Diane Keaton als fürsorgliche Mutter, die gesellschaftlichen Moralvorstellungen zum Opfer fällt

Als Mr. Spock auf dem Raumschiff Enterprise wurde er berühmt, als Filmregisseur macht er eine späte Karriere.
Leonard Nimoy, dessen erster Film ein „Star-Treck"-Film war, was auch sonst, reüssierte mit „Drei Männer und ein Baby" und schrieb Film- und Studiogeschichte. Die Firma Touchstone/Disney kam nach vielen Flops wieder dick in die schwarzen Zahlen und Herr Nimoy hatte einen Vertrag über drei weitere Filme in der Tasche. Der erste davon ist „Gute Mutter", in dem Diane Keaton Anna Dunlap spielt, eine frischgeschiedene Frau, die ihre Rolle als Mutter einer jungen Tochter mit ihren Gefühlen für einen irischen Bildhauer ausbalancieren muß.

Gerade als die Liebe für ihren neuen Freund stärker wird, versucht sich ihr Ex-Ehemann das Sorgerecht für die Tochter zu erklagen. Anna realisiert, daß sie in der Atmosphäre der durchorganisierten 80er Jahre, in denen jede Ausgeflipptheit bestraft wird, gefangen ist.

Natürlich will sie „gute Mutter" sein. Und sie ist es auch, doch eine umbarmherzige Gesetzgebung läßt es zu, daß sie als das Gegenteil davon hingestellt werden kann.
Nimoys Film will und wird provozieren, wie es schon Sue Millers Buch „Good Mother", monatelang auf allen US-Bestsellerlisten, getan hat.

Herstellungsland	USA
Regie	Leonard Nimoy
Produktion	Arnold Glimcher
Drehbuch	Michael Bortmann
Besetzung	Diane Keaton, Liam Neeson, James Naughton, Jason Robards

Stealing Home

Herstellungsland	USA
Buch und Regie	Steven Kampmann & Will Aldis
Besetzung	Mark Harmon, Blair Brown, Jonathan Silverman, Jodie Foster

Billy Wyatt ist Ende Dreißig und eigentlich schon am Ende. In amerikanischen Filmen, die von einem großen Studio finanziert, aber, PR-halber, das Flair des „kleinen sensiblen" Œuvres betonen wollen, heißt das in Bildern: Billy Wyatt beginnt im Film unrasiert, gegen Mittag erst erwachend, und ständig im Streit mit einer ebenfalls unrasierten kratzbürstigen Kellnerin. Von da an kann's in solchen Filmen nur noch bergauf gehen. Am Ende des Films zeigt sich Mark Harmon, der US-TV-Star, der die Hauptrolle spielt, denn auch rasiert, lächelnd und ein neues Ziel im Auge. Billys Aufstieg und Niedergang, ebenso wie seine Auferweckung von den Totgesagten hat er Katie zu verdanken. Vor dreißig Jahren war sie es gewesen, die ihm Mut machte, Baseball professionell zu betreiben und das College sausen zu lassen. Katie, das ältere Mädchen, war ihm Mutter, Freundin und — für eine einzige Nacht — auch Geliebte gewesen. Katie wußte, wer er war, wenn er sich verloren glaubte, nicht mehr wußte wohin. Die Baseball-Karriere ließ sich auch gut an, brach aber Monate später schon zusammen: irgend etwas in ihm zerbrach, als Billys Vater starb. Er gab auf und gab sich auf. Mehrere Male schneidet der Film des Autoren- und Regie-Teams Kampmann und Aldis zwischen den Geschehnissen von 1958, 1964 und der Gegenwart hin und her: ebenso verloren in dieser Vergangenheit wie der Protagonist der Geschichte, der zu Anfang erfährt, daß Katie — die er seit 25 Jahren nicht mehr gesehen hat — Selbstmord begangen und in ihrem Testament ihn damit beauftragt hat, sich um ihre Urne zu kümmern. Dieser befremdliche Wunsch zwingt Billy dazu, nochmals Verantwortung zu übernehmen, in seine alte Heimatstadt zurückzukehren und sein verschüttetes Leben wieder auszugraben.

Tequila Sunrise

Ein Cop soll einen Dealer jagen — doch der ist sein bester Freund...

Herstellungsland	USA
Regie	Robert Towne
Produktion	Thom Mount
Drehbuch	Robert Towne
Besetzung	Mel Gibson, Michelle Pfeiffer, Kurt Russell, Raul Julia

Robert Towne gilt als einer der besten Drehbuchautoren der USA — für sein Script zu Polanskis „Chinatown" wurde er mit dem Oscar ausgezeichnet. Mit „Tequila Sunrise" schrieb er ein weiteres, packendes Buch, das er auch selbst inszenierte. Es ist die Geschichte von zwei früheren High-School-Freunden, von denen einer verzweifelt nach einem Ausweg aus seiner Karriere als Drogendealer sucht, wobei der andere, inzwischen ein knallharter Cop, den Auftrag erhält, seinen Freund hinter Gitter zu bringen. Zwischen den beiden steht noch zusätzlich eine Frau, die nicht genau weiß, ob es Liebe ist, die ihre Gefühle leitet, oder nur der Wunsch, daß der eine oder andere der beiden seinem Ziel näher kommt.

„Tequila Sunrise" ist ein Action-Thriller mit Weltstar-Besetzung — Mel Gibson spielt den Ex-Dealer, Kurt Russell seinen Polizisten-Freund und Michelle Pfeiffer („Scarface", „Die Hexen von Eastwick" und „Married to the Mob"). Mit dabei ist auch Raul Julia, der in „Kuß der Spinnenfrau" und „Der Morgen danach" so beachtlich brillant agierte.

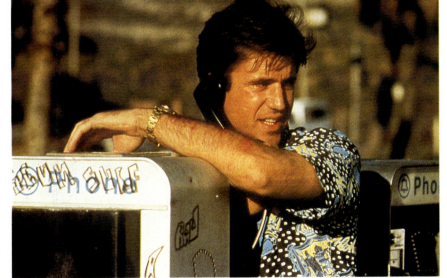

Zwischen den Freunden aus alten Schultagen (Mel Gibson, Kurt Russell) steht eine Frau (Michelle Pfeiffer), die beiden die Sinne vernebelt

Splendor

Italiens Meisterregisseur Ettore Scola inszenierte die wunderbare Story um den Glanz eines alten, klassischen Filmtheaters, mit Marcello Mastroianni in der Hauptrolle

Herstellungsland	*Italien*
Regie	*Ettore Scola*
Drehbuch	*Ettore Scola*
Produktion	*Mario & Vittorio Cecchi Gori*
Besetzung	*Marcello Mastroianni, Massimo Troisi, Marina Vlady*

Über dem Portal der ehemaligen Kirche San Carlo, am Dorfplatz mit seinem Cicero-Denkmal, glitzert eine Leuchtschrift: „Cinema Splendor". Dort hat Ettore Scola seine neueste Geschichte gedreht: Die Geschichte eines Kinosaals, von seiner Eröffnung 1936 bis zu seiner Schließung heute. Marcello Mastroianni, in der Rolle des Kinobesitzers, sieht in seinem Lichtspielhaus einen heiligen Ort — dem Anliegen des früheren Gotteshauses nicht unähnlich —, wo die Zuschauer, wie in der Messe, eine andere Welt suchen und vielleicht auch finden.

Kino als Treffpunkt, Ort des Zusammenseins und der anschließenden Diskussionen.

Kino: Illusionen, Emotionen, eine Art Jenseits. Riten und Stimmungen, die das Fernsehen mehr und mehr verdrängt.

Da sind der Filmvorführer (Massimo Troisi), der sich in seiner Projektionskabine vor der Wirklichkeit verschließt; die Kassiererin (Marina Vlady), die den Besitzer liebt und ihm durch die Jahre die Treue hält.

Die Darsteller treten immer mit der gleichen Maske auf: Ihre Gesichter werden nicht verjüngt, noch läßt Scola sie künstlich altern. Sie altern mit dem „Kino", mit den Filmen und den Moden, die da kommen und gehen ...

Projektion und Realität geraten im Kino schon mal durcheinander: Regisseur Scola (v. l.) und Darsteller Mastroianni (r.)

Lean on Me

Ein Film über den provokantesten und zugleich erfolgreichsten Schuldirektor der USA

Herstellungsland	USA
Regie	John G. Avildsen
Produktion	Norman Twain
Drehbuch	Michael Schiffer
Besetzung	Morgan Freeman, Robert Guillaume, Beverly Todd, Lynne Thigpen

High-School-Dramen kommen beim Publikum an — seit Jim Belushi in „The Principal" und James Edward Olmoz in „Stand and Deliver" einen Schuldirektor spielte.

Auch „Lean on Me" beschäftigt sich mit dem Thema Erziehung von Schwererziehbaren — Morgan Freeman spielt den Joe Clark, Amerikas provokantesten Schul-Erzieher. Der charismatische Direktor der Paterson-High-School, dessen unkonventionelle Methoden und aggressive Taktiken inzwischen viele Bewunderer haben und ebensoviele Gegner, war dem Nachrichtenmagazin „Time" sogar eine Cover-Story wert. „Härte und Würde" ist das Prinzip, nach dem Clark arbeitet. Mit einer zur Disziplin mahnenden Sirene und einem Baseballschläger, den er wenig, aber gezielt einsetzt, gelang es ihm, nicht nur Ronald Reagans Aufmerksamkeit zu erreichen (der Präsident schickte eine Medaille), sondern auch die verkommenste Schule im ganzen Land von Terror, Crack-Dealern und eingeschüchterten Lehrern zu befreien. Innerhalb von zwei Jahren stieg auch der Bildungsstandard seiner Schule vom untersten Niveau auf ein achtbares Level.

John G. Avildsen, mit dem Bearbeiten von Aufsteiger-Stoffen oder Jünglingsphantasien durch „Rocky" und „Karate Kid" bestens vertraut, inszenierte die Geschichte um diesen Lehrer. Der Film wird in den USA noch im Spätjahr 1988 starten, um sich noch für die Oscars 1989 qualifizieren zu können.

Heartbreak Hotel

Sterne fallen nicht vom Himmel — aber manchmal mit der Tür ins Haus. Elvis Presley als Untermieter bei einer Kleinstadtfamilie

Herstellungsland	USA
Regie	Chris Columbus
Produktion	Linda Obst, Debra Hill
Drehbuch	Chris Columbus
Besetzung	David Keith, Charles Schlatter, Tuesday Weld

Wünsche werden wahr — das gibt es oft nur im Kino. Doch für den Kleinstadt-Musiker Johnny Wolfe und seine Mutter Marie erfüllt sich ein geradezu unglaublicher Traum. Elvis Presley, der „King" selbst, kommt zu ihnen nach Hause, lebt, arbeitet, ißt mit ihnen — das Idol ist plötzlich da, wo sie es immer haben wollten.
Chris Columbus, seit seinen „Gremlins" und seit „Adventures in Babysitting" ein Meister des im wahrsten Sinne des Wortes fantastischen Films, schrieb und inszenierte diese Rock'n'-Roll-Fabel. Natürlich — es kommt, wie es kommen muß — am Anfang ist alles ganz wunderbar und Elvis fügt sich bestens in die kleine Gemeinschaft ein, ja, bezieht sogar die Energie für einige Superhits aus ihr. Doch dann kommt die harte Zeit und die kleine Familie fragt sich „Was ist das eigentlich für ein Typ?" „Heartbreak Hotel" setzt sich nicht nur mit dem Phänomen Elvis bzw. mit dem Phänomen des Starkults auseinander, er untersucht auf unterhaltsame Weise die Wechselwirkungen zwischen Botschaft und Rezeption bei zeitgenössischer Musik.

„Heartbreaker" Elvis mit seinem neuen Sparringspartner beim alltäglichen Fitneßtraining

Clean and Sober

Glenn Gordon Carons einfühlsame Hommage an den Alkoholiker wider Willen

Michael Keaton ist bislang allein als Komiker ein Begriff — in „Mr. Mom", „Nachtschicht" und „Beetlejuice" gab er Kostproben seines Könnens. Doch auch im ernsten Fach will er sich beweisen — „Clean und Sober" zeigt ihn als Erfolgsmensch, dessen Leben plötzlich eine unerwartete Wendung nimmt, nämlich die nach ganz unten: Daryl hatte sich einen Kredit über 92 000 Dollar von einer Finanzierungsfirma aufgenommen, um sie erfolgreich zu investieren — doch wie es so geht in diesem bittern Geschäft, das Geld geht fast verloren. Der Dame seines Herzens, mit der er das Bett und so manchen Joint teilte, weiß noch nicht, was geschehen ist — und die Polizei steht vor der Tür und hat ihm einige Fragen zu stellen. Daryls einziger Wunsch ist es, für eine Weile abzuhauen. Den Himmel, den er sucht, findet er im „Causeway House", einer Institution, die Drei-Wochen-Programme anbietet, endlich „Clean" vom Alkohol oder von Drogen zu werden. Daryl mietet sich ein, ohne in Wirklichkeit süchtig zu sein. Sagt er. Glauben ihm viele seiner Mit-Süchtigen aber nicht. Wie auch immer, der Daryl, der nach drei Wochen dieses Haus verläßt, ist ein anderer als der, der hineinkam — jetzt nämlich will er aus seinem Leben plötzlich wieder etwas machen und nicht mehr einfach nur weglaufen. Er hat nicht nur für sich selbst den Respekt wiedergefunden, sondern auch den für andere...

Um seinen Schulden zu entgehen, sucht Daryl (Michael Keaton) Zuflucht in einer Trinkerheilanstalt...

Glenn Gordon Caron, Erfinder und Autor der in den USA legendären Fernsehserie „Moonlighting", inszenierte diesen Film, neben Keaton spielen Kathy Baker und Morgan Freeman, die beide in dem Film „Streetsmart" im vergangenen Jahr gute Leistungen boten.

Herstellungsland	USA
Regie	Glenn Gordon Caron
Produktion	Tony Ganz, Deborah Blum
Drehbuch	Tod Carroll
Besetzung	Michael Keaton, Kathy Baker, Morgan Freeman

Quelques jours avec moi

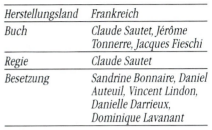

„Einige Tage mit mir" — Claude Sautets neue Liebeserklärung an seine Heimat Frankreich

Herstellungsland	Frankreich
Buch	Claude Sautet, Jérôme Tonnerre, Jacques Fieschi
Regie	Claude Sautet
Besetzung	Sandrine Bonnaire, Daniel Auteuil, Vincent Lindon, Danielle Darrieux, Dominique Lavanant

François Truffaut sagte 1975 von seinem Kollegen, dem Regisseur Claude Sautet, er sei „français, français, français". Und tatsächlich gewinnt ein deutscher Kinogänger unweigerlich den Eindruck, es mit einem der „französischsten" aller Filmemacher zu tun zu haben, betrachtet er dessen Filmographie: „Die Dinge des Lebens", „César und Rosalie", „Mado", „Eine einfache Geschichte" erscheinen wie minutiöse Bestandsaufnahmen französischen Alltagslebens — kaum ein anderer Regisseur in den 70er Jahren hat die mittelständische Bourgeoisie so zu seinem Thema gemacht wie Sautet. Nach fünfjähriger Pause („Garçon" mit Yves Montand war sein bislang letzter Film) meldete sich Sautet zurück — und erntete Jubel wie selten zuvor. Nach einem Roman von Jean-François Josselin erzählt „Einige Tage mit mir" die Geschichte von Martial, einem jungen Mann, der die Lust am Leben verloren hat und zu Beginn des Films aus einem Sanatorium — offenbar „geheilt" — entlassen wird. Seine Mutter, Besitzerin einer Supermarktkette, schickt ihn auf Kontrollreise durch die französische Provinz. Gleich bei seiner ersten Station, in Limoges, bleibt er länger als vorgesehen. Denn er entdeckt nicht nur einige Ungereimtheiten in der Buchführung der Filiale, sondern verliebt sich auch in die junge Hausangestellte des Filialleiters. Durch Martials Anwesenheit wird sich das beschauliche Leben in der Provinzstadt von Grund auf ändern... Gleich drei César-Preisträger — Daniel Auteuil („Jean Florette"), Sandrine Bonnaire („Vogelfrei") und Dominique Lavanant („Kamikaze") — bietet Sautet in seiner zynisch romantischen Liebesgeschichte auf.

Union Street

Herstellungsland	USA
Regie	Martin Ritt
Produktion	Alex Winitsky, Arlene Sellers
Drehbuch	Irving Ravetch, Harriet Frank
Besetzung	Jane Fonda, Robert De Niro, Swoosie Kurtz, Harley Cross

Irving Ravetch und Harriet Frank jr, die bereits Martin Ritts oscar-ausgezeichneten Film „Norma Rae" schrieben, texteten jetzt für den gleichen Regisseur ein weiteres Script, das speziell auf die beiden Superstars zugeschnitten war: Jane Fonda und Robert De Niro. Jane Fonda wird eine seit kurzem verwitwete Fabrikarbeiterin spielen, die sich mit einem freundlichen aber schüchternen Mit-Arbeiter anfreundet (De Niro). Als sie spürt, daß er Analphabet ist, bietet sie ihm an, die Wissenslücken zu stopfen — und ihre gemeinsamen Unterrichtsstunden führen zu einer tiefen menschlichen Beziehung. Es scheint, als würden die Produzenten Alex Winitsky und Arlene Sellers die nächsten Oscars schon vorplanen...

Mit Jane Fonda und Robert De Niro inszeniert Martin Ritt ein „Doku-Drama" mit sozialem Engagement

Zwischen Plaste und Elaste

Ein Blick zurück in die wilden 60er Jahre — Willi Bär und Daniel Cohn-Bendit kommen zu dem Ergebnis, daß auch hier Dabeisein alles war

„Der Traum ist aus? In dieser Zeit, doch nicht mehr lange, mach dich bereit ..."

Herstellungsland	Bundesrepublik Deutschland
Regie	Willi Bär, Daniel Cohn-Bendit, Irene Eckes
Produktion	Impuls-Film
Buch	Willi Bär, Daniel Cohn-Bendit

Das Regiekollektiv Willi Bär, Chefredakteur von „cinema", und Daniel Cohn-Bendit, Herausgeber des ruhmreichen Frankfurter Stadtmagazins „Pflasterstrand", und Irene Eckes wirft einen Blick zurück in die wilden 60er. Ihr Dokumentarfilm mit eingestreuten Spielszenen rekonstruiert eine wichtige Etappe der bundesdeutschen Zeitgeschichte — eine Betrachtung der Vergangenheit aus der Perspektive der Gegenwart.
Zwei ehemalige 68er dösen am Strand von Gomera, dem Mallorca der Linken. Während die Apo-Opas gemütlich in der Sonne schmoren, sollten sie daheim in Deutschland eigentlich im Studio hocken und einen Dokumentarfilm über die sechziger Jahre montieren. Aber statt ihre Energien unnötig für ein dusseliges Filmprojekt zu verschwenden, sind sie lieber auf Produktionskosten ans tropische Sonnengestade geflogen, typisch Sponti. Doch die Alt-Revoluzzer rechnen nicht mit dem langen Arm der öffentlich-rechtlichen Anstalten. Der Intendant kommt höchstpersönlich eingeflogen, krallt sich seine ausgebüxten Polit-Gurus und scheucht sie ins deutsche Fernsehstudio. Bevor sie nicht den definitiven Film über die Kinder von Marx und Coca-Cola abliefern, läßt er sie nicht mehr in Frieden.
So beginnt „Zwischen Plaste und Elaste", eine Semi-Dokumentation mit eingestreuten Spielszenen, geschrieben und inszeniert von „cinema"-Chefredakteur Willi Bär, dem Frankfurter „Pflasterstrand"-Herausgeber Daniel Cohn-Bendit, sowie Irene Eckes, eine der Speerspitzen der Frankfurter Frauenbewegung. Bär und Cohn-Bendit treten in Nebenrollen auf. Sie spielen zwei Hilfskräfte, die die bestellten Filmdosen ins Studio schaffen — fürwahr „tragende Rollen". Einen der beiden Zeitchronisten wider Willen verkörpert der Frankfurter Kabarettist Matthias Beltz, einschlägig bekannt für spöttische Kalauer-Aphorismen wie „Partisan und Parmesan, wo sind sie geblieben? Partisan und Parmesan, alles wird zerrieben".
Im Lauf der Handlung sichten die Rebellen von einst das gesamte Archivmaterial über die bewegten 60er. Mauerbau, Beatlemania, die Studentenrevolte, Woodstock, Vietnam, Kennedys Berlin-Besuch, Demos, Sit-ins und Krawalle, all das flimmert in bunter, scheinbar beliebiger Reihenfolge über die Studiomonitore und wird von dem kauzigen 68er-Gespann kommentiert und mit den eigenen Erinnerungen verglichen.
Der fertige Film, den sie schließlich abliefern, entspricht keineswegs den Erwartungen des genervten Intendanten, der sich, durchaus zu Recht, von seinem „Expertenteam" verschaukelt fühlt. Die 60er lassen sich nicht zu einem telegenen Ramschladen verwursten. Um dies zu demonstrieren, jubeln die subversiv geschulten Apo-Veteranen ihrem Produzenten eine völlig groteske Karikatur unter, einen buntscheckigen Nonsens-Nachruf auf die hohe Zeit der Dampfmaschinen-Guerilla und der Hippie-Romantik. „Die sechziger Jahre kann man nicht verfilmen", lautet das lakonische Statement der renitenten Nicht-Filmer, „man muß sie erlebt haben."
„Zwischen Plaste und Elaste ist der erste antidogmatische linke Kompilationsfilm, sowohl der Versuch einer politischen und kulturellen Aufarbeitung, als auch ironische Medienkritik. „Der Traum ist aus? In dieser Zeit, doch nicht mehr lange, mach dich bereit ..." (Ton, Steine, Scherben).

The Prince of Pennsylvania

Ein dramatischer Film aus dem Kohlenpott der USA — Ron Nyswaner erzählt in seiner Autobiographie von der Flucht aus der Monotonie

Herstellungsland	USA
Regie	Ron Nyswaner
Produktion	Joan Fishman
Drehbuch	Ron Nyswaner
Besetzung	Fred Ward, Keanu Reeves, Bonnie Bedelia, Amy Madigan

In den Kohlenpott-Vororten von West-Pennsylvania stehen die Häuser der schwarzen Männer zu Tausenden an den Straßen, die direkt zu den Minen führen. Und selbst, wenn einer dieser Leute nicht selbst unter Tage arbeitet — die Chancen, daß einer der Männer aus seiner Familie da unten steht, sind ziemlich groß. Auch Ron Nyswaner, Regisseur des Dramas „Der Prinz von Pennsylvania", wuchs dort auf und erzählt mit diesem autobiographischen Film vom Sohn, der das Erbe des Vaters auf einen Thron der Arbeiterklasse nicht annehmen will. Er haßt den Vater, der in zwanzig Jahren schwerer Arbeit sein Häuschen erwirtschaftet hat, und will einen Weg gehen, der zwar sehr schnell zum Ziel führen kann, es fragt sich nur, zu welchem... Fred Ward („Remo Williams") spielt den Vater, Keanu Reeves den aufmüpfigen Sohn.

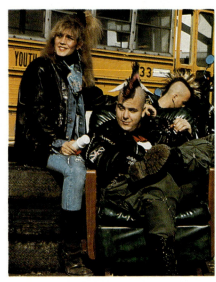

Wim Wenders produzierte diesen Film über die Jahre der Wandlung des schwarzen Kontinents Afrika

Chocolat

Herstellungsland	Frankreich
Buch und Regie	Claire Denis
Produktion	Alain Belmondo, Gérard Crosnier
Besetzung	François Cluzet, Giulia Boschi, Isaach de Bankolé, Cécile Ducasse, Mireille Perrier, Emmanuelle Chaulet

Claire Denis, ehemalige Assistentin von Wim Wenders (bei „Paris, Texas" und „Der Himmel über Berlin"), konnte aufgrund der finanziellen Unterstützung von Wenders und — man höre und staune! — Jean-Paul Belmondo ihren ersten eigenen Film drehen. Der autobiographische Streifen, bei den Filmfestspielen von Cannes 1988 wohlwollend aufgenommen, spielt in der ehemaligen französischen Kolonie Kamerun, einige Jahre vor der Unabhängigkeit. Hauptfiguren der impressionistischen Rückschau sind ein französischer Beamter, dessen junge Frau und beider kleine Tochter. Die Familie lebt auf einem abgelegenen Posten, fern jeder Zivilisation. Da ihr Mann häufig auf Inspektionstour unterwegs ist, entwickelt sich zwischen Aimée, der jungen Frau, und Protée, dem afrikanischen Boy, eine kaum spürbare erotische Beziehung. Eine Beziehung, die von der kleinen France mit großen Augen verfolgt wird ... Der stille, ohne jede Hast erzählte Film (hier wird der Einfluß von Mentor Wim Wenders deutlich) ist eine Meditation über die verlorenen Jahre der Kindheit: France ist in der Rahmenhandlung, am Anfang und Ende, als erwachsene Frau zu sehen, die aus Frankreich nach Kamerun zurückkehrt und feststellen muß, daß sie nur noch eine Fremde im Land ist.

Das Mädchen France verbringt Jahre der Kindheit in Kamerun — als sie viel später dorthin zurückkehrt, ist alles ganz anders

Pepa (Carmen Maura) wird von ihrem Mann verlassen und beweist schnell, wie gut sie ihr Leben auch allein in den Griff bekommen kann

Nerven und Tränen

Der spanische Regisseur Pedro Almodovar erzählt von einer Love-Story, die niemals aufhört

Herstellungsland	Spanien
Regie	Pedro Almodovar
Produktion	Laurenfilm
Drehbuch	Pedro Almodovar
Besetzung	Carmen Maura, Antonio Banderas, Julicia Serrano

In Spanien hat er längst einen Namen — dort vergleicht man Pedro Almodovar mit Luis Buñuel. Und seit seinem preisgekrönten Film „Das Gesetz der Begierde" ist er auch international ein anerkannter Regisseur. „Tränen und Nerven" nun, sein dritter Spielfilm, erzählt mit dem gleichen eindringlichen Witz und auch einer Portion Zynismus die Geschichte einer Frau, die von ihrem langjährigen Freund von einer zur anderen Stunde einfach so verlassen wird: Pepa hält es allein in dem Haus der Erinnerungen nicht aus und vermietet einige Räume. So kommt Leben in die Bude. Da ist Candela, ein Mädchen, das von der Polizei gesucht wird, weil sie ohne ihr Wissen einen schiitischen Terroristen beherbergt hat. Da ist plötzlich Lucia, die Ex-Freundin des untreuen Ivan, die sogar ein Kind von ihm hat — eine Episode aus Ivans Leben, die er Pepa niemals erzählt hatte.

Lucia träumt nach 20 Jahren noch immer von Ivan; Pepa beschwört sie, diesen Menschen endlich zu vergessen.

Doch Lucia kündigt an, Ivan zu ermorden... Streß für Pepa, die genug damit zu tun hat, die Polizisten abzuwimmeln, die nun dauernd anklopfen, um Candela abzuholen. Im allgemeinen Trubel gelingt es Lucia sogar, die Polizeipistolen zu entwenden — ein Blutbad scheint nun unabwendbar. Doch Pepa rettet Ivan, der aus Dankbarkeit zu ihr und dem Baby, das sie erwartet, zurückkehren will.

Doch das gerade will sie nicht — keinesfalls will sie so zerbrechen wie die völlig durchgedrehte Lucia — und sagt ihm aus eigener Kraft „Goodbye".

Almodovar drehte aus männlicher Perspektive einen Film über einen Mann, der seine Freundin verläßt — es gelang ihm ein außergewöhnlich feministischer Film.

Wie ein Blat

Romantik und Herzschmerz sind angesagt. Diesem Trend wollte sich auch Ted Kotcheff nicht entsagen, und so dürfen wir uns auf ein Melodram mit Kurt Russell und Kelly McGillis freuen. Schauplatz von „Wie ein Blatt im Wind" ist ein kleines Nest, irgendwo zwischen Tennessee und North Carolina. Zeit der Handlung sind die frühen 30er Jahre, als Amerika die große Depression durchleben mußte. Die herzzerreißende Love-Story zwischen dem verwitweten Wayland Jackson (Kurt Russell) und der Naturschönheit Collie Wright (Kelly McGillis) ist zum Scheitern verurteilt. Denn sie ist Mutter eines unehelichen Kindes, während er dem verhaßten Kindesvater und dessen Sippschaft den Krieg erklärt. Der Konflikt spitzt sich zu, als der Tote gefunden und damit ein Krieg zweier ohnehin verfeindeter Familien heraufbeschworen wird. Am Ende heißt es dann aber doch: Happy-End.

im Wind

Kommerz und Herzschmerz paßten schon stets zusammen. Ted Kotcheff drehte eine herzzerreißende Love-Story mit Kelly McGillis und Kurt Russel

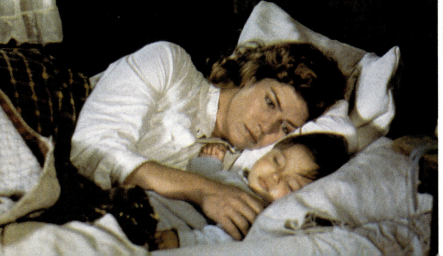

Herstellungsland	USA
Produktion	Robert Solo
Drehbuch	Carol Sobieski
Regie	Ted Kotcheff
Darsteller	Kelly McGillis, Kurt Russell, Lloyd Bridges

La Amiga

Die erste deutsch-argentinische Koproduktion erzählt die unterschiedlichen Schicksale zweier Frauen vor dem Hintergrund einer diktatorischen Regierung

Herstellungsland	Bundesrepublik Deutschland/Argentinien
Regie	Jeanine Meerapfel
Drehbuch	Jeanine Meerapfel, Alcides Chiesa, Osvaldo Bayer, Agnieszka Holland
Produktion	Journal/Alma/Jorge Estrada Mora
Besetzung	Liv Ullmann, Cipe Lincovsky, Federico Luppi, Victor Laplace, Harry Baer

Jeanine Meerapfel, geboren in Argentinien, lebt seit 1964 in der Bundesrepublik Deutschland. Ihr erster Spielfilm „Malou" wurde 1981 auf den Filmfestivals in Cannes, San Sebastian und Chicago ausgezeichnet, ihr letztes Werk „Die Verliebten" erlebte auf der Berlinale 1987 einen monumentalen Reinfall. Ihr neuester Film „La Amiga" nun, die erste deutsch-argentinische Koproduktion überhaupt, enthält autobiographische Züge und erzählt die Geschichte der kontroversen Freundschaft zweier Frauen vor dem Hintergrund eines von einer Diktatur zerrissenen Landes. Für die Rolle der Maria gewann Jeanine Meerapfel keine Geringere als den norwegischen Weltstar Liv Ulmann; Marias Freundin Raquel wird von der namhaften argentinischen Schauspielerin Cipe Lincovsky dargestellt.

Buenos Aires 1945: Gebannt verfolgen zwei Mädchen, Maria und Raquel, einen Film und schwören sich, daß ihre Freundschaft nie endet und sie beide Schauspielerinnen werden. Zwanzig Jahre später: Raquel ist tatsächlich eine berühmte Schauspielerin geworden. Maria wohnt noch im Viertel von damals, ist mit einem Elektriker verheiratet und hat drei Kinder. 1976, als die Militärs in Argentinien die Macht übernehmen, wird Marias ältester Sohn wie zahllose andere verschleppt. Verzweifelt wendet sich Maria an ihre prominente Freundin. Die beiden Frauen suchen auf Kommissariaten, in Kasernen, auf Ämtern — vergeblich.

Nach einem Bombenattentat auf das Theater, in dem sie spielt, verläßt Raquel das Land und geht nach Berlin, in die Stadt ihrer Eltern. Maria schließt sich unterdessen den Müttern der Plaza de Mayo an, die alle auf der Suche nach verschleppten Verwandten sind. Um einen Freund ihres Sohnes zu treffen, fliegt auch Maria kurz nach Berlin. Raquel bemerkt, wie selbstsicher und kompromißlos die Freundin geworden ist.

1984, nach dem Ende der Militärdiktatur, kehrt Raquel nach Buenos Aires zurück. Sie versucht, sich anzupassen und zu vergessen. Maria aber will nichts vergessen, damit sich nichts wiederholt.

Jeanine Meerapfel: „Nach dem Verschwinden ihres Sohnes beginnt Maria, die Welt anders zu sehen. Sein Traum, die Welt menschlicher zu gestalten, wird ihr Ziel, daraus zieht sie ihre Kraft. Sie spürt, daß ihr Sohn wieder in ihr drin ist und sie sozusagen mit ihm verschmelzt. Das ist eine Form der Überwindung von Schmerz. Und das ist eine Erfahrung, die Raquel nicht haben kann, weil sie keine Kinder hat. Sie kann die Erfahrungen dieser Mütter nur über Maria verstehen, allerdings rein intellektuell, nicht mit dem Körper, nicht der direkten Emotionalität."

Auf den Filmfestspielen in San Sebastian im September 1988 erhielten Liv Ullmann und Cipe Lincovsky gemeinsam den Preis als beste Darstellerinnen.

Rosamunde

Nach „Der Bruch" noch ein Krimi aus der DDR: Egon Günther zeigt, daß auch bei Entführungen Liebe im Spiel sein kann — und das ist gar nicht allen lieb

Herstellungsland	Bundesrepublik Deutschland
Regie	Egon Günther
Buch	Egon Günther
Produktion	Mutoskop/Toro
Besetzung	Anna Dobra, Jürgen Vogel, Richy Müller, Boris Koneczny, Mario Adorf, Manfred Krug, Mathieu Carrière, Brigitte Mira

Duplizität der Ereignisse: Zwei der wichtigsten Regisseure der DDR drehten in diesem Jahr erstmals in der BRD einen Kinofilm, beide haben vorher bereits fürs West-Fernsehen gearbeitet, und beiden Filme behandeln historische Kriminalfälle: Frank Beyers „Der Bruch" mit Götz George (siehe dort) spielt kurz nach dem Zweiten Weltkrieg; Egon Günthers „Rosamunde" führt noch weiter zurück in die Geschichte, genauer gesagt ins Berlin des Jahres 1931.

Der 26jährige Bruno (Richy Müller) und die 18jährigen Franz (Boris Koneczny) und Emil (Jürgen Vogel) stehen auf der Straße, ohne Chance auf Arbeit. Emils Schwester Rosamunde (Anna Dobra) taucht überraschend in Berlin auf. Die beiden Geschwister haben ein Verhältnis miteinander. In ihrer ausweglosen Situation beschließen die vier eine Entführung: Abel (Patrick Elias), Sohn des reichen Fabrikanten Dr. Austerlitz (Mario Adorf), bietet sich hierfür geradezu an. Das Unternehmen gelingt, das Opfer wird im Keller eines Berliner Randbezirks versteckt gehalten. Gegen den Willen seiner Frau, die die geforderten zwei Millionen Reichsmark zu zahlen bereit ist, schaltet Dr. Austerlitz heimlich die Polizei ein.

Zehn Tage nach der Entführung herrscht im Keller Alltagsatmosphäre. Eine Liebesbeziehung zwischen dem gefangenen Abel und Rosamunde bahnt sich an, die dazu führt, daß Rosamunde ihm zur Freiheit verhilft. Um sie vor ihren Komplizen zu schützen, kehrt Abel unerwartet in den Keller zurück.

Kriminalrat Jablonski (Manfred Krug) hat eine Einsatztruppe für verdeckte Observation aufgebaut, Polizisten in Frauenkleidern. Eine dieser „Damen" wird auf Emil aufmerksam. Von der Polizei festgenommen, gesteht Emil zwar die Entführung, verrät jedoch das Versteck nicht.

Die Geldübergabe steht unmittelbar bevor, der Showdown beginnt. Scharfschützen umringen den Wagen, in dem auch Abel sitzt, und eröffnen das Feuer. Austerlitz muß entsetzt zusehen ...

Eine exzellente Besetzung (in Nebenrollen glänzen u. a. Mathieu Carrière, Brigitte Mira, Rose Renée Roth, Gerd Duwner, Karl Lieffen und Horst Sachtleben), eine liebevoll die damalige Zeit rekonstruierende Ausstattung sowie die meisterliche Kamera Gerard Vandenbergs unterstützen Regisseur Egon Günther bei dieser aufwendigen Verfilmung seines eigenen Drehbuchs. Günther (61) wurde vor allem durch seinen Film „Lotte in Weimar" (1975, mit Lili Palmer), der auch in den BRD-Kinos lief, und durch seine siebenteilige Feuchtwanger-Verfilmung „Exil" (1981) für den Westdeutschen Rundfunk bekannt.

Der Bär

Ein Film über die Empfindungen eines jungen Bären, die den menschlichen gar nicht so unähnlich sind

Herstellungsland	Frankreich
Regie	Jean-Jacques Annaud
Produktion	Claude Berri
Drehbuch	Gérard Brach, nach dem Roman „The Grizzly King" von James-Oliver Curwood
Besetzung	La Douce, Bart und Doc, Tschéky Karyo, Jack Wallace, André Lacombe

„Ich habe mich beim Lesen sofort mit dem Bärenjungen identifiziert", sagt Oscar-Preisträger Jean-Jacques Annaud („Black and White in Color", „Am Anfang war das Feuer", „Der Name der Rose") über den Roman „The Grizzly King" von James-Oliver Curwood, und so entstand die Idee zu diesem ganz untypischen Tierfilm — der wie zuvor schon „Am Anfang war das Feuer" ohne Dialoge und die sonore Stimme eines Off-Kommentators auskommt. Die Handlung ist simpel: Bärenjunges verliert die Mutter, trifft auf einen großen einsamen Bären, schließt sich ihm an und lernt an dessen Seite die Geheimnisse und Gefahren des Lebens kennen: böswillige Artgenossen, berauschende Pilze, einen bissigen Puma — und sonderbare „Zweibeiner".

Anders als in Filmen wie „Benji", „Lassie" oder „Flipper" werden in „Der Bär" die Tiere nicht vermenschlicht, wird die dem Bärenjungen Kiki eigene Perspektive beibehalten. Was dem Kameramann während der viermonatigen Drehzeit denn auch einen Arbeitsplatz auf dem Bauch bescherte. Gedreht wurde in den Alpen in über 2000 Meter Höhe; an Orten, die weder Spuren von Zivilisation noch klischeehaft blauen Himmel zeigen sollten.

Das Drehbuch schrieb Gérard Brach, der schon bei „Am Anfang war das Feuer" und „Der Name der Rose" beteiligt war — und von dem auch das Drehbuch zu Polanskis „Frantic" stammt.

Haben Menschen etwas mit wilden Tieren gemein? Annaud: „Ich glaube, daß meine Empfindungen durchaus mit denen eines verliebten Stichlings oder hungrigen Regenwurms zu vergleichen sind."

Vielleicht geht's Ihnen nach dem Film ja mit dem Bären wie dem mit dem Huhn — ich wollt ich wär ein . . .

Der Regisseur (Jean-Jacques Annaud) und sein Hauptdarsteller

Auch Bären tragen hin und wieder Federschmuck

The Woman He Loved

Herstellungsland	USA
Regie	Charles Jarrott
Produktion	William Hill
Drehbuch	William Luce
Besetzung	Jane Seymour, Anthony Andrews, Tom Wilkinson, Lucy Gutteridge

Eine Verfilmung der Story um die Frau, die den englischen König Edward VIII. zum Abdanken zwang

Jane Seymour spielt Wallis Simpson, die Frau, für die der zukünftige König von England, Edward VIII., seine Thronfolgerschaft im Jahre 1936 sausen ließ. Anthony Edwards verkörpert jenen unglücklichen Prinzen, der sich in eine glücklich verheiratete Frau verliebt.

Als David schließlich nach dem Tode seines Vaters, Georg V., König wird, beginnt Wallis, die Scheidung einzuleiten. Doch der britische Premierminister und die Königliche Familie stellen den unglücklichen König vor eine scheußliche Wahl — entweder die Frau aufzugeben oder die Krone. Eine weitere Hauptrolle in diesem Historiendrama spielt Olivia De Havilland — eine der großen Damen des alten Hollywood.

Wallis Simpson (Jane Seymour) und ihr Prinz (Anthony Edwards) dürfen nur außerhalb des Königshauses glücklich sein

Claras Herz

Robert Mulligans Schnulze um den kleinen Jungen, der von der Haushälterin seiner Eltern erzogen wird

Herstellungsland	USA
Regie	Robert Mulligan
Produktion	Martin Elfand
Drehbuch	Mark Medoff
Besetzung	Whoopi Goldberg, Neil Patrick Harris, Michael Ontkean

In ihrer besten Leistung seit ihrer oscarnominierten Rolle in Spielbergs „Die Farbe Lila" kehrt Whoopi Goldberg in „Claras Herz" auf die Leinwand zurück. Als Clara spielt sie eine jamaikanische Haushälterin, die großen Einfluß auf das Leben eines 12jährigen Jungen hat, der sehr damit zu kämpfen hat, daß seine Eltern sich scheiden lassen und ihm längst nicht die Aufmerksamkeit zukommen lassen, die er benötigte.

Haushälterin Clara übernimmt Mutterpflichten, zeigt ihm, was Stärke ist und wie man die Tücken des Erwachsenwerdens am besten in den Griff bekommt — gerade im Hinblick auf die Untüchtigkeit der Eltern, das eigene Leben würdevoll zu meistern. Der junge Neil Patrick Harris gibt ein eindrucksvolles Leinwanddebüt als David Hart, Michael Ontkean und Kathleen Quinlan spielen die verbitterten Eltern, während Spalding Gray aus „True Stories" einen etwas verrückten Psychiater spielt. Robert Mulligan („Wer die Nachtigall stört") führte Regie, Mark Medoff, der oscarnominierte Autor des Films „Gottes vergessene Kinder", schrieb das Drehbuch.

Whoopy Goldberg spielt die herzensgute Clara, die den jungen David in die Geheimnisse des Erwachsenenwerdens einweiht

Une affaire de femmes

Meisterregisseur Claude Chabrol erzählt die letzten Tage im Leben der Abtreibungshelferin Marie Bouchon

Herstellungsland	Frankreich
Buch	Colo Tavernier O'Hagen, Claude Chabrol, nach dem Buch „Une affaire de femmes" von Francis Szpiner
Regie	Claude Chabrol
Produktion	Marin Karmitz
Besetzung	Isabelle Huppert, François Cluzet, Marie Trintignant, Nils Tavernier

Nach Landsmann Louis Malle hat sich nun Claude Chabrol der Geschichte des von Nazi-Deutschland besetzten Frankreichs zugewandt.

„Une affaire de femmes" ist die Chronologie der letzten Monate im Leben der Marie Bouchon, die am 31. Juli 1943 vom Vichy-Regime Marschall Pétains als „Engelmacherin" hingerichtet wurde. Freilich unterscheidet sich die Perspektive Chabrols radikal von jener Louis Malles und dessen anrührender, subjektiver Aufarbeitung der eigenen Geschichte. Wie gewohnt seziert Bürgerschreck Chabrol nüchtern, dabei durchaus einfühlsam, das Schicksal seiner Figur und die Mechanismen der Unmenschlichkeit. „Une affaire de femmes" ist ein Comeback nicht nur für den von der französischen Kritik oft genug geschmähten Chabrol, sondern vor allem für seine Hauptdarstellerin Isabelle Huppert, die auf dem Festival in Venedig den Preis für die beste weibliche Darstellerin einheimste. Souverän verkörpert Isa-Belle den Aufstieg und Fall der Marie, die, zunächst in Nachbarschaftshilfe, dann gegen Bares unfreiwillig Schwangeren zur Abtreibung verhilft. Ihr Mann (François Cluzet), von der Front zurückgekehrt, duldet die neuen sozialen Verhältnisse, später jedoch ist er es, der Marie denunziert. Seinen Skandal hat der Film auch schon: Unmittelbar vor der Hinrichtung sendet die Delinquentin ein Stoßgebet zum Himmel: „Gegrüßet seist Du, Maria voller Scheiße..."

Marie (Isabelle Huppert) ist angeklagt, im Frankreich der 40er Jahre als „Engelmacherin" gearbeitet zu haben

Nachsaison

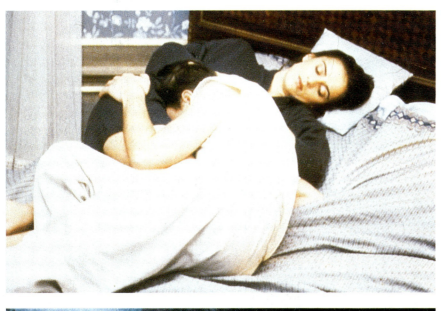

Auch das Wirtschaftswunder ließ sich schwer an — Wolfram Paulus beschreibt den Zustand einer Familie der Nachkriegszeit

Herstellungsland	Österreich/ Bundesrepublik Deutschland
Regie	Wolfram Paulus
Drehbuch	Wolfram Paulus, Uli Neulinger
Produktion	Marwo/Voissfilm/ORF/ BR
Besetzung	Albert Paulus, Günther Maria Halmer, Daniela Obermeir, Mercedes Echerer, Stefan Suske

Mit seinem ersten Film „Heidenlöcher" machte der 1957 in Großarl bei Salzburg geborene Wolfram Paulus vor drei Jahren schlagartig auf sich aufmerksam. Sein Debüt wurde mit dem Bayerischen Filmpreis für die beste Nachwuchsregie, einem Bundesfilmpreis für die Kamera sowie mit dem Wiener Filmpreis ausgezeichnet. Sein zweiter Spielfilm „Nachsaison" (Arbeitstitel: „Lenz im Kurort") erlebte seine Uraufführung 1988 bei den Internationalen Filmfestspielen in Venedig und bestätigt Paulus als einen sensiblen Filmemacher mit ganz persönlicher Handschrift.

Lenz (Albert Paulus) arbeitet in einem Kurort als Masseur. Der Job ist hart und schlecht bezahlt. Abends ist er ausgepumpt, aber zu Hause warten seine melancholische Frau (Daniela Obermeir) und sein kleines Kind. Unbemerkt zermalmt der Alltag die Träume vom unabhängigen Leben. Als er plötzlich entlassen wird, reagiert er wütend: Er weiß, daß er gut ist. Aber Lenz kann die Arbeitslosigkeit noch einmal umgehen. Nurit (Mercedes Echerer), eine junge Tänzerin, die fürchtet, wegen einer Art Muskelschwund ihren Beruf aufgeben zu müssen, nimmt ihn als Privatmasseur unter Vertrag. Sie lebt auf und ist dabei, die Grenze der geschäftlichen Beziehung zu überschreiten. Lenz gerät ins Taumeln. Als sie ihm eine Uhr schenkt, bedeutet dies mehr als nur ein Zeichen der Anerkennung. Notgedrungen muß Lenz über die emotionale Zuwendung hinwegsehen. Beim nächsten Juwelier verwandelt sich das kostbare Geschenk in Geld.

Es gibt noch einen Menschen in Lenz' Umgebung: Fussek (Günther Maria Halmer), den Hotelier. Manchmal kreuzen sich die Wege der beiden, finden sie für kurze Zeit zu einer gemeinsamen Sprache. Langsam wird ersichtlich, daß ihr Schicksal vor dem Hintergrund des einst blühenden Kurortes parallel abläuft. Als Nurit sichtlich erholt ihre Abreise ankündigt, ringt sich Lenz zu der Bitte durch, ihn mitzunehmen. Aber seine Sehnsucht, alles hinter sich zu lassen, bleibt unerfüllt. Wieder ein Zug, der ohne ihn abfährt . . .

„Nachsaison" ist weder ein Märchen, das von den Wundern des Spätkapitalismus erzählt, noch Sozialschnulze oder Loblied des einfachen Lebens. Es ist die Beschreibung eines Zustands, psychologisch, geographisch, jahreszeitlich — Nachsaison.

Herstellungsland	Bundesrepublik Deutschland
Regie	Uli Edel
Buch	Desmond Nakano (nach dem Roman von Hubert Selby)
Produktion	Neue Constantin
Besetzung	Stephen Lang, Jennifer Jason Leigh, Burt Young

Jeder ist sich selbst der Nächste — aber auch der einzige Nächste in einer Welt voller Brutalität und alltäglicher Erniedrigung

Der Roman „Letzte Ausfahrt Brooklyn" gab dem Wort Realismus eine neue Bedeutung und wurde zu einem der kontroversesten Büchern aller Zeiten. Es entfachte unter Kritikern, Gesetzgebern und Lesern einen Sturm der Begeisterung und Empörung — und es wurde zu einem weltweiten Bestseller. In England wurde es wegen Obszönität verboten, das Urteil in zweiter Instanz jedoch wieder aufgehoben. Dank der Unterstützung von Größen wie Samuel Beckett, Bertrand Russell und Anthony Burgess wurden aufgrund dieses Buches in vielen Ländern der Erde die Grundregeln der staatlichen Zensur geändert.

An Originalschauplätzen in Brooklyn sowie in den Münchner Bavaria-Studios entstand nun, 30 Jahre nach Erscheinen des bisher als unverfilmbar geltenden Buches, Bernd Eichingers Produktion von „Letzte Ausfahrt Brooklyn". Regisseur dieses 30 Millionen Mark teuren Films ist Uli Edel, mit dem Eichinger schon seinen ersten Welterfolg „Christiane F. — Wir Kinder vom Bahnhof Zoo" (1981) produzierte.

„Letzte Ausfahrt Brooklyn" — dieser grausam-ironische Titel bezieht sich auf eine Straßenabzweigung in der Nähe der Brooklyn-Kaserne, einem von Selby exakt abgegrenzten Bereich, wo Wohnsilos und Fabrikgebäude, Transvestitenlokale und Soldatenkneipen dicht beieinander liegen. Von Dumpfheit und Gehässigkeit, von Amoral und Brutalität bestimmt, erstickt dieses Milieu jede Hoffnung auf ein wenig Liebe und Solidarität. Wenn aber Buch und Film in ihrer erbarmungslosen Darstellung der Schattenseite der amerikanischen Wohlstandsgesellschaft sowohl der Sexualität und Perversion als auch der Gewalttätigkeit breiten Raum geben, so nicht um des Sensationseffekts willen. Denn immer wieder scheint ein gänzlich unsentimentales Mitgefühl für die Ausgestoßenen und Verkommenen durch, die, je tiefer sie erniedrigt sind, um so mehr der Erlösung durch die Liebe bedürfen.

Letzte Ausfahrt Brooklyn

Uli Edels Verfilmung eines der umstrittensten Bücher aller Zeiten über die Schattenseiten der amerikanischen Wohlstandsgesellschaft wurde an Originalschauplätzen verfilmt

Man begegnet der gehöhnten und geschundenen Georgette (Alexis Arquette), der Königin der Homosexuellen mit dem roten Slip, die mit ihrem kläglichen Girren und Flirren nur etwas Freundlichkeit erhaschen will in einer Welt, die mit Rohheit und Banalität protzt; man lernt Tralala (Jennifer Jason Leigh) kennen, das minderjährige Strichmädchen, das Freundlichkeit gar nicht mehr versteht, schließlich zerschlagen, zerschunden und verwüstet in ihrem Blut liegt zwischen Flaschenscherben, Kippen und Kaugummis auf einem herausgebrochenen Autositz; man trifft auf den brutalen Gewerkschaftsfunktionär Harry Black (Stephen Lang), in dessen Hirn sich ein vager Traum aus Widerwillen gegen tägliche Routine und aus Ruhmsucht zusammenballt zu Gewalttätigkeit, Machthunger und perverser Sucht nach Erniedrigung.

Autor Hubert Selby (60) zu seinem literarischen Erstling: „Ich wollte einen Einblick in die Gefühle der Menschen geben und den Leser die Schmerzen spüren lassen." Selby war von Desmond Nakanos Drehbuchfassung seines Romans hundertprozentig überzeugt und ließ es sich nicht nehmen, die Dreharbeiten vom ersten bis zum letzten Tag persönlich zu verfolgen. Über Produzent Bernd Eichinger meint Selby: „Der Junge hat Mut. Er ist großartig und großzügig. Großzügig mit dem Geld, seiner Zeit, mit seinen Emotionen."

Bernd Eichinger erklärt, was den Film, der in den 50er Jahren spielt, so teuer macht: „Es ist die ungeheure Detailgenauigkeit des Buches, die wir auch im Film rüberbringen wollten." Und Regisseur Edel ergänzt: „Es war eine große Aufgabe, diesen unmittelbaren Realismus durchzuhalten."

Für Eichinger ist dies sein bisher wichtigster Film. „Das wußte ich, bevor wir zu drehen anfingen. Der Film wird einen unglaublich intensiven Eindruck auf den Zuschauer hinterlassen. Das habe ich vorher noch nie von einem Film gesagt."

Land der Väter, Land der Söhne

Ein Film über den Aufstieg eines Industriellen nach dem Zweiten Weltkrieg, eingebettet in eine Familiengeschichte

Herstellungsland	Bundesrepublik Deutschland
Regie	Nico Hofmann
Buch	Nico Hofmann
Produktion	B.A./Nico Hofmann/SWF/BR
Besetzung	Karl-Heinz von Liebezeit, Wolfgang Preiss, Wolf-Dietrich Sprenger, Jan Bicycki, Adelheid Arndt, Hans Grau

Der Film erzählt von den Recherchen eines jungen Journalisten, der nach dem Selbstmord seines Vaters dessen Lebensgeschichte während des Dritten Reichs rekonstruiert. Der Vater hatte 1942 als Unternehmer im besetzten Polen arisierte, ehemals jüdische Fabriken übernommen. Kurz vor Kriegsende rettet er große Teile des polnischen Maschinenparks mit Verwundetentransporten in den Westen, um sich hier einen raschen Wiederaufbau seiner deutschen Stammfabrik zu ermöglichen.

Regisseur Nico Hofmann, geboren 1959, erhielt nach dem Abitur eine Ausbildung als Journalist beim „Mannheimer Morgen". Von 1980 bis 1985 absolvierte er ein Studium an der Münchner Hochschule für Fernsehen und Film. „Land der Väter, Land der Söhne" ist sein erster abendfüllender Kinofilm.

Nico Hofmann zu seinem Film: „Mein Interesse für diese Zeit ist sicherlich auch durch viele Auseinandersetzungen und Diskussionen innerhalb unserer Familie ausgelöst worden. Meine Eltern sind im Dritten Reich aufgewachsen und von dieser Zeit in vieler Hinsicht entscheidend geprägt (wobei ich anmerken möchte, daß ‚Land der Väter, Land der Söhne' ein recherchierter, kein autobiographischer Film ist). Es waren an der Münchner Filmhochschule zwei kurze Spielfilme entstanden, ‚Abschiedbilder' und ‚Der Krieg meines Vaters', in denen ich Familienrecherche betrieben habe, wobei der zweite Film ganz im Dritten Reich des Jahres 1942 spielt. In ‚Der Krieg meines Vaters' habe ich Erlebnisse und Schilderungen meines Vaters aus dem Blickwinkel meiner Generation wiedergegeben. Dieses Wechselspiel der Reflexionen zwischen zwei Generationen hat mich vieles an meinem Vater verstehen lassen. Für ‚Land der Väter, Land der Söhne' wollte ich diese Erfahrung in eine Filmgeschichte umsetzen. Die Elemente des Films fand ich in zwei Unternehmerschicksalen des Mannheimer Raums, die ich kenne und die ich in diesem Film gekoppelt habe. Ich wollte die Vergangenheit eines Industriellen (die für das Dritte Reich nicht untypisch war) einbetten in eine Familiengeschichte und damit in Bezug setzen zu einem jungen Mann meines Alters, der kaum etwas über seinen Vater weiß. Der Sohn erkennt, daß sein Vater ein Verbrecher war. Der Film macht aber — so hoffe ich — ebenfalls deutlich: Auch meine Generation ist zerrissen — zerrissen zwischen der Liebe zu den Vätern, der Liebe zu diesem Land, und der Feststellung, daß die Geschichte eben dieser Väter, eben dieses Landes schrecklich ist. Dennoch ist dieser Film mit einer Hoffnung verbunden: der Hoffnung auf die Trauer der Jungen gegen die Unfähigkeit zu trauern."

„Land der Väter, Land der Söhne" lief 1988 als offizieller deutscher Wettbewerbsbeitrag beim Internationalen Filmfestival in San Sebastian, er wurde von der Jury der internationalen Filmpresse (FIPRESCI) mit einer lobenden Erwähnung bedacht.

Bat 21

Nach „Platoon" und „Full Metal Jacket" folgt nun ein weiterer Film, der sich mit dem Vietnamkrieg kritisch auseinandersetzt

Herstellungsland	USA
Regie	Peter Markle
Produktion	David Fisher, Gary A. Neill
Drehbuch	William C. Anderson, George Gordon
Besetzung	Gene Hackman, Jerry Reed

Vietnam und noch immer kein Ende. Nachdem Regisseure wie Kubrick, Parker, Stone, Coppola und natürlich die „Rambo"-Action-Garde an der Weiterverarbeitung des amerikanischen Traumas mitarbeitete, verfilmte jetzt Peter Markle den Roman „Bat 21" des US-Autors William C. Anderson.

Wie in einigen Streifen des „Genres" zuvor, geht es auch hier um eine Rettungsmission. Zwei couragierte Männer wollen einen allein im Dschungel umherirrenden Leutnant herausholen. Die Geschichte ist immerhin verbürgt — und Markle muß seine Helden nicht (wie die Kollegen von der „Rambo"-Fraktion) Hunderte von Feinden umlegen lassen. Der Film versucht sich, ähnlich wie zuvor „Platoon", an dem Widerspruch, daß sich ein Mann, der zuvor nur seine Offizierskarriere und vielleicht seine Verabredung für den gepflegten Abend im Sinn hatte, jetzt wirklich ernsthaft in einer verlorenen Welt durchsetzen muß. In der es dazu um sein Leben geht — eine ungewöhnliche Erfahrung für den alternden und sozusagen nie geprüften Soldaten.

Dagegen steht der erfahrene Nah-Kämpfer Bird-Dog, für den das ganze Leben ein Krieg ist, und für den es bisher keine Freunde gab in diesem Krieg. Bird-Dog, ein brillanter Hubschrauber-Pilot, verliert den Kontakt zu Hambleton (dem Offizier) nicht. Und im Verlauf dieser Mission lernen beide dazu: Bird-Dog sieht, daß es im Krieg nicht nur Feinde gibt und Hambleton spürt, wofür er tatsächlich den Großteil seines Lebens aufgewendet hat.

Gene Hackman und Danny Glover spielen die Hauptrollen in diesem kritischen Action-Drama.

KURZ BELICHTET

Envoyez les violons

Herstellungsland	Frankreich
Buch	Michael Elias
Regie	Roger Andrieux
Produktion	Jean-Claude Fleury
Besetzung	Anémone, Richard, Anconina, Michel Galabru

In ihrem ersten Film nach „Am großen Weg", der ihr den César als beste Darstellerin einbrachte, spielt Anémone eine unscheinbare Flötistin, die sich in einen ihrer Schüler verliebt: Fred, ein Regisseur von Werbespots, ist gerade von seiner wunderschönen Frau, einem Mannequin, verlassen worden. Am Rand des Nervenzusammenbruchs entschließt er sich, als Therapie die Musik zu versuchen. Seine neue Lehrerin ist das genaue Gegenteil seiner Frau, ihre Schönheit ist alles andere als äußerlich, und er, der noch vor wenigen Momenten glaubte, ohne seine Frau nicht leben zu können, erlebt den Beginn einer wunderbaren Liebe. Roger Andrieux' Love-Story ist angenehm unsentimental und mit einer ordentlichen Dosis Ironi erzählt, sie besticht vor allem durch das Spiel der Hauptdarsteller Anémone und Richard Anconina („Am Rande der Nacht").

Joyriders

Herstellungsland	Irland
Regie	Aisling Walsh
Drhbuch	Andy Smith
Produktion	Little Bird
Besetzung	Patricia Kerrigan, Andrew Connolly, Billie Whitelaw

Was kann eine Frau wie Mary Flynn, die ihrem prügelnden Mann entkommen ist, deren Kinder im Heim sind und die ohne einen Penny in Dublin dasteht, schon von der Zukunft erhoffen? Sie tut sich mit Perky zusammen, einem jungen Mann, der für seine wilden Vergnügungsfahrten ab und zu ein Auto knackt und im übrigen genauso ein Verlierer ist wie sie. In seinem gestohlenen Mercedes rauschen sie durch Irland, halten, wo es ihnen in den Sinn kommt, gehen auseinander, fahren gemeinsam weiter, stehlen schließlich ihre Kinder aus dem Heim und beginnen ein Leben voll neuer Hoffnung.

Encore - Once More

Herstellungsland	Frankreich
Buch und Regie	Paul Vecchiali
Produktion	Pierre Bellot, Jean-Paul Gautier
Besetzung	Jean-Louis Roiland, Florence Giorgetti, Pascale Rocard

Ein kleiner Angestellter, 40 Jahre, verheiratet, eine erwachsene Tochter, verläßt aus heiterem Himmel seine Frau, um ein neues Leben zu führen. Ein gänzlich anderes Leben, denn er wird seine Homosexualität nicht länger unterdrücken, sondern bis zum letzten ausleben. Sprichwörtlich bis zum letzten, denn zehn Jahre später stirbt er an Aids ... Paul Vecchiali, dem wohl bekanntesten französischen Avantgardefilmer neben Godard, geht es weniger um die Geschichte, die er sehr kühl und distanziert erzählt, als darum, die Gefühle seiner Protagonisten zu sezieren: hauptsächlich Einsamkeit und Verzweiflung. Eine Geschichte über die Liebe in den späten achtziger Jahren — eine Geschichte über die Liebe in den Zeiten von Aids.

The Night Before

Herstellungsland	USA
Regie	Thom Eberhardt
Produktion	Martin Horstein
Buch	Gregory Scherick, Thom Eberhardt
Besetzung	Keanu Reeves, Lori Loughlin, Theresa Saldana

Jeder liebt Tara: „The Night Before"

Die Abenteuer eines Schulidioten — eines „geeks" —, der von jedermann sonst gemieden wird, scheint ein neues zentrales Motiv der amerikanischen Highschool Komödien zu werden. „Revenge of the Nerds" und ähnlich betitelte Ware gaben das Startsignal. Winston Connelly ist ein Hobby-Astronom und „speed reader", der in einem Abend mehrere Klassiker verschlingen kann. Mit den Mädchen klappte es bei ihm weniger, und doch scheint es ihm gelungen zu sein, die Belle der Highschool für den Schulball gewonnen zu haben.

Privater Kodex

Herstellungsland	Italien
Regie	Francesco Maselli
Drehbuch	Francesco Maselli
Produktion	Luigi und Aurelio de Laurentiis für Filmauro
Besetzung	Ornella Muti

An einem verregneten Sonntagnachmittag im Februar kehrt eine Frau zurück in das Haus, in dem sie drei Jahre lang mit einem Mann gelebt hat. Sie hat ihn gerade zum Flughafen begleitet, und er hat sie für immer verlassen. Die Räume — getreuliches Spiegelbild einer Schriftstellerpersönlichkeit, die auf den Nobelpreis zusteuert — entblättern sich nach und nach in der Analyse, in der die Hauptdarstellerin den Versuch unternimmt, das „warum" des Endes dieser Liebesgeschichte zu erfassen.

Prisonnières

Herstellungsland	Frankreich
Buch und Regie	Charlotte Silvera
Produktion	Roger Andrieux
Besetzung	Marie-Christine Barrault, Fanny Bastien, Annie Girardot

Dramatischer Aufmarsch der Frauen in Charlotte Silveras Gefängnisfilm „Prisonnières". Aufgenommen in der bretonischen Stadt Rennes, wo sich das einzige Frauengefängnis Frankreichs erhebt, verfolgt der Film einige Monate Knastalltag — von der Einlieferung der einen zur Entlassung der anderen. Dazwischen die öde

KURZ BELICHTET

Ewigkeit der vielen, die längst jede Orientierung verloren haben, die handfesten Konflikte der Insassinnen untereinander. Herausragend Bernadette Lafont, kaum wiederzuerkennen Agnès Soral (die Punkerin aus „Tchao Pantin") als Kindesmörderin Nicole, die an der Würdelosigkeit des Knastes zerbricht.

A Hobo's Christmas

Herstellungsland	USA
Regie	Will MacKenzie
Produktion	Paul Freeman
Drehbuch	Jeb Rosebrook
Besetzung	Barnard Hughes, Gerald McRaney, Wendy Crewson, William Hickey

Charlie Grosvenors Frau ist früh gestorben und er führt mit seinen beiden Kindern ein Leben weg von der Stadt, in der die große Familie einst lebte. Langsam aber sicher gewöhnen sich alle an das neue Leben. Charlie ist ein Polizist, der auch selbst keine Verwandten mehr hat, weil einst sein Vater seine Mutter und ihn verließ, weil er Angst hatte, er könnte die ganze Familie nicht satt bekommen. Doch jetzt, 25 Jahre später, kehrt Charlies Vater zurück — als Hobo, Landstreicher, der mit einem anderen alten Mann auf fahrende Züge aufspringt und durch die Lande zieht. Und gerade zu Weihnachten... Charlie verbietet seinen Kindern zunächst jeden Kontakt mit ihrem Großvater, doch er sieht bald ein, daß er das nicht kann. Und so beginnen zunächst die Kinder, dann auch Charlie selbst, jenen merkwürdigen Opa, der so gut Geschichten erzählen kann, zu lieben. Doch was wird geschehen, wenn der Alte wieder auf Reisen geht, wenn er wieder sein Bündel schnürt?

Murder One

Herstellungsland	USA
Regie	Graeme Campbell
Produktion	Nicolas Stiliadis
Buch	Tex Fuller
Besetzung	Henry Thomas, Jamez Wilder, Stephen Shellen

S. Shellen als Verbrecher Wayne in „Murder One"

Eine wahre Geschichte, die dramatisiert, was Autor Tex Fullers gleichnamiger Dokumentarfilm eigentlich schon realistisch genug beschrieb: 1973 waren die Isaacs Brüder Carl und Wayne aus einem Gefängnis in Towson, Maryland, ausgebrochen und hatten unterwegs Carls jüngeren Bruder Billy aufgepickt. Sie hatten wegen Einbruchs gesessen... Auf der Flucht ging den Brüdern das Benzin aus... da sahen sie in einem abgelegenen Feld einen Wohnwagen stehen, der der Alday Familie gehörte. Niemand war im Wohnwagen und dessen Türe nicht abgeschlossen. Es sah alles so einfach aus; aber dann kamen die Aldeys nach Hause, einzeln und in Paaren. Die Isaacs ermordeten alle sechs...

Lieber Gorbatschow

Herstellungsland	Italien
Regie	Carlo Lizzani
Drehbuch	Augusto Zucchi
Produktion	R. P. A. International
Besetzung	Harvey Keitel, Flaminia Lizzani

In der Nacht des 28. Februar 1937 weiß Nikolaj Bucharin, daß er nur noch wenige Stunden zu leben hat, zumindest, was ein Leben in Freiheit anbetrifft. Kamenev und Zinoview sind vor ein paar Tagen erschossen worden und ihre Geständnisse weisen auf Bucharin hin. Stalin wird ihn nicht warten lassen. Bucharins einziges Interesse ist, ein Wort an die zukünftigen Generationen von Parteiführern der Sowjetunion zu richten. In dem Schauprozeß, der ihn erwartet, kann er die Worte zwar hinausschreien, aber keiner wird sie hören, geschweige denn aufschreiben. So verbringt er die letzte Nacht mit seiner Frau Anna Larina damit, ihr den Text ins Gedächtnis einzuprägen; denn ein Schriftstück würde gefunden werden und wäre dann auch für sie gefährlich.

Manöver

Herstellungsland	Bundesrepublik Deutschland/ Frankreich
Regie	Helma Sanders-Brahms
Buch	Helma Sanders-Brahms
Produktion	Sanders-Brahms/La Sept
Besetzung	Adriana Altaras, Johannes Herrschmann, Alfred Edel

Deutschland in den 50er Jahren. Max Klett, Leutnant der Nationalen Volksarmee der DDR, wird im Tango-Tanzen ausgebildet, um Elly Wackernagel, Sekretärin im Bundesverteidigungsministerium der BRD, zur Liebe und dann zum Geheimnisverrat zu verführen. Elly jedoch hat bereits ein Verhältnis mit ihrem Chef, dem Ministerialdirigenten Dinklage, und der wiederum ist verheiratet. Das Verhältnis zerbricht, die Ehe beinahe auch, und ein Prototyp der Waffe, die der Bundesrepublik zur Überlegenheit über die DDR verhelfen soll, wird gestohlen und in Postpaketen als Liebesgabe über die Grenze geschickt. Die Liebe triumphiert! Aber leider nur kurzfristig...

Strapless

Herstellungsland	England
Buch und Regie	David Hare
Produktion	Granada Film (Rick McCallum)
Besetzung	Bruno Ganz, Bridget Fonda, Blair Brown

David Hare, bekannt als Autor und Regisseur grimmiger Liebes- und Ehegeschichten („Wetherby", „Plenty"), hat diesmal einen freundlich unsentimentalen Film über Liebe und Verliebtheit gedreht.

„Strapless" ist die Geschichte zweier amerikanischer Schwestern, Lillian und Amy. Ein schöner Fremder macht Lillian den Hof, bis sie verspricht, ihn heimlich zu heiraten. Amy hat eine kurzlebige Affaire und wird schwanger. Der schöne Fremde verschwindet, die Krise treibt auf ihren Höhepunkt zu, und zu guter Letzt löst sich doch noch alles irgendwie.

Hotel Terminus

Herstellungsland	USA
Regie	Marcel Ophüls
Produktion	John S. Friedman
Drehbuch	Marcel Ophüls

Auch wenn Marcel Ophüls' Film über den deutschen Kriegs-Verbrecher Klaus Barbie eine Fernsehdokumentation mit einer Original-Länge von viereinhalb Stunden ist, wird sie höchstwahrscheinlich den Weg in einige Programmkinos finden — so kinogerecht jedenfalls filmt der Sohn des großen Max Ophüls und Freund des Regiegenies Francois Truffaut. In fast 80 Interviews mit Zeitzeugen, Historikern und Aufarbeitern der Nazi-Greuel versucht Ophüls zu beantworten, wie sich Opfer, Täter, Komplizen und jeder einzelne selbst definiert im Angesicht dieses Mannes, der eigenhändig unbeschreibliche Verbrechen begang und danach 40 Jahre lang unbehelligt lebte, bis er an Frankreich ausgeliefert wurde.

Saturday Night at the Palace

Herstellungsland	USA
Regie	Robert Davies
Produktion	Robert Davies
Buch	Paul Slabolepszy, Bill Flynn
Besetzung	John Kani, Paul Slabolepszy, Bill Flynn

Rassenprobleme: „Saturday Night at the Palace"

Der Film erzählt von drei Südafrikanern, zwei weißen und einem farbigen, und spiegelt im Verlauf seiner Handlung, im Mikrokosmos seines Dramas, die Spannungen und Probleme, die das südafrikanische Rassenproblem ausmachen.

September, ein Farbiger, der ohne Arbeitserlaubnis in einem weißen Landstraßen-Café arbeitet, freut sich schon darauf, Feierabend zu machen und seine Familie, die weit weg auf dem Land leben muß, für einige Tage besuchen zu können. Aber bevor er schließen kann, kommen drei Weiße in sein Café und geraten untereinander in Streit.

Landschaft im Nebel

Herstellungsland	Griechenland/ Italien
Regie	Theo Angelopoulos
Drehbuch	Tonino Guerra
Produktion	Greek Film Center, Basicinematografica
Besetzung	Michalis Zeke, Tania Palaiologou, Stratos Tzortzoglou

In einem Arbeitervorort von Athen träumen zwei Kinder jede Nacht davon, daß sie ihren Vater in Deutschland besuchen werden, doch den hat die Mutter nur erfunden.

Eines Tages machen sich die 11jährige Voula und ihr 5jähriges Brüderchen Alexandros auf den Weg. Auf dem Bahnhof schlüpfen sie heimlich in einen Zug, doch schon nach der ersten Station müssen sie vor der Polizei fliehen und zu Fuß weiterreisen. In nebliger Nacht stoßen sie auf Orest, der mit einem Schaustellergefährt durch die Gegend tingelt. Der Wagen beherbergt eine Komödiantenfamilie; und das Stück, das sie spielen, ist immer das gleiche. Um keine weitere Zeit zu verlieren, trennen sich die Kinder wieder von Orest und trampen die Autobahn nach Norden hoch. Ein Lastwagenfahrer nimmt sie mit und vergewaltigt als Lohn die kleine Voula. Wie ein rettender Schutzengel erscheint Orest, packt sie beide auf sein Motorrad und bringt sie zurück zum Lagerplatz der Komödianten.

Spirit

Herstellungsland	England
Regie/Produktion/ Drehbuch	Jonathan Ripley
Besetzung	Paul Rhys, Russell Irwin

44 Jahre liegen zwischen den beiden Geschichten, die parallel und manchmal auch gleichzeitig erzählt werden. Der Held der einen ist ein betuchter junger englischer Soldat (Paul Rhys), der 1944 verwundet in einem italienischen Feldlazarett liegt. Der Protagonist der andren (Russell Irwin) lebt im Londoner East End von heute. Er findet das Tagebuch des Soldaten und entdeckt, daß sie beide eine ähnlich brutale Kindheit durchgemacht haben. Von da an verbindet sie ihr Schicksal für immer.

Play Me Something

Herstellungsland	England
Regie	Timothy Neat
Drehbuch	John Berger
Produktion	British Film Institute
Besetzung	Tilda Swinton, John Berger

Eine Gruppe von Inselbewohnern wartet auf dem (von den Gezeiten abhängigen) Flughafen der Hebriden-Insel Barra auf den Abflug zum Festland. Ein Märchenerzähler verkürzt ihnen die Zeit mit der Geschichte von Bruno, einem einfachen Bauern aus den italienischen Alpen, und der Städterin Marietta, die zu einem kommunistischen Festspiel nach Venedig gekommen ist.

La petite voleuse

Herstellungsland	Frankreich
Buch und Regie	Claude Miller
Produktion	Claude Berri
Besetzung	Charlotte Gainbourg, Simon de la Brosse

Nach einem Drehbuchentwurf von François Truffaut, dessen langjähriger Mitarbeiter er war, drehte Claude Miller („Das Auge") die Geschichte eines jungen Mädchens, das im Frankreich der Nachkriegszeit aufwächst. In dem weiblichen Pendant zu Truffauts „Sie küßten und sie schlugen ihn" spielt Charlotte Gainsbourg, Tochter von Jane Birkin und Serge Gainsbourg, die Rolle von Regisseur und Hauptdarstellerin; zuvor drehten sie „Das freche Mädchen", einen

KURZ BELICHTET

in Frankreich sehr erfolgreichen Film, für den Charlotte mit einem César als beste Nachwuchsdarstellerin ausgezeichnet wurde.

High Hopes

Herstellungsland	England
Buch und Regie	Mike Leigh
Produktion	Portman Productions
Besetzung	Philip Davis, Ruth Sheen, Edna Dore

Marx lebt: „High Hopes"

In „High Hopes", so Mike Leigh, Regisseur und Autor über seinen zweiten Film, „geht es um Mitleid und um ... die sorgende Gesellschaft, um Leben und Tod, und darum, ob es sich noch lohnt, auf diesem Planeten Kinder in die Welt zu setzen; um den Mangel an Kommunikation, um Einsamkeit usw." Es geht um Cyril und Shirley, die sich in ihrer Abneigung gegen die Königliche Familie und Mrs. Thatcher einig sind, nicht aber in der Frage der Fortpflanzung; um Cyrils senile Mutter, deren Vergeßlichkeit für die Nachbarn eine Zumutung ist; um die Nachbarn, deren Sexspielchen viel schöner sind als die von Valerie, Cyrils Schwester, und ihrem Mann Martin; um eine mißlungene Geburtstagsgesellschaft, um die Inschrift auf dem Grab von Karl Marx und um Londons schöne Silhouette.

Contrainte par corps

Herstellungsland	Frankreich
Buch	François Chevallier, Serge Leroy
Regie	Serge Leroy
Produktion	Jean-Claude Fleury
Besetzung	Marianne Basler, Vittorio Mezzogiorno

Claire, eine junge Touristin, wird auf einer Mittelmeerinsel beim Sonnenbaden „oben ohne" erwischt. Der örtliche Polizeichef verhaftet sie wegen Verletzung der öffentlichen Moral und wirft sie zuletzt, unter Anklage des Drogenhandels, ins Gefängnis. Hinter Gittern lernt sie den harten Alltag der inhaftierten Frauen — Mörderinnen, Nutten, Drogenabhängige, Lesbierinnen — kennen. Als es zuletzt zum Showdown mit dem sadistischen Polizeichef kommt, kann sie sicher sein, daß alle Frauen solidarisch hinter ihr stehen ... Serge Leroy drehte an portugiesischen Schauplätzen eine weibliche Version von Alan Parkers „Midnight Express — Zwölf Uhr nachts", mit Marianne Basler („Barbarische Hochzeit") als Claire und Vittorio Mezzogiorno („Drei Brüder") als Polizeichef. Ein „Frauen im Gefängnis"-Film zwar, aber einer, der sich angenehm von der voyeuristischen Sorte abhebt.

Bernadette

Herstellungsland	Frankreich
Regie	Jean Delannoy
Produktion	Jacques Quintard, Giancarlo Parretto
Besetzung	Sydney Penny, Roland Lesaffre, Michelle Simonnet

Der französischen Regie-Veteran Jean Delannoy — am besten bekannt für Klassiker wie „Mayerling" und „La Symphonie Pastorale" — wollte kein Remake eines Hollywood Streifens machen. Dafür waren ihm die geschichtlichen Fakten, die er zu Bernadette Soubirous, einer 15jährigen, der in der Nähe von Lourdes am 11. Februar 1858 eine „weiße Frau" erschienen war — beeindruckend genug. „The Song of Bernadette", meint Delannoy, „war eine Schnulze, die dem religiösen Sentiment der 40er Jahre nur allzusehr entsprach. Mir ging es darum, absolut nichts hinzuzuerfinden und die Geschichte allein in den Worten Bernadettes zu erzählen."

Camomille

Herstellungsland	Frankreich
Buch und Regie	Mehdi Charef
Produzentin	Michèle Ray-Gavras
Besetzung	Rémi Martin, Philippine Leroy-Beaulieu

Irgendwo am Rande des Pariser Périphérique haust Martin in einer alten Garage, behütet von seiner Mutter, die sogar die Prostituierte für ihren weltfremden, stotternden Sohn entlohnt. Nachts Gehilfe in einer kleinen Vorortbäckerei, bastelt Martin tagsüber an einem alten Panhard 58, dem Fetisch, dem er seine ganze Liebe widmet. Bis eines Tages Camille in seine verklemmte Romantik schneit. Camille, die nicht preisgibt, woher sie kommt, die unter ihrer Drogenabhängigkeit leidet. Martin versteckt sie vor seiner Mutter, pflegt sie, läßt sich aber auch von ihr demütigen. Dann wird Camille schwanger ... Mehdi Charef beschwört in seinem dritten Spielfilm den Mythos der proletarischen Pariser Banlieue.

Deux

Herstellungsland	Frankreich
Buch	Catherine Rihoit, Claude Zidi
Regie	Claude Zidi
Produktion	N. N.
Besetzung	Gérard Depardieu, Maruschka Detmers, Priscilla Pointer

Zwei in „Deux": Maruschka und Gerard als Liebespaar

Komödienspezialist Claude Zidi („Brust oder Keule", „Der diskrete Charme des Geldes") versucht sich zum erstenmal an einer ernsthaften Liebesgeschichte. Gérard Depardieu spielt einen Komponisten, Maruschka Detmers eine Immobilienagentin. Trotz denkbar unterschiedlicher Temperamente verlieben die beiden sich ineinander. Was sich wie eine problemlose Beziehung anläßt, entwickelt sich rasch zu einer leidenschaftlichen amour fou nach dem Motto: nicht mit dir, aber

KURZ BELICHTET

auch nicht ohne dich. Kuriosität am Rande: In dieser französischen Produktion spielt auch die amerikanische Schauspielerin Priscilla Pointer („Carrie") mit, vielleicht besser bekannt als Amy Irvings Mutter und Steven Spielbergs Schwiegermama.

Kleine Sterne

Herstellungsland	Italien
Regie	Nicola di Francescantonio
Drehbuch	Rosanna Silvestri, Marco Romei
Produktion	Angelo Bassi für Eagle Pictures
Besetzung	Alessandra Celi, Sara Bertelli, Fabio Fazio, Nanni Loy

Anna ist 20 und lebt in einem kleinen Dorf der Provinz. Die Tage vergehen nett und ruhig, zu ruhig. Anna will ausbrechen, Filmschauspielerin werden. Ohne sich zu viel Illusionen zu machen, geht sie nach Rom. Zurück läßt sie einen „Verlobten", den sie nicht liebt, eine Mutter, mit der sie sich zerstritten hat, und die Großmutter, die sie immerhin unterstützt. Sie jobbt, um eine Schauspielschule bezahlen zu können, auf der sie nichts lernt, — dafür lernt sie Sarah kennen, der Anna den Freund ausspannt...

Johanna d'Arc of Mongolia

Herstellungsland	Bundesrepublik Deutschland
Regie	Ulrike Ottinger
Buch	Ulrike Ottinger
Produktion	Ottinger/ZDF
Besetzung	Delphine Seyrig, Irm Hermann, Ines Sastre

„Johanna d'Arc of Mongolia", an dessen Vorbereitungen mehrere Jahre gearbeitet wurde, schildert am Beispiel einer abenteuerlichen Fahrt mit der Transsibirischen Eisenbahn das Aufeinanderprallen östlicher und westlicher Kulturen. Den zum größten Teil in Französisch gedrehten Film hat Ulrike Ottinger („Freak Orlando") in Personalunion als Produzentin, Regisseurin, Kamerafrau und Architektin realisiert.

Vier reisende Damen, der dekadenten Gesellschaft der 20er Jahre zugehörig und jede einen anderen Aspekt der westlichen Weltanschauung repräsentierend, machen es sich in der 1. Klasse des Zuges bequem.

A Summer Story

Herstellungsland	England
Regie	Piers Haggard
Produktion	Danton Rissner
Buch	Penelope Mortimer
Besetzung	Imogen Stubbs, James Wilby, Susannah York

Frank Ashton hat sich dem ruß- und staubvergifteten London von 1902 auf einige Tage entzogen, um auf dem Lande in langen ausschweifenden Spaziergängen dem Nichtstun der oberen Klasse zu frönen. Als Mitglied der „upper class" in England hatte man es immer gut, und doch — kaum je so gut wie um die Jahrhundertwende, da John Galsworthy seine Geschichte „The Apple Tree" spielen läßt. Regisseur Piers Haggard, der Bo Hoskins in England durch seine TV Serie „Pennies from Heaven" berühmt gemacht hatte, verfuhr nach der getreutrockenen Adaption von Penelope Mortimer.

Das letzte Stück

Herstellungsland	Italien
Regie	Nino Russo
Drehbuch	Nino Russo
Produktion	Luna Film
Besetzung	Marina Suma, Vittoro Caprioli

Ein kleines Theater in Neapel, in dem eine traditionsreiche Kompanie die Nacht der Generalprobe verbringt. Am nächsten Abend soll das Stück zur Aufführung gelangen. Der Prinzipal, Regisseur und Protagonist zugleich, Don Ferdinando, hat außer den üblichen Problemen auch noch die Sorge am Hals, daß der Gruppe die Räumlichkeiten gekündigt sind, was aber keiner weiß.

Als die Proben beginnen, taucht im Theater ein abgetakelter Bühnenautor namens Patito auf. Er sucht verzweifelt nach einer Gruppe, die bereit ist, sein Stück zu spielen. In der Hektik wird er von Don Ferdinando mit einem gefürchteten Kritiker verwechselt, so wirft sich das ganze Ensemble mit Furie auf die Inszenierung. Die Mißverständnisse steigern sich, weil Patito ständig von seinem Stück redet. Und so vermischt sich die Irrealität des Theaters mit der Realität, die draußen im Forum der Räumungsklage lauert. Nur die Tatsache, daß der glücklose Patito längst einen Unterschlupf bei der allmächtigen Kulturbehörde gefunden hat, rettet im letzten Moment die Situation und das Theater kann weitergehen...

Far North

Herstellungsland	USA
Buch und Regie	Sam Shepard
Produktion	Carolyn Pfeiffer, Malcolm R. Harding
Besetzung	Jessica Lange, Charles Durning, Tess Harper, Ann Wedgeworth

Schrieb das Drehbuch und inszenierte: Sam Shepard

Mit „Far North" macht Drehbuchautor („Paris, Texas") und Schauspieler („The Right Stuff", „Baby Boom") Sam Shepard sein Debüt als Filmregisseur. Er empfindet es als großen Vorteil, keinen Mittelmann zu haben und alles — Fehler inklusive — von A bis Z selbst zu machen. Allzu viele Fehler finden sich in Shepards bisheriger Karriere allerdings kaum: Für sein Theaterstück „Buried Child" gewann er 1979 den Pulitzerpreis, für „A Lie of Mind" den New York Critics Circle Award; „Paris, Texas" wurde 1984 in Cannes mit der Goldenen Palme ausgezeichnet.

„Far North" ist eine Familiengeschichte. Der Unfall eines Vaters bringt seine Familie erneut zusammen und gibt Kindern und Eltern Gelegenheit zur Reflektion über ihr gegenwärtiges Leben und ihre Vergangenheit.

Der Philosoph

Herstellungsland	Bundesrepublik Deutschland
Regie	Rudolf Thome
Buch	Rudolf Thome
Produktion	Moana
Besetzung	Johannes Herrschmann, Adriana Altaras, Friederike Tiefenbacher,

Nach dem „Mikroskop" vom letzten Jahr ist dies der zweite Teil von Rudolf Thomes geplanter Trilogie moderner Liebesgeschichten. Adriana Altaras, die für „Das Mikroskop" den Bundesfilmpreis erhielt, spielt auch diesmal wieder die weibliche Hauptrolle.

„Ein junger Philosoph, der wie ein Eremit gelebt hat, gerät in eine komplizierte, für ihn nicht durchschaubare Liebesgeschichte mit drei Frauen, die ihm erklären, Göttinnen zu sein", umreißt Thome die Handlung.

Talk Radio

Herstellungsland	USA
Regie	Oliver Stone
Produktion	Edward R. Pressman
Drehbuch	Eric Bogosian, Oliver Stone
Besetzung	Eric Bogosian

„Wall Street", der letzte Film von Oliver Stone war ein ebenso großer Erfolg wie „Platoon", das Regiedebüt des Autors. Sein nächster Film ist ein eher „kleiner" Film — die Lebensgeschichte eines Rundfunkmoderators, dem langsam die flotten Sprüche ausgehen. Der Komiker Eric Bogosian, der auch zusammen mit Stone das Drehbuch schrieb, spielt „ein paar Tage im Leben von Barry Champlain". Das Stück basiert auf der früheren Aufführung des Stückes als Theaterstück am New York Public Theatre.

Return from the River Kwai

Herstellungsland	England
Regie	Andrew McLaglen
Drehbuch	Sargon Tamimi, Paul Mayersberg, nach dem gleichnamigen Roman
Produktion	Kurt Unger
Besetzung	Edward Fox, Denholm Elliott, Christopher Penn, George Takei

Noch ein Thriller: „Return from the River Kwai"

Bei der „Rückkehr vom River Kwai" handelt es sich keineswegs um die nächsten Abenteuer der Protagonisten von der „Brücke am Kwai", sondern um den geschichtlich belegten Transport der 2218 englischen und australischen Kriegsgefangenen gegen Ende des 2. Weltkriegs vom Kwai nach Japan, um dort in Bergwerken als Arbeitssklaven eingesetzt zu werden. Der Transport endete in einer vermeidbaren Katastrophe: das japanische Schiff mit seinem internationalen Frachtgut wurde von einem amerikanischen Unterseeboot angegriffen und versenkt. Von den 2218 überlebten 150.

Die Nacht des Marders

Herstellungsland	Bundesrepublik Deutschland
Regie	Maria Theresia Wagner
Buch	Maria Theresia Wagner
Produktion	Alpha/ Seybusch/WDR
Besetzung	Annamirl Bierbichler, Claus Eberth, Franz Buchrieser

Elisabeth und Ignaz leben auf einem kleinen Bauernhof, der wie abseits von der Welt auf einem kleinen Hügel liegt. Sie kommen ganz gut miteinander aus. Elisabeth war erst 17, als sie den Ignaz kennengelernt hat. Jetzt ist sie 40 und denkt oft daran, wie alles angefangen hat. Elisabeth näht gerade ein Brautkleid für ihre Tochter Elli. Ansonsten ist alles wie immer. Doch da taucht ein geheimnisvoller Fremder auf, der alles durcheinander bringt ...

„Die Nacht des Marders" ist das Spielfilmdebüt der 27jährigen Maria Theresia Wagner, die ab 1982 an der Münchner Hochschule für Fernsehen und Film studierte. Hauptdarstellerin Annamirl Bierbichler kennt man aus zahllosen Herbert-Achternbusch-Filmen; Claus Eberth machte vor 17 Jahren in Christian Ziewers Arbeiterfilm „Liebe Mutter, mir geht es gut" auf sich aufmerksam.

Scandal

Herstellungsland	England
Regie	Michael Caton-Jones
Produktion	Palace Pictures
Drehbuch	Michael Thoman
Besetzung	Joanne Whalley, Bridget Fonda, John Hurt, Ian McKellen

England 1963: das Jahr, da die Beatles mit ihrem 1. Album der jungen Generation den Ausbruch aus der Zwangsjacke herrschender Moralvorstellungen suggerierten; das Jahr auch, da der Profumo-Skandal die Wirklichkeit dieser Vorstellungen mit kaum zu überbietender Klarheit und Grausamkeit demonstrierte.

Im Zentrum des Skandals, der zum Rücktritt des Premierministers Harold Macmillan beitrug, standen der brillante Kriegsminister John Profumo (Ian McKellen) und das Call-Girl Christine Keeler (Joanne Whalley), die außer ihrer Liaison zu Profumo eine weitere zu dem sowjeti-

KURZ BELICHTET

schen Militärattaché unterhielt. Profumo bestritt vor dem Unterhaus jedwede „Ungehörigkeit in meiner Bekanntschaft mit Miss Keeler". Zehn Wochen später mußte er zugeben, daß er gelogen hatte, und trat zurück.

Straßen von gestern

Herstellungsland	Bundesrepublik Deutschland
Regie	Judd Neeman
Buch	Judd Neeman, Doris Gan
Produktion	Allianz/ Forstater/ Channel 4
Besetzung	Paul McGann, Hans-Peter Hallwachs, Rüdiger Vogler

Raz, ein israelischer Student, flieht von Jerusalem nach West-Berlin. Er wurde zum Verfolgten, weil er seinem Freund Armin, einem Palästinenser, helfen wollte. In Berlin versucht Raz unterzutauchen. Es gibt eine große Schlägerei im Olympiastadion, Autojagden und Schießereien. Hin- und hergerissen zwischen den Lockungen des israelischen Geheimdienstes und der Liebe zu Armins Schwester Nidal geht Raz völlig unter. Er ist nicht in der Lage, eindeutig Stellung zu nehmen.
Gedreht wurde in englischer Sprache an Schauplätzen in Berlin und Israel.

Der kleine Teufel

Herstellungsland	Italien
Regie	Roberto Benigni
Drehbuch	G. Bertolucci, V. Cerami
Produktion	Mauro Berardi für Yarno Cinematografica, Cecchi Gori Group
Besetzung	Roberto Benigni, Walter Matthau, Nicoletta Braschi

Maurice ist Küster, aber doch nicht zu alt, um hübschen Mädchen nachzuschauen. Gerade hat er sich in einem Park in Patrizia verliebt, als Schreie ihn zurück in die Sakristei rufen. Eine junge Frau, Giuditta, ist vom Teufel besessen. Maurice gelingt es, sie zu exorzieren und sie geht zufrieden von dannen... Doch in dem kargen Raum bleibt ein schmales männliches Wesen zurück: der kleine Teufel, der sie besessen hatte. Er ist aus der Hölle ausgerückt, weil es ihm dort zu langweilig war, und amüsiert sich jetzt auf Erden, indem er in die Menschen fährt. Maurice wird ihn — er nennt sich weiterhin „Giuditta" — nicht mehr los; was zur Folge hat, daß er nun selbst langsam durchdreht.

Under the Boardwalk

Herstellungsland	USA
Regie	Fritz Kiersch
Produktion	Steven H.Chanin, Gregory S. Blackwell
Drehbuch	Robert King
Besetzung	Keith Coogan, Danielle von Zerneck

Sex am Surfstrand: „Under the Boardwalk"

Fritz Kiersch ist der Mann, der zuvor den Horrorfilm „Kinder des Zorns" nach einer Kurzgeschichte von Steven King drehte. Diesmal geht es um die ewigen Streitereien zwischen den Leuten vom Malibu Beach und den „Vals", jenen Kids aus dem San Fernando Valley, deren Aktivitäten auf dem Surfbrett von den Beach-Boys noch nie ernstgenommen wurden.
Die Auseinandersetzungen drehen sich natürlich darum, wer besser auf dem Brett ist und wer demzufolge das hübscheste Mädchen treffen kann. Die Regeln sind simpel, und wer sich dagegen auflehnt, dem kann es passieren, daß er erst gar nicht beim großen nächtlichen Ortstermin am Strand dabei ist.

The Chocolate War

Herstellungsland	USA
Buch und Regie	Keith Gordon
Produktion	Jonathan Krane
Besetzung	John Glover, Ilan Mitchell-Smith, Wally Ward

Bruder Leon, ein Lehrer der St. Trinity Schule gibt seinen „Boys" eine realistische Lektion in Geschichte — ohne die Schüler das zunächst wissen zu lassen. Er bezichtigt einen der Zöglinge, bei der Klassenarbeit geschummelt zu haben. Der leugnet aber Stein und Bein. Bruder Leon nimmt ihn wirklich hart her, nur um ihn ebenso unerwartet zu loben, vor seinen Mitschülern dafür auszuzeichnen, „sich selbst treu geblieben zu sein". Die anderen seien die großen Feiglinge gewesen, sagt der Lehrer, weil sie zugelassen hätten, daß hier ein Unschuldiger an den Pranger gestellt worden war. Genau so sei es in „Nazi Deutschland" zugegangen... Klingt interessant, — aber schließlich drängt der Film doch zum Eigentlichen: dem „Großen Schokoladenverkauf", der der Schule zugute kommen soll und zu dem Bruder Leon seine Jungs anfeuert, als gelte es das Evangelium in Neuauflage zu predigen.

Weiche Ziele

Herstellungsland	Bundesrepublik Deutschland
Regie	Max Willutzki
Produktion	Argos
Besetzung	Treat Williams, Heiner Lauterbach

Weiche Ziele" untersucht die Frage, wer oder was hinter dem brutalen Bombenattentat auf die Berliner Discothek La Belle im April 1986 stand, das den amerikanischen Angriff auf Libyen auslöste. Zwei Untersuchungsbeamte, die mit dem Fall betraut werden, machen gnadenlos Jagd auf den Täter und verhindern zwei weitere Anschläge auf „weiche Ziele", wie in Terroristenkreisen zivile Einrichtungen genannt werden. Doch in wessen Diensten steht

KURZ BELICHTET

der Attentäter? Für wen arbeitet er wirklich? Und warum? Das Ende ist überraschend, beantwortet jedoch so manche Frage, die in diesem erstaunlichen Fall bislang noch offen war.

Venus Peter

Herstellungsland	England
Regie	Ian Sellar
Drehbuch	Ian Sellar, Christopher Rush, nach dem Buch von Christopher Rush „Twelve Months and a Day"
Produktion	British Film Institute
Besetzung	Ray McAnally

Venus Peter" ist die Geschichte einer Stadt in Schottland, die vom Fischfang lebt. Wale, Haie, Stürme, Strandgut, Ertrinken, Gräberschändung und der tiefe Respekt vor der unerbittlichen See sind die Themen dieses Films. Mit Ray McAnally aus „White Mischief" und „The Mission".

Adieu, je t'aime

Herstellungsland	Frankreich
Buch und Regie	Claude Bernard Aubert
Produktion	René Demoulin
Besetzung	Marie-Christine Barrault, Bruno Cremer, Stéphane Bonnet, Bruno Pradal

Die scheinbar harmonische Ehe zwischen Nicole und Michel, einem wohlsituierten Paar in den Vierzigern, gerät von einem Tag auf den anderen aus den Fugen. Denn Michel verliebt sich — in einen jungen Mann. Nicole vermutet zunächst, eine Rivalin zu haben, kommt aber schließlich der Wahrheit auf die Spur. Sie macht Philippe, Michels Geliebten, ausfindig und klammert sich verzweifelt an ihn, denn er ist die einzige Verbindung zu ihrem Mann, den sie noch immer liebt ...

Es ist nicht leicht, ein Gott zu sein

Herstellungsland	Sowjetunion
Regie	Peter Fleischmann
Drehbuch	Peter Fleischmann, Jean Claude Carrière
Produktion	Hallelujah Film München, Sovin Film Moskau, Garance Paris
Besetzung	William L. Petersen, Gayle Hannicut, Rolf Hoppe, Desirée Nosbusch

Und wieder einmal ein Blick zurück — doch diesmal einer der Faszination und des Entsetzens zugleich. Abgesandte einer hochtechnisierten Erde entdecken in der Tiefe des Weltalls einen Planeten, der dem ihrigen ganz und gar gleich ist. Nur befindet sich die Menschheit nach irdischer Zeitrechnung etwa im Mittelalter: Aggressivität und Haß, aber auch Liebe und Mitleid, beherrschen die Gefühle der Bewohner. Die Abgesandten beschließen, das Leben dieser Menschen zu erkunden, und mischen sich mit falschen Namen unter das Volk. Obgleich sie durch ihre Technologie eine gewaltige Macht besitzen, ist deren Einsatz laut Befehl nicht gestattet. So müssen sie zusehen, wie eine brutale Herrschaft den Fortschritt bremst und die Menschen erbarmungslos verknechtet. Doch einer, der „Edle Rumata", gerät in den Sturm der Gefühle und wird zum Anführer einer für die „höhere Gerechtigkeit" kämpfenden Rebellion. Und je mehr er den Kampf des unterdrückten Volkes zu seinem eigenen macht, um so mehr erscheint er den Bewohnern als Gott. Mit „Es ist nicht leicht, ein Gott zu sein" ist zum ersten Mal eine deutsch-sowjetische Spielfilmproduktion realisiert worden. Regie führte bei dieser Verfilmung des gleichnamigen Science-fiction-Bestsellers von Arkadi und Boris Strugatzki der Münchner Peter Fleischmann. Sicherlich eines der ganz großen Kinoerlebnisse des Jahres 89.

Gigantisches Epos: „Es ist nicht leicht, ein Gott zu sein"

The Rainbow

Herstellungsland	England
Produktion	Ken Russel/ Vestron
Regie	Ken Russel
Drehbuch	Ken und Vivian Russell
Besetzung	Sammi Davis, Glenda Jackson

Nachdem Ken Russell vor 20 Jahren mit der Verfilmung des Romans von D. H. Lawrence „Women in Love" der internationale Durchbruch gelungen war, und Glenda Jackson für ihre Darstellung der Gudrun einen Oscar erhalten hatte, glitten seine Filme für viele ins Selbstgefällig-Exzentrische ab;

Dann drehte er vier Filme: erst drei exzentrische („Gothic", „Salome's Last Dance", „The Lair of the White Worm") und nun „The Rainbow" nach dem 1915 entstandenen Roman von D. H. Lawrence, in dem die Geschichte der „Women in Love" vorbereitet wird. Die Zentralperson ist hier die junge, freiheits- und liebeshungrige Ursula Brangwen (Sammi Davis, aus „Hope and Glory"), Schwester der einst von Glenda Jackson verkörperten Gudrun. Jackson spielt diesmal die Mutter der beiden; Paul McGann den Mann, der sie liebt.

223

VIDEOPREMIEREN 89

Arthur II — On the Rocks

Herstellungsland	USA
Regie	Bud Yorkin
Drehbuch	Andy Breckman
Produktion	Dudley Moore
Besetzung	Dudley Moore, Liza Minnelli, John Gielgud

Erinnern Sie sich: 1981 sollte ein Millionärssohn und Trunkenbold eine feine Dame der Gesellschaft heiraten. Andernfalls würde er sein Erbe verlieren. Er verliebte sich aber in eine Kellnerin aus Brooklyn. Nicht zuletzt dank der Hilfe seines treuen Butlers schaffte er es aber, sowohl die Millionen als auch die Kellnerin zu bekommen.

Wieder nüchtern: „Arthur"

Jetzt sind Arthur, Linda und Butler Hobson wieder da. Aber auch Bert Johnson, der Vater von Arthurs Ex-Verlobten. Er konnte nie verzeihen, daß seine Tochter Susan vor dem Traualtar stehengelassen wurde. Jahrelang sann er auf Rache. Jetzt ist die Chance gekommen: Er hat eine Lücke im Erbschaftsvertrag entdeckt und stellt Arthur vor die Wahl — entweder er verliert seine 750 Millionen Dollar oder er läßt sich von Linda scheiden und heiratet Susan. Jetzt ist guter Rat teuer. Was soll Arthur machen. Müßte er, bliebe er bei Linda, vielleicht sogar arbeiten? Wie beim letzten Mal, kann das traute Glück nur einer retten: Butler Hobson.

Fortsetzungen erreichen meist nicht die Qualität ihrer Vorgänger. Doch Liza Minnelli, Dudley Moore und Sir John Gielgud schaffen es auf jeden Fall, 90 vergnügliche Minuten zu bereiten.

Fast Gun

Herstellungsland	USA
Regie	Cirio H. Santiago
Drehbuch	Cirio H. Santiago, Fred Bailey
Produktion	Ed Carlin
Besetzung	Rick Hill, Kaz Garas, Robert Dryer, Brenda Bakke

Im Pentagon steht alles auf Alarmstufe Rot. Der Grund ist eine Serie von Überfällen auf militärische Waffendepots. Von den Tätern fehlt bislang jede Spur. Die Öffentlichkeit schreit nach Ergebnissen: wenn das Militär sich nicht einmal selbst schützen kann, wie soll es dann die Sicherheit eines ganzen Landes garantieren?
Die Überfälle scheinen exakt geplant und vorbereitet zu sein. Sie gehen schnell und diszipliniert vonstatten. Eventuelle Zeugen werden sofort liquidiert. Verwundete in den eigenen Reihen getötet und bis zur Unidentifizierbarkeit entstellt. Die maskierten Täter müssen über geheime Informationsquellen auf höchster, streng geheimer Ebene verfügen. Anders wären sie kaum in der Lage, derart präzise vorzugehen. Die eigentlichen Drahtzieher der Überfälle müssen also in Washington sitzen.
Sheriff Jack Steiger (Rick Hill) aus dem kleinen Bergdorf in den Rocky Mountains interessiert das alles wenig. Er hat beide Hände voll zu tun, sein Terrain „sauber" zu halten. Er hat gerade nach einer spektakulären Verfolgungsjagd eine Schmugglerbande gestellt und genehmigt sich ein kaltes Bier in der einzigen Kneipe des Ortes. Bei der Gelegenheit flirtet er auch mit der attraktiven Bedienung.

The Survivalist

Herstellungsland	USA
Regie	Sig Shore
Drehbuch	John V. Kraft
Produktion	Lodestar
Besetzung	Steve Railsback, Susan Blakely, Marjoe Gortner

In Sibirien wölbt sich ein Atompilz, und die Russen behaupten, die Amis seien es gewesen. Schon bevor der große Knall kommt, geht in den Vereinigten Staaten alles drunter und drüber. Wegen der drohenden Gefahr wird das Kriegsrecht verhängt, und alle möglichen üblichen Subjekte gehen deswegen auf die Barrikaden. In Texas übernehmen Motorradbanden die Kontrolle. Doch Jack Tillman (Steve Railsback), der „Überlebenskünstler", hat dieses Chaos seit Jahren vorausgesehen. Er stellt sich den Chaoten entgegen, denn er will seinen kleinen Sohn aus dem Sommerferienlager zurückholen, wo er sich zum Zeitpunkt der Katastrophe aufhielt.

Dinner with the Vampire

Herstellungsland	Italien
Regie	Lamberto Bava
Produktion	Dania, Devon-Film
Drehbuch	Dardano Sacchetti, Lamberto Bava
Besetzung	Patrizia Pelligrino, George Hilton, Riccardo Rossi, Valeria Milillo

Kein Jahr(buch) ohne Dracula. War der Transsylvanier bis in die sechziger Jahre eine todernste Horrorfigur, so ist er in den letzten zwei Jahrzehnten immer mehr zum Komödienhelden verkommen. Der elegante Herr mit den spitzen Zähnchen wird einfach nicht mehr ernst genommen. Deshalb hat sich Regisseur Lamberto Bava vorgenommen, die Ehre des Grafen wieder herzustellen. Furchterregend muß der Blaublüter sein und schrecklich. Schrecklich komisch. Zur Geschichte: Drei Mädchen und ein Junge werden auf das Schloß des berühmten Horrorfilm-Regisseurs eingeladen. Hier erfahren sie auch, wieso der Meister so genial realistische Filme macht: er ist selbst ein Vampir. Jetzt helfen nur noch drei Dinge: Weihwasser, Knoblauch und ein Holzpflock.

Zombie hat Hunger: „Dinner with the Vampire"

Hot to Trot

Herstellungsland	USA
Regie	Michael Dinner
Drehbuch	Stephen Neigher, Hugo Gilbert
Produktion	Steve Tisch
Besetzung	Bob Goldwaith, Virginia Madsen, Cindy Pickett, Jim Metzler

Bei Bob Goldwaith, bekannt als kreischender Absolvent der „Police Academy" und Partner von Whoopy Goldberg in „Burglar — Die diebische Elster", scheiden sich die Geister. Entweder man kann sich über seine völlig aufgedrehte Art totlachen oder man findet ihn total albern. Wer ihn mag, darf sich auf „Hot to Trot" freuen. In dieser Komödie von Michael Dinner spielt der Mann, der ein bißchen aussieht wie ein dunkelhaariger Otto Waalkes, einen Börsenmakler, dem alles mißlingt, was er anpackt. Da ist nur ein

VIDEOPREMIEREN

Johnny B. Good

Herstellungsland	USA
Regie	Bud Smith
Drehbuch	Steve Zacharias, Jeff Buhai, David Obst
Produktion	Adam Hields
Besetzung	Anthony Michael Hall, Robert Downey, Paul Gleason, Uma Thurman

Jedes College ist so gut wie seine Footballmannschaft — lautet eine alte amerikanische Weisheit. Deshalb reißen sich alle um Johnny Walker, den genialen Quarterback. In seiner Schule ist der 17jährige Goldjunge der Star, und in seinem Heimatort ein Idol. Nach jedem Spiel belagern Trainer, Manager und sogar Direktoren anderer Lehranstalten sein Zuhause und überbieten sich mit Angeboten. Die Highschool-Zeit neigt sich ihrem Ende, Johnny muß sich für ein College entscheiden.

Muß ins College: „Johnny B."

Die Offerten sind verlockend. Tex Wade, millionenschwerer Öl-Texaner und Mäzen der „Olde Tex University", verspricht dem Jungen ein Leben in Saus und Braus. Er läßt den Jungen im privaten Learjet einfliegen. Johnny verbringt ein denkwürdiges Wochenende. Die Burschen da unten im wilden Texas sind rauh, herzlich und dumm, die Mädchen blond, freigiebig und blöd. Aber auch nach einem Dutzend Margaritas behält Johnny einen klaren Kopf. „Olde Tex" ist eine reine Football-Fabrik, gelernt wird hier so gut wie gar nichts.

Allison Tate

Herstellungsland	USA
Regie	Paul Leder
Produktion	Michael Chee
Besetzung	Donovan Leitch, Hank Cheyne

Durch einen Grundstücksspekulanten verliert eine Familie ihr Land. Die Söhne sinnen auf Rache und entführen die Tochter des Millionärs. Bei der Gelegenheit kidnappen sie gleich noch den Sohn einer gescheiterten Schauspielerin und einen jugendlichen Tenniscrack. Zwischen den Entführern und ihren gleichaltrigen Geiseln entwickelt sich eine merkwürdige Beziehung. Die Hauptrollen in diesem Actionfilm von Paul Leder spielen der aus „Another World" bekannte Hank Cheyne und Donovan Leitch, Sohn von Poptroubadour Donovan und Jungschauspieler („Dance Party").

Mesrine

Herstellungsland	Frankreich
Regie	Andre Genoves
Produktion	GR Production
Besetzung	Nicolas Silberg, Caroline Aguliar, Gerard Sergues, Michel Poujade

Mitte der siebziger Jahre machte der Gangster Jacques Mesrine in Frankreich Furore, als es ihm gelang, mehrere Male auf äußerst spektakuläre Weise aus „ausbruchsicheren" Gefängnissen zu entfliehen. Als man ihn wieder schnappte und diesmal wirklich hinter stählerne Gitter steckte, schrieb er seine Memoiren. „Der Todestrieb" wurde ein Skandal — das Buch wurde sofort nach Veröffentlichung wegen Gewaltverherrlichung beschlagnahmt. Erst nach Mesrines dramatischer Exekution — er konnte doch wieder entfliehen, wurde aber kurz darauf in einer Großaktion von 70 Polizeikugeln durchlöchert — kam die Biographie wieder in die Buchläden und wurde auf Anhieb zum Bestseller. Kein geringerer als Jean-Paul Belmondo zeigte sich an diesem heißen Filmstoff interessiert, er ließ auch mehrere Drehbücher entwerfen. Aber dann war ihm die Sache wohl doch zu brenzlig. Unter der Regie von Andre Genoves spielte der relativ unbekannte Nicolas Silberg die Titelrolle. Mesrines langjährige Lebensgefährtin Sylvia Jeanjacquot, die bei dem polizeilichen Todeskommando schwer verletzt wurde und ein Auge verlor, wird von der Mexikanerin Caroline Auguliar dargestellt. Gedreht wurde an Originalschauplätzen in Paris, London, Kanada und Sizilien. Dem Film widerfuhr in Frankreich das gleiche Schicksal wie dem Buch. Er wurde sofort beschlagnahmt. Erst nach enormen Schnittauflagen wurde er wieder freigegeben.

Un Zoo La Nuit

Herstellungsland	Kanada
Buch	Jean-Claude Lauzon
Regie	Jean-Claude Lauzon
Produktion	Roger Frappier/ Pierre Gendron
Besetzung	Gilles Maheu, Roger Le Bel, Lynne Adams, Germaine Houde

Nach zwei Jahren wird Marcel aus dem Gefängnis entlassen. Jetzt will er nur noch eines: die 200 000 Dollar aus dem Versteck holen und seinem todkranken Vater noch ein paar schöne Tage machen. Im Oldtimer fahren die beiden in die Berge zum Fischen. Zum ersten Mal kommen sich Vater und Sohn näher. Doch die Idylle ist nicht von langer Dauer: zwei schwule Polizisten, für die Marcel einst Drogen verkaufte, wollen ihr Geld wiederhaben. Mit Hilfe eines ehemaligen Mithäftlings legt Marcel den Häschern eine tödliche Falle. Als sein Vater nur noch wenige Tage zu leben hat, bläst er ihm eine Prise Koks in die Nase, drückt ihm ein nagelneues Schrotgewehr in die Hand, schiebt ihn im Rollstuhl aus der Klinik und geht nächtens im Zoo auf Elefantenjagd. Jean-Claude Lauzons Film wurde in seinem Heimatland Kanada begeistert gefeiert und mit Preisen und Auszeichnungen überhäuft.

Sex und Koks: „Un Zoo La Nuit"

Caddyshack II

Herstellungsland	USA
Regie	Allan Arkush
Produktion	Neil Canton, Jon Peters, Peter Guber
Drehbuch	Harold Ramis, Peter Torokvei
Besetzung	Jackie Mason, Robert Stack, Dyan Cannon, Dina Merrill

Sechs Jahre brauchte der noble Bushwood-Country Club, um sich von Chaoten wie Rodney Dangerfield, Chevy Chase und Bill Murray zu erholen. Jetzt droht ein neues Desaster. Jack Hourtounian (Jackie Mason) kommt. Um seiner Tochter zu gefallen, will der neureiche Selfmade-Millionär unbedingt den Schläger zwischen Blaublütigen und Geldadel schwingen. Obwohl er eigentlich Snobs haßt und es auch nicht verstehen kann, wie man freiwillig bei sengender Sonne über den Rasen laufen kann und dabei auf einen kleinen weißen Ball eindrischt. Aber wenn Töchterlein es so will, bitte . . . Die erlesenen Mitglieder vom Bushwood Country Club

VIDEOPREMIEREN

wollen aber aufgrund schlechter Erfahrungen (siehe Caddyshack — erster Teil) nicht jedermann auf ihr edles Grün lassen. Doch wenn Jack sich etwas vorgenommen hat, dann schafft er das auch. So war es immer, und daran soll sich auch nichts ändern.

Uphill All the Way

Herstellungsland	USA
Buch	Frank Q. Dobbs
Regie	Frank Q. Dobbs
Produktion	Renee Valente
Besetzung	Roy Clark, Mel Tillis, Burt Ives, Glen Campbell

Hier sind die Old Guns: „Uphill All the Way"

Das älteste Genre der Filmgeschichte wurde zwar schon öfters zu Grabe getragen, aber von Zeit zu Zeit feiert der Western seine Wiederauferstehung. Nach „Silverado" und „Young Guns" kommt nun „Uphill All The Way". Es geht um zwei junge Abenteurer, die sich im Texas des Jahres 1916 mit viel Witz durchs Leben schlagen. Erst leihen sie mit Hilfe einer Schrotflinte Geld, dann borgen sie sich ein Automobil, um nach Mexiko zu fliehen. Als das Vehikel streikt, bitten sie die Kavallerie um ein paar Pferde. Der rettende Rio Grande ist schon in Sicht, da geschieht etwas Unvorhersehbares . . .

Engel auf Abwegen

Herstellungsland	USA
Regie	Peter H. Hunt
Drehbuch	George Schenck
Produktion	Frank Cardea, George Schenck
Besetzung	Mickey Rooney, Scott Grimes

Mike war vierzig Jahre bei der New Yorker Polizei. Nach seiner Pensionierung zog er nach Kalifornien, um bei der Familie seiner Tochter zu leben. Eigentlich gefällt es ihm sehr gut hier. Nur zur Weihnachtszeit hat er manchmal Sehnsucht nach der kalten Metropole auf der anderen Seite des Kontinents. Bei 40 Grad im Schatten kommt einfach keine Feststimmung auf. Immer wieder erzählt er seinem Enkel Robby, wie besonders Weihnachten in New York ist. Für ein paar Tage im Jahr liegt dann ein friedlicher Zauber auf der Stadt. Damit sein Enkel dieses Wunder einmal miterlebt, will er mit ihm dieses Jahr über die Feiertage an die Ostküste fliegen. Monatelang schon freuen sich die beiden auf diese Reise.

The Brain

Herstellungsland	USA
Regie	Edward Hunt
Drehbuch	Barry Pearson
Produktion	Anthony Kramreither
Besetzung	Tom Breznahan, Cyndy Preston, David Gale, George Buza

Aus den Augen des Plüschteddies fließt Blut, aus dem Fernseher greift eine Monsterkralle, aus dem Schrank wachsen Greifarme, die Wände rücken immer dichter zusammen. Ist das alles nur eine Wahnvorstellung oder ist es Wirklichkeit? Das Mädchen schreit. Die Mutter eilt die Stufen hinauf. Schluchzend fällt die Tochter in die Arme ihrer Mutter. Dann greift sie eine Schere und rammt sie der Mutter in die Brust. Schließlich springt sie selbst durch das Fenster und stürzt in die Tiefe.
Seit Dr. Blake (David Gale) mit seinem Institut nach Meadowvale-County kam, steigt die Anzahl der Selbstmorde und mysteriösen Unfälle erschreckend. Dr. Blake wird immer mächtiger. Seine TV-Sendung „Unabhängiges Denken" hat die höchste Einschaltquote der Region. Seine Klinik genießt ein enormes Ansehen. Die Menschen in Meadowcounty vertrauen ihm und seinen neuen Methoden zur Behandlung psychischer Defekte. Jim Majelewski (Tom Breznahan) kümmert dieser ganze Psycho-Quatsch herzlich wenig. Er hat nur zwei Sachen im Kopf: Mädchen küssen und Lehrer ärgern. Bei letzterem wird er allerdings erwischt. Der Direktor bestellt Jims Eltern zu sich und stellt sie vor die Wahl: entweder der Junge muß die Schule verlassen oder er begibt sich in Behandlung. Dr. Blake wird ihm diesen Unsinn schon austreiben und Jims kreatives Potential in die richtigen Bahnen lenken.
Notgedrungen willigt Jim ein — er geht in Dr. Blakes Therapiestunde. In dem Institut macht Jim eine grausame Entdeckung. Hinter der Fassade des seriösen, verständnisvollen Wissenschaftlers verbirgt sich ein außerirdisches Monster. Aber es scheint bereits zu spät zu sein. Via Television kann Blake die Zuschauer hypnotisieren und beherrschen. Bald ist die ganze Gegend hinter Jim her . . .

Inherit the Wind

Herstellungsland	USA
Regie	David Greene
Drehbuch	John Gay
Produktion	Peter Douglas
Besetzung	Kirk Douglas, Jason Robards, Darren McGavin

1925 wurde die erste Gerichtsverhandlung gegen die Bibel geführt. Im sogenannten „Affen-Prozeß"

Familienbande: Douglas-Reunion in „Inherit the Wind"

ging es um einen Lehrer aus Tennessee, der seinen Schülern von Darwin und dessen Evolutionstheorie erzählte. Ehrfürchtigen Gottesdienern verschlug es bei solch unerhörter Blasphemie die Sprache. Der Gotteslästerer wurde angeklagt. Aber er bekam hochkarätigen Beistand. Zwei der besten Anwälte der USA ließen es sich nicht nehmen, ihn in diesem spektakulären Fall zu vertreten. Ihre Aufgabe war nicht einfach: Sie mußten vor Gericht beweisen, daß der Mensch nicht von Adam und seiner Rippe, sondern vom Primaten abstammt.
Kirk Douglas und Jason Robards, zwei der großen alten Männer Hollywoods, spielen die Hauptrollen in diesem MGM-Film, der ursprünglich fürs Fernsehen gedreht wurde.

Moving

Herstellungsland	USA
Regie	Alan Metter
Drehbuch	Andy Breckman
Produktion	Stuart Cornfeld
Besetzung	Richard Pryor, Randy Quaid, Berverly Todd, Davie Thomas

Richard Pryor ist hierzulande nie so bekannt geworden wie in seinem Heimatland. Das mag daran liegen, daß seine unverwechselbare Sprache so schwer zu synchronisieren ist. Viele der Pryor-Filme kamen bei uns nie ins Kino. Das ist auch bei „Moving" der Fall. Schade eigentlich, der Film hätte eine Leinwand-Chance verdient. „Moving" heißt übersetzt „etwas bewegen", „Gefühle auslösen", aber auch „von einer Stadt in die andere umziehen". Genau letzteres passiert einem Mann, der mit seiner Frau und seinen beiden Söhnen in einem New Yorker Vorort wohnen wird und im Speditionswesen tätig ist. Er und seine Familie werden mehr oder weniger gezwungen, in ein Provinzkaff im Bundesstaat Idaho umzuziehen. Daraus ergeben sich natürlich Probleme. Glücklich sind sie alle nicht über die Versetzung. Pflichtbewußt wie er nun aber mal ist, versucht Arlo Pear (Pryor), innerhalb einer Woche den ganzen Umzug über die Bühne zu bringen

UND NOCH MAL 250 FILME

Projekte, Produktionen, Hintergründe: ein kurzer Rückblick auf Hollywood 1988 — und ein kleiner Ausblick auf das, was sich 1989 und danach in der Kinowelt noch tut

Alle Welt redete vom Drehbuchstreik — aber es gab natürlich nicht einen Film weniger dieses Jahr. Im Ernst — der Streik der Script-Autoren wirkt sich aus, nur sind es hauptsächlich Fernsehserien, die davon betroffen waren. Manche Serie, die wöchentlich Hunderten von Mitarbeitern Arbeit gab, konnte nur mit „halber Kraft" produziert werden, weil man schließlich nicht ein Buch vom letzten Jahr neu verfilmen konnte.

Insgesamt geht es Hollywood gut — die Zeit der großen Krisen scheint vorüber, der Videomarkt hat sich als eigenständiges Medium neben TV, Kabel-TV und dem Kino konsolidiert, wobei die wichtigsten Projekte noch immer vom Kino initiiert werden.

Fast 1,7 Milliarden Dollar hat Kino in diesem besten Sommer seiner Geschichte eingespielt — und es sieht so aus, als würde bis Jahresende die Rekordjahresmarke von 4,5 Milliarden Dollar Einnahmen erreicht werden. Dank „Roger Rabbit", Eddie Murphy mit „Der Prinz aus Zamunda" und erstaunlicherweise Tom Hanks mit seinem großen Film „Big". Daneben konnten Filme wie „Die Hard", „Cocktail", „A Nightmare On Elm Street IV" und „A Fish Called Wanda" abräumen. Enttäuschend liefen, vor allen Dingen gemessen an ihren enormen Herstellungskosten, „Willow" (55 Mio. Dollar Einspiel gegen 35 Mio. Dollar Kosten), „Rambo III" (54 Mio. gegen 63 Millionen) und „Red Heat" (35 Millionen gegen 25 Millionen). Aber selbst die beiden letztgenannten Filme, die die Aktien der Firma Carolco um 35 % purzeln ließen, werden auf dem Weltmarkt in die schwarzen Zahlen steuern.

Neben den auf den ersten 200 Seiten dieses Buches vorgestellten Filmen gibt es viele weitere, für die der Platz nicht ausreichte, bzw. über die noch nicht genug Material für einen größeren Bericht vorlag oder die sich eben noch in einem Vorproduktionsstadium befinden:

Nachdem Sigourney Weaver soeben in den USA mit ihrem Dian Fossey-Film einen Riesenerfolg hatte, dreht sie bald den nächsten Film: **„Handmaid's Tale"** ist

„Elvira, Mistress of the Dark"

die Science-fiction-Story von Margaret Atwood, in der nur noch bestimmte Frauen Kinder bekommen dürfen, Regie dabei führt Volker Schlöndorff. Gorilla Regisseur Michael Apted derweil wechselt das Genre und dreht einen Rockmusikfilm in der Sowjetunion. **„Pandora"** ist ein Thriller über ein Virus, das ein verrückter Wissenschaftler in die Welt setzt, das Drehbuch stammt von Steven Seagal, der mit Kelly LeBrock auch die Hauptrolle spielt.

„Let it Ride" ist eine Komödie mit Richard Dreyfuss, Matt Dillon spielt demnächst den **„Drugstore Cowboy"** nach einem Drehbuch von Haskell Wexler. Jonathan Prince versucht sich an einem Remake des tschechischen Films **„The Boxer and the Death"** und Arnold Kopelson will **„Platoon"** mit **„Triumph"** noch übertreffen, der Story über KZ-Gefangene im Dritten Reich.

„Der vierte Krieg" ist der neue Film mit Klaus Maria Brandauer, in dem der Burgschauspieler mit Roy Scheider vor der Kamera steht. Ein neuer Affenfilm steht auch ins Haus: **„Planet der Affen: Das letzte Gefecht"** soll die Filmserie aus den 70er Jahren fortsetzen. Eine schwarze Komödie heißt **„It's a Wonderful Knife"**, Jack Zurla schrieb das Drehbuch. Miramax bringt bald **„Lemon Sisters"** und **„Loser Takes All"**, beides Komödien. **„Rockula"** ist — natürlich — eine Dracula-Parodie, **„Rude Awakening"** ein Thriller von Orion-Films. **„Little Monsters"** besuchen uns bald einmal wieder, während Columbia Film seine neue Police-Academy nach Beverly Hills verlegt: **„Troop Beverly Hills"**. Bei Universal Film ist dafür das **„Dream Team"** unterwegs, ein Trio von Insassen einer psychiatrischen Klinik, gespielt von Michael Keaton, Christopher Lloyd und Peter Boyle. **„Leviathan"** war ja bereits im letzten Jahr angekündigt und soll nun bald das Leinwandlicht erblicken, Regisseur George Pan Cosmatos hat dafür jedenfalls halb Rom und Malta umbauen lassen, wobei die **„Return of the Musketeers"** sicher noch eine Weile dauern wird, auch wenn die Universal-Studios in Michael York, Oliver Reed, Frank Finlay und Richard Chamberlain ihre Musketiere schon gefunden hat.

Lesley Ann-Warren spielt und produziert **„Angel's Dance Card"**, Robbie Robertson plant einen weiteren 60er Jahre Erinnerungs-Streifen mit dem Titel **„Insomnia"**, den Martin Scorsese produziert. Für Richard Dreyfuss und Holly Hunter heißt es bald **„Always"**, und Steven Spielberg ist wieder einmal Regisseur: **„A Guy Named Joe"** heißt das Drehbuch der verstorbenen Diane Thomas (ein Remake des Films von 1943 mit Spencer Tracy). **„Dinosaurs"** ist ein weiterer Film mit Dreyfuss, Regie führt Mark Rydell, Francis Coppolas Sohn Roman versucht sich erstmals als Produzent in dem Film **„Smash, Crash and Burn"**, eine Heavy-Metal-Rock-Geschichte.

John Sayles dreht jetzt **„An American Commander in Spain"**, und Bille August, der schwedische Regisseur, gewann das schwedische Filminstitut dazu, mit Raffaela De Laurentiis als Produzentin Isabel Allendes **„Das Geisterhaus"** zu verfilmen. Haben wir schon an anderer Stelle geschrieben, daß Ronald Reagan in einem Film über den beim Attentat verwundeten Pressesprecher **„Brady"** mitspielen will?

„Shell Seekers", der Roman von Rosamund Pilcher, wird verfilmt, **„Sing"** ist ein High-School-Film über Brooklyn, der sinniger-

Eine ganze Armee von E.T.s: „Alien Nation"

weise in Toronto gedreht wird. Ein größerer Film wird sehr wahrscheinlich **„Alien Nation"**, die Story über ein Raumschiff mit 300.000 Extraterrestriern, die auf der Erde stranden und es sich dort zwangsweise gemütlich machen — James Caan spielt die Hauptrolle. Auch **„Criminal Law"** mit Gary Oldman ist fertig und kommt bald ins Kino, während man noch nicht weiß, ob **„Sweet Lies"** mit Treat Williams jemals europäische Kinoleinwände erblicken wird. **„I'm Gonna Git You Sucka"** hält, was er verspricht — und holt uns sicher ein... David Cronenbergs intelligenter und spannender Thriller **„Twins"** über ein New Yorker Gynäkologen-Zwillingspaar, das 1975 Selbstmord beging. **„Lair of the White Worm"** ist ein weiteres Excentrical von Ken Russell, Ryan O'Neal und Farrah Fawcett spielen in **„AKA Candy Barr"**, Richard Brooks in **„The Bizness"** und Elmore Leonard in **„Freaky Deaky"**.

Tom Berenger und Charlie Sheen, die Platoon-Feinde, sind Freunde in **„Major League"**, **„Skin Deep"** ist ein weiteres Projekt des Young-Guns-Teams Joe Roth und Chris Cain, die auch noch **„Lakota"** mit Lou Diamond Phillips und **„Coupe de Ville"** mit Kiefer Sutherland auf der Pfanne haben. **„Riding the Cage"** ist ein Script von Larry McMurty, die Hauptrolle spielt Rockstar John Cougar Mellencamp.

„Say Anything" ist eine neue Produktion von James L. Brooks mit John Mahoney, Ione Skye und John Cusack, inszeniert vom Regie-Wunderkind Cameron Crowe (Nochmal so wie letzte Nacht). **„War of the Roses"** endlich ist ein neues Projekt von Danny De Vito, der kleinwüchsige Star spielt die Hauptrolle und inszeniert. Die Rolle von **„Johnny Utah"**, dem FBI-Agenten, der eine Rotte von Surf-Punkern auskundschaften soll, sollte erst von Charlie Sheen, dann von Robert Downey jr. gespielt werden, jetzt macht es Matthew Broderick. Peter Weir dreht demnächst **„Dead Poet's Society"** mit Robin Williams. **„The Courier"** ist ein Thriller mit Gabriel Byrne, Donald Pleasance gibt sich mit **„Halloween IV"** wieder einmal die Ehre. **„Pumpkinhead"** aus dem letzten Jahr heißt jetzt **„Vengeance — The Demon"**, Freddy Krüger persönlich, das heißt Robert Englund, inszeniert den Horror-Thriller **„976 — EVIL"**.

„Fright Night II" kommt, und **„Out of the Dark"** ist ein sexy Gruselfilm. Dr. Haing S. Ngor aus **„Schreiendes Land"** spielt in **„Iron Triangle"**, dem ersten Vietnam-Film, der die Geschichte von der Seite der Vietcong aus erzählt — das wurde auch Zeit. **„84 Charlie MoPic"** ist ein weiterer Vietnam-Film.

„Options" ist die Geschichte des Hollywood-Agenten, der eine schwedische Prinzessin verpflichten will, **„Parents"** erzählt von dem Jungen, der glaubt, daß seine Eltern Kannibalen sind. Jan-Michael Vincent wird zum Rächer in **„Hit List"**, **„Fear"** ist ein netter Horror-Thriller mit Frank Stallone. **„Mr. Christmas Dinner"** erzählt von dem Mann, der Weihnachten entfliehen möchte, ob Anthony Perkins, der Regisseur, ebenso denkt? Eine böse Präsidentin gibt es in **„The Wolves of Willoughby Case"**, eine heiße Dreier-Lover-Story in **„Dancing in the Forest"**.

„Far Out Man" hingegen ist ein echter Tommy Chong-Film, auf den Cheech und Chong-Fans sicher abfahren werden.

Die Firma Empire-Film, von der wir im letzten Jahr rund drei Dutzend Trash-Filme, will sagen, Billig-Produktionen aus dem Science-fiction-, Sex- und Comedy-Genre vorgestellt haben, ist so gut wie aus dem Film-Rennen, dafür ist die US-Firma Concorde, nicht zu verwechseln mit dem gleichnamigen deutschen Verleih, groß im Geschäft. Isaac Asimovs **„Und Finsternis wird kommen"** wird da fürs Kino verfilmt, wobei die anderen Concorde-Filme **„Naked Warriors"**, **„Amazons"**, **„Beach Balls"**, **„Deadly Dreams"**, **„Deathstalker**

II", „Warlords from Hell", „Confessions of a Serial Killer", „Daddy's Boys" und „Saigon Commandos" wohl eher eine Chance auf Video haben.
„Heatwave" ist Ted Kotcheffs Jugenddrama mit Andrew McCarthy, „The Immaculate Conception of Baby Bump" ein Dirty-Dancing-Rip-Off von William Schreiner. „In a Pig's Eye" ist ein Film von John Saffron, Bruce Willis spielt in Norman Jewisons Produktion „In-Country". „Kill Crazy", „Alienator" „Fatal Charme", „The Dead Eat the Living", „Monster High", „Cry Devil" (mit Elliott Gould), „Black Snow" und „Blood Salvage" sind Filme, in denen es entweder kracht oder Monster das Sagen haben, leisere Töne schlagen dagegen „About that Strange Girl" (mit Michael York und Helmut Griem), „Catch Me If You Can" und „Forgotten Heroes" an. „Born on the 4th of July" ist der neue Film mit Tom Cruise, den Oliver Stone auf den Philippinen und in Mexico dreht. „Boris and Natascha" ist ein Film mit Sally Kellerman von Charles Martin Smith, „Big Bad John" das Werk von Burt Kennedy. Chuck Norris beehrt uns wieder mit „Delta Force II", ob Hanna Schygulla wohl wieder mitspielt? „The Abyss" ist James Camerons Thriller mit Ed Harris, Mary Elizabeth Mastrantonio und Michael Biehn, „Alexa" ein Film von Sean Delgado. „Back to Back" wird ein Thriller von John Kincaide, „The Big Giver" ein ebensolcher von John Golden. „Nudity Required" heißt es anzüglich bei John Bowen, den „Meuterer" von der Bounty" gibt es von Robert Torrance. „Mindwalk", „Martians" und „A Hard Death" sind neue Thriller ohne bekannte Namen, das gleiche gilt für den Titel „Robbie Zenith and the Pig of Knowledge". Das Schwein der Erkenntnis, immerhin! „Breaking In" ist Burt Reynolds neuer Film, auch Casey Siemaszko aus „Young Guns" ist dabei. „Creative Detour" ist ein Film von Richard Shepard, „Do the Right Thing" der Neue von Spike Lee. Jim Belushi sehen wir nächstes Jahr auch noch in „K9", die kleine Drew Barrymore in dem Außeriridischen-Film (da haben wir sie seinerseits kennengelernt, in „E.T.") „Far from Home". Brian Berben kommt auf „God's Payroll", Jay Underwood ist „The Gumshoe Kid". Nancy Allen zeigt sich auch wieder, in Richard Martinis Thriller „Limit Up", Amy Heckerling dreht derweil in Vancouver mit John Travolta, Kirstie Alley und Olympia Dukakis „Daddy's Home". „Captain Henkel" wird ein Film mit Ernest Borgnine und David Soul, „Bye Bye Blues" heißt es für Rebecca Jenkins und Michael Ontkean. Fliegenmensch Jeff Goldblum spielt nicht in „Fly II", dafür aber in Mel Smiths „Camden Town Boy", ein Wiedersehen mit Sandra Bernhard aus „King of Comedy" gibt es in „Without You I'm Nothing". Robert Wise drehte eine Produktion für Taylor Hackford mit Jason Gedrick in der Hauptrolle, der Film heißt „Rooftops"; „Up Your Alley" ist ein Wiedersehen mit Exorzisten-Töchterchen Linda Blair, „UHF" ein Radiofilm von Jay Levey, „Turnaround" James Cranstons Krimi mit Ernest Borgnine. Rockstar Joe Strummer von „Clash" spielt in „Tuesday Night in Memphis", Cesar Romero in „Street Law". „Steel Magnolias" wird eine größere Sache — Herbert Ross gewann Sally Field, Dolly Parton, Shirley McLaine, Daryl Hannah, Olympia Dukakis und Sam Shepard.
Paul Bartel drehte „Scenes from the Class Struggle in Beverly Hills", eine Komödie mit Jacqueline Bisset, Jean-Pierre Durand „The Secret Woman" mit Dorothy Balkshear.
„Picking Up the Pieces" ist ein Film mit Susann Fletcher, „Nightlife" ein Horrorfilm von Newcomer David Acomba.
„Night Game" ist eine Produktion von George Litto mit Roy Schei-

Räuber in den 50ern: „Daddy's Boys"

Woody Allens neuer Film

der in der Hauptrolle, Mary Lambert dreht ja bekanntlich jetzt die Verfilmung des Stephen-King-Schockers „**Pet Sematary**". Ein bißchen weniger Horror gibt es bei Michael Fischa — sein Film: „**My Mom's a Werewolf**". Den ganz gewöhnlichen Großstadthorror gibt es natürlich auch — wie immer bei Woody Allen, „**New York Stories**" heißt sein neuer Film mit Talia Shire, Domenica Scorsese, Giancarlo Gianinni und natürlich ihm selbst.

„**The Favorite**" ist der neue Film mit Oscar-Preisträger F. Murray Abraham, „**Forbidden Love**" ein Film mit Gregory Pecks Tochter Cecilia. „**From a Whisper to a Scream**" ist ein Thriller mit Nadia Capone und Yaphet Kotto, „**Kickboxer**", wie sollte es anders sein, ein Martial-Arts-Action-Film mit Star Jean-Claude Van Damme. Fast abgedreht ist auch „**Der Herr der Fliegen**" nach dem berühmten Roman von William Golding, auch „**A Man of Passion**" mit Anthony Quinn und „**The Match**" mit Matthew Modine und Jennifer Beals liegen in den letzten Post-Production-Zügen. Daniel Day Lewis wird man in „**My Left Foot**" bewundern können, Martin Sheen und Christian Slater in „**Personal Choice**". „**Reunion**" ist der Film, den Jerry Schatzberg mit Jason Robards in Berlin drehte, „**Running Combat**" ein italienischer Actionfilm mit Drehort Jugoslawien. Dario Argentos Bruder Claudio drehte „**Santa Sangre**" in Italien, „**Heiliges Blut**". „**Valmont**" heißt der neue große Film von Milos Forman, es spielen Meg Tilly und Colin Firth, „**Venus Peter**" und „**What the Moon Saw**" sind neue australische Filme. Aus Neuseeland kommt die Produktion „**Zilch**", Tom Conti und Rod Steiger spielen in „**White Roses**".

Eine Riesen-Love-Story erwartet uns mit „**Sea of Love**", in der Al Pacino seine vierjährige Leinwandabstinenz für Ellen Barkin aufgibt. Claudia Cardinale spielt an der Seite von Eric Stoltz in „**Torrents of Spring**" von Jerzy Skolimowski, Amanda Donohue und Jason Connery in „**Tank Malling**", Robert Loggia und Alice Krige in „**S.P.O.O.K.S.**", und Paul Rhys in „**Spirit**".

Ach ja, unzählige Fortsetzungen sind natürlich noch in Vorbereitung: „**Ghostbusters II**" rückt in greifbare Nähe, „**Alien III**" ist bereits im Pre-Production-Status, „**Gremlins II**", „**Karate Kid IV**", „**Nightmare on Elm Street V**" und gleich dazu „**Nightmare on Elm Street VI**". Wir können auch sicher sein, daß „**Roger Rabbitt**" zurückkehrt, und auch McLane, der Polizist in „**Stirb langsam II**", „**Big II**" dagegen wäre allerdings ein wenig peinlich, wenngleich, bei über 100 Millionen Dollar Einname aus Teil I …

Wir werden doch nichts vergessen haben? Oder sollten wir am Ende doch noch erwähnen, daß es nach der Horror-Serie „**Freitag, der 13.**", wo jetzt Teil 6 erwartet wird, die Jux-Fortsetzung „**Samstag, der 14.**" gab, von der jetzt bereits Teil III ansteht?

Cathérine Deneuve ist im nächsten Jahr in einem Thriller zu sehen, den eine Frau, Elisabeth Rappenau, inszeniertre: „**Fréquence meurte**," die unheimliche Story einer Radiosprecherin, die von einem etwas zu anhänglichen Fan verfolgt wird. Der jüngste Streich von Filmsatiriker Jean-Pierre Mocky („Ein turbulentes Wochenende") heißt „**Une nuit à l'Assemblée Nationale**". Darin geht es um einen nudistischen Abgeordneten, einen Royalisten und eine linke Lesbierin, die sich auf den Bänken der Nationalversammlung einen witzigen Schlagabtausch liefern. Michel Blanc, durch seine Rolle in „Abendanzug" quasi schon vorbelastet, spielt fast den gesamten Film über im Adamskostüm. Gleich im Anschluß daran dreht Mocky „**Divine enfant**", in dem er selbst die männliche Hauptrolle übernahm. „**L'autre nuit**" heißt das Melodram von Jean-Pierre Limosin, in dem Julie Delpy (s. auch „La passion Béatrice") vor ihrem kleinen Bruder verbergen muß, daß die Eltern bei der Fahrt in die Sommerfe-

Karate Kid

Die Götter müssen verrückt sein

BEVERLY HILLS COP

COCOON

STAR TREK

GHOSTBUSTERS
DIE GEISTERJÄGER

THE NEVER ENDING STORY

„FORTSETZUNG FOLGT BALD"

rien tödlich verunglückt sind, während sie gleichzeitig auf eigene Faust nach dem Amokfahrer sucht, um sich an ihm zu rächen. Das ungeschönte Porträt einer illusionslosen Großstadtjugend zeigt **„De bruit et de fureur"** von Jean-Claude Brisseau, ein schockierender, aufrüttelnder Thriller in der Nachfolge von „Tee im Harem des Archimedes". Valérie Kaprisky hat endlich einen neuen Film gedreht: **„Mon ami le traître"** („Mein Freund, der Verräter), einen Spionagethriller von José Giovanni mit André Dussolier („Drei Männer und ein Baby"). Béatrice Dalle spielt die Hauptrolle in dem Film **„Les bois noirs"** von Jacques Deray. Auch Alan Resnais hat einen neuen Film gedreht. **„Je veux rentrer à la maison"**, mit Gérard Depardieu, Micheline Presle und Linda Lavin. Enki Bilal hat in Jugoslawien den Film **„Bunker Palace Hotel"** abgedreht, mit Carole Bouquet, Maria Schneider und Jean-Louis Trintignant. Dessen Ex-Frau Nadine Trintignant drehte mit Jacqueline Bisset in der Hauptrolle den Liebesfilm **„La maison de Jade"**. Der Erfolg der Komödie „Black Mic Mac" hat jetzt eine Fortsetzung hervorgebracht: **„Black Mic Mac II"** — allerdings mit einem neuen Regisseur (Marco Pauly) und einem neuen Hauptdarsteller (Eric Blanc). Nach seinem Krimi „Ertrinken verboten" hat Pierre Granier-Deferre erneut mit Elisabeth Bourgine gefilmt: **„La couleur du vent"** (Die Farbe des Windes) heißt der Streifen, in dem Philippe Léotard die männliche Hauptrolle übernommen hat. Nathalie Baye und Michel Serrault sind die Protagonisten des Thrillers **„En toute innocence"** von Alain Jessua, in dem sich ein älterer, gelähmter Mann und dessen böse Schwiegertochter ein Psycho-Duell auf Leben und Tod liefern. Von Jean-Jacques Beineix („Diva") ist im nächsten Jahr ebenfalls ein neuer Film zu erwarten: **„Roselyne et les lions"** mit Isabelle Pasco. Und Alain Delon hat sich nach einem Abstecher zum Fernsehen, wo er (seltsamerweise) eine Serie mit dem Titel „Cinéma" drehte, wieder dem Kino zugewandt. Sein jüngster Krimi **„Ne réveillez pas un flic qui dort"** wurde von José Pinheiro inszeniert, der Delon Michel Serrault als Partner zur Seite gab.

DAS WAR 1988

A

A.D.A.M.
A.D.A.M.
Produktion: Neue Filmprod. TV/BR/SDR
BRD 1988)
Verleih: Jugendfilm
Drehbuch: Hartmann Schmige
Regie: Herbert Ballmann
Besetzung: Helmut Berger (Tobias Schmidt-Eberbach),
Desiree Becker (Uschi Müller)
Kamera: Ingo Hamer
Musik: Günther Fischer
Länge: 2.697m,
98 Mn. Farbe 35mm

Die Abenteuer des Baron Münchhausen...
Produktion: Laura Film/Prominent Features
Italien)
Verleih: Neue Constantin
Drehbuch: Terry Gilliam,
Charles McKeown
Regie: Terry Gilliam
Besetzung: John Neville (Baron),
Sarah Polley (Sally),
Jack Purvis (Jeremy/Gustavus)
Kamera: Giuseppe Rotunno
Musik: Michael Kamen

Abstieg zur Hölle
DESCENTE AUX ENFERS
Produktion: Partners Prod./La Cinq Prod.
(Frankreich 1986)
Verleih: Jugendfilm,
Berlin; Citel,
Genf; Constantin,
Wien
Drehbuch: Francis Girod,
Jean-Loup Dabadie nach dem gleichnamigen Roman von David Goodis
Regie: Francis Girod
Besetzung: Claude Brasseur (Alan Kolber),
Sophie Marceau (Lola Kolber)
Kamera: Charlie van Damme
Musik: Georges Delerue
Länge: 2419 m,
88 Min. 35mm Eastmancolor

Action Jackson
ACTION JACKSON
Produktion: Lorimar
(USA 1987)
Verleih: Columbia Tri-Star
Drehbuch: Robert Reneau
Regie: Craig Baxley
Besetzung: Carl Weathers („Action" Jackson),
Craig T. Nelson (Peter Dellaplane),
Vanity (Sydney Ash)
Kamera: Matthew F. Leonetti
Musik: Herbie Hancok mit Michael Kamen
Länge: 2.604m,
95 Min. Farbe 35mm

Adrian und die Römer
ADRIAN UND DIE RÖMER
Produktion: Ottokar Runze Filmprod. mit ZDF und Impuls
(BRD 1987)
Verleih: Impuls
Drehbuch: Klaus Bueb
Regie: Klaus Bueb,
Thomas Mauch
Besetzung: Klaus Bueb (Adrian),
Gertraud Jesserer (Isabelle Römer),
Katharina Abt-Meyer (Nina Römer),
Hark Bohm (Augenarzt)
Kamera: Thomas Mauch
Musik: Claus Bantzer
Länge: 2.549m,
93 Min. Farbe,
Fujicolor 35mm,
1:1,66

Die Affäre Aldo Moro
IL CASO MORO
Produktion: Yarno
(Italien 1986)
Verleih: 20th Century Fox
Drehbuch: Robert Katz,
Armenia Balducci,
Giuseppe Ferrara
Regie: Giuseppe Ferrara
Besetzung: Gian Maria Volonté (Aldo Moro),
Margarita Lozano (Eleanora Moro)
Kamera: Camillo Bassoni
Musik: Pino Donaggio
Länge: 3.213m,
117 Min. Farbe 35mm

Afrika — Land der Hoffnung
PLACE OF WEEPING
Produktion: New World Pict.
(Südafrika 1987)
Verleih: Highlight
Drehbuch: Darrell Roodt
Regie: Darrell Roodt
Besetzung: James Whyle (Philip Seago),
Gcina Mhlophe (Gracie)
Kamera: Paul Witte
Länge: 88 Min. Farbe 35mm

Als die Liebe laufen lernte
ALS DIE LIEBE LAUFEN LERNTE
Produktion: Delta mit BB-Film
(BRD 1988)
Verleih: Delta
Länge: 2.290m,
84 Min. Farbe 35mm

Alwin und die Weltenbummler
THE CHIPMUNK ADVENTURE
Produktion: Bagdasarian
(USA 1987)
Verleih: Senator,
München/Constantin,
Wien
Regie: Janice Karman
Musik: Randy Edelman (Zusammenstellung)
Länge: 2.119m,
77 Min. Farbe 35mm

Amazonen auf dem Mond oder Warum die Amis...
AMAZON WOMEN ON THE MOON
Produktion: Universal
(USA 1987)
Verleih: Filmwelt
Drehbuch: Michael Barrie,
Jim Mulholland
Regie: Joe Dante,
Carl Gottlieb,
Peter Horton,
John Landis,
Robert K. Weiss
Besetzung: Michelle Pfeiffer (Brenda),
Peter Horton (Harry),
Rosanna Arquette (Karen)
Kamera: Daniel Pearl
Länge: 85 Min. Farbe 35mm

American Eiskrem 2. Teil
STATE PARK
Produktion: ITC
(USA 1988)
Verleih: Filmwelt/Czerny/-
Drehbuch: Neal M. Noble
Regie: Rafal Zielinski
Besetzung: Kim Myers (Eve),
Isabelle Mejias (Marsha)
Kamera: Richard Leiterman
Musik: Matthew McCauley
Länge: 2.507m,
91 Min. Farbe 35mm

The American Way
THE AMERICAN WAY
Produktion: Kerrash Limited Prod.
(Großbritannien 1985)
Verleih: Filmwelt
Drehbuch: Scott Roberts
Regie: Maurice Phillips
Besetzung: Dennis Hopper (Captain),
Michael J. Pollard (Tesla)
Kamera: John Metcalfe
Musik: Brian Bennett
Länge: 102 Min. Farbe 35mm

Amerikanisches Roulette
AMERIKANISCHES ROULETTE
Produktion: Film Four/Mandemar & British Screen
(Großbritannien 1987)
Verleih: Delta
Drehbuch: Maurice Hatton
Regie: Maurice Hatton
Besetzung: Andy Garcia (Carlos Quintas),
Kitty Aldridge (Kate Webber)
Kamera: Tony Imi
Musik: Michael Gibbs
Länge: 92 Minuten

Anita — Tänze des Lasters
ANITA - TÄNZE DES LASTERS
Produktion: Rosa von Praunheim/Road Movies/ZDF
(BRD 1988)
Verleih: Filmwelt
Drehbuch: Rosa von Praunheim,
Hannelene Limpach,
Marianne Enzensberger,
Lotti Huber
Regie: Rosa von Praunheim
Besetzung: Lotti Huber (Anita Berber),
Ina Blum
Kamera: Elfi Mikesch
Musik: Konrad Elfers,
Rainer Rubbert,
Alan Marks,
Ed Lieber
Länge: 976m,
89 Min. Farbe und s/w 16mm, 1:1,33

Anna
ANNA
Produktion: TV 60/ZDF
(BRD 1988)
Verleih: Neue Constantin
Drehbuch: Justus Pfaue
Regie: Frank Strecker
Besetzung: Silvia Seidel (Anna),
Patrick Bach (Rainer)
Kamera: Peter Ambach
Musik: Siegfried Schwab
Länge: Farbe 35mm

Anna... Exil New York
ANNA
Produktion: Magnus Film Prod.
(USA 1987)
Verleih: Vestron
Drehbuch: Agnieszka Holland,
nach einer Erzählung von Yurek Bogayevicz
Regie: Yurek Bogayevicz
Besetzung: Sally Kirkland (Anna),
Robert Fields (Daniel)
Kamera: Bobby Bukowski
Länge: 2.741m,
100 Min. Farbe 35mm

Antarctica Project
ANTARCTICA PROJECT

Produktion: Axel Engstfeld
(BRD 1988)
Drehbuch: Axel Engstfeld,
Gisela Keuerleber
Regie: Axel Engstfeld
Kamera: Bernd Mosblech
Musik: Marcel Wengler
Länge: 97 Minuten

Attention Bandits – Die Zeit des Verbrechens
ATTENTION BANDITS!

Produktion: Les Films 13/TF 1
(Frankreich 1987)
Verleih: Highlight
Drehbuch: Claude Lelouch,
Pierre Uytterhoeven (Dialoge),
nach einer Vorlage von Florence
Moncorge-Gabin
Regie: Claude Lelouch
Besetzung: Jean Yanne (Simon Verini),
Marie-Sophie Lelouch
Kamera: Jean-Yves le Mener
Musik: Francis Lai
Länge: 2.942m,
107 Min. Farbe,
Fujicolor 35mm, Cinemascope

Babettes Fest
BABETTES FEAST

Produktion:
(Dänemark 1988)
Verleih: Impuls
Drehbuch: Gabriel Axel,
nach der gleichn. Novelle von Tanja Blixen
Regie: Gabriel Axel
Besetzung: Stephane Audran,
Jean-Philippe Lafont
Kamera: Henning Kristiansen
Musik: Per Norgard
Länge: 102 Min. Farbe 35mm

Baby Boom – Eine schöne Bescherung
BABY BOOM

Produktion: MGM/UA
(USA 1986)
Verleih: UIP/dto./dto.
Drehbuch: Nancy Meyers,
Charles Shyer
Regie: Charles Shyer
Besetzung: Diane Keaton (J.C. Wiatt),
Harold Ramis (Steven Buchner)
Kamera: William A. Fraker
Musik: Bill Conti
Länge: 3.024m,
110 Min. Farbe 35mm

Ballhaus Barmbeck
BALLHAUS BARMBECK

Produktion: Roxy Film
(BRD 1988)
Verleih: Filmverlag der Autoren
Drehbuch: Christel Buschmann
Regie: Christel Buschmann
Besetzung: Jörg Pfennigwerth,
Ulrich Tukur
Kamera: Mike Gast
Musik: Pop/Rock/Chanson
Länge: 2.185m,
80 Min. Farbe 35mm, 1:1,66

Die Barbaren
I BARBARI

Produktion: Cannon
(Italien/USA 1987)
Verleih: Scotia-Cannon/Czerny
Drehbuch: James R. Silke
Regie: Ruggero Deodato
Besetzung: David Paul (Kutchek),
Peter Paul (Gore)
Kamera: Lorenzo Battaglia
Musik: Pino Donaggio
Länge: 2.372m, 87 Min. Farbe 35mm

Barbarische Hochzeit
LES NOCES BARBARES

Produktion: Man's Films/TF 1/Flach Film
(Belgien 1987)
Verleih: Pandora
Drehbuch: Marion Hänsel nach dem gleichn. Roman von Yann Queffélec
Regie: Marion Hänsel
Besetzung: Thierry Frémont (Ludo als Erwachsener),
Marianne Basler (Nicole)
Kamera: Walther van den Ende
Musik: Frédéric de Vreese
Länge: 100 Min. Farbe 35mm

Barfly
BARFLY

Produktion: Francis Coppola präsentiert eine Golan-Globus Prod.
(USA 1987)
Verleih: Scotia-Cannon,
München; Rialto, Zürich
Drehbuch: Charles Bukowski
Regie: Barbet Schroeder
Besetzung: Mickey Rourke (Henry Chinaski),
Faye Dunaway (Wanda Wilcox),
Alice Krige (Tully Sorensen)
Kamera: Robby Müller
Länge: 2820 m,
103 Min. 35mm Farbe (TVC Color)

Die Beduinen von Paris
L'OEIL AU BEUR(R)E NOIR

Produktion: Les Films Ariane/Lira Films/Soffia
(Frankreich 1987)
Verleih: Concorde
Drehbuch: Patrick Braoude,
Jean Paul Lilienfeld
Regie: Serge Meynard
Besetzung: Julie Jezequel (Virginie),
Smain (Rachid)
Kamera: Jean Jacques Tarbes
Musik: Francois Bernheim; Titelsong:
Toure Kunda
Länge: 2.524m,
92 Min. Farbe 35mm

Beetlejuice
BEETLEJUICE

Produktion: Geffen Co.
(USA 1987)
Verleih: Warner Bros.
Drehbuch: Michael McDowell,
Warren Skaaren nach einer Erzählung von McDowell
Regie: Tim Burton
Besetzung: Alec Baldwin (Adam),
Geena Davis (Barbara),
Michael Keaton (Betelgeuse)
Kamera: Thomas Ackerman
Musik: Danny Elfman
Länge: 92 Min. Technicolor Dolby

Begegnung um Mitternacht
MIDNIGHT CROSSING

Produktion:
(USA 1987)
Verleih: Vestron
Drehbuch: Roger Holzberg,
Douglas Weiser
Regie: Roger Holzberg
Besetzung: Faye Dunaway,
Daniel J. Travanti
Länge: Farbe 35mm

Benji – sein größtes Abenteuer
BENJI THE HUNTED

Produktion: Walt Disney mit Silver Screen Partners III,
Empark Prod.,
Mulberry Square Prod.
(USA 1987)
Verleih: Warner Bros./Warner Bros./dto.
Drehbuch: Joe Camp
Regie: Joe Camp
Besetzung: Red Steagall (Jäger),
Nancy Francis (Nachrichtensprecherin)
Kamera: Don Reddy
Musik: Euel und Betty Box
Länge: 2.443m,
89 Min. Farbe Dolby 35mm

Bestie Krieg
BEAST OF WAR

Produktion: Bright Star Film Ent.
(USA 1988)
Verleih: Columbia
Drehbuch: William Mastrosimone, nach seinem Theaterstück „Nanawatai"
Regie: Kevin Reynolds
Besetzung: George Dzundza (Daskal),
Jason Patric (Koverchenko)
Kamera: Douglas Milsome
Musik: Mark Isham
Länge: 109 Min. Farbe Dolby (Deluxe) 35mm

Bestseller
BEST SELLER

Produktion: Hemdale
(USA 1987)
Verleih: Twentieth Century Fox
Drehbuch: Larry Cohen
Regie: John Flynn
Besetzung: James Woods (Cleve),
Brian Dennehy (Dennis Meechum)
Kamera: Fred Murphy
Musik: Jay Ferguson
Länge: 2604 m,
95 Min. 35mm Farbe

Big
BIG

Produktion: 20th Century Fox
(USA 1987)
Verleih: 20th Century Fox
Drehbuch: Gary Ross,
Anne Spielberg
Regie: Penny Marshall
Besetzung: Tom Hanks (Josh),
Elizabeth Perkins (Susan)
Kamera: Barry Sonnenfeld
Musik: Howard Shore
Länge: 2.850m,
104 Min. Farbe Dolby 35mm

Die Bikinifalle
PRETTY SMART

Produktion: Baleor/Chroma III/First American Film Capital
(USA 1987)
Verleih: Highlight
Drehbuch: Dan Hoskins,
nach einer Erzählung von Jeff Begun und Melanie Alschuler
Regie: Dimitri Logothetis
Besetzung: Tricia Leigh Fisher (Daphne Ziegler),
Lisa Lorient (Jennifer Ziegler)
Kamera: Dimitri Papacostantis
Musik: Jay Levy,
Eddie Arkin
Länge: 2.278m,
83 Min. Farbe 35mm

Bird
BIRD

Produktion: Malpaso Prod.
(USA 1987)
Verleih: Warner Bros.
Drehbuch: Joel Oliansky
Regie: Clint Eastwood
Besetzung: Forest Whitaker (Charlie „Bird" Parker),
Diane Venore (Chan Parker)
Kamera: Jack N. Green
Musik: Lennie Niehaus
Länge: Farbe 35mm

Black Mic Mac
BLACK MIC MAC

Produktion: Chrysalide Films/Films Christian Fechner/FR 3/Centre National du Cinema
(Frankreich 1986)
Verleih: Metropol,
München/–/Challenger, Lausanne
Drehbuch: Monique Annaud,
Patrick Braoude,
Cheik Doukoure,
Thomas Gilou,
Francois Favre
Regie: Thomas Gilou
Besetzung: Jacques Villeret (Michel),
Isaach de Bankole (Lemmy)
Kamera: Claude Agostini
Musik: Ray Lema
Länge: 2.541m,
93 Min. Farbe Fujicolor 35mm

Der Blob
THE BLOB

Produktion:
(USA 1988)
Verleih: Columbia Tri-Star
Drehbuch: Chuck Russell,
Frank,
Darabont
Regie: Chuck Russell
Besetzung: Shawnee Smith (Meg Penny),
Kevin Dillon (Brian Flagg)
Kamera: Mark Irwin
Musik: Michael Hoenig
Länge: 92 Min. Technicolor Farbe 35mm

Bloodsport
BLOODSPORT

Produktion: Cannon

(USA 1987)
Verleih: Scotia-Cannon/Czerny/Rialto
Drehbuch: Sheldon Lettich,
Christopher Crosby,
Mel Friedman,
nach einer Erzählung von Sheldon Lettich
Regie: Newt Arnold
Kamera: David Worth
Musik: Paul Hertzog
Länge: 2.499m,
91 Min. Farbe 35mm

Blue Iguana
THE BLUE IGUANA

Produktion: Paramount Pict.
(USA 1987)
Verleih: Fox
Drehbuch: John Lafia
Regie: John Lafia
Besetzung: Dylan McDermott (Vince Holloway),
Jessica Harper (Cora),
James Russo (Reno)
Kamera: Rodolfo Sanchez
Musik: Ethan James
Länge: 90 Min. CFI color Dolby

Blue Jean Cop.
BLUE JEAN COP.

Produktion: Universal
(USA 1987)
Verleih: Metropol
Drehbuch: James Glickenhaus
Regie: James Glickenhaus
Besetzung: Peter Weller (Roland Dalton),
Sam Elliott (Richie Marks),
Patricia Charbonneau (Susan Cantrell)
Kamera: John Lindley
Musik: Jonathan Elias
Länge: Farbe 35mm

Blumen der Nacht
FLOWERS IN THE ATTIC

Produktion: Charles Fries Prod.
(USA 1987)
Verleih: Highlight
Drehbuch: Jeffrey Bloom,
nach einer Erzählung von V.C. Andrews
Regie: Jeffrey Bloom
Besetzung: Louise Fletcher (Großmutter),
Victoria Tennant (Corinne)
Kamera: Frank Byers,
Gil Hubbs
Musik: Christopher Young
Länge: 2.494m,
91 Min. Farbe 35mm

Braddock – Missing in Action III
BRADDOCK – MISSING IN ACTION III

Produktion: Cannon Group
(USA 1987)
Verleih: Scotia-Cannon
Drehbuch: James Bruner,
Chuck Norris nach Charakteren von Arthur Silver,
Larry Levinson,
Steve Bing
Regie: Aaron Norris
Besetzung: Chuck Norris (Braddock),
Aki Aleong (General Quoc)
Kamera: Joao Fernandes
Länge: 2637 m,
96 Min. 35mm Farbe

Die Braut des Prinzen
THE PRINCESS BRIDE

Produktion: The Princess Bride/Buttercup Films
(USA 1987)
Verleih: Jugendfilm
Drehbuch: William Goldman
Regie: Rob Reiner
Besetzung: Peter Falk (Großvater),
Fred Savage (Enkel)
Kamera: Adrian Biddle
Musik: Mark Knopfler
Länge: 2.689m,
98 Min. Farbe 35mm

Brennende Betten
BRENNENDE BETTEN

Produktion: Pia Frankenberg Prod. mit BR
(BRD 1988)
Verleih: Impuls
Regie: Pia Frankenberg
Besetzung: Pia Frankenberg,
Ian Dury,
Gerhard Gabers
Kamera: Raoul Coutard
Länge: 86 Min. Farbe 35mm

Brille mit Goldrand
GLI OCCHIALI D'ORO

Produktion: L.P. Film/D.M.V./Reteitalia/Paradis Films/FR 3 Film
(Italien/Frankreich 1987)
Verleih: Concorde/Czerny/-
Drehbuch: Nicola Badalucco,
Antonella Grassi,
Giuliano Montaldo nach dem gleichn. Roman von Giorgio Bassani
Regie: Giuliano Montaldo
Besetzung: Philippe Noiret (Doktor Fadigati),
Rupert Everett (David Lattes),
Valeria Golino (Nora Treves)
Kamera: Armando Nannuzzi
Musik: Ennio Morricone
Länge: 2.875m,
105 Min. Farbe 35mm

Broken Noses
BROKEN NOSES

Produktion: Kira Films
(USA)
Verleih: Kinowelt
Drehbuch: Bruce Weber
Regie: Bruce Weber
Besetzung: Andy Minsker und die Golden Boys
Kamera: Jeff Preiss
Musik: Chet Baker,
Julie London,
Robert Mitchum,
Jerry Mulligan
Länge: 75 Min. Farbe und s/w 35mm

Das Brot des Siegers
DAS BROT DES SIEGERS

Produktion: Filmkraft München mit Förderung des Hamburger Filmbüros und des Filmbüros NW
(BRD 1987)
Verleih: Verleihgenossenschaft der Filmemacher
Drehbuch: Peter Heller
Regie: Peter Heller
Besetzung: Ron Williams (General McDollar)
Kamera: Otmar Schmid,
Bernd Fiedler,
Geza Sinkowicz

Musik: Andreas Köbner
Länge: 100 Min. Farbe,
Magnetton 16mm

Buster
BUSTER

Produktion: NFH Prod.
(GB 1988)
Verleih: Warner Bros.
Drehbuch: David Shindler
Regie: David Greene
Besetzung: Phil Collins (Buster),
Julie Walters (June)
Kamera: Tony Imi
Musik: Anne Dudley
Länge: 103 Min. Farbe 35mm

Buster, der Zauberer
BUSTERS VERDEN

Produktion:
(Dänemark)
Verleih: Atlas
Regie: Bille August

Bye Bye Baby
BYE BYE BABY

Produktion: Dean Film S.r.l./Rete Italia S.p.A.
(Italien 1987)
Verleih: Esplanade/Elysee
Regie: Enrico Oldoni
Besetzung: Brigitte Nielsen (Lisa),
Luca Barbareschi (Paolo),
Carol Alt (Sandra),
Jason Connery (Marcello)
Länge: 2335 m,
85 Min. Farbe 35mm

Can't buy me love
CAN'T BUY ME LOVE

Produktion: Mount Company mit Apollo Pic. für Touchstone Pic. mit Silver Screen Partners III
(USA 1987)
Verleih: Warner Bros./dto./dto.
Drehbuch: Michael Swerdlick
Regie: Steve Rash
Besetzung: Patrick Dempsey (Ronald Miller),
Amanda Peterson (Cindy Mancini),
Courtney Gains (Kenneth Wurman)
Kamera: Peter Lyons Collister
Musik: Robert Folk
Länge: 2.572 m,
94 Min. Farbe 35mm

Casanova Junior
THE WOO WOO KID

Produktion: Adelson-Mack Prod. für Lorimar
(USA 1987)
Verleih: Filmwelt/Czerny
Drehbuch: Phil Alden Robinson nach einer Story von Bob Kosberg & David Simon
Regie: Phil Alden Robinson
Besetzung: Patrick Dempsey (Sonny Wisecarver),
Talia Balsam (Judy Cusimano)
Kamera: John Lindley
Musik: Ralph Burns
Länge: 2.684m,
98 Min. Farbe 35mm

Chicago Blues
THE ARM / THE BIG TOWN

Produktion: Columbia
(USA 1987)
Verleih: Senator, München
Drehbuch: Robert Roy Pool nach „Der Arm" von Clark Howard
Regie: Ben Bolt
Besetzung: Matt Dillon (J.C. Cullen),
Diane Lane (Lorry Dane)
Kamera: Ralf D. Bode
Musik: Michael Melvoin
Länge: 3.019m,
110 Min. Farbe 35mm

Child's play
CHILD'S PLAY

Produktion:
(USA 1988)
Verleih: UIP
Regie: Tom Holland
Besetzung: Chris Sarandon,
Catherine Hicks,
Brad Dourif
Länge: Farbe 35mm

Chuck Berry – Hail, Hail, Rock 'n' Roll
HAIL! HAIL! ROCK'N ROLL

Produktion: Delilah Films Prod.
(USA 1987)
Verleih: UIP
Regie: Taylor Hackford
Besetzung: Chuck Berry,
Eric Clapton,
Robert Cray,
Etta James,
Julian Lennon
Kamera: Oliver Stapleton
Länge: 3295 m,
120 Min. Farbe Dolby 35mm

Colors
COLORS

Produktion: Orion Pict.
(USA 1977)
Verleih: 20th Century Fox
Drehbuch: Michael Schiffer nach einer Erzählung von Michael Schiffer und Richard Dilello
Regie: Dennis Hopper
Besetzung: Sean Penn (Danny McGavin),
Robert Duvall (Bob Hodges)
Kamera: Haskell Wexler
Musik: Herbie Hancock
Länge: 120 Min. Metrocolor Dolby

Coming up Roses
COMING UP ROSES

Produktion:
(Großbritannien 1986)
Verleih: Pandora
Drehbuch: Ruth Carter
Regie: Stephen Bayly
Besetzung: Dafydd Hywel (Trevor),
Iola Gregory (Mona)
Kamera: Dick Pope
Musik: Michael Storey
Länge: 93 Min. Farbe 35mm

Der Commander
DER COMMANDER

Produktion: Ascot/Prestige
(BRD/Italien 1988)

Verleih: Ascot/-/Elite
Drehbuch: Arne Elsholtz,
Tito Carpi
Regie: Anthony M. Dawson
Besetzung: Lewis Collins (Jack Colby),
Lee van Cleef (Mazzarini),
Donald Pleasance (Carlson),
John Steiner (Duclaud)
Kamera: Peter Baumgartner
Musik: Gruppe „Eloi"
Länge: 2.857m,
104 Min. Farbe 35mm

Coonskin
COONSKIN

Produktion: Bryanstor
(USA 1974)
Verleih: Splendid
Drehbuch: Ralph Bakshi
Regie: Ralph Bakshi
Besetzung: Barry White (Samson/
Bruder Bear),
Charles Grodone (Prediger/Bruder
Fox)
Kamera: William A. Fraker,
Ted. C. Bemiller (Animation-Kamera)
Musik: Chico Hamilton
Länge: 2.669m,
97 Min. Farbe,
Technicolor 35mm

Der Couch-Trip
THE COUCH TRIP

Produktion: Orion Pic. Corp.
(USA 1988)
Verleih: 20th Century Fox
Drehbuch: Steven Kampmann,
Will Porter,
Sean Stein,
nach einem Roman von Ken Kolb
Regie: Michael Ritchie
Besetzung: Dan Aykroyd (John Burns),
Walter Matthau (Donald Becker)
Kamera: Donald E. Thorin, A.S.C.
Musik: Michel Colombier
Länge: 2680 m, 98 Min. DeLuxe Farbe
35mm,
Panavision

Counterforce
COUNTERFORCE

Produktion:(USA 1986)
Verleih: Hollywood
Drehbuch: Douglas Borton
Regie: J. Anthony Loma
Besetzung: George Rivero (Harris),
George Kennedy (Vince Colby)
Kamera: Joan Gelpi
Musik: Joel Goldsmith
Länge: 2.603m,
95 Min. Farbe 35mm

Creepshow — Kleine Horrorgeschichten
CREEPSHOW II

Produktion: Laurel Entertainment
(USA 1986)
Verleih: Highlight, München;
Alexander Film, Zollikon/Constantin,
Wien
Drehbuch: George A. Romero,
nach einer Erzählung von Stephen
King
Regie: Michael Gornick
Besetzung: Lois Chiles (Annie
Lansing),
Domenick John (Billy)
Kamera: Dick Hart,
Tom Hurwitz
Musik: Les Reed; Rick Wakeman

Länge: 2.436m,
89 Min. Farbe Technicolor 35mm

Critters 2: The Main Course
CRITTERS 2: THE MAIN COURSE

Produktion: New Lin/Sho Films Prod.
(USA 1987)
Verleih: Delta
Drehbuch: D.T. Twohy,
Mick Garris
Regie: Mick Garris
Besetzung: Scott Grimes (Brad Brown),
Liane Curtis (Megan Morgan)
Kamera: Russell Carpenter
Musik: Nicholas Pike
Länge: 87 Min. Farbe 35mm

Crocodile Dundee II
CROCODILE DUNDEE II

Produktion: Paramount Pic.
(USA 1987)
Verleih: UIP
Drehbuch: Paul Hogan,
Brett Hogan
Regie: John Cornell
Besetzung: Paul Hogan (Michael J. „Crocodile" Dundee),
Linda Kozlowski (Sue Charlton)
Kamera: Russell Boyd
Musik: Peter Best
Länge: 3072 m,
112 Min. Farbe 35mm

Crusoe
CRUSOE

Produktion:
(GB 1988)
Verleih: Warner Bros. (Cine Vox)/
Warner
Drehbuch: Walon Green,
Christopher Logue
Regie: Caleb Deschanel
Besetzung: Aidan Quinn (Crusoe),
Ade Sapara (The Warrior)
Kamera: Tom Pinter
Musik: Micheal Kamen
Länge: 2585 m,
94 Min. Farbe 35mm

The Cure in Orange
THE CURE IN ORANGE

Produktion:
(Großbritannien 1987)
Verleih: Arsenal
Regie: Tim Pope
Besetzung: The Cure: Robert Smith (guit, voc),
Laurence Tolhurst (keyb),
Simon Gallup (bass)
Länge: 101 Min. Farbe Dolby,
Stereo 35mm

Die Dämonen
LES POSS

Produktion: Les Films du Losange/
Gaumont/Antenne 2/C.N.C.
(Frankreich 1987)
Verleih: Concorde/Czerny/Monopole
Pathé

Drehbuch: Jean-Claude Carriere mit
Andrzej Wajda,
Agnieszka Holland,
Edward Zebrowki,
nach dem gleichn. Roman von Fjodor
M. Dostojewski
Regie: Andrzej Wajda
Besetzung: Isabelle Huppert (Marie Schatowa),
Jutta Lampe (Marya Lebjadkina),
Philippine Leroy-Beaulieu (Lisa)
Kamera: Witold Adamek
Musik: Zygmunt Konieczny; gespielt
vom Großen Symphonie-Orchester
Radio-Television Polen,
Warschau mit Vokal-Gruppe,
dirigiert von Zdzislaw Szostak; Improvisationen am Flügel Stanislaw
Radwan; Liturgie von St. Jean Chrysostome Op. 41 von Tschaikowsky,
gespielt vom Ensemble der kirchlich-orthodoxen Musik der Kammeroper
Warschau,
dirigiert von Jerzy Szurbak
Länge: 3.126m,
114 Min. Farbe 35mm,
1:1,66

Dance Academy
DANCE ACADEMY

Produktion: RAI/Tip Together Prod.
(Italien 1987)
Verleih: Ascot/Constantin/Alpha
Drehbuch: Ted Mather
Regie: Ted Mather
Besetzung: Tony Fields,
Galyn Görg
Kamera: Don Peters
Musik: Guido und Maurizio De Angelis
Länge: 105 Min.

Dance Party
THE IN CROWD

Produktion: Force Ten Prod.
(USA 1987)
Verleih: 20th Century Fox/Constantin
Drehbuch: Mark Rosenthal,
Lawrence Konner
Regie: Mark Rosenthal
Besetzung: Donovan Leitch (Del),
Joe Pantoliano (Perry Parker)
Kamera: S. Phillip Sparks
Länge: 2.606m,
95 Min. Farbe 35mm

Dandin
DANDIN

Produktion: Films du Losange/Selena/
Sept/ Films A2
(Frankreich)
Drehbuch: Roger Planchon nach
Molieres Schauspiel „Georges Dandin"
Regie: Roger Planchon
Besetzung: Claude Brasseur (Georges Dandin),
Zabou (Angelique),
Daniel Gelin (M. de Sotenville)
Kamera: Bernard Lutic
Musik: Jean-Pierre Fouquey
Länge: 110 Minuten

David Halliday — He's my Girl
HE'S MY GIRL

Produktion: Scotti Bros.
(USA 1987)
Drehbuch: Taylor Ames,
Charles F. Bohl
Regie: Gabrielle Beaumont
Besetzung: T.K.Carter (Reggie/Regina),

David Hallyday (Bryan),
Misha McK (Tasha)
Kamera: Peter Lyons Collister
Länge: 83 Min. Farbe 35mm

Demonwarp
DEMONWARP

Produktion: Vidmark/Design
(USA 1988)
Drehbuch: Jim Bertges,
Bruce Akiyama nach dem Roman von
John Buechler
Regie: Emmet Alston
Besetzung: George Kennedy (Bill Crafton),
David Michael O'Neill (Jack)
Kamera: R. Michael Stringer
Musik: Dan Slider
Länge: 91 Minuten

Desert Hearts
DESERT HEARTS

Produktion: Desert Hearts Prod.
(USA 1985)
Verleih: endfilm,
München/top-film,
Wien
Drehbuch: Natalie Cooper nach dem
Roman „Desert of the Heart" von Jane
Rule
Regie: Donna Deitch
Besetzung: Helen Shaver (Vivian Bell),
Patricia Charbonneau (Cay Rivers),
Audra Lindley (Frances Parker)
Kamera: Robert Elswit
Musik: Robert Estrin (Supervisor,
Originalaufnahmen der 50er Jahre)
Länge: 2.487m,
96 Min. Farbe 35mm

Dirty Tiger
TIGER WARSAW

Produktion: Continental Film Group
(USA 1987)
Verleih: Cine Plus/Oefram/Rex
Drehbuch: Roy L. London
Regie: Amin Q. Chaudhri
Besetzung: Patrick Swayze (Chuck Warsaw),
Christopher Douglas (junger Chuck)
Kamera: Robert Draper
Musik: Ernest Troost
Länge: 2.552m,
93 Min. Farbe Dolby 35mm

Distant Voices, still Lives
DISTANT VOICES, STILL LIVES

Produktion: British Film Institute/
Channel Four
(Großbritannien)
Verleih: Kinowelt
Drehbuch: Terence Davies
Regie: Terence Davies
Besetzung: Freda Dowie,
Pete Postlethwaite,
Angela Walsh,
Dean Williams,
Lorraine Ashbourne,
Antonia Mallen
Kamera: William Diver
Länge: 85 Min. Farbe 35mm

Dominick & Eugen
DOMINICK & EUGEN

Produktion: Orion Pic.
(USA 1988)

Verleih: 20th Century Fox
Drehbuch: Alvin Sargent,
Corey Blechman nach einer Story von
Danny Porfirio
Regie: Robert Young
Besetzung: Tom Hulce (Dominick Luciano),
Ray Liotta (Eugene Luciano)
Kamera: Curtis Clark
Musik: Trevor Jones
Länge: 2985 m,
109 Min. Color/Deluxe Farbe Dolby 35mm

Drachenfutter
DRACHENFUTTER

Produktion: Novoskop Jan Schütte, Hamburg/Probst Film,
Bern im Auftrag des ZDF
(BRD/Schweiz 1987)
Verleih: Pandora/Filmladen/Filmcoopertaive
Drehbuch: Jan Schütte,
Thomas Schrittmatter
Regie: Jan Schütte
Besetzung: Bhasker,
Ric Young,
Buddy Uzzaman
Kamera: Lutz Konermann
Musik: Claus Bantzer
Länge: 2100 m,
75 Min. s/w 35mm, 1:1,66

Die dunkle Seite des Bösen – Poltergeist III
POLTERGEIST III

Produktion: MGM Prod.
(USA 1987)
Verleih: UIP
Drehbuch: Gary Sherman,
Brian Taggert
Regie: Gary Sherman
Besetzung: Tom Skerritt (Bruce Gardner),
Nanca Allen (Patricia Gardner),
Heather O'Rourke (Carol Anne)
Kamera: Alex Nepomniaschy
Musik: Joe Renzetti
Länge: 2681 m,
98 Min. Astro Color/Technicolor Farbe Dolby 35mm

Eat the Rich
EAT THE RICH

Produktion: Rio Films/Iron First Film
(GB 1987)
Verleih: Highlight/Constantin/Alexander Film
Drehbuch: Peter Richardson,
Pete Richens
Regie: Peter Richardson
Besetzung: Ronald Allen (Commander Fortune),
Robbie Coltrane (Jeremy)
Kamera: Witold Stok
Musik: Motorhead
Länge: 2.424m,
88 Min. Farbe 35mm

Eddie Murphy – Raw
EDDIE MURPHY – RAW

Produktion: Eddie Murphy Prod. für Paramount
(USA 1987)
Verleih: UIP
Drehbuch: Eddie Murphy,
Scetche Eddie Murphy,
Keenen Ivory Wayans
Regie: Robert Townsend
Kamera: Ernest Dickerson
Länge: 2.480m,
91 Min. Farbe 35mm

Eine Frau steht ihren Mann
SWITCHING CHANNELS

Produktion: Martin Ransohoff Prod.
(USA 1987)
Verleih: Senator
Drehbuch: Jonathan Reynolds,
nach dem Schauspiel „The Front Page" von Ben Hecht und Charles MacArthur
Regie: Ted Kotcheff
Besetzung: Kathleen Turner (Christy Colleran),
Burt Reynolds (John L. Sullivan 4.),
Ned Beatty (Roy Ridnitz)
Kamera: Francois Protat
Musik: Michel Legrand
Länge: 105 Min. Farbe Dolby 35mm

Einer trage des anderen Last
EINER TRAGE DES ANDEREN LAST

Produktion: Defa-Filmprod. Gruppe „Babelsberg"
(DDR 1988)
Verleih: Scotia-Cannon
Drehbuch: Wolfgang Held
Regie: Lothar Warneke
Besetzung: Jörg Pose (Josef Heiliger),
Manfred Möck (Hubertus Koschenz),
Susanne Lüning (Sonja Kubanek)
Kamera: Peter Ziesche
Musik: Günther Fischer
Länge: 3.232m,
118 Min. Farbe 35mm

Eis am Stiel 8. Teil: Total normal
EIS AM STIEL 8. TEIL: TOTAL NORMAL

Produktion: KF Kinofilm Prod.
(BRD 1988)
Verleih: Scotia-Cannon
Drehbuch: Reinhard Schwabenitzky nach einer Original-Idee von Zachi Noy
Regie: Reinhard Schwabenitzky
Besetzung: Jesse Katzur (Benny),
Zachi Noy (Jonny),
Jonathan Segal (Bobby)
Kamera: Karl Kases
Länge: 2435 m,
89 Min. Farbe 35mm

Emmanuelle 6
EMMANUELLE 6

Produktion: A.S. Prod./Everest Prod./S.G.G.C.
(Frankreich 1988)
Verleih: Metropol
Regie: Bruno Zincone
Besetzung: Natalie Uher (Emmanuelle),
Jean René Gossart
Länge: 2.154m,
79 Min. Farbe 35mm

Endlich wieder 18
18 AGAIN

Produktion: New World Pic.
(USA 1987)
Verleih: Highlight
Drehbuch: Josh Goldstein,
Jonathan Prince
Regie: Paul Flaherty
Besetzung: George Burns (Jack Watson),
Charlie Schlatter (David Watson)
Kamera: Stephen M. Katz
Musik: Billy Goldenberg
Länge: 2671 m,
97 Min. Deluxe Farbe 35mm

Engel aus Staub
POUSSIERE D'ANGE

Produktion: Président Films/U.G.C./TOP No. 1/Film de la Saga/ FR 3/La Sofica
(Frankreich 1987)
Verleih: Prokino, München/top-film, Wien
Drehbuch: Jacques Audiard,
Alain Le Henry,
Edouard Niermans
Regie: Edouard Niermans
Besetzung: Bernard Giraudeau (Simon Blount),
Fanny Bastien (Violetta),
Fanny Cottencon (Martine)
Kamera: Bernard Lutic
Musik: Leon Senza,
Vincent-Maria Pouvot
Länge: 2.597m,
94 Min. Farbe 35mm

Ertrinken verboten
NOYADE INTERDITE

Produktion: Paradies Films/FR 3/Compagnie Générale d'Images/LP Films mit Sofinergie
(Frankreich/Italien 1987)
Verleih: Concorde Film/Czerny/Alpha
Drehbuch: Pierre Granier-Deferre, Dominique Roulet,
nach dem Roman „Widow's Walk" von Andrew Coburn
Regie: Pierre Granier-Deferre
Besetzung: Philippe Noiret (Molinat),
Guy Marchand (Leroyer),
Elizabeth Bougine (Elisabeth)
Kamera: Charles van Damme
Musik: Philippe Sarde
Länge: 2.751m,
100 Min. Farbe Eastmancolor Dolby 35mm

The Eurythmics
EURYTHMICS LIVE

Produktion:
(Großbritannien 1987)
Verleih: Arsenal
Regie: Geoff Wonfor
Besetzung: The Eurythmics
Musik: The Eurythmics
Songs: Sex Crime,
Here comes the Rain again,
Let's go, it's alright u.a.
Länge: 90 Min. Farbe 35mm

Der Experte
DER EXPERTE

Produktion: Ufa, Berlin/ZDF, Mainz
(BRD 1987)
Verleih: Tobis/Constantin/Rex Film
Drehbuch: Hartmann Schmige,
Christian Rateuke
Regie: Reinhard Schwabenitzky
Besetzung: Dieter Hallervorden (Willi Schulze),
Peter Fricke (Peter Schmölling),
Walo Lüönd (Horst Neumann)
Kamera: Josef Vilsmeier
Musik: Konstantin Wecker,
Hans Franek
Länge: 2546 m,
93 Min. Farbe 35mm

Falsches Spiel mit Roger Rabbit
WHO FRAMED ROGER RABBIT

Produktion: Touchstone Pict. und Amblin Ent. mit Silver Screen Partners III
(USA 1987)
Drehbuch: Jeffrey Price,
Peter S. Seaman,
nach dem Buch „Who Censored Roger Rabbit?" von Gary K. Wolf
Regie: Robert Zemeckis
Besetzung: Bob Hoskins (Eddie Valiant),
Christopher Lloyd (Judge Doom),
Joanna Cassidy (Dolores)
Kamera: Dean Cundey
Musik: Alan Silvestri
Länge: 103 Min. Farbe Dolby 35mm

Fatal Beauty
FATAL BEAUTY

Produktion: MGM
(USA 1987)
Verleih: UIP
Drehbuch: Hilary Henkin,
Dean Riesner,
nach einer Story von Bill Svanoe
Regie: Tom Holland
Besetzung: Whoopi Goldberg (Rita Rizzoli),
Sam Elliott (Mike Marshak),
Ruben Blades (Carl Jimenez)
Kamera: David M. Walsh
Musik: Harold Faltermeyer
Länge: 2.861m,
104 Min. Farbe,
Metrocolor Dolby 35mm

Faust
FAUST

Produktion: Bavaria Film/SDR
(BRD 1988)
Verleih: Neue Constantin
Regie: Dieter Dorn
Besetzung: Helmut Griem (Faust),
Romuald Pekny (Mephistopheles),
Sunnyi Melles (Margarete)
Kamera: Gernot Roll
Musik: Roger Jannotta
Länge: 4.611m,
169 Min. Farbe 35mm

Felix
FELIX

Produktion: Futura Film
(BRD 1987)
Verleih: Filmverlag der Autoren/Constantin/Rex Film
Drehbuch: Helma Sanders-Brahms
Regie: Helma Sanders-Brahms

Besetzung: Ulrich Tukur (Felix)
Kamera: Frank Brühne
Länge: 2361 m,
86 Min. Farbe 35mm

Ferien auf Dauer
PERMANENT VACATION
Produktion: Cinesthesia Inc.
(USA 1980)
Verleih: Pandora
Drehbuch: Jim Jarmusch
Regie: Jim Jarmusch
Besetzung: Chris Parker (Allie),
Leila Gastil (Leila)
Kamera: James A. Lebovitz,
Thomas Dicillo
Musik: Jim Jarmusch
Länge: 77 Min. Farbe 35mm

Ein Fisch namens Wanda
A FISH CALLED WANDA
Produktion: MGM Prod.
(USA 1988)
Verleih: UIP
Drehbuch: John Cleese
Regie: Charles Crichton
Besetzung: John Cleese (Archie Leach),
Jamie Lee Curtis (Wanda),
Kevin Kline (Otto),
Michael Palin (Ken)
Kamera: Alan Hume
Musik: John Du Prez
Länge: 108 Min. Farbe (Technicolor) 35mm

Die Flucht ins Ungewisse
RUNNING ON EMPTY
Produktion: Double Play Prod.
(USA 1988)
Verleih: Columbia Tri-Star
Drehbuch: Naomi Foner
Regie: Sidney Lumet
Besetzung: Christine Lahti (Annie Pope),
River Phoenix (Danny Pope)
Kamera: Gerry Fisher
Musik: Tony Mottola
Länge: Farbe 35mm

Der Flug des Navigators
THE FLIGHT OF THE NAVIGATOR
Produktion: New Star Entertainment
(USA 1986)
Verleih: Filmwelt
Drehbuch: Michael Burton,
Matt MacManus nach dem gleichn.
Roman von Mark H. Baker
Regie: Randal Kleiser
Besetzung: Joey Cramer (David Freeman),
Veronica Cartwright (Helen Freeman)
Kamera: James Glennon
Musik: Alan Silvestri
Länge: 2449 m,
89 Min. Farbe 35mm

Frantic
FRANTIC
Produktion: Mount Co. Prod.
(Frankreich 1988)
Verleih: Warner Bros.
Drehbuch: Roman Polanski,
Gérard Brach
Regie: Roman Polanski
Besetzung: Harrison Ford (Richard Walker),
Emmanuelle Seigner (Michelle),
Betty Buckley (Sondra Walker),
John Mahoney (Williams),
Jimmie Ray Weeks (Shaap),
Yorgo Voyagis (The Kidnapper),
David Huddleston (Peter),
Gérard Klein,
Jacques Ciron,
Dominique Pinon,
Thomas M. Pollard,
Alexandra Stewart
Kamera: Witold Sobocinski
Musik: Ennio Morricone
Länge: 3.272m,
119 Min. Farbe Dolby 35mm

Freiwurf
BEST SHOT
Produktion: Hemdale
(USA 1986)
Verleih: 20th Century Fox
Drehbuch: Angelo Pizzo
Regie: David Anspaugh
Besetzung: Gene Hackman (Norman Dale),
Barbara Hershey (Myra Fleener),
Dennis Hopper (Shooter)
Kamera: Fred Murphy
Musik: Jerry Goldsmith
Länge: 3.126m,
114 Min. Farbe 35mm

Der Freund meiner Freundin
L'AMI DE MON AMIE
Produktion: Les Films du Losange
(Frankreich 1987)
Verleih: Prokino/top-film/Monopol-Films
Drehbuch: Eric Rohmer
Regie: Eric Rohmer
Besetzung: Emmanuelle Chaulet (Blanche),
Sophie Renoir (Lea)
Musik: Jean-Louis Valero
Länge: 2.830m,
103 Min. Farbe 35mm,
1:1,33

The Fruit Machine
THE FRUIT MACHINE
Produktion: Granada Films/Ideal Communications Prod.
(Großbritannien 1988)
Verleih: Senator
Drehbuch: Frank Clarke
Regie: Philip Saville
Besetzung: Emile Charles (Eddie),
Tony Forsyth (Michael)
Kamera: Dick Pope
Musik: Hans Zimmer
Länge: 102 Min. Farbe 35mm

Fürchten und Lieben
PAURA E AMORE
Produktion: Biskop-Film/Erre Produzioni S.r.L./Cinemax-Générale d'Images
(BRD/Italien/Frankreich 1987)
Verleih: Concorde
Drehbuch: Margarethe von Trotta,
Dacia Maraini
Regie: Margarethe von Trotta
Besetzung: Fanny Ardant (Velia),
Greta Scacchi (Maria)
Kamera: Giuseppe Lanci
Musik: Franco Piersanti
Länge: 100 Min. Farbe,
Eastmancolor 35mm

Der Fürst der Dunkelheit
PRINCE OF THE DARKNESS
Produktion: Alive Film
(USA 1987)
Verleih: Senator/Constantin/Alpha Films
Drehbuch: Martin Quatermass
Regie: John Carpenter
Besetzung: Donald Pleasence (Priest),
Jameson Parker (Brian),
Victor Wong (Birack)
Kamera: Gary B. Kibbe
Musik: John Carpenter in Zusammenarbeit mit Alan Howarth
Länge: 2.767m,
101 Min. Farbe 35mm

G

Gaby – Eine wahre Geschichte
GABY – A TRUE STORY
Produktion: Tri-Star
(USA/Mexiko 1987)
Verleih: Columbia Tri-Star/Columbia
Drehbuch: Luis Mandoki,
nach dem Buch von Gabriella Brimmer und Elena Poniatowska
Regie: Luis Mandoki
Besetzung: Liv Ullman,
Lawrence Monoson
Musik: Maurice Jarre
Länge: 3.111m,
114 Min. Farbe 35mm

Gar kein Sex mehr?
CASUAL SEX ??
Produktion: Universal
(USA 1987)
Verleih: UIP
Drehbuch: Wendy Goldman,
Judy Toll,
nach der gleichn. Komödie von Judy Toll
Regie: Genevieve Robert
Besetzung: Lea Thompson (Stacy),
Victoria Jackson (Melissa),
Stephen Shellen (Nick)
Kamera: Rolf Kestermann
Musik: Van Dyke Parks
Länge: 2.398m,
88 Min. Farbe 35mm

Geierwally
GEIERWALLY
Produktion: Entenprod./Pro-ject Filmprod. im F.d.A./ZDF
(BRD 1987)
Verleih: Filmverlag der Autoren/Constantin
Drehbuch: Walter Bockmayer
Regie: Walter Brockmayer
Besetzung: Samy Orfgen (Geierwally),
Christoph Eichhorn (Vinzenz)
Kamera: Wolfgang Simon
Musik: Horst Hornung
Länge: 2550 m,
91 Min. Farbe Dolby 35mm,
1:1,66

Giselle
DANCERS
Produktion: Golan-Globus Prod. mit Hera/Baryshnikov Prod.
(USA 1987)
Verleih: Scotia-Cannon/Czerny
Drehbuch: Sarrah Kernochan
Regie: Herbert Ross
Besetzung: Mikhail Baryshnikov (Tony),
Alessandra Ferri (Francesca),
Leslie Browne (Nadine)
Musik: Pino Donaggio; „Giselle" Ballett-Musik von Adolphe Adam, gespielt vom London Symphony Orchestra unter der Leitung von Michael Tilson Thomas
Länge: 2.717m,
99 Min. Farbe,
Dolby 35mm

Giulia
DESIDERANDO GIULIA
Produktion: Medusa/National Cinematografica/Dania/Filmes International
(Italien 1985)
Verleih: Esplanade/Elysee/Nova
Regie: Andreas Barzini
Besetzung: Serena Grandi,
Johan Leysen,
Valerie D'Obici,
Sergio Rubini
Länge: 2.480m,
91 Min. Farbe 35mm

Der gläserne Himmel
DER GLÄSERNE HIMMEL
Produktion: Avista Film/Rimbach/Voiss/BR Prod.: Alena und Herbert Rimbach
(BRD 1987)
Verleih: Impuls
Drehbuch: Nina Grosse nach der Erzählung „El Otro Cielo" von Julio Cartazar
Regie: Nina Grosse
Besetzung: Heli Berger (Julien),
Sylvie Orcier (Bichette),
Agnes Fink (Mutter)
Kamera: Hans Bücking
Musik: Flora St. Loup
Länge: 2.373m,
87 Min. Farbe 35mm,
1:1,66

Good Morning Babylon
GOOD MORNING BABYLONIA
Produktion: Filmtre,
Rom/MK2 Prod.,
Paris/Pressman Film Corp. Burbank, Calif. in Zusammenarbeit mit RAI Radiotelevisione,
Rom/Films A2, Paris
(Italien/Frankreich/USA 1986)
Verleih: Jugendfilm,
Berlin/Constantin,
Wien/Monopole-Pathé, Zürich
Drehbuch: Paolo und Vittoria Taviani mit Tonino Guerra,
nach einer Idee von Lloyd Fonvielle
Regie: Paolo und Vittorio Taviani
Besetzung: Vincent Spano (Nicola),
Joaquim De Almeida (Andrea)
Kamera: Giuseppa Lanci
Musik: Nicola Piovani

Good Morning Vietnam
GOOD MORNING VIETNAM
Produktion: Touchstone mit Silver Screen Partners III (USA 1987)
Verleih: Warner Bros.
Drehbuch: Mitch Markowitz
Regie: Barry Levinson
Besetzung: Robin Williams (Adrian Cronauer),
Forest Whitaker (Edward Garlick)
Kamera: Peter Sova
Musik: Alex North
Länge: 3308 m,
121 Min. Farbe 35mm

Die grellen Lichter der Großstadt
BRIGHT LIGHTS, BIG CITY
Produktion: United Artists (USA 1988)
Verleih: UIP/UIP/UIP
Drehbuch: Jay McInerny, nach seiner Novelle „Ein starker Abgang"
Regie: James Bridges
Besetzung: Michael J. Fox (Jamie), Kiefer Sutherland (Tad), Phoebe Cates (Amanda)
Kamera: Gordon Willis
Musik: Donald Fagen
Länge: 2.939m,
107 Min. Farbe, Technicolor Dolby 35mm

Der große Leichtsinn
THE BIG EASY
Produktion: Kings Road Entertainment (USA 1986)
Verleih: Kuchenreuther, München/Czerny, Wien/Cactus, Zürich
Drehbuch: Dan Petrie jr.
Regie: Jim McBride
Besetzung: Dennis Quaid (Remy McSwain),
Ellen Barkin (Anne Osborne)
Kamera: Alfonso Beato
Musik: Brad Fiedel
Länge: 2.811m,
103 Min. Farbe Deluxe color 35mm

Gunbus — Zwei Blechpiloten und ihre fliegenden Kisten
GUNBUS
Produktion: (GB 1985/1986)
Verleih: Metropol/Fleur-Film
Drehbuch: Thom Keyes
Regie: Zoran Perisic
Besetzung: Scott McGinnis (Barney), Jeffrey Osterhage (Luke)
Kamera: David Watkin
Länge: 2511 m,
92 Min. Farbe 35mm

Hairspray
HAIRSPRAY
Produktion: New Line Cinema (USA 1987)
Verleih: Arsenal
Drehbuch: John Waters
Regie: John Waters
Besetzung: Sonny Bono (Franklin von Tussle),
Kamera: Dave Insley
Länge: 2.508m,
2 Min. Farbe 35mm

Das Halloween Monster
VENGEANCE, THE DEMON
Produktion: Lions Films (USA 1987)
Verleih: 20th Century Fox
Drehbuch: Mark Patrick Carducci,
Regie: Stan Winston
Besetzung: Lance Henriksen
Kamera: Bojan Bazelli
Musik: Richard Stone
Länge: 2.365m,
86 Min. Farbe (Technicolor) 35mm

Hamburger Hill
HAMBURGER HILL
Produktion: RKO Pictures (USA 1987)
Verleih: Tivoli/Constantin/Rialto
Drehbuch: Jim Carabatsos
Regie: John Irvin
Besetzung: Anthony Barrile, Michael Patrick Boatman, Don Cheadle
Kamera: Peter McDonald
Musik: Philip Glass
Länge: 2860 m,
104 Min. Farbe 35mm

Hanussen
HANUSSEN
Produktion: Objektiv/Mafilm/CCC Filmkunst/ZDF/Hungarofilm/Mokep Prod.
(Ungarn/BRD 1987)
Verleih: Tobis
Drehbuch: Istvan Szabo
Regie: Istvan Szabo
Besetzung: Klaus Maria Brandauer (Hanussen),
Erland Josephson (Dr. Bettelheim)
Kamera: Lajos Koltai
Musik: Gyorgy Vukan
Länge: 140 Min. Farbe, Eastmancolor 35mm

Haus der Spiele
HOUSE OF GAMES
Produktion: Filmhaus Prod. (USA 1987)
Verleih: Twentieth Century Fox
Drehbuch: David Mamet, nach einer Erzählung von David Mamet und Jonathan Katz
Regie: David Mamet
Besetzung: Lindsay Crouse (Margaret Ford),
Joe Mantegna (Mike)
Kamera: Juan Ruiz Anchia
Musik: Alaric Jans
Länge: 2778m,
101 Min. Farbe, Panavision 35mm

Das Haus in der Carroll Street
HOUSE ON CARROLL STREET
Produktion: Orion (USA 1987)
Verleih: 20th Century Fox/Constantin/Monopole Pathé
Drehbuch: Walter Bernstein
Regie: Peter Yates
Besetzung: Kelly McGillis (Emily Crane),
Jeff Daniels (Cochran),
Mandy Patinkin (Ray Salwen)
Kamera: Michael Ballhaus
Musik: Georges Delerue
Länge: 2.761m,
101 Min. Farbe 35mm

Die Hawaii Connection
PICASSO TRIGGER
Produktion: Picasso Trigger Co. (USA 1987)
Verleih: Ascot
Drehbuch: Michael Haight
Regie: Andy Sidaris
Besetzung: Steve Bond (Travis Abilene)
Kamera: Howard Wexler
Musik: Gary Stockdale
Länge: 2.670m,
98 Min. Farbe (Eastmancolor) 35mm

Heart of Midnight
HEART OF MIDNIGHT
Produktion: (USA 1988)
Verleih: Jugendfilm
Regie: Matthew Chapman
Besetzung: Jennifer Jason Leigh, Peter Coyote, Frank Stallone
Länge: Farbe 35mm

Heimkehr
HEIMKEHR
Produktion: Gerlinde Böhm Filmprod. (BRD/Peru 1987)
Verleih: Freunde der deutschen Kinemathek
Drehbuch: Gerlinde Böhm
Regie: Gerlinde Böhm
Besetzung: Viki Aguilar Cuba, Juana Cuba Vasquez
Musik: Juan Gabriel „Querida"
Länge: 1.001m,
87 Min. Farbe 16mm, 1:1,33

Heiße Hasenjagd
THE BIKINI SHOP
Produktion: Wescom mit Romax Prod. (USA 1984)
Verleih: Metropol
Drehbuch: David Wechter
Regie: David Wechter
Besetzung: Michael David Wright (Alan)
Kamera: Tom Richmond
Musik: Don Perry
Länge: 90 Min. Farbe Dolby 35mm

Hellraiser — Das Tor zur Hölle
HELLRAISER
Produktion: Futur Film Prod. (GB 1986)
Verleih: Highlight/Constantin/Alexander Film
Drehbuch: Clive Barker
Regie: Clive Barker
Besetzung: Andrew Robinson (Larry Cotton),
Claire Higgings (Julia Cotton)
Kamera: Robing Vidgeon
Musik: Christopher Young
Länge: 2439 m,
89 Min. Farbe 35mm

Helsinki—Napoli — All Night Long
HELSINKI–NAPOLI – ALL NIGHT LONG
Produktion: Salinas/Villealfa/Francis von Büren
(BRD/Finnland 1987)
Verleih: Senator/Constantin/-
Drehbuch: Richard Reitinger, Mika Kaurismäki, nach der Originalidee von Mika Kaurismäki und Christian Zertz
Regie: Mika Kaurismäki
Besetzung: Kari Väänänen (Alex), Roberta Manfredi (Stella)
Kamera: Helge Weindler
Musik: Jaques Zwart
Länge: 2.647m,
97 Min. Farbe 35mm

Ein Herz für Wauzi
POUND PUPPIES
Produktion: (USA 1988)
Verleih: Senator
Regie: Pierre DeCelles
Länge: Farbe 35mm

Hollywood Shuffle
HOLLYWOOD SHUFFLE
Produktion: (USA 1987)
Verleih: Delton/Stadtkino
Drehbuch: Robert Townsend
Regie: Robert Townsend
Besetzung: Robert Townsend (Bobby Taylor),
Anne Marie Johnson (Lydia), Starletta Dupois (Bobbys Mutter)
Kamera: Peter Deming
Musik: Patrice Rushen, Udi Harpaz
Länge: 2219 m,
81 Min. Farbe 35mm

Hot Splash
HOT SPLASH
Produktion: New Manatee Pictures
Verleih: Ring Film/Splendid
Regie: James Ingrassia
Besetzung: Richard Steinmetz, A. Rebecca Thompson
Musik: Lenny Macalusa, Michael Hirsch
Länge: 90 Min. Farbe 35mm

I

Ich atme mit dem Herzen
A WINTER TAN
Produktion: John B. Frizzell Inc.
(Kanada 1987)
Verleih: Endfilm
Drehbuch: Jackie Burroughs,
nach dem Buch „Give Sorrow Words: Maryse Holder's Letters from Mexico"
Regie: Jackie Burroughs,
Besetzung: Jackie Borroughs (Maryse Holder),
Musik: Ahmed Hassan,
John Lang
Länge: 2.546m,
93 Min. Farbe 35mm,
1:1,85

Ich bin Du
VICE VERSA
Produktion: Columbia Pict.
(USA 1988)
Verleih: Columbia
Regie: Brian Gilbert
Besetzung: Judge Reinhold (Marshall), Fred Savage (Charlie), Corinne Bohrer (Sam)
Kamera: King Baggot
Musik: David Shire
Länge: 98 Min. Farbe 35mm

Ich und Er
ICH UND ER
Produktion: Neue Constantin
(BRD 1987)
Verleih: Neue Constantin
Drehbuch: Warren D. Leight, adaptiert von Michael Juncker, sehr frei nach dem gleichn. Roman von Alberto Moravia
Regie: Doris Dörrie
Besetzung: Griffin Dunne (Bert Uttanzi),
Heiner Lauterbach („Seine" Stimme)
Kamera: Helge Weindler
Musik: Klaus Doldinger
Länge: 2.553m,
93 Min. Farbe 35mm

Im Augenblick der Angst
ANGUISH
Produktion: Pepon Coromina Prod. für Samba P.C. und Luna Films
(Spanien 1986)
Verleih: Filmwelt/Czerny/-
Drehbuch: Bigas Luna, Michael Berlin (Dialoge)
Regie: Bigas Luna
Besetzung: Zelda Rubinstein (Mutter), Michael Lerner (John)
Kamera: Josep Maria Civit
Musik: José Manuel Pagan
Länge: 89 Min. Farbe Eastmancolor 35mm

Im Jahr der Schildkröte
IM JAHR DER SCHILDKRÖTE
Produktion: Geissendörfer Fil- und Fernsehprod./WDR
(BRD 1987)
Verleih: Filmverlag der Autoren
Drehbuch: Ute Wieland, nach dem Roman „Sterbetage" von H.W. Kettenbach
Regie: Ute Wieland
Besetzung: Heinz Bennent (Heinz August Kamp),
Karina Fallenstein (Claudia Bzdega), Anke Tegtmeyer (Hertha Kose), Arpad Kraupa (Achim)
Kamera: Karl-Walter Lindenlaub
Musik: Nick Glowna
Länge: 2.659m,
97 Min. Farbe 35mm

Im Rausch der Tiefe
THE BIG BLUE
Produktion: Gaumont
(USA 1988)
Verleih: 20th Century Fox
Drehbuch: Luc Besson,
Robert Garland,
Marilyn Goldin,
Jacques Mayol,
Marc Perrier
Regie: Luc Besson
Besetzung: Rosanne Arquette (Johana Cross),
Jean-Marc Barr (Jacques Mayol), Jean Reno (Enzo Molinari),
Paul Shenar (Dr. Laurence),
Sergio Castellitto (Novelli),
Jean Bouise (Onkel Louis),
Marc Duret (Roberto),
Griffin Dunne (Duffy),
Andreas Voutsinas,
Valentina Vargas,
Kimberley Beck,
Patrick Fontana
Kamera: Carlo Varini
Musik: Eric Serra
Länge: 120 Min. Farbe Dolby 35mm

Im Urwald ist die Hölle los
MY AFRICAN ADVENTURE/GOING BANANAS
Produktion: Golan-Globus Prod.
Verleih: Scotia-Cannon/Czerny
Drehbuch: Menahem Golan nach der „Kofico" Fortsetzungs-Serie von Tamar Bernstein
Regie: Boaz Davidson
Besetzung: Dom DeLuise (Big Bad Joe)
Kamera: Joseph Wain
Musik: Pino Donaggio
Länge: 2578 m,
94 Min. Farbe 35mm

In der Arche ist der Wurm drin
IN DER ARCHE IST DER WURM DRIN
Produktion: MS-Film/Paramount/Artemis/2o F
(BRD 1986/87)
Verleih: UIP, UIP
Regie: Wolfgang Urchs
Kamera: Pierre Salvagnac,
Helmut Müller,
Christoph Beyerm Sebastian Schwerte
Roland Coulon
Musik: Frank Pleyer
Länge: 2228 m,
81 Min. Farbe 35mm

Der Indianer
DER INDIANER
Produktion: Oase-Film mit ZDF
(BRD 1987)
Drehbuch: Leonhard Lentz, Rolf Schübel nach einer autobiographischen Erzählung von Leonhard Lentz
Regie: Rolf Schübel
Besetzung: Arnhild Classen, Wiebke Knickrehm
Musik: Jan Garbarek „Its okay to listen to the grey voice"
Länge: 93 Min. Farbe 16mm

Inkognito
HIDING OUT
Produktion: Evenmore/Locomotion Pict.
(USA 1987)
Verleih: 20th Century Fox
Drehbuch: Joe Menosky,
Jeff Rothberg
Regie: Bob Giraldi
Besetzung: Jon Cryer (Andrew Morenski),
Keith Coogan (Patrick Morenski), Annabeth Gish (Ryan Campbell)
Kamera: Daniel Pearl
Musik: Anne Dudley
Länge: 2.705m,
99 Min. Farbe (Technicolor) Dolby 35mm

Ishtar
ISHTAR
Produktion: Columbia-Delphi V
(USA 1985/86)
Verleih: Columbia Tri-Star/Columbia 20 th Century Fox
Drehbuch: Elaine May
Regie: Elaine May
Besetzung: Warren Beatty (Lyle Rogers),
Dustin Hoffman (Chuck Clarke), Isabelle Adjani (Shirra Assel)
Kamera: Vittorio Storaro
Musik: John Strauss
Länge: 2939 m,
107 Min. Farbe Technicolor 35mm

Ist es leicht, jung zu sein?
VAI VEGLI BUT JAUNAM?
Produktion: Studio Riga
Verleih: Verleigenossenschaft der Filmemacher/Pandora/Filmladen
Drehbuch: A. Klockis,
J. Margolis
Regie: Juris Podnieks
Kamera: Kalvis Zalmancis
Länge: 84 Min. Farbe,s/w 35mm/16mm

Die italienische Affäre
CAPRICCIO
Produktion: San Francisco Film Prod.
(Italien 1987)
Verleih: 20th Century Fox
Drehbuch: Giovanni Tinto Brass
Regie: Giovanni Tinto Brass
Besetzung: Nicola Warren (Jennifer), Andy J. Forest (Fred)
Kamera: Silvano Ippoliti
Musik: Riz Ortolani
Länge: 98 Min. Farbe (Technicolor) 35mm

J

Jane B. par Agnes V.
JANE B. PAR AGNES V.
Produktion: Ciné-Tamaris/La Sept
(Frankreich 1987)
Verleih: Pandora
Drehbuch: Agnes Varda
Regie: Agnes Varda
Besetzung: Jane Birkin,
Philippe Léotard,
Jean-Pierre Léaud
Kamera: Nurith Aviv,
Pierre-Laurent Chenieux
Musik: Manfredini,
Chopin,
Gainsbourg
Länge: 97 Min. Farbe 35mm

Jane und die verlorene Stadt
JANE AND THE LOST CITY
Verleih: Esplanade/Elysee/Nova
Regie: Terry Marcel

Johnny Flash
JOHNNY FLASH
Produktion: Werner Nekes Filmprod.
(BRD 1986)
Verleih: FiFiGe
Drehbuch: Werner Nekes,
Peter Ritz
Regie: Werner Nekes
Besetzung: Andreas Kunze,
Helge Schneider
Kamera: Bernd Upnmoor,
Serge Roman
Musik: Helge Schneider
Länge: 2193 m,
80 Min. Farbe 35mm

Julia und Julia
GIULIA E GIULIA
Produktion: RAI Radiotelevisione
(Italien 1987)
Verleih: Filmwelt Verleih,
top-Film/Monopol/Pathé
Drehbuch: Peter Del Monte,
Silvia Napolitano,
Sandro Petraglia
Regie: Peter Del Monte
Besetzung: Kathleen Turner (Julia), Sting (Daniel),
Gabriel Byrne (Paolo)
Kamera: Guiseppe Rotunno HDTV
Musik: Maurice Jarre
Länge: 2671 m,
97 Min. Technicolor Farbe 35mm,
1:1.66

K

Kaskade rückwärts
KASKADE RÜCKWÄRTS
Produktion: DEFA
(DDR 1984)
Verleih: Unidoc
Drehbuch: Iris Gusner,
Roland Kästner

Regie: Iris Gusner
Besetzung: Marion Wiegmann (Maja Wegner)
Kamera: Roland Dressel
Musik: Gerhard Rosenfeld
Länge: 91 Min. Farbe 35mm, Breitwand

Die Katze
DIE KATZE

Produktion: Bavaria Atelier/ZDF
(BRD 1987)
Verleih: Neue Constantin/Constantin/Rex Film
Drehbuch: Uwe Erichsen, Christoph Fromm,
nach dem Roman „Das Leben einer Katze" von Uwe Erichsen
Regie: Dominink Graf
Besetzung: Götz George (Probek),
Gudrun Landgrebe (Jutta),
Joachim Kemmer (Voss),
Heinz Hoenig (Junghein)
Kamera: Martin Schäfer
Musik: Andreas Köbner
Länge: 2942 m,
118 Min. Farbe Dolby 35mm

Kellerkinder — Orphans
ORPHANS

Produktion: Lorimar
(USA 1987)
Verleih: 20th Century Fox
Drehbuch: Lyle Kessler,
nach seinem gleichn. Theaterstück
Regie: Alan J. Pakula
Besetzung: Albert Finney (Harold),
Matthew Modine (Treat)
Kamera: Donald McAlpine
Musik: Michael Small
Länge: 3.163m,
115 Min. Farbe 35mm

Kiebich und Dutz
KIEBICH UND DUTZ

Produktion: Salinas/BR/SFB
(BRD 1987)
Verleih: Pandora/Monopole Pathé
Drehbuch: F.K. Waechter
Regie: F.K. Waechter
Besetzung: Michael Altmann (Kiebich),
Heinz Kraehkamp (Dutz)
Kamera: David Slama
Musik: Jaques Zwart
Länge: 2405 m,
88 Min. Farbe 35mm

Kill, Daddy, kill!
THE STEPFATHER

Produktion:
(USA 1986)
Verleih: Delta/Czerny/-
Drehbuch: Donald E. Westlake
Regie: Joseph Ruben
Besetzung: Terry O'Quinn (Henry Morrison)
Kamera: John Lindley
Musik: Patrick Moraz
Länge: 85 Min. Farbe 35mm

Killing Blue
KILLING BLUE

Produktion: Lisa/K.S. Film/Roxy Film
(BRD 1988)
Verleih: Tivoli
Drehbuch: Julia Kent,
Paul Nicholas,

Peter Patzak
Regie: Peter Patzak
Besetzung: Armin Mueller-Stahl (Alex Glass),
Morgan Fairchild (Lisa Ostermann),
Frank Stallone (Georg Miskowski)
Kamera: Toni Peschke
Musik: Carl Carlton,
Bertram Engel

Die Kommissarin
KOMISSAR

Produktion: Prod. Filmstudio GORKI/Moskau
(UDSSR 1967)
Verleih: Futura/Filmverlag
Drehbuch: Aleksandr Askoldov nach Motiven der Erzählung "In der Stadt Berditschev" von Vasilij Grossman
Regie: Aleksandr Askoldov
Besetzung: Nonna Mordjukova (Klavdija Vavilova,Kommissarin)
Kamera: Valeri Ginsburg
Musik: Alfred Schnittke
Länge: 108 Min. CinemaScope Farbe/s/w 35mm

Komplizinnen
KOMPLIZINNEN

Verleih: Filmverlag der Autoren
Drehbuch: Margit Czenki
Regie: Margit Czenki
Besetzung: Pola Kinski,
Therese Affolter
Kamera: Hille Sagel,
Pascal Mundt
Musik: Franz Hummel
Länge: 3133 m,
114 Min. s/w und Farbe 35mm,1:1,37

Kung-Fu Master!
KUNG-FU MASTER!

Produktion:
(Frankreich 1987)
Verleih: Pandora
Drehbuch: Agnes Varda nach einer Idee von Jane Birkin
Regie: Agnes Varda
Besetzung: Jane Birkin,
Mathieu Demy,
Charlotte Gainsbourg,
Eva Simonet,
Judy Campbell
Kamera: Pierre-Laurent Chenieux
Musik: Joanna Bruzdowicz,
Rita Mitsouko
Länge: 80 Min. Farbe 35mm

Der Kurier
THE COURIER

Produktion: Euston Films & Palace Prod. für City Vision Film mit Unterstützung durch The Irish Film Board (Irland)
Verleih: Delta
Drehbuch: Frank Deasy
Regie: Frank Deasy,
Joe Lee
Besetzung: Padraig O'Loinsigh (Mark),
Cait O'Riordan (Colette),
Gabriel Byrne (Val)
Kamera: Gabriel Beristain
Musik: Declan MacManus
Länge: Farbe 35mm

Der Kuß des Tigers
DER KUSS DES TIGERS

Produktion: Futur Film Prod./Project Filmprod. mit Filmedis
(BRD/Frankreich 1988)

Verleih: Filmverlag der Autoren
Drehbuch: Gerd Weiß,
Petra Hafter,
Peter Reinholz,
nach dem Roman „Voulez-vous mourir avec moi?" von Francis Ryck
Regie: Petra Hafter
Besetzung: Stéphane Ferrara (Peter),
Beate Jensen (Michele),
Yves Beneyton (Jacques),
Kristina van Eyck (Mme Monestier)
Kamera: Wolfgang Simon
Musik: Inga Humpe,
Thomas Fehlmann
Länge: 104 Min. Farbe 35mm, 1:1,66

L

Das Leben ist ein langer ruhiger Fluß
LA VIE EST UN LONG FLEUVE TRANQUILLE

Produktion: Téléma, MK2, FR3 mit CNC und Sofica Investimage
(Frankreich 1988)
Verleih: NEF 2
Drehbuch: Florence Quentin,
Etienne Chatiliez
Regie: Etienne Catiliez
Besetzung: Benoit Magimel,
Valérie Lalande
Kamera: Pascal Lebegue
Musik: Gérard Kawczynski
Länge: 90 Min. Farbe 35mm

Die letzte Versuchung Christi
THE LAST TEMPTATION OF CHRIST

Produktion: Univeral, Cineplex Odeon Film
(USA 1988)
Verleih: UIP
Drehbuch: Pual Schrader
Regie: Martin Scorsese
Besetzung: Willem Dafoe (Jesus),
Harvey Keitel (Judas),
Barbara Hershey (Maria Magdalene),
Harry Dean Stanton (Paul),
David Bowie (Pontius Pilatus)
Kamera: Michael Ballhaus
Musik: Peter Gabriel
Länge: 164 Min. Technicolor Farbe Dolby 35mm

Die letzten Tage in Kenya
WHITE MISCHIEF

Produktion: Umbrella Films mit Power Tower Investments (Kenya)/BBC
(Großbritannien 1987)
Verleih: Filmwelt/Constantin/Monopole Pathé
Drehbuch: Michael Radford,
Jonathan Gems,
nach dem gleichn. Roman von James Fox
Kamera: Roger Deakins
Regie: Michael Radford
Besetzung: Sarah Miles (Alice),
Joss Ackland (Broughton),
John Hurt (Colville),
Greta Scacchi (Diana)
Kamera: Roger Deakins
Musik: George Fenton

Länge: 2.949m,
107 Min. Farbe Dolby 35mm

Liebe ist eine dicke Frau
EL AMOR ES UNA MUJER GORDA

Produktion: Movimiento Falso/Allart's Enterprises
(Argentinien/Niederlande 1987)
Verleih: Arsenal
Drehbuch: Alejandro Agresti
Regie: Alejandro Agresti
Besetzung: Elio Marchi,
Sergio Poves Campos,
Carlos Roffé,
Theo McNabney,
Mario Luciani
Kamera: Alejandro Agresti
Musik: Paul Michael van Bruge
Länge: 80 Min. Farbe 35mm

Liebes Amerika
DEAR AMERICA

Produktion:
(USA 1987)
Verleih: Ascot
Drehbuch: Richard Dewhurst,
Bill Couturie
Regie: Bill Couturie
Kamera: Archivmaterial der NBC
Musik: Todd Boekelheide
Länge: 87 Min. Farbe Dolby 35mm

Light of Day — Im Licht des Tages
LIGHT OF DAY

Produktion: Taft/Keith Barish
(USA 1986)
Verleih: Ascot/Constantin/Elite
Drehbuch: Paul Schrader
Regie: Paul Schrader
Besetzung: Michael J. Fox (Joe Rasnick),
Gena Rowlands (Jeanette Rasnick)
Kamera: John Bailey
Musik: Thomas Newman
Länge: 2374 m,
107 Min. Farbe Dolby 35mm

Linie 1
Linie 1

Produktion: Bioskop/WDR/SFB
(BRD 1987)
Verleih: Tobias (Constantin) Monopole Pathé
Regie: Reinhard Hauff
Besetzung: Thomas Ahrens,
Claus-Peter Damitz,
Inka Groetschel
Kamera: Frank Brühne
Musik: Birger Heymann
Länge: 2722 m,
99 Min. Farbe Dolby Stereo 35mm

Little Nikita
LITTLE NIKITA

Produktion: Harry Gittes Prod.
(USA 1987)
Verleih: Columbia/dto./
Drehbuch: John Hill,
Bo Goldman,
nach einer Erzählung von Tom Musca und Terry Schwartz
Regie: Richard Benjamin
Besetzung: Sidney Poitier (Roy Parmenter),
River Phoenix (Jeff Grant)

Kamera: Laszlo Kovacs
Musik: Marvin Hamlisch
Länge: 2.643m,
96 Min. Farbe Dolby 35mm,
Panavision

The Lost Boys
THE LOST BOYS

Produktion: Richard Donner
Production
(USA 1986)
Verleih: Warner/Warner/Warner
Drehbuch: Janice Fischer,
James Jeremias,
Jeffrey Boam
Regie: Joel Schumacher
Besetzung: Jason Patric (Michael),
Corey Haim (Sam),
Dianne Wiest (Lucy)
Kamera: Michael Chapman
Musik: Thomas Newman,
„The Doors"
Länge: 2688 m,
97 Min. Technicolor Farbe Dolby
Stereo 35mm

Made in Heaven
MADE IN HEAVEN

Produktion: Rudolph/Blocker Pic.
(USA 1987)
Verleih: Neue Constantin Film,
München/Constantin, Wien
Drehbuch: Bruce A. Evans,
Raynold Gideon
Regie: Alan Rudolph
Besetzung: Timothy Hutton (Mike
Shea/Elmo Barnet),
Kelly McGillis (Annie Packert/Ally
Chandler),
Maureen Stapleton (Tante Lisa)
Kamera: Jan Kiesser
Musik: Mark Isham
Länge: 2.736m,
100 Min. Farbe 35mm

Der Madonna-Mann
DER MADONNA-MANN

Produktion: Radiant mit Studio
Hamburg und NDR
(BRD 1986/87)
Verleih: Impuls
Drehbuch: Jonathan Thornhill,
Hans-Christoph Blumenberg
Regie: H.-C. Blumenberg
Besetzung: Marius Müller-Westernhagen (Martin Graves),
Renee Soutendijk (Juliane Mundt),
Michael Lonsdale (Tanzmann),
Heinrich Schweiger (Arthur/Otto
Wiegand),
Kamera: Theo van de Sande
Musik: Manfred Schoof
Länge: 2466 m,
83 Min. Farbe 35mm

Die Mafiosi-Braut
MARRIED TO THE MOB

Produktion: Mysterious Arts/Demme
(USA 1988)
Verleih: 20th Century Fox
Drehbuch: Barry Strugatz,
Mark R. Burns
Regie: Jonathan Demme
Besetzung: Michelle Pfeiffer (Angela De Marco),
Matthew Modine (Mike Downey)
Kamera: Tak Fujimoto
Musik: David Byrne
Länge: 103 Min. Farbe Dolby 35mm

Malone
MALONE

Produktion: Orion
(USA 1987)
Verleih: 20th Century Fox
Drehbuch: Christopher Frank
Regie: Harley Cokliss
Besetzung: Burt Reynolds (Malone),
Cliff Robertson (Delaney)
Kamera: Gerald Hirschfeld
Musik: David Newman
Länge: 2507 m,
92 Min. Deluxe Farbe 35mm

A Man in Love
UN HOMME AMOUREUX

Produktion: Camera One/Alexandre
Films/J.M.S.
(Frankreich 1987)
Verleih: Filmwelt/Czerny/
Drehbuch: Diane Kurys/
Regie: Diane Kurys
Besetzung: Peter Coyote (Steve),
Greta Scacchi (Jane)
Kamera: Bernard Zitzermann
Länge: 3.014m,
110 Min. Farbe 35mm

Man on Fire
MAN ON FIRE

Produktion: 7.Films Cinema/Cima/FR
3
(Frankreich 1986)
Verleih: Jugendfilm/Constantin/Alpha
Drehbuch: Elie Chouraqui und Sergio
Donati nach dem Roman „Der
Söldner" von A.J.Quinnell
Regie: Elie Chouraqui
Besetzung: Scott Glenn (Creasy),
Jade Malle (Sam),
Joe Pesci (David)
Kamera: Gerry Fischer
Musik: John Scott
Länge: 2487 m,
91 Min. Farbe Eastmancolor Dolby
35mm

Man spricht deutsh
MAN SPRICHT DEUTSH

Produktion: Vision Hans Weth/Maran-Film/Solaris
(BRD 1987)
Verleih: Neue Constantin/Constantin/Rialto
Drehbuch: Hanns Christian Müller,
Gerhard Polt
Regie: Hanns Christian Müller
Besetzung: Gerhard Polt (Erwin
Löffler),
Gisela Schneeberger (Irmgard Löffler),
Dieter Hildebrandt (Dr. Eigenbrodt)
Kamera: James Jacobs
Musik: Hanns Christian Müller
Länge: 2303 m,
84 Min. Farbe 35mm

Der Mann im Hintergrund
SOMEONE TO WATCH OVER ME

Produktion: Columbia Pict.
(USA 1987)
Verleih: Columbia/Columbia/20th
Century Fox
Drehbuch: Howard Franklin
Regie: Ridley Scott
Besetzung: Tom Berenger (Mike
Keegan),
Mimi Rogers (Claire Gregory)
Kamera: Steven Poster
Musik: Michael Kamen
Länge: 2.909m,
106 Min. Farbe 35mm

Martha Jellneck
MARTHA JELLNECK

Produktion: Ottokar Runze mit BR
(BRD 1988)
Verleih: Basis
Drehbuch: Beate Langmaack
Regie: Kai Wessel
Besetzung: Heidemarie Hatheyer
(Martha Jellneck)
Kamera: Achim Poulheim
Musik: Michael Haase
Länge: 93 Min. Farbe 35mm/16mm

Masquerade
MASQUERADE

Produktion: Michael I. Levy Enterprises
(USA 1988)
Verleih: UIP
Drehbuch: Dick Wolf
Regie: Bob Swaim
Besetzung: Rob Lowe (Tim Whalen),
Meg Tilly (Olivia Lawrence)
Musik: John Barry
Länge: 2505 m,
91 Min. Deluxe Farbe Dolby 35mm

Maurice
MAURICE

Produktion: Merchant Ivory Prod. mit
Cinecom,
Filmtour
(GB 1986/87)
Verleih: Concorde/Czerny/Monopole
Pathé
Drehbuch: Kit Hersketh-Harvey und J.
Ivory nach dem gleichnamigen
Roman von E.M.Forster
Regie: James Ivory
Besetzung: James Wilby (Maurice),
Hugh Grant (Clive),
Rupert Graves (Alec),
Denholm Elliott (Dr. Barry)
Kamera: Pierre Lhomme
Musik: Richard Robbins
Länge: 3829 m,
140 Min. Farbe Technicolor Dolby
35mm,
1:1,66

Maybe Baby
FOR KEEPS

Produktion: Tri-Star-ML/Delphi
Premier Prod.
(USA 1987)
Verleih: Columbia/dto./
Drehbuch: Tim Karzurinsky,
Denise DeClue
Regie: John G. Avildsen
Besetzung: Molly Ringwald (Darcy),
Randall Batinkoff (Stan)
Kamera: James Crabe
Musik: Bill Conti
Länge: 2.694m,
98 Min. Farbe Technicolor Dolby
35mm,
Panavision

Mein teuflischer Liebhaber
MY DEMON LOVER

Produktion: Robert Shaye Prod.
(USA 1987)
Verleih: Jugendfilm
Drehbuch: Leslie Ray
Regie: Charles Loventhal
Besetzung: Scott Valentine (Kaz),
Michelle Little (Denny),
Arnold Johnson (Fixer),
Robert Trebor (Charles),
Alan Fudge (Cap.Phil Janus),
Gina Gallego (Sonia)
Kamera: Jacques Haitkin
Musik: David Newman
Länge: 2399 m,
88 Min. Color Farbe 35mm

Midnight Run — 5 Tage bis Mitternacht
MIDNIGHT RUN

Produktion: Universal Pic.
(USA 1987)
Verleih: UIP
Drehbuch: George Gallo
Regie: Martin Brest
Besetzung: Robert De Niro (Jack
Walsh),
Charles Grodin (Jonathan Mardukas),
Yaphet Kotto (Alonzo Mosely)
Kamera: Donald Thorin,
A.S.C.
Länge: 3459m,
126 Min. Farbe 35mm

Das Mikroskop
DAS MIKROSKOP

Produktion: Moana-Film
(BRD 1987)
Verleih: N.E.F.
Drehbuch: Rudolf Thome
Regie: Rudolf Thome
Besetzung: Vladimir Weigl (Franz),
Adriana Altaras (Maria),
Malgoscha Gebel (Tina)
Kamera: Martin Schäfer
Musik: Hanno Rinné,
Gabriela di Rosa
Länge: 2.688m,
97 Min. Farbe 35mm

Milagro — Der Krieg im Bohnenfeld
MILAGRO

Produktion: Robert Redford/
Moctesuma Esparza Prod.
(USA 1987)
Verleih: UIP
Drehbuch: David Ward,
John Nichols
Regie: Robert Redford
Besetzung: Rubén Blades (Sheriff
Montoya),
Richard Bradford (Ladd Devine),
Sonia Braga (Ruby Archuleta)
Musik: Bill Conti
Länge: 2.694m,
98 Min. Farbe Technicolor Dolby
35mm,
Panavision

Maybe Baby
FOR KEEPS

Produktion: Tri-Star-ML/Delphi
Premier Prod.
(USA 1987)
Verleih: Columbia/dto./

Drehbuch: Tim Karzurinsky,
Denise DeClue
Regie: John G. Avildsen
Besetzung: Molly Ringwald (Darcy),
Randall Batinkoff (Stan)
Kamera: Robbie Greenberg; Jack
Couffer (unit Kamera)
Musik: Dave Grusin
Länge: 3230 m,
118 Min. MGM Color Farbe Dolby
35mm

Mio, mein Mio
MIO, MIN MIO

Produktion: Nordisk Tonefilm/Gorki
Studio mit Norway Film/Svenska
Filminstitutet/Sovinfilm
(Schweden, UdSSR 1987)
Verleih: Jugendfilm/Constantin
Drehbuch: William Aldridge nach dem
gleichnamigen Roman von Astrid
Lindgren
Regie: Vladimir Grammatikov
Besetzung: Nicholas Pickard (Mio),
Christian Bale (Jum-Jum),
Timothy Bottoms (Der König),
Christopher Lee (Kato)
Länge: 2725 m,
99 Min. Farbe Dolby 35mm

Miss Mary
MISS MARY

Produktion: Gea Cinematografica S.A.
(USA 1987)
Verleih: Highlight
Drehbuch: Jorge Goldenberg,
Maria Luisa Bemberg
Regie: Maria Luisa Bemberg
Besetzung: Julie Christie (Mary
Mulligan)
Kamera: Miguel Rodriguez

Miss Mona
MISS MONA

Produktion: K.G. Prod. mit CNC
(Frankreich 1987)
Verleih: Kinowelt
Drehbuch: Mehdi Charef
Regie: Mehdi Charef
Besetzung: Jean Carmet,
Ben Smail,
Remi Martin
Kamera: Patrick Blossier
Musik: Bernard Lubat
Länge: 92 Min. Farbe 1:1,66 35mm

Mörderischer Vorsprung
SHOOT TO KILL / DEADLY PURSUIT

Produktion: Touchstone Pict. mit
Silver Screen Partners III
(USA 1988)
Verleih: Warner Bros.
Drehbuch: Harv Zimmel,
Michael Burton,
Daniel Petrie jr.,
nach einer Story von Harv Zimmel
Regie: Roger Spottiswoode
Besetzung: Sidney Poitier (Warren
Stantin),
Tom Berenger (Jonathan Knox),
Kirstie Allex (Sarah)
Länge: 2.989m,
109 Min. Farbe Dolby 35mm

Mondsüchtig
MOONSTRUCK

Produktion: MGM
(USA 1987)
Verleih: UIP/dto./dto.
Drehbuch: John Patrick Shanley
Regie: Norman Jewison
Besetzung: Cher (Loretta Castorini),
Nicolas Cage (Ronny Cammareri),
Vincent Gardenia (Cosmo Castorini),
Olympia Dukakis (Rose Castorini)
Musik: Dick Hyman
Länge: 2.783 m,
102 Min. Farbe,
Technicolor Dolby Stereo 35mm

Mélo
MELO

Produktion: MK 2 Prod./Films A2 mit
C.N.C. (Kultusministerium)
(Frankreich 1986)
Verleih: Concorde/Czerny/Monopole
Pathé
Drehbuch: Alain Resnais nach dem
gleichn. Theaterstück von Henry
Bernstein
Regie: Alain Resnais
Besetzung: Sabine Azéma (Romaine
Belcroix),
Fanny Ardant (Christiane Levesque)
Musik: Klassik
Länge: 3005 m,
110 Min. Farbe 35mm,
1:1,66

N

Mein Nachbar, der Vampir
FRIGHT NIGHT II

Produktion:
(USA 1988)
Verleih: Columbia Tri-Star
Drehbuch: Miguel Tejada-Flores,
Tim Metcalfe,
Tommy Lee Wallace,
nach den Charakteren von Tom
Holland
Regie: Tommy Lee Wallace
Besetzung: Roddy McDowall (Peter
Vincent)
Kamera: Mark Irwin
Länge: Farbe 35mm

Nachrichtenfieber
BROADCAST NEWS

Produktion: Gracie Films
(USA 1987)
Verleih: 20th Century Fox/dto./dto.
Drehbuch: James L. Brooks
Regie: James L. Brooks
Besetzung: William Hurt (Tom
Grunick),
Albert Brooks (Aaron Altman),
Holly Hunter (Jane Craig)
Kamera: Michael Ballhaus
Musik: Bill Conti
Länge: 3.660m,
134 Min. Farbe Delux Dolby 35mm,
1:1,66

Die Nacht der Abenteuer
A NIGHT ON THE TOWN

Produktion: Touchstone mit Silver
Screen Partners III
(USA 1987)
Verleih: Warner Bros./Warner Bros.
Drehbuch: David Simkins
Regie: Chris Columbus
Besetzung: Elisabeth Shue (Chris),
Maia Brewton (Sara)
Kamera: Ric Waite, A.S.C.
Musik: Michael Kamen
Länge: 2798 m,
102 Min. Farbe Deluxe Dolby 35mm

Die Nacht hat viele Augen
STAKEOUT

Produktion: Touchstone
(USA 1986)
Verleih: UIP/dto.
Drehbuch: Kim Kouf
Regie: John Badham
Besetzung: Richard Dreyfuss (Chris
Lecce),
Emilio Estevez (Bill Reimers),
Madeleine Stowe (Maria McGuire),
Aidan Quinn (Richard „Stick"
Montgomery)
Kamera: John Seale
Musik: Arthur B. Rubinstein
Länge: 3.206 m,
117 Min. Farbe 35mm

Die Nacht ist jung
MAUVAIS SANG

Produktion: Prod. des Films Plain
Chant/Soprofilms/FR 3
(Frankreich 1986)
Verleih: Arsenal/Stadtkino
Drehbuch: Leos Carax
Regie: Leos Carax
Besetzung: Denis Lavant (Alex),
Juliette Binoche (Anna),
Michel Piccoli (Marc)
Musik: Benjamin Britten,
Prokofieff,
Charlie Chaplin
Länge: 119 Min. Farbe 35mm

Near Dark — Die Nacht hat ihren Preis
NEAR DARK

Produktion: Feldman/Meeker Prod.
(USA 1987)
Verleih: Filmwelt/Czerny/
Drehbuch: Kathryn Bigelow,
Eric Red
Regie: Kathryn Bigelow
Besetzung: Adrian Pasdar (Caleb),
Jenny Wright (Mae)
Musik: Tangerine Dream
Länge: 2.535m,
93 Min. Farbe 35mm

Neues von uns Kindern aus Bullerbü
MER OM OSS BARN I BULLERBYN

Produktion: AB Svensk Filmindustri/
ZDF/RAI
(Schweden 1986)
Verleih: Jugendfilm
Drehbuch: Astrid Lindgren,
nach ihrem gleichn. Kinderbuch
Regie: Lasse Hallström
Besetzung: Linda Bergström (Lisa),
Anne Sahlin (Anna)
Musik: Georg Riedel
Länge: 2.437m,
89 Min. Farbe 1:1,66,
35mm

Neunhundert 900 000 $ zuviel
STICKY FINGERS

Produktion: Spectrafilm/Hightop
(USA 1988)
Verleih: Tivoli
Drehbuch: Catlin Adams,
Melanie Mayron
Regie: Catlin Adams
Besetzung: Helen Slater (Hattie),
Melanie Mayron (Lolly)
Kamera: Gary Thieltges
Musik: Gary Chang
Länge: 2406 m,
88 Min. Farbe 35mm

News — Reise in eine strahlende Zukunft
NEWS – REISE IN EINE STRAHLENDE ZUKUNFT

Produktion: ORF/ZDF/Reflex Film
(BRD 1986)
Verleih: Werner
Drehbuch: Rainer Erler
Regie: Rainer Erler
Besetzung: Birgit Doll,
Albert Fortell,
Mark Lee,
Kitty Myers
Kamera: Wolfgang Grasshoff
Musik: Eugen Thomas
Länge: 126 Min. Farbe 35mm

Nico
ABOW THE LAW

Produktion: Warner Bros. (USA 1987)
Verleih: Warner Bros.
Drehbuch: Steven Pressfield,
Ronald Shusett,
Andrew Davis nach einer Vorlage von
Andrew Davis,
Steven Seagal
Regie: Andrew Davis
Besetzung: Steven Segal (Nico
Toscani)
Kamera: Robert Steadman
Musik: David M. Frank
Länge: 2687 m,
98 Min. Technicolor Farbe Dolby
35mm

No Man's Land — Tatort 911
NO MAN'S LAND

Produktion: Orion Pic. Corp.
(USA 1987)
Verleih: 20th Century Fox
Drehbuch: Dick Wolf
Regie: Peter Werner
Besetzung: D.B.Sweeney (Benjy
Taylor),
Charlie Sheen (Ted Varrick)
Kamera: Hiro Narita
Musik: Basil Poledowris
Länge: 2912 m,
106 Min. Farbe 35mm

Noch drei Männer und ein Baby
THREE MEN AND A BABY

Produktion: Touchstone/Silver Screen
Partners III
(USA 1988)
Verleih: Warner Bros.
Drehbuch: James Orr,
Jim Cruickshank

Regie: Leonard Nimoy
Besetzung: Tom Selleck (Peter),
Steve Guttenberg (Michael),
Ted Danson (Jack),
Nancy Travis (Sylvia),
Margaret Colin (Rebecca),
Philip Bosco,
Alexandra Amini
Kamera: Adam Greenberg
Musik: Marvin Hamlish
Länge: 108 Minuten

Nosferatu in Venedig
VAMPIRES IN VENICE

Produktion:
(?)
Verleih: Metropol
Drehbuch: Augusto Caminito
Regie: Alan Cummings
Besetzung: Klaus Kinski (Nosferatu),
Barbara de Rossi (Helietta Canins),
Christopher Plummer (Paris Catalano)

Nummer 5 gibt nicht auf
SHORT CIRCUIT 2

Produktion: Turman-Foster Prod.
(USA 1988)
Verleih: Columbia Tri-Star
Drehbuch: S.S. Wilson,
Brent Maddock
Regie: Kenneth Johnson
Besetzung: Fisher Stevens (Ben Jahrvi)
Kamera: John McPherson
Musik: Charles Fox
Länge: 110 Min. Farbe (Technicolor) Dolby 35mm

Nuts ... Durchgedreht
NUTS

Produktion: Barwood Films/Martin Ritt Prod.
(USA 1987)
Verleih: Warner Bros./Warner Bros./Warner Bros.
Drehbuch: Tom Topor,
Darryl Ponicsan,
Alvin Sargent nach einem Bühnenstück von Topor
Regie: Martin Ritt
Besetzung: Barbra Streisand (Claudia Faith Draper),
Richard Dreyfuss (Aaron Levinsky)
Kamera: Andrzej Bartkowiak
Musik: Streisand
Länge: 3163 m,
115 Min. Farbe Technicolor Dolby 35mm

Ödipussi
ÖDIPUSSI

Produktion: Bavaria/Rialto/SNF
(BRD 1988)
Verleih: Tobis/Constantin/Rialto
Drehbuch: Loriot
Regie: Loriot
Besetzung: Loriot (Paul Winkelmann),
Evelyn Hamann (Margarethe Tietze),
Katharina Brauren (Mutter Winkelmann),
Edda Seippel (Gerda Tietze)
Kamera: Xaver Schwarzenberger

Musik: Rolf Wilhelm
Länge: 2408 m,
88 Min. Farbe 35mm

Overboard — Ein Goldfisch fällt ins Wasser
OVERBOARD

Produktion: Metro-Goldwyn Mayer
(USA 1987)
Verleih: UIP/dto./dto.
Drehbuch: Leslie Dixon
Regie: Garry Marshall
Besetzung: Goldie Hawn (Joanna/Annie),
Kurt Russell (Dean Proffitt)
Kamera: John A. Alonzo
Musik: Alan Silvestri
Länge: 3.077 m,
112 Min. Farbe,
Metrocolor Dolby 35mm

Ozeanische Gefühle
TURTLE DIARY

Produktion: United Artists/Britannic Prod.
(GB 1985)
Verleih: Concorde
Drehbuch: Harold Pinter,
nach dem gleichn. Roman von Russell Hoban
Regie: John Irvin
Besetzung: Glenda Jackson (Neara),
Ben Kingsley (William),
Harriet Walter (Harriet)
Kamera: Peter Hannan
Musik: Geoffrey Burgon
Länge: 2.617m,
96 Min. Farbe,
Technicolor Dolby 35mm

P.O.W. Die Vergeltung
P.O.W. THE ESCAPE

Produktion: Golan-Globus Prod.
(USA 1986)
Verleih: Scotia-Cannon/Czerny/Rialto
Drehbuch: Jeremy Lipp,
James Bruner,
Malcolm Barbour,
John Langley,
nach einer Story von Avi Kleinberger,
Gideon Amir
Regie: Gideon Amir
Besetzung: David Carradine (Colonel Cooper)
Thema-Musik: David Storrs
Länge: 2.435 m,
89 Min. Farbe 35mm

Pan Tau — Der Film
PAN TAU

Produktion: Plaza-Tele F.A.Z. Studio Barrandov Prod.
(BRD/CSSR 1988)
Verleih: Cine-Plus
Drehbuch: Ota Hofman,
Jindrich Polak
Regie: Jindrich Polak
Besetzung: Otto Simanek,
Dana Vavrova
Kamera: Emil Sirotek
Musik: Manfred Schoof
Länge: 90 Min. Farbe 35mm

Der Passagier — Welcome to Germany
DER PASSAGIER – WELCOME TO GERMANY

Produktion: Von Vietinghoff-Filmprod./Road Movies/George-Reinhart-Prod./ZDF/Channel Four
Prod.: Joachim von Vietinghoff,
George Reinhart
(BRD 19??)
Verleih: Delta
Drehbuch: Thomas Brasch,
unter Mitarbeit von Jurek Becker
Regie: Thomas Brasch
Besetzung: Tony Curtis (Mr. Cornfield),
Katharina Thalbach (Sofie),
Matthias Habich (Körner)
Kamera: Axel Block
Musik: Günther Fischer
Länge: 2.808m,
102 Min.

Pathfinder
ORFELAS

Produktion: Filmkameratens/The Norway Film Development/Norsk Film
(Norwegen 1987)
Verleih: Jugendfilm
Drehbuch: Nils Gaup
Regie: Nils Gaup
Besetzung: Mikkel Gaup (Aigin),
Ingvald Guttorm (sein Vater),
Ellen Anne Buljo (seine Mutter)
Kamera: Erling Thurmann-Andersen
Musik: Nils-Aslak Valkeapää,
Marius Müller,
Kjetil Bjerkestrand
Länge: 2367 m,
87 Min. Panavision Farbe Dolby 35mm

Patti Rocks
PATTI ROCKS

Produktion:
Verleih: Highlight
Regie: Davon Burton Morris

Patty
PATTY

Produktion: Marvin Worth Prod.
(USA 1987)
Verleih: Ascot
Drehbuch: Nicholas Kazan,
nach dem Roman „Every Secret Thing" von Patricia Hearst und Marvin Moscow
Regie: Paul Schrader
Besetzung: Nathasha Richardson (Patricia Campbell Hearst)
Kamera: Scott Johnson
Länge: Farbe 35mm

Peking Opera Blues
PEKING OPERA BLUES

Produktion: Cinema City/Film Workshop
(Hongkong 1986)
Verleih: Pandora
Drehbuch: To Kwok-wai
Regie: Tsui Hark
Besetzung: Cherie Chung (Sheung-hung),
Lin Cheng-hsia (Tsaro Wan)
Kamera: Poon Hang-seng
Musik: James Wong
Länge: 104 Min. Farbe

Peking Opera Blues
PEKING OPERA BLUES

Produktion: Cinema City/Film Workshop
(Hongkong 1986)
Verleih: Pandora
Drehbuch: To Kwok-wai
Regie: Tsui Hark
Besetzung: Cherie Chung (Sheung-hung)
Kamera: Poon Hang-seng
Musik: James Wong
Länge: 104 Min. Farbe

Pet Shop Boys — Der Film
IT COULDN'T HAPPEN HERE

Produktion: Picture Music
(Großbritannien 1988)
Verleih: Arsenal
Drehbuch: Jack Bond
Regie: Jack Bond
Besetzung: Chris Lowe,
Neil Tennant
Kamera: Simon Archer
Musik: Pet Shop Boys
Länge: 2.345m,
86 Min. Farbe 35mm

Pippi Langstrumpfs neueste Streiche
THE NEW ADVENTURES OF PIPPI LONGSTOCKINGS

Produktion: Longstocking Prod.
(USA 1987)
Verleih: Columbia Tri-Star
Drehbuch: Ken Annakin,
nach den Romanen von Astrid Lindgren
Regie: Ken Annakin
Besetzung: Tami Erin (Pippi Langstrumpf)
Kamera: Roland „Ozzie" Smith
Musik: Misha Segal
Länge: 2.762m,
101 Min. Farbe Dolby 35mm

Plaza Real
PLAZA REAL

Produktion: Prod. Balance Film/Project/BR
(BRD 1987)
Verleih: Filmverlag/Constantin
Drehbuch: Herbert Vesely
Regie: Herbert Vesely
Besetzung: Mia Nygren (Annabel/Montserrat),
Jon Finch (David)
Kamera: Rudolf Blahacek
Musik: Antonio,
Francois und Patchai Reyes
Länge: 2724 m,
99 Min. Farbe 35mm

Police
POLICE

Produktion: Gaumont/TF1 Films Prod.
(Frankreich 1985)
Verleih: Esplanade/Elysee
Drehbuch: Catherine Breillat,
Sylvie Danton,
Jacques Fieschi,
Maurice Pialat,
nach der gleichn. Erzählung von Caterine Breillat

Regie: Maurice Pialat
Besetzung: Gérard Depardieu
(Mangin),
Sophie Marceau (Noria)
Kamera: Luciano Tovoli
Musik: Henryk Mikolaj Gorecki
Länge: 113 Min. Farbe (Eastmancolor)
35mm

Police Academy V
POLICE ACADEMY 5:
ASSIGNMENT MIAMI
BEACH

Produktion: Paul Maslansky Prod.
(USA 1988)
Verleih: Warner Bros.
Drehbuch: Stephen J. Kurwick,
nach den Charakteren von Neal Israel
und Pat Proft
Regie: Alan Myerson
Besetzung: Matt McCoy (Nick),
Janet Jones (Kate)
Kamera: Jim Pergola
Musik: Robert Folk
Länge: 2.455m,
90 Min. Farbe 35mm

Powaqqatsi
POWAQQATSI

Produktion: Golan-Globus Prod.
(USA 1987)
Verleih: Scotia-Cannon
Drehbuch: Godfrey Reggio,
Ken Richards
Regie: Godfrey Reggio
Kamera: Graham Berry,
Leonidas Zourdoumis
Musik: Philip Glass; Musikprod.: Kurt
Munkacsi; Musikalische Leitung:
Michael Reisman
Länge: 2.710m,
99 Min. Farbe 35mm

Presidio
THE PRESIDIO

Produktion: Constantine Conte Prod.
für Paramount Pict.
(USA 1988)
Verleih: UIP
Drehbuch: Larry Ferguson
Regie: Peter Hyams
Besetzung: Sean Connery (Lt. Col.
Caldwell),
Mark Harmon (Jay Austin),
Meg Ryan (Donna Caldwell)
Kamera: Peter Hyams
Musik: Bruce Boughton
Länge: 2.710m,
99 Min. Farbe Dolby 35mm

Der Prinz aus Zamunda
COMING TO AMERICA

Produktion: Paramount Pict.
(USA 1988)
Verleih: UIP
Drehbuch: David Sheffield,
Barry W. Blaustein,
nach einer Erzählung von Eddie
Murphy
Regie: John Landis
Besetzung: Eddie Murphy (Prince
Akeem und andere),
Arsenio Hall (Semmi und andere)
Kamera: Woody Omens
Musik: Nile Rodgers
Länge: 3.199m,
117 Min. Farbe (Technicolor) Dolby
35mm

Der Prinzipal – Einer gegen Alle
THE PRINCIPAL

Produktion: Doric Prod.
(USA 1987)
Verleih: Columbia Tri-Star/Columbia/
20th Century Fox
Drehbuch: Frank Deese
Regie: Christopher Cain
Besetzung: James Belushi (Rick
Latimer),
Louis Gossett,
jr. (Jake Phillips),
Rae Dawn Chong (Hilary Orozco)
Kamera: Arthur Albert
Musik: Jay Gruska
Länge: 2996 m,
110 Min. Farbe Technicolor 35mm

Der Radfahrer vom San Cristobal
DER RADFAHRER VOM SAN CRISTOBAL

Produktion: Edgar Reitz Filmprod./
ZDF
(BRD 1987)
Verleih: Basis
Drehbuch: Antonio Skermeta,
Peter Lilienthal,
nach der gleichn. Erzählung von
Antonio Skermeta
Regie: Peter Lilienthal
Besetzung: René Baeza (Santiago),
Luz Jiménez (Mutter)
Musik: Claus Bantzer
Länge: 87 Min. Farbe 35mm

Rambo III
RAMBO III

Produktion: Carolco
(USA 1987)
Verleih: Jugendfilm
Drehbuch: Sylvester Stallone,
Sheldon Lettich,
nach einer Figur von David Morrell
Regie: Peter Mac Donald
Besetzung: Sylvester Stallone
(Rambo),
Richard Crenna (Trautman)
Kamera: John Stanier
Musik: Jerry Goldsmith
Länge: 2.770m,
101 Min. Farbe (Cinemascope) Dolby
35mm

Red Heat
RED HEAT

Produktion: Carolco/Lone Wolf/OAK
(USA 1988)
Verleih: Senator
Drehbuch: Harry Kleiner,
Walter Hill,
Troy Kennedy Martin
Regie: Walter Hill
Besetzung: Arnold Schwarzenegger,
Jim Belushi,
Peter Boyle,
Ed O'Ross
Kamera: Matthew F. Leonetti
Musik: James Horner
Länge: 103 Min. Farbe 35mm

Das Reich der Sonne
EMPIRE OF THE SUN

Produktion: Amblin
(USA 1987)
Verleih: Warner Bros./Warner Bros./
Warner Bros.
Drehbuch: Tom Stoppard nach dem
gleichn. Roman von J.G. Ballard
Regie: Steven Spielberg
Besetzung: Christian Bale (Jim),
John Malkovich (Basie),
Miranda Richardson (Mrs. Victor)
Kamera: Allen Daviau, A.S.C.
Musik: John Williams
Länge: 4176 m,
152 Min. Farbe Dolby 35mm

Renegade
RENEGADE

Produktion: Paloma Film
(Italien 1987)
Verleih: Tobias
Drehbuch: Marco Tullio Barboni
Regie: E.B. Clucher
Besetzung: Terence Hill (Luke),
Robert Vaughn (Lawson)
Musik: Mauro Paoluzzi
Länge: 2548 m,
93 Min. Farbe Dolby 35mm

Rita, Sue and Bob too Rita
SUE AND BOB TOO

Produktion: Film Four Int./British
Screen/Oscar Lewenstein/Umbrella
(Großbritannien 1987)
Verleih: Arsenal/Rialto
Drehbuch: Andrea Dunbar
Regie: Alan Clarke
Besetzung: George Costigan (Bob),
Siobhan Finneran (Rita),
Michelle Holmes (Sue),
Lesley Sharp (Michelle),
Kulvinder Ghir,
Willie Ross
Kamera: Ivan Strasburg
Musik: Michael Kamen
Länge: 91 Min. Farbe 35mm

Robocop
ROBOCOP

Produktion: Orion
(USA 1987)
Verleih: 20th Century Fox/Constantin
Drehbuch: Edward Neumeier,
Michael Miner
Regie: Paul Verhoeven
Besetzung: Peter Weller (Robocop/
Wagner),
Nancy Allen (Lewis)
Kamera: Jost Vacano
Musik: Basil Poledouris
Länge: 2.765 m,
101 Min. Farbe Duart color Dolby
Stereo 35mm

Rollentausch
A MONTH LATER

Produktion:
Verleih: Warner Bros.
Drehbuch: Nouchka van Brakel,
Jan Donkers,
Ate de Jong
Regie: Nouchka van Brakel
Kamera: Peter de Bont
Musik: Rob van Donselaar

Die Rückkehr des Unbegreiflichen
RETRIBUTION

Produktion: Renegade Film Prod.
(USA 1987)
Verleih: Hollywood Filmverleih
Drehbuch: Guy Magar,
Lee Wasserman
Regie: Guy Magar
Besetzung: Dennis Lipscomb (George
Miller)
Kamera: Gary Thieltges
Musik: Alan Howarth
Länge: 2.900m.
106 Min. Farbe (Fujicolor) Dolby
35mm

Running Man
THE RUNNING MAN

Produktion: Linder/Zinnemann Prod.,
Home Box Off.
(USA 1987)
Verleih: Neue Constantin
Drehbuch: Stephen E. de Souza
Regie: Paul Michael Glaser
Besetzung: Arnold Schwarzenegger
(Ben Richards),
Maria Conchita Alonso (Amber
Mendez),
Richard Dawson (Damon Killian),
Yaphet Kotto (Laughlin)
Kamera: Tom Del Ruth
Musik: Harold Faltermeyer
Länge: 2732 m,
100 Min. Technicolor Farbe Dolby
35mm

Russkies
RUSSKIES

Produktion: New Century/Vista Org.
Verleih: Highlight
Regie: Rick Rosenthal
Kamera: Reed Smoot
Musik: James Newton Howard
Länge: 2673 m,
98 Min. Technicolor Farbe 35mm

Saigon
SAIGON

Produktion: 20th Century Fox
(USA 1987)
Verleih: 20th Century Fox mit
American Ent. Partners L.P.
Drehbuch: Christopher Crowe,
Jack Thibeau
Regie: Christopher Crowe
Besetzung: Willem Dafoe (Buck
McGriff),
Gregory Hines (Albaby Perkins)
Kamera: David Gribble
Musik: James Newton Howard
Länge: 2.789m,
102 Min. Farbe (Deluxe) Dolby 35mm

Les Saisons du Plaisir
LES SAISONS DU PLAISIR

Verleih: Highlight
Regie: Jean-Pierre Mocky

Salsa
SALSA

Produktion: Golan-Globus Prod.
(USA 1988)
Verleih: Scotia-Cannon
Drehbuch: Boaz Davidson,
Tomas Benitez,
Shepard Goldman,
nach einer Erzählung von Boaz
Davidson und Eli Tabor
Regie: Boaz Davidson
Besetzung: Robby Rosa (Rico),
Rodney Harvey (Ken)
Kamera: David Gurfunkel
Länge: 2.702m,
99 Min. Farbe 35mm

Sammy & Rosie tun es
SAMMY & ROSIE GET LAID

Produktion: Working Title/Film Four/
Cinecom,
mit British Screen
(GB 1987)
Verleih: Concorde
Drehbuch: Hanif Kureishi
Regie: Stephen Frears
Besetzung: Shashi Kapoor (Rafi),
Claire Bloom (Alice)
Kamera: Oliver Stapleton
Länge: 2755 m,
101 Min. Farbe 35mm

Scavenger — Der Spion mit der Glut im Blut
SCAVENGERS

Produktion: Davis- und Barret-Prod.
(USA 1987)
Verleih: Esplanade
Drehbuch: Duncan McLachlan
Regie: Duncan McLachlan
Besetzung: Kenneth Gilman (John Scavenger)
Kamera: Johan Van Der Veer,
Nic Heroldt
Musik: Nick Piccard
Länge: 2.558m,
93 Min. Farbe 35mm

Schatten im Paradies
SHADOWS IN PARADISE

Produktion: Villealfa Filmprod.
(Finnland 1986)
Verleih: Pandora
Drehbuch: Aki Kaurismäki
Regie: Aki Kaurismäki
Besetzung: Matti Pellonpää
(Nikander),
Kati Outinen (Ilona)
Kamera: Timo Salminen
Musik: Jouko Lumme
Länge: 2200 m,
76 Min. Kodak Eastmancolor Farbe
35mm 1:1,85

Die Schlange im Regenbogen
THE SERPENT AND THE RAINBOW

Produktion: Keith Barish Prod.
(USA 1987)
Verleih: UIP/dto./dto.
Drehbuch: Richard Maxwell,
A.R. Simoun,
nach Motiven des gleichn. Romans
von Wade Davis
Regie: Wes Craven
Besetzung: Bill Pullman (Dennis Alan),
Cathy Tyson (Marielle),
Zakes Mokae (Dargent Peytraud)
Kamera: John Lindley
Musik: Brad Fiedel; Percussion:
Babatunde Olatunji
Länge: 98 Min. Farbe Dolby 35mm

Schloß Königswald
SCHLOSS KÖNIGSWALD

Produktion: Peter Schamoni
Filmprod./Allianz/ZDF
(BRD 1987)
Verleih: Warner Bros./Warner Bros.
Drehbuch: Horst Bienek,
Peter Schamoni nach dem Roman
„Königswald oder die letzte
Geschichte" von Horst Bienek
Regie: Peter Schamoni
Besetzung: Camilla Horn (Fürstingroßmutter),
Dietlinde Turban (Fürstin Ursela),
Marianne Hoppe (Gräfin Hohenlohe)
Kamera: Gerard Vandenberg
Musik: Ralf Siegel und Motive von:
Frédéric Chopin,
Jimmy Jackson,
Peter Kreuder,
Peter Tschaikowsky
Länge: 2446 m,
89 Min. Farbe Kodakcolor 35mm

Schmeiß' die Mama aus dem Zug
THROW MOMMA FROM THE TRAIN

Produktion: Rollins,
Morra & Brezner Prod. für Orion Pict.
(USA 1987)
Verleih: 20th Century Fox
Drehbuch: Stu Silver
Regie: Danny DeVito
Besetzung: Danny DeVito (Owen),
Billy Crystal (Larry),
Anne Ramsey (Momma)
Musik: David Newman
Länge: 2.395m,
87 Min. Farbe Dolby 35mm,
Panavision

Schmutziges Schicksal
SALE DESTIN

Produktion: Solus Prod./Flach Film/
Selena Audiovisuel/Films A2
(Frankreich 1987)
Verleih: Cine Plus
Drehbuch: Sylvain Madigan
Regie: Sylvain Madigan
Besetzung: Victor Lanoux (Francois Marboni),
Pauline Lafont (Rachel)
Kamera: Patrick Blossier
Musik: Pascal Arroyo
Länge: 94 Min. Farbe 35mm,
1:1,85

Schön war die Zeit
SCHÖN WAR DIE ZEIT

Produktion: Westallgäuer Filmprod./
Maran/B.A.
(BRD 1988)
Verleih: Filmverlag der Autoren
Drehbuch: Klaus Gietinger mit Marian Czura,
Leo Hiemer
Regie: Klaus Gietinger,
Leo Hiemer
Besetzung: Gottfried John (Franz Bauer),
Edgar Selge (Helmut Hartmeyer)
Kamera: Marian Czura
Musik: Klaus Roggors
Länge: 109 Min. Farbe 35mm

Schrei nach Freiheit
CRY FREEDOM

Produktion: Marble Arch Prod.
(GB 1987)
Verleih: UIP/UIP/UIP
Drehbuch: John Briley nach den
Büchern „Steve Biko — Stimme der
Menschlichkeit" und „Asking for
Trouble" von Donald Woods
Regie: Richard Attenborough
Besetzung: Kevin Kline (Donald Woods),
Penelope Wilton (Wendy Woods),
Denzel Washington (Steve Biko)
Musik: George Fenton,
Jonas Gwangwa
Länge: 158 Min. Farbe Rank Color
Dolby 35mm Panavision

Das Schulgespenst
DAS SCHULGESPENST

Produktion: DEFA,
Gruppe Roter Kreis
(DDR 1986)
Verleih: Unidoc
Drehbuch: Rolf Losansky,
nach dem gleichnamigen Buch von
Peter Abraham
Regie: Rolf Losansky
Besetzung: Nicole Lichtenheldt
(Carola Huflattich),
Richardo Roth (Willi Neuenhagen)
Kamera: Helmut Grewald
Musik: Reinhard Lakomy
Länge: 2.527m,
92 Min. Farbe 35mm,
1:1,66

Schwarze Augen
OCI CIORNIE

Produktion: Excelsior Film-TV und Raiuno
(Italien 1987)
Verleih: Concorde/Czerny/Citel
Drehbuch: Alexander Adabachian,
Nikita Michalkov; Mitarbeit: Suso
Cecchi D'Amico,
nach den Kurzgeschichten von Anton
Tschechow
Regie: Nikita Michalkov
Besetzung: Marcello Mastroianni
(Romano),
Silvana Mangano (Elisa)
Kamera: Franco Di Giacomo
Musik: Francis Lai
Länge: 3.224m,
118 Min. Farbe Eastmancolor Dolby 35mm,
1:1,66

Schweigende Stimmen
SILENT VOICE

Produktion: Turnstar/David Field
Prod. für Tri-Star und Rastar
(USA 1987)
Verleih: Columbia Tri-Star/Columbia
Drehbuch: David Field
Regie: Mike Newell
Besetzung: Gregory Peck (US-Präsident),
Jamie Lee Curtis (Lynn Taylor)
Musik: Elmer Bernstein
Länge: 3148 m,
115 Min. Farbe 35mm

Scrooged
SCROOGED

Produktion:
(USA 1988)
Verleih: UIP
Regie: Richard Donner
Besetzung: Bill Murray,
Karen Allen,
Bob Goldthwait,
Michael J. Pollard,
David Johanson
Länge: Farbe 35mm

September
SEPTEMBER

Produktion: Jack Rollins/Charles H.
Joffe Prod.
(USA 1987)
Verleih: 20th Century Fox/Constantin/20th Century Fox
Drehbuch: Woody Allen
Regie: Woody Allen
Besetzung: Denholm Elliott (Howard),
Dianne Wiest (Stephanie),
Mia Farrow (Lane)
Kamera: Carlo Di Palma
Länge: 2.263 m,
83 Min. Farbe 35mm

Die siebte 7. Macht
THE LEGEND OF THE GOLDEN PEARL

Produktion: Cinema City/Gordonis Film
(USA/Hongkong 1986/87)
Verleih: Ring-Film
Regie: Teddy Robin Kwan
Besetzung: Samuel Hui,
Ti Lung
Musik: Lo Ta Yu
Länge: 86 Min. Farbe 35mm

Das siebte Zeichen
THE SEVENTH SIGN

Produktion: Columbia
(USA 1987)
Verleih: Columbia
Drehbuch: W.W. Wicket,
George Kaplan
Regie: Carl Schultz
Besetzung: Demi Moore (Abby Quinn),
Michael Biehn (Russell Quinn),
Jürgen Prochnow (Untermieter)
Musik: Jack Nitzsche
Länge: 97 Min. Farbe 35mm

Sierra Leone
SIERRA LEONE

Produktion: Uwe Schrader Filmprod.
mit BR
(BRD 1987)
Verleih: Filmverlag d.A.
Drehbuch: Klaus Müller-Laue,
Uwe Schrader
Regie: Uwe Schrader
Besetzung: Christian Redl (Fred),
Ann Gisel Glass (Alma),
Rita Russek (Vera)
Musik: Bülent Ersoy,
Garnet Mimms & The Enchanters,
Samime Sanay u.a.
Länge: 2517 m,
92 Min. Farbe 35mm

Siesta
SIESTA
Produktion: Lorimar
(USA 1986)
Verleih: Concorde
Drehbuch: Patricia Louisianna Knop, nach dem gleichn. Roman von Patrice Chaplin
Regie: Mary Lambert
Besetzung: Ellen Barkin (Claire), Gabriel Byrne (Augustine)
Kamera: Bryan Loftus
Musik: Komponiert und produziert von Marcus Miller, gespielt von Miles Davis
Länge: 2.647m,
97 Min. Farbe 35mm

Sign O' The Times
SIGN O' THE TIMES
Produktion: Cavalho-Ruffaloz Fragnoli Prod.
(USA 1987)
Verleih: Arsenal/-/Rialto
Regie: Prince
Besetzung: Prince, Sheila E.
Kamera: Peter Sinclair, Jerry Watson
Musik: Billy Youdelman, Susan Rogers (Supervision); Songs komponiert und produziert von Prince
Länge: 2.317 m,
85 Min. Farbe Dolby 35mm

Sister Sister
SISTER SISTER
Produktion: Odyssey Ent.
(USA 1987)
Verleih: Highlight Film
Drehbuch: Bill Condon, Joel Cohen
Regie: Bill Condon
Besetzung: Eric Stoltz (Matt Rutledge), Jennifer Jason Leigh (Luci Bonnard)
Kamera: Stephen M. Katz
Musik: Richard Einhorn
Länge: 91 Min. Farbe 35mm

Der Sizilianer
THE SICILIAN ***
Produktion: De Laurentiis Ent./Gladden Ent.
(USA 1987)
Verleih: Senator/Constantin/Monopole Pathé
Drehbuch: Steve Shagan nach dem gleichn. Roman von Mario Puzo
Regie: Michael Cimino
Besetzung: Christopher Lambert (Salvatore Giuliano), Térence Stamp (Prinz Borsa)
Kamera: Alex Thomson
Musik: David Mansfield gespielt vom Staatl. ungarischen Symphonieorchester Budapest
Länge: 3960 m,
145 Min. Farbe 35mm

Skin — Die Haut des anderen
SKIN
Produktion: Lamp
(Belgien 1987)
Verleih: Allround
Drehbuch: Gzuido Henderickxs
Regie: Guido Henderickxs
Besetzung: Arno Hintjens,
Josse de Pauw
Länge: 83 Min. Farbe 35mm

Slam Dance
SLAM DANCE
Produktion:
(Großbritannien 1987)
Verleih: Delta/Czerny/Rex
Regie: Wayne Wang
Besetzung: Tom Hulce (C.C. Drood), Mary Elizabeth Mastrantonio (Helen) Virginia Madsen (Yolanda)
Kamera: Amir Mokri
Musik: Mitchell Froom
Länge: 2.724 m,
99 Min. Farbe DeLuxe color 35mm, 1: 1,85

Der Sommer des Falken
DER SOMMER DES FALKEN
Produktion:
(BRD 1987)
Verleih: Atlas Film
Drehbuch: Arend Agthe, Monika Seck-Agthe
Regie: Arend Agthe
Besetzung: Andrea Lösch (Marie), Janos Crecelius (Rick)
Musik: Matthias Raue, Martin Cyrus
Länge: 2916 m,
106 Min. Farbe 35mm

Der stählerne Vorhang
WEEDS
Produktion: Kingsgate Films Prod.
(USA 1988)
Verleih: 20th Century Fox
Drehbuch: Dorothy Tristan, John Hancock
Regie: John Hancock
Besetzung: Nick Nolte (Lee Umstetter), Lane Smith (Claude), William Forsythe (Burt)
Kamera: Jan Weincke
Musik: Angelo Badalamenti
Länge: 115 Min. Farbe (Technicolor) 35mm

Stand and deliver
STAND AND DELIVER
Produktion: Menendez/Musca & Olmos Prod.
(USA 1988)
Verleih: Warner Bros.
Drehbuch: Ramon Menendez, Tom Musca
Regie: Ramon Menendez
Besetzung: Edward James Olmos (Jaime Escalante), Lou Diamond Phillips (Angel)
Kamera: Tom Richmond
Musik: Craig Safan
Länge: 2.820m,
103 Min. Farbe 35mm

Starke Zeiten
STARKE ZEITEN
Produktion: Lisa Film/K.S. Film/Roxy Film
(?)
Verleih: Tivoli/Constantin
Regie: Siggi Goetz, Klaudi Froehlich,
Rolf Ohlsen, Otto W. Retzer
Kamera: Heinz Hoelscher, Franz X. Lederle

Stars + Bars
STARS AND BARS
Produktion: Columbia Tri-Star Pict.
(USA 1988)
Verleih: Columbia Tri-Star
Drehbuch: William Boyd nach seiner gleichn. Novelle
Regie: Pat O'Connor
Besetzung: Daniel Day-Lewis (Henderson Dores), Harry Dean Stanton (Loomis Gage), Martha Plimpton (Bryant)
Kamera: Jerzy Zielinski
Musik: Stanley Myers, Song: Sting
Länge: 2.578m,
94 Min. Farbe Dolby 35mm

Steel Dawn — Die Fährte des Siegers
STEEL DAWN
Produktion: Vestron Pic. mit Silver Lion
(USA 1987)
Verleih: Apollo Film
Drehbuch: Doug Lefler
Regie: Lance Hool
Besetzung: Patrick Swayze (Nomad)
Kamera: George Tirl
Musik: Brian May
Länge: 2669 m,
97 Min. Farbe 35mm

Stirb langsam
DIE HARD
Produktion: 20th Century Fox
(USA 1987)
Verleih: 20th Century Fox
Drehbuch: Jeb Stuart, Steven E. de Soza, nach einem Roman von Roderick Thorp
Regie: John McTiernan
Besetzung: Bruce Willis (John McClane), Bonnie Bedelia (Holly Gennaro McClane)
Kamera: Jan De Bont
Musik: Michael Kamen
Länge: (4.505m in 70mm Fassung), 3.604m,
132 Min. Farbe 35mm

Stormy Monday
STORMY MONDAY
Produktion: The Moving Pict. mit British Screen und Film Four Intl.
(GB 1988)
Verleih: Delta
Drehbuch: Mike Figgis
Regie: Mike Figgis
Besetzung: Melanie Griffith (Kate), Tommy Lee Jones (Cosmo), Sting (Finney)
Kamera: Roger Deakins
Musik: Mike Figgis
Länge: 2.534m,
93 Min. Farbe Dolby 35mm

Straight to Hell — Fahr zur Hölle
STRAIGHT TO HELL
Produktion: Island/Initial Pictures
(GB 1986)
Verleih: Senator/Constantin
Drehbuch: Dick Rude & Alex Cox
Regie: Alex Cox
Besetzung: Sy Richardson (Norwood), Joe Strummer (Simms)
Kamera: Tom Richmond
Musik: The Poques
Länge: 2361 m,
86 Min. Farbe 35mm

Streets of Gold
STREETS OF GOLD
Produktion: Roundhouse Prod.
(USA 1986)
Verleih: Tivoli
Drehbuch: Heywood Gould, Richard Price, Tom Cole nach einer Story von Magyar
Regie: Joe Roth
Besetzung: Klaus Maria Brandauer (Alek Neuman)
Kamera: Arthur Albert
Musik: Jack Nitzsche
Länge: 2607 m,
95 Min. Farbe Deluxe Color 35mm

Die Stunde der Ratte
AFTER FOOD OF THE GODS
Produktion:
(USA 1988)
Verleih: Senator
Regie: Damian Lee
Besetzung: Paul Coufos, Lisa Schrag, Colin Fox
Länge: Farbe 35mm

Süden
SUR
Produktion: Cinesur/Prod. Pacific/Canal Plus Prod.
(Argentinien/Frankreich 1988)
Verleih: Filmwelt
Drehbuch: Fernando E. Solanas
Regie: Fernando Ezequiel Solanas
Besetzung: Susu Pecorao (Rosi Echegoyen)
Kamera: Felix Monti
Musik: Astor Piazzolla, gespielt von Astor Piazzolla und seinem Quintett; Tangos von Anibal Troilo, gesungen von Roberto Goyeneche
Länge: 127 Min. Farbe 35mm

Summer Heat
SUMMER HEAT
Produktion: Atlantic Entertainment Group Prod.
(USA 1987)
Verleih: Ascot
Drehbuch: Michie Gleason, nach der Novelle „Here to get my Baby out of Jail" von Louise Shivers
Regie: Michie Gleason
Kamera: Elliot Davis
Musik: Richard Stone
Länge: 90 Min. Farbe 35mm

Sunset — Dämmerung in Hollywood
SUNSET
Produktion: Tri-Star Pict. mit Hudson Hawk Prod.
(USA 1988)

Verleih: Columbia Tri-Star
Drehbuch: Blake Edwards,
nach einer Erzählung von Rod Amateau
Regie: Blake Edwards
Besetzung: Bruce Willis (Tom Mix), James Garner (Wyatt Earp),
Malcolm McDowell (Alfie Alperin),
Mariel Hemingway (Cheryl King)
Kamera: Anthony B. Richmond
Musik: Henry Mancini
Länge: 2.927m,
107 Min. Farbe (Technicolor) Dolby 35mm

Supergrass — Unser Mann bei Scotland Yard
THE SUPERGRASS

Produktion: Comic Strip Film mit Channel Four
(GB 1985)
Verleih: Impuls
Drehbuch: Pete Richens,
Peter Richardson
Regie: Peter Richardson
Besetzung: Adrian Edmondson (Dennis),
Jennifer Saunders (Lesley),
Peter Richardson (Harvey Duncan)
Kamera: John Metcalfe
Musik: Keith Tippet,
Working Week Big Band
Länge: 2603 m,
95 Min. Farbe Dolby 35mm

Superman IV — Die Welt am Abgrund
SUPERMAN IV — THE QUEST FOR PEACE

Produktion: Cannon Group/Golan-Globus Prod.
(GB 1987)
Verleih: Scotia-Cannon/Czerny/Monopole Pathé
Drehbuch: Lawrence Konner, Mark Rosenthal
Regie: Sidney J. Furie
Besetzung: Christopher Reeve (Superman/Clark Kent),
Gene Hackman (Lex Luthor)
Musik: John Williams, Alexander Courage
Länge: 2532 m,
92 Min. Farbe Rank Color Dolby 35mm
J.D.C.Widescreen

Ein Supertruck auf Gangsterjagd
TWISTER'S REVENGE

Produktion: MTP Prod.
(USA 1987)
Verleih: HVW Focus
Regie: Bill Rebane
Besetzung: Dean West, Meredith Orr, David Alan Smith
Länge: 2.442m,
89 Min. Farbe 35mm

Suspect — Unter Verdacht
SUSPECT

Produktion: Tri-Star Pictures
(USA 1987)
Verleih: Columbia Tri-Star/Columbia/20th Century Fox
Drehbuch: Eric Roth
Regie: Peter Yates
Besetzung: Cher (Kathleen Riley), Dennis Quaid (Eddie Sanger)
Kamera: Billy Williams
Musik: Michael Kamen
Länge: 3322 m,
121 Min. Farbe 35mm

T

Tanz der Teufel II — Jetzt wird noch mehr getanzt
EVIL DEAD 2

Produktion: Renaissance Pic./Dino De Laurentiis
(USA 1987)
Verleih: Prokino/Czerny/Monopole Pathé
Drehbuch: S. Raimi, Scott Spiegel
Regie: Sam Raimi
Besetzung: Bruce Cambell (Ash), Sarah Berry (Annie)
Kamera: Peter Deming,
Eugene Shlugleit (Nachtaufnahmen)
Musik: Joseph LoDuca
Länge: 2251 m,
82 Min. Farbe Technicolor 35mm

Theophilus North — Ein Heiliger wider Willen
MR. NORTH

Produktion: Skip Steloff/Steven Haft Prod.
(USA)
Verleih: Concorde
Drehbuch: Janet Roach, John Huston,
nach der Novelle „Theophilus North" von Thornton Wilder
Regie: Danny Huston
Besetzung: Anthony Edwards (Theophilus North),
Robert Mitchum (James McHenry Bosworth),
Lauren Bacall (Mrs. Amelia Cranston)
Kamera: Robin Vidgeon
Musik: David McHugh

Therapie zwecklos
BEYOND THERAPY

Produktion: Sandcastle 5 Film
(USA 1987)
Verleih: Highlight/Constantin/Alexander Film
Drehbuch: Christopher Durang, Robert Altman nach dem gleichn. Theaterstück von Christopher Durang
Regie: Robert Altman
Besetzung: Jeff Goldblum (Bruce), Julie Hagerty (Prudence)
Kamera: Pierre Mignot
Musik: Gabriel Yared
Länge: 2.544 m,
93 Min. Farbe 35mm

Ein Ticket für zwei
PLANES, TRAINES & AUTOMOBILES

Produktion: Paramount Pict.
(USA 1987)
Verleih: UIP
Drehbuch: John Hughes
Regie: John Hughes
Besetzung: Steve Martin (Neal Page), John Candy (Del Griffith)
Kamera: Don Peterman
Musik: Ira Newborn
Länge: 2.533m,
92 Min. Farbe (Technicolor) Dolby 35mm

Tiger's Tale — Ein Tiger auf dem Kissen
TIGER'S TALE

Produktion: Atlantic Ent.
(USA 1987)
Verleih: Ascot/Constantin/Elite
Drehbuch: Peter Douglas
Regie: Peter Douglas
Besetzung: C. Thomas Howell, Ann-Margret, Kelly Preston
Länge: 2.676m,
98 Min. Farbe 35mm

Toll treiben es die wilden Zombies
RETURN OF THE LIVING DEAD PART II

Produktion: Greenfox Prod.
(USA 1987)
Verleih: Columbia Tri Star
Drehbuch: Ken Wiederhorn
Regie: Ken Wiederhorn
Besetzung: James Karen, Thom Mathews
Musik: J. Peter Robinson
Länge: 2221 m,
81 Min. Farbe Dolby 35mm

Tom Waits — Big Time
BIG TIME

Produktion: Vivid Prod.
(USA 1988)
Verleih: Arsenal
Drehbuch: Kathleen Brennan, Tom Waits,
nach ihrer Bühnenshow „Frank's Wild Years"
Regie: Chris Blum
Besetzung: Tom Waits (voc, p), Michael Blair (dr, perc)
Musik: Tom Waits
Länge: 90 Min. Farbe Dolby Stereo 35mm

Topline
TOPLINE

Produktion: National Cinematografica/Dania/Rete Italia/Surf Film
(Italien 1988)
Verleih: Scotia-Cannon
Drehbuch: Ted Archer, Roberto Gianviti
Regie: Ted Archer
Besetzung: Franco Nero (Ted Angelo), Deborah Barrymore (Jo)
Kamera: Guglielmo Mancori
Musik: Maurizio Dami
Länge: 2525 m,
92 Min. Farbe 35mm

Traumdämon
DREAM DEMON

Produktion: Palace Prod.
(GB 1988)
Verleih: Delta
Drehbuch: Christopher Wicking, Harley Cokliss
Regie: Harley Cokliss
Besetzung: Kathleen Wilhoite (Jenny), Jemma Redgrave (Diana)
Kamera: Ian Wilson
Musik: Bill Nelson
Länge: 92 Min. Farbe 35mm, 1:1,66

Traumfrau vom Dienst
MAID TO ORDER

Produktion: Vista Organization
(USA 1987)
Verleih: Ascot/Constantin/Elite
Drehbuch: Amy Jones, Perry und Randy Howze
Regie: Amy Jones
Besetzung: Ally Sheedy (Jessie Montgomery),
Beverly D'Angelo (Stella),
Michael Ontkean (Nick McGuire)
Kamera: Shelly Johnson
Musik: Georges Delerue
Länge: 2548 m,
93 Min. Farbe Delux Color 35mm

Ein Treffen mit Rimbaud
EIN TREFFEN MIT RIMBAUD

Produktion: Panorama Film/Aspekt Telefilm/Ulrike Ottinger/Ecco-Projekt/BR
(BRD 1986)
Verleih: Filmverlag der Autoren
Drehbuch: Ernst-August Zurborn
Regie: Ernst-August Zurborn
Besetzung: Anke Sevenich (Charlotte)
Kamera: Thomas Mauch
Musik: Brynmor Jones
Länge: 2.223m,
81 Min. Farbe 35mm

A Trip to Bountiful — Reise ins Glück
A TRIP TO BOUNTIFUL

Produktion: Film Dallas/Bountiful Partners
(USA 1985)
Verleih: Hollywood
Drehbuch: Horton Foote,
nach seinem gleichn. Theaterstück
Regie: Peter Masterson
Besetzung: Geraldine Page (Mrs. Watts)
Musik: J.A.C. Redford
Länge: 2.938m,
107 Min. Farbe 35mm

Tucker
TUCKER: THE MAN AND HIS DREAM

Produktion: Lucasfilm Prod. der Zoetrope Studios
(USA 1988)
Verleih: Neue Constantin
Drehbuch: Arnold Schulman, David Seidler
Regie: Francis Ford Coppola
Besetzung: Jeff Bridges (Preston Tucker),
Joan Allen (Vera Tucker),
Martin Landau (Abe Karatz)
Kamera: Vittorio Storaro
Musik: Joe Jackson, Carmine Coppola
Länge: 111 Min. Technicolor Farbe Dolby 35mm

Ein turbulentes Wochenende
LES SAISONS DU PLAISIR

Produktion:
(Frankreich)
Verleih: Highlight
Drehbuch: Jean-Pierre Mocky
Regie: Jean-Pierre Mocky
Besetzung: Charles Vanel (Charles),
Denise Grey (Emmanuelle),
Bernadette Lafont (Jeanne)
Kamera: William Lubtchansky
Musik: Gabriel Yared

U

U2 – Rattle & Hum
U2 – RATTLE & HUM

Produktion:
(USA 1988)
Verleih: UIP
Regie: Phil Joanou
Besetzung: Bono Vox,
„The Edge" Dave Evans,
Adam Clayton,
Larry Mullen
Länge: Farbe 35mm

Überfall im Wandschrank
MONSTER IN THE CLOSET

Produktion: Closet Prod./Troma
(USA 1986)
Verleih: Hollywood Filmverleih
Drehbuch: Bob Dahlin
Regie: Bob Dahlin
Besetzung: Donald Grant (Richard Clark),
Denise DuBarry (Diane Bennett)
Kamera: Ronald McLeish
Musik: Barrie Guard
Länge: 2435 m,
89 Min. Farbe 35mm

Die unerträgliche Leichtigkeit des Seins
THE UNBEARABLE LIGHTNESS OF BEING

Produktion: Saul Zaentz Co.
(USA 1987)
Verleih: Tobis
Drehbuch: Jean-Claude Carriere,
Philip Kaufman,
nach dem gleichn. Roman von Milan Kundera
Regie: Philip Kaufman
Besetzung: Daniel Day-Lewis (Tomas),
Juliette Binoche (Teresa)
Kamera: Sven Nykvist
Länge: 4.706m,
172 Min. Farbe (Technicolor) Dolby Stereo 35mm

Unter Null
LESS THAN ZERO

Produktion: 20th Century Fox mit American Films und American Ent.
(USA 1987)
Verleih: 20th Century Fox
Drehbuch: Harley Peyton,
nach einer Erzählung von Bret Easton Ellis
Regie: Marek Kanievska
Besetzung: Andrew McCarthy (Clay),
Jami Gertz (Blair)
Musik: Thomas Newman
Länge: 2.637m.
96 Min. Farbe (Deluxe color) Dolby 35mm

V

24 Stunden bis zur Hölle
SKELETON COAST

Produktion: Breton Film Prod.
(USA 1987)
Verleih: Filmagentur Werner
Drehbuch: Nadia Caillou
Regie: John „Bud" Cardos
Besetzung: Ernest Borgnine,
Oliver Reed
Kamera: Hanro Mohr
Musik: Colin Shapiro,
Barry Bekker
Länge: 2.675m,
98 Min. Farbe 35mm

DIE VENUSFALLE
DIE VENUSFALLE

Produktion: Robert Van Ackeren Filmprod./Pro-ject/M + P/ZDF
(BRD 1988)
Verleih: Filmverlag der Autoren
Drehbuch: Robert Van Ackeren
Regie: Robert van Ackeren
Besetzung: Myriem Roussel (Marie),
Horst-Günther Marx (Max),
Sonja Kirchberger (Coco),
Hanns Zischler (Kurt),
Rolf Zacher (Dr. Steiner)
Kamera: Jürgen Jürges
Musik: Peer Raben
Länge: 2.831m,
103 Min. Farbe 35mm,
1:1,66

Verfluchtes Amsterdam
AMSTERDAMNED

Produktion: First Floor Features
(Niederlande 1987)
Verleih: Scotia-Cannon
Drehbuch: Dick Maas
Regie: Dick Maas
Besetzung: Huub Stapel,
Monique van de Ven,
Serge-Henri Valcke,
Wim Zomer
Länge: 3.085m,
113 Min. Farbe 35mm

Die vergessene Insel
PASCALI'S ISLAND

Produktion: Initial Pic. für Avenue Entertainment
(GB 1987)
Verleih: Concorde
Drehbuch: James Dearden nach dem gleichn. Roman von Barry Unsworth
Regie: James Dearden
Besetzung: Ben Kingsley (Basil Pascali),
Charles Dance (Anthony Bowles),
Helen Mirren (Lydia Neuman)
Kamera: Roger Deakins
Musik: Loek Dikker
Länge: 2828 m,
103 Min. Farbe 35mm,
1.1,66

Vibes – Die übersinnliche Jagd nach der glühenden Pyramide
VIBES

Produktion: Imagine Entertainment Prod.
(USA 1988)
Verleih: Columbia Tri-Star
Drehbuch: Lowell Ganz,
Babaloo Mandel,
nach einer Erzählung von Deborah Blum,
Lowell Ganz,
Babaloo Mandel
Regie: Ken Kwapis
Besetzung: Cyndi Lauper (Sylvia Pickel),
Jeff Goldblum (Nick Deezy),
Julian Sands (Dr. Harrison Steele)
Musik: James Horner
Länge: 99 Min. Farbe (Panavision) Dolby 35mm

Vision der Dunkelheit
BAD DREAMS

Produktion: 20th Century Fox, No Frills Film Prod.
(USA 1988)
Verleih: 20th Century Fox
Drehbuch: Andrew Fleming,
Steven E. deSouza nach einer Story von Fleming,
Michael Dick,
Yuri Zeltser,
P.J.Pettiette
Regie: Andrew Fleming
Besetzung: Jennifer Rubin (Cynthia),
Bruce Abbott (Dr. Alex Carmen)
Kamera: Alexander Gruszynski
Musik: Jay Ferguson
Länge: 2303 m,
84 Min. Deluxe Farbe Dolby 35mm

W

Wall Street
WALL STREET

Produktion: Edward R. Pressman mit American Ent.
(USA 1987)
Verleih: 20th Century Fox/dto./dto.
Drehbuch: Oliver Stone,
Stanley Weiser
Besetzung: Charlie Sheen (Bud Fox),
Michael Douglas (Gordon Gekko),
Martin Sheen (Carl Fox)
Kamera: Robert Richardson
Musik: Stewart Copeland
Länge: 3.439m,
126 Min. Farbe Dolby 35mm,
1:1,66

Der weiße Hai – Die Abrechnung
JAWS – THE REVENGE

Produktion: Joseph Sargent für Universal
(USA 1987)
Verleih: UIP/dto.
Drehbuch: Michael de Guzman nach den Charakteren von Peter Benchley
Regie: Joseph Sargent
Besetzung: Lorraine Gary (Ellen Brody),
Lance Guest (Michael)
Kamera: John McPherson
Musik: Michael Small,
Themamusik von John Williams
Länge: 91 Min. (Original 100 Min.) Farbe

Das Weiße im Auge
DEATH WISH 4

Produktion: Golan-Globus Prod.
(USA 1987)
Verleih: Scotia-Cannon
Drehbuch: Gail Morgan Hickman
Regie: J. Lee Thompson
Besetzung: Charles Bronson (Paul Kersey),
Kay Lenz (Karen Sheldon)
Musik: Paul McCallum,
Valentine McCallum,
John Bisharat
Länge: 2717 m,
99 Min. Farbe 35mm

Welcome in Vienna
WELCOME IN VIENNA

Produktion: Thalia Film/ORF/ZDF/SRG
(Österreich 1985)
Verleih: Filmverlag der Autoren
Drehbuch: Georg Stefan Troller,
Axel Corti
Regie: Axel Corti
Besetzung: Gabriel Barylli (Freddy Wolff)
Kamera: Gernot Roll
Musik: Hans Georg Koch,
Alban-Berg-Quartett,
Wien
Länge: 3.473m,
127 Min. s/w 35mm

Wie der Vater, so der Sohn
LIKE FATHER, LIKE SON

Produktion: Imagine Ent. Prod. für Tri-Star
(USA 1987)
Verleih: Columbia Tri-Star/Columbia/20th Century Fox
Drehbuch: Lorne Cameron,
Steven L. Bloom Kamera: Jack N. Green
Regie: Rod Daniel
Besetzung: Dudley Moore (Dr. Jack Hammond),
Kirk Cameron (Chris Hammond),
Margaret Colin (Ginnie Armbruster)
Kamera: Jack N. Green
Musik: Miles Goodman
Länge: 22.724m,
99 Min. Farbe,
Technicolor Dolby 35mm,
Panavision

Willow
WILLOW

Produktion: Lucasfilm mit Imagine Ent.
(USA 1988)
Verleih: UIP
Drehbuch: Bob Dolman
Regie: Ron Howard
Besetzung: Val Kilmer (Madmartigan),
Warwick Davis (Willow Ofgood),
Joanne Whalley,
Jean Marsh,

Billy Barty,
Musik: James Horner
Länge: Farbe 35mm

Wish you were here
WISH YOU WERE HERE

Produktion: Zenith Prod. mit Working Title
(GB 1987)
Verleih: Jugendfilm
Drehbuch: David Leland
Regie: David Leland
Besetzung: Emily Lloyd (Lynda),
Tom Bell (Eric),
Clare Clifford (Mrs. Parfitt)
Musik: Stanley Myers
Länge: 2.523m,
92 Min. Farbe 35mm

Wo is' Papa?
WHERE'S POPPA

Produktion: United Artists
(USA 1970)
Verleih: Impuls
Drehbuch: Robert Klane nach seinem gleichn. Roman
Regie: Carl Reiner
Besetzung: George Segal (Gordon Hocheiser),
Ruth Gordon (Mrs. Hocheiser)
Kamera: Jack Priestly
Musik: Jack Elliott
Länge: 2281 m,
83 Min. Farbe 35mm

Wohin?
WOHIN?

Produktion: Herbert Achternbusch Filmprod.
(BRD 1987)
Verleih: Filmwelt
Drehbuch: Herbert Achternbusch
Regie: Herbert Achternbusch
Besetzung: Gabi Geist (Gabi Rothammer),
Franz Baumgartner (Franz Totharsch)
Kamera: Adam Olech
Musik: Tom Waits
Länge: 2.639m,
96 Min. Farbe 35mm,
1:1,66

Das Wunder in der 8. Straße
MIRACLE ON 8. STREET / BATTERIES NOT INCLUDED

Produktion: Amblin
(USA 1987)
Verleih: UIP/dto./dto.
Drehbuch: Matthew Robbins,
Brad Bird,
Brent Maddock,
S.S. Wilson nach einer Story von Mick Garris
Regie: Matthew Robbins
Besetzung: Hume Cronyn (Frank)
Länge: 2.920 m,
107 Min. Farbe Deluxe color Dolby 35mm

Y

Yasemin
YASEMIN

Produktion: Hamburger Kino-Kompanie H. Bohm
(BRD 1987)
Verleih: Impuls Film Hans-J. Flebbe
Drehbuch: Hark Bohm
Regie: Hark Bohm
Besetzung: Ayse Romey (Yasemin),
Uwe Bohm (Jan)
Kamera: Slawomir Idziak
Musik: Jens Peter Ostendorf
Länge: 2.337m,
85 Min. Farbe 35mm,
1:1,66

Z

Z. B. Otto Spalt
Z.B. OTTO SPALT

Produktion: René Perraudin Filmprod.
(BRD 1987)
Verleih: FiFiGe/Filmladen
Drehbuch: René Perraudin
Regie: René Gundelach
Besetzung: Otto Sander (Otto Spalt, 1. Passant,
Otto Trebert
Kamera: Werner Nitschke
Musik: Klaus Doldinger
Länge: 100 Min. Farbe 35mm

Zärtliche Chaoten II
ZÄRTLICHE CHAOTEN II

Produktion: K.S. Film/Roxy-Film
(BRD 1988)
Verleih: Tivoli/Constantin
Drehbuch: Thomas Gottschalk
Regie: Holm Dressler; Mitarbeit: Gaby Zerhau
Besetzung: Michael Winslow (Ronny),
Thomas Gottschalk (Frank),
Helmut Fischer (Xaver),
Deborah Shelton (Sandy)
Kamera: Atze Glanert
Länge: 2.621m,
96 Min. Farbe 35mm

Zeit der vergessenen Helden
NAM, TOUR OF DUTY

Produktion: New World
(USA 1987)
Verleih: Highlight
Drehbuch: L. Travis Clark,
Steve Duncan
Regie: Bill L. Norton
Besetzung: Terence Knox,
Stephen Caffrey
Musik: Joseph Conlan
Länge: 2.548m,
93 Min. Farbe 35mm

Die Zeit des Birkenjungen
DIE ZEIT DES BIRKEN-JUNGEN

Produktion: Bernd Int. Movie Prod.
(BRD 1987)
Verleih: Ring Film
Drehbuch: Simon Schott
Regie: Elld Antonio Morandy
Besetzung: Marlies Schoenau,
Dominik Hammerstein
Musik: Gert Wilden
Länge: 2641m,
96 Min. Farbe 35mm

Zwei halbe Helden
FUCKING FERNAND

Produktion: Stephan Films mit ICE/Delta Film
(Frankreich 1987)
Verleih: Delta Film
Drehbuch: Gerd Weiss
Regie: Gerard Mordillat
Besetzung: Thierry Lhermitte (Fernand),
Jean Yanne (Binet)
Kamera: Jean Monsigny
Musik: Jean-Claude Petit
Länge: 2.215m,
81 Min. Farbe 35mm

Zwei tolle Hechte im Knast
BUY AND CELL

Produktion: Empire Pic./Altar Prod.
(USA 1987)
Verleih: Metropol
Drehbuch: Neal Israel,
Larry Siegel
Regie: Robert Boris
Besetzung: Robert Carradine (Herbie Altman),
Michael Winslow (Sly),
Malcolm McDowell (Warden Tennant)
Kamera: Danielle Nannuzzi
Musik: Jonathan Scott Bogner
Länge: 2.783m,
102 Min. Farbe 35mm

Zwei Welten
A WORLD APART

Produktion: Working Title Prod.
Verleih: Concorde
Drehbuch: Shawn Slovo,
nach einer authentischen Geschichte
Regie: Chris Menges
Besetzung: Barbara Hershey (Diana),
Jodhi May (Molly),
David Suchet (Muller)
Kamera: Peter Biziou
Musik: Hans Zimmer
Länge: 112 Min. Farbe Dolby 35mm,
1:1,66

Zweimal zwei
BIG BUSINESS

Produktion: Touchstone Pic. mit Silver Screen Part. III
(USA 1988)
Verleih: Warner Bros.
Drehbuch: Dori Pierson,
Marc Rubel
Regie: Jim Abrahams
Besetzung: Bette Midler (Sadie & Sadie),
Lily Tomlin (Rose & Rose),
Fred Ward (Roone Dimmick)
Kamera: Dean Cundey
Musik: Lee Holdridge
Länge: 97 Min. Farbe Dolby 35mm

FESTIVALS

Filmfestspiele Cannes 1988

Goldene Palme: „Pelle, der Eroberer" (Dänemark)
Großer Spezialpreis der Jury: „A World Apart" von Chris Menges (Großbritannien)
Beste Darstellerin: Zu gleichen Teilen an Barbara Hershey, Linda Mvusi und Jodhi May in „A World Apart"
Bester Darsteller: Forrest Whitacker in „Bird"
Beste Regie: Fernando Ezequiel Solanas für „Sur" (Argentinien)
Preis der technischen Kommission: „Bird" von Clint Eastwood
Jury-Preis: Krzystof Kieslowski für „Du sollst nicht töten" (Polen) und Marcel Ophüls für „Hotel Terminus"
Bester künstlerischer Beitrag: „Drowning by Numbers" von Peter Greenaway (Großbritannien)
Goldene Kamera für den besten Erstlingsfilm: „Salaam Bombay" von Mira Nair (Indien)
Bester Kurzfilm: Zu gleichen Teilen an „Physikalische Struktur" (Frankreich), „Bukpytacy" (UdSSR), „Ab Ovo" (Ungarn)
Prix Jeunesse für den besten ausländischen Film: „Trotz allem" (Türkei)
Prix Jeunesse für den besten französischen Film: „Mon Cher Sujet"
FIPRESCI-Preis der internationalen Filmkritik: „Distant Voices" (Großbritannien)

Oscars 1988

Bester Film: „Der letzte Kaiser" von Bernardo Bertolucci
Beste Schauspielerin: Cher in „Mondsüchtig"
Bester Schauspieler: Michael Douglas in „Wall Street"
Beste Nebendarstellerin: Olympia Dukakis in „Mondsüchtig"
Bester Nebendarsteller: Sean Connery in „Die Unbestechlichen"
Beste Regie: Bernardo Bertolucci für „Der letzte Kaiser"
Bestes Originaldrehbuch: John Patrick Shanley für „Mondsüchtig"
Beste Drehbuchbearbeitung: Mark Peploe und Bernardo Bertolucci für „Der letzte Kaiser"
Bester ausländischer Film: „Babettes Gastmahl" (Dänemark)
Bester Dokumentarfilm: „The Ten-Year Lunch: The Wit and Legend of the Algonquin Round Table" von Aviva Siesin
Bester Dokumentar-Kurzfilm: „Young at Heart" von Sue Marx und Pamela Conn
Bester Filmschnitt: Gabriella Cristiani für „Der letzte Kaiser"
Bestes Make-up: Rick Baker für „Harry and the Hendersons"
Beste Filmmusik: Ryuichi Sakamoto, Cong Su und David Byrne für „Der letzte Kaiser"
Bester Song: „I've Had the Time of my Life" aus „Dirty Dancing"
Bester Kurztrickfilm: „The Man Who Painted Trees" von Frederic Back
Bester Kurzfilm: „Ray's Male Heterosexual Dance Hall" von Jonathan Sanger und Jana Sue Memel
Beste Toneffekte: Bill Rowe und Ivan Sharrock für „Der letzte Kaiser"
Beste optische Effekte: Dennis Muren, William George, Harley Jessup, Kenneth Smith für „Innerspace"
Beste Ausstattung: Ferdinando Scarfiotti, Bruno Cesari, Osvaldu Desideri für „Der letzte Kaiser"
Beste Kamera: Vittorio Storaro für „Der letzte Kaiser"
Beste Kostüme: James Acheson für „Der letzte Kaiser"
Irving-Thalberg-Preis: Billy Wilder

Deutscher Darstellerpreis 1988

Der Bundesverband der Fernseh- und Filmregisseure vergab seine Darstellerpreise 1988 an Marianne Hoppe für ihre Darstellung der Thea in dem Fernsehfilm „Bei Thea" von Dominik Graf und an Hans Korte für seine Darstellung in dem Fernsehfilm „Der Vater eines Mörders" von Carlheinz Caspari. Die Nachwuchspreise gingen an Claudia Messner und Martin May.

One-Future-Preis 1988

Anläßlich des Filmfestes München verlieh die Interfilm-Jury (Jury der Internationalen Evangelischen Filmarbeit) den One-Future-Preis an den polnischen Film „Krotki Film o zabijaniu" (Ein kurzer Film über das Töten) von Krzystof Kieslowski

Césars 1988

Bester Film: „Auf Wiedersehen, Kinder" von Louis Malle
Beste Darstellerin: Anemone in „Am großen Weg"
Bester Darsteller: Richard Bohringer in „Am großen Weg"
Beste Nebendarstellerin: Dominique Lavanant in „Agent trouble"
Bester Nebendarsteller: Jean-Claude Brialy in „Les Innocents"
Beste Regie: Louis Malle für „Auf Wiedersehen, Kinder"
Bestes Drehbuch: „Auf Wiedersehen, Kinder"
Beste Kamera: Renato Berta für „Auf Wiedersehen, Kinder"
Beste Ausstattung: Jean-Claude Laureux und Bernard Leroux für „Auf Wiedersehen, Kinder"
Bester Ton: Claude Villand für „Auf Wiedersehen, Kinder"
Bester Schnitt: Emmanuelle Castro für „Auf Wiedersehen, Kinder"
Bester ausländischer Film: „Der letzte Kaiser" von Bernardo Bertolucci
Beste Nachwuchsdarstellerin: Mathilda May in „Der Schrei der Eule"
Bester Nachwuchsdarsteller: Thierry Fremont in „Travelling avant"

Beste Nebendarstellerin: Susan Wooldridge in „Hoffnung und Ruhm"
Bester Nebendarsteller: Daniel Auteuil in „Jean de Florette"
Beste Musik: Ennio Morricone für „Die Unbestechlichen"
Bester ausländischer Film: „Das Opfer" von Andrej Tarkowskij (Schweden/Frankreich)
Bester Kurzfilm: „Artisten" von Jonas Grinmas (Schweden)
Michael-Balcon-Preis: Das Monty Python-Team

Britische Filmpreise 1988

Bester Film: „Jean de Florette"
Beste Regie: Oliver Stone für „Platoon"
**Bestes Original-Dreh-

buch: David Leland für „Too Much"
Beste Drehbuchbearbeitung: Claude Berri und Gerard Brach für „Jean de Florette"
Beste Darstellerin: Anne Bancroft in „84 Charing Cross Road"
Bester Darsteller: Sean Connery in „Der Name der Rose"

38. Internationale Filmfestspiele Berlin

Goldener Berliner Bär, Großer Preis der Filmfestspiele: „Rotes Kornfeld" von Zhang Yimou (China)
Silberner Berliner Bär, Spezialpreis der Jury: „Die Kommissarin" von Aleksandr Askoldov (UdSSR)
Silberner Berliner Bär: „Die Schuld" von Miguel Pereira (Argentinien)
Silberner Berliner Bär für die beste Regie: Norman Jewison für „Mondsüchtig" (USA)
Silberner Berliner Bär für die beste Darstellerin: Holly Hunter in „Nachrichtenfieber"
Silberner Berliner Bär für den besten Darsteller: Zu gleichen Teilen an Jörg Pose und Manfred Möck für ihre Darstellungen in „Einer trage des anderen Last" von Lothar Warneke (DDR)
Silberner Berliner Bär für eine hervorragende Einzelleistung: Janusz Zaorski als Drehbuchautor und Regisseur von „Mutter Krol und ihre Söhne" (Polen)
Goldener Berliner Bär für einen Kurzfilm: „Die Macht" von Zdravko Barisic (Jugoslawien)
Silberner Berliner Bär für einen Kurzfilm: Pavel Koutsky für „Liebe auf den ersten Blick" (CSSR)
UNICEF-Preis: „Hasenherz" von Gunter Friedrich (DDR) und lobende Erwähnungen für „The Kid Brother" von Claude Gagnon (Kanada) sowie „Aaj Ka Robinhood" von Tapan Sinha (Indien)
UNICEF-Kurzfilmpreis: „Herr Bohm och Sillen" von Peter Cohen und Olof Landström (Schweden)
Preis des Internationalen Zentrums für Kinder- und Jugendfilm: „The Kid Brother" von Claude Gagnon (Kanada) sowie eine lobende Erwähnung für „Herr Bohm och Sillen"
Preis der Berliner Kinderjury: „Hasenherz" von Gunter Friedrich (DDR)
Preis der Gilde deutscher Filmkunsttheater: „Schrei nach Freiheit" von Richard Attenborough (Großbritannien) sowie eine spezielle Empfehlung für „Mondsüchtig" von Norman Jewison
Preis der Leserjury der „Berliner Morgenpost": „Einer trage des anderen Last" von Lothar Warneke (DDR)
Preis der katholischen Filmorganisation OCIC: „Die Kommissarin" von Aleksandr Askoldov (UdSSR) und eine besondere Empfehlung für „Die Schuld" von Miguel Pereira. Der Preis für einen Film aus dem Programm des „Forum des jungen Films" ging an „En Nombre de Dios" von Patricio Guzman (Chile)
Interfilm-Preis: „Die Kommissarin" von Aleksandr Askoldov (UdSSR) aus dem Wettbewerbsprogramm und an „Der Indianer" von Rolf Schübel aus dem Programm des Internationalen Forums des jungen Films. Außerdem lobende Erwähnungen für „Die Schuld" (Argentinien), „Einer trage des anderen Last" (DDR), „Family Viewing" (Kanada) und „Sagolandet" (Schweden/BRD)

FIPRESCI-Preis der internationalen Filmkritik: „Die Kommissarin" von Aleksandr Askoldov aus dem Wettbewerbsprogramm mit einer besonderen Erwähnung für „Asino Scaste" (UdSSR) und „Matka Krolow" von Janusz Zaorski (Polen). Der Preis für einen Film aus dem Programm des Forums des jungen Films ging an „Dani, Michi, Renato & Max" von Richard Dindo (Schweiz)

CICAE-Preis des Verbandes der Filmkunsttheater: Zu gleichen Teilen an „Brise-Glace" von Jean Rouch, Titte Örnroth und Raoul Ruiz (Frankreich) und an „Terirem" von Apostolos C. Doxiadis (Griechenland). Der Preis für einen Film aus dem Forums-Programm ging an „The Last of England" von Derek Jarman (Großbritannien)
Preis der „zitty"-Leser für den besten Film im Forums-Programm: „Pabo Sunon" von Lee Chang-Ho (Volksrepublik Korea)

Caligari-Filmpreis: „Nagunenun gilesado schizi annunda" von Lee Chang-Ho (Volksrepublik Korea)
Friedensfilm-Preis: Christian Blackwood für seinen Film „Signed: Lino Brocka" (USA) und lobende Erwähnungen für „En Nombre de Dios" (Chile), „Schrei nach Freiheit" (Großbritannien) und „Risk" (UdSSR)

Italienische Filmpreise „David" 1988

Film des Jahres: „Der letzte Kaiser" von Bernardo Bertolucci
Beste Regie: Bernardo Bertolucci für „Der letzte Kaiser"
Bestes Drehbuch: Bernardo Bertolucci für „Der letzte Kaiser"
Beste Produktion: Franco Giovale, Jeremy Thomas, Joyce Herlihy für „Der letzte Kaiser"
Beste Kamera: Vittorio Storaro für „Der letzte Kaiser"
Beste Ausstattung: Ferdinando Scarfiotti, Bruno Cesari, Osvaldo Desideri für „Der letzte Kaiser"
Bester Schnitt: Gabriella Cristiani für „Der letzte Kaiser"
Bester Darsteller: Marcello Mastroianni für „Schwarze Augen"
Beste Darstellerin: Elena Safonova in „Schwarze Augen"
Bester Nebendarsteller: Peter O'Toole in „Der letzte Kaiser"
Beste Nebendarstellerin: Elena Sofia Ricci in „Io e mia sorella"
Beste Musik: Ennio Morricone für „Brille mit Goldrand"
Bestes Erstlingswerk: „Domani accadra" von Daniele Luchetti
Preise für langjährige Verdienste: Mario Checchi Gori, Francesco Rosi, Aldo Fabrizi, Giulio Andretti

Ernst Lubitsch-Preis 1988

„Out of Rosenheim" von Percy Adlon

Preis der Sparkasse: „Nabuli — Ein Clan sucht seine Vergangenheit" von Ellen Umlauf
Concorde-Preis: „Drachenfutter" von Jan Schütte

Max-Ophüls-Preise 1988

Preis der Jury: „Wendel" von Christoph Schaub (Schweiz)
Preis des Ministerpräsidenten: „Schmetterlinge" von Wolfgang Becker
Saarfilm-Förderpreis: „Jäger der Engel" von Paris Kosmidis
Preis des Oberbürgermeisters: „Ete und Ali" und „Vorspiel", beide von Peter Kahane
Spezialpreis „Neonherzen": „Vergiß Schneider" von Götz Spielmann
Preis der Saarbrücker Zeitung: „Das Mädchen mit den Feuerzeugen"
Preis des Publikums: „z. B. . . Otto Spalt"

Golden Globes 1988

Bester Film (Drama): „Der letzte Kaiser"
Beste Schauspielerin (Drama): Sally Kirkland in „Anna"
Bester Schauspieler (Drama): Michael Douglas in „Wall Street"
Bestes Musical/Komödie: „Hoffnung und Ruhm"
Beste Schauspielerin (Musical/Komödie): Cher in „Mondsüchtig"
Bester Schauspieler (Musical/Komödie): Robin Williams in „Good Morning, Vietnam"
Bester ausländischer Film: „Mein Leben als Hund" (Schweden)
Beste Nebendarstellerin: Olympia Dukakis in „Mondsüchtig"
Bester Nebendarsteller: Sean Connery in „Die Unbestechlichen"
Beste Regie: Bernardo Bertolucci für „Der letzte Kaiser"
Bestes Drehbuch: Bernardo Bertolucci, Marc Peploe für „Der letzte Kaiser"
Beste Musik: Ryuichi Sakamoto, Su Zong, David Byrne für „Der letzte Kaiser"
Bester Song: „I've had the Time of my Life" aus „Dirty Dancing"

Bundesfilmpreise 1988

Filmband in Gold: „Der Himmel über Berlin" von Wim Wenders
Filmband in Silber: „Der Indianer" von Rolf Schübel, „Out of Rosenheim" von Percy Adlon
Drehbuchpreis: Oliver Schütte und Peter Kramm für „Koan"

Filmfestival Venedig 1988

Goldener Löwe: „La Leggenda del Santo Bevitore/Die Legende des heiligen Trinkers" von Ermanno Olmi
Silberner Löwe für die beste Regie: Theo Angelopoulos für „Landschaft im Nebel"
Großer Sonderpreis der Jury: Ousmane Sembene für „Das Lager von Thiaroye"
Beste Darstellerinnen: Zu gleichen Teilen an Shirley MacLaine in „Madame Sousatzka" und Isabelle Huppert in „Un Affaire de Femme"
Beste Darsteller: Don Ameche und Joe Mantegna in „Things Change"

Bayerische Filmpreise 1988

Regiepreis: Wim Wenders für „Der Himmel über Berlin"
Produzentenpreis: Werner Herzog und Lucki Stipetič für „Cobra Verde"
Regiepreis für einen Low-Budget-Film: Hans Noever für „Lockwood Desert, Nevada"
Regiepreis (Nachwuchs): Nina Grosse für „Der gläserne Himmel"
Darstellerpreis: Carola Höhn, Marianne Hoppe, Camilla Horn, Ortrud von der Recke, Fee von Reichlin, Marika Rökk, Rose Renée Roth für ihre Darstellung in „Schloß Königswald"
Drehbuchpreis: Ulf Miehe und Klaus Richter für „Der Unsichtbare" und Eleonora Adlon für „Out of Rosenheim"
Tonmeisterpreis: Milan Bor für sein Gesamtschaffen
Ehrenpreis: Luggi Waldleitner

Filmfestival Locarno 1988

Goldener Leopard: Zu gleichen Teilen an „Distant Voices" von Terrence Davies (Großbritannien) und an „Schmetterlinge" von Wolfgang Becker (BRD)
Silberner Leopard (Spezialpreis der Jury): „Halodhia Choraye Baodhan Khai" von Jahnu Barua (Indien)
Bronzener Leopard: „Nakhoda Khorshid" von Nasser Taghvai (Iran), „Schlaflose Nächte" von Marcel Gisler (Schweiz)
Darsteller-Preis: Indra Bania in „Halodhia Choraye Baodhan Khai"
Preis der Ökumenischen Jury: „Family Viewing" von Atom Egoyan (Kanada), außerdem besondere Empfehlungen für „Halodhia Choraye Baodhan Khai" und „Gost" von Alexandr Kajdanowskij (UdSSR)

Filmbänder in Gold für herausragende Einzelleistungen: Henri Alekan für seine Kameraarbeit für „Der Himmel über Berlin", Dominik Graf für seine Regie von „Die Katze", die Darstellerinnen Adriana Altares in „Das Mikroskop" und Marianne Sägebrecht in „Out of Rosenheim", die Darsteller Michel Piccoli in „Das weite Land" und Vladimir Weigl in „Das Mikroskop", Beatrix Stein-Läppert, Birgit Hutter und Ina Peichel für die Ausstattung von „Das weite Land"

Filmbänder in Gold für langjähriges Wirken im deutschen Film: Ottomar Domnick (Regisseur), Käthe Gold (Schauspielerin), Walter Groß (Schauspieler), Irene von Meyendorff (Schauspielerin), Karl Schneider (Filmarchitekt), Maria Stadler (Theaterbesitzerin)

Gilde-Preise 1988

Zum 11. Mal wurden die Preise der Gilde Deutscher Filmkunsttheater vergeben. In der Kategorie „deutscher Film" wurde „Out of Rosenheim" von Percy Adlon mit dem Großen Gilde-Preis in Gold und „Der Himmel über Berlin" von Wim Wenders mit einem Gilde-Preis in Silber ausgezeichnet. In der Kategorie „ausländischer Film" erhielt „Der letzte Kaiser" von Bernardo Bertolucci Gold und „Auf Wiedersehen, Kinder" von Louis Malle Silber.

IN MEMORIAM

von Ambesser, Axel (78)
Schauspieler, Regisseur, Autor, gest.: 6. 9. 1988

Er war — nach eigenem Geständnis — ein schlechter Schüler und ist auch niemals auf eine Schauspielschule gegangen. Gleichwohl verpflichtete Erich Ziegel ihn als Anfänger an die „Hamburger Kammerspiele". Heinz Rühmann erleichterte ihm die Anfänge beim Film („Wenn wir alle Engel wären", „Das Herz der Königin", „Frauen sind keine Engel", „Drei Mädchen spinnen"). Als Regisseur realisierte er u. a. die Publikumserfolge „Ihr erstes Rendezvous", „Der Pauker", „Der brave Soldat Schwejk", „Der Gauner und der liebe Gott" (mit Gert Fröbe), „Kohlhiesels Töchter", „Das hab ich von Papa gelernt". Unschlagbar war Axel von Ambesser („Filmband in Gold"/1985) in seinem Metier als Regisseur und Interpret in einigen Bühnenstücken.

Bessel, Ehmi (83)
Schauspielerin, gest.: 3. 2. 1988

Die Staatsschauspielerin, die mit Ehemann Werner Hinz (verstorben 1985), aber auch allein, Triumphe auf den großen deutschsprachigen Bühnen feierte, starb im Israelitischen Krankenhaus Hamburg. Die Schauspieler Michael, Knut und Dinah Hinz trauern um die Mutter. Energie, Sensibilität und ihre ausgeprägte Wandlungsfähigkeit zeichneten sie auf den Brettern der Bühnen aus. Sie hat Glanzstunden der Schauspielkunst gesetzt. Engagement für die Familie und Bühne ließen ihr nur wenig Zeit für Filmverpflichtungen: „Das Mädchen vom Montparnasse", „Gruß und Kuß Veronika", „Bekenntnisse des Hochstaplers Felix Krull" (u. a.).

Boffety, Jean (62)
Kameramann, gest.: 25. 6. 1988

Boffety, einer der besten und erfolgreichsten Kameramänner Frankreichs, drehte mit Regisseur Claude Sautet („Eine einfache Geschichte"/1978, „Der ungeratene Sohn"/1980, „Garçon! — Kollege kommt gleich"/1983), brachte Lino Ventura für „Ein Mann in Wut" (1978), „Mord in Barcelona" (1978) und „Der Maulwurf" (1981) auf die Leinwand und stellte seine Qualitäten u. a. in „Der rote Pullover", „Das Laserstrahl-Kommando", „Louis und seine verrückten Politessen" sowie „Dog Day" (mit Lee Marvin/1983) unter Beweis.

Fröbe, Gert (75)
Schauspieler, gest.: 5. 9. 1988

Vom halbverhungerten „Otto Normalverbraucher" („Berliner Ballade"/1948) avancierte er 1964 zum „Goldfinger" im Wirtschaftswunderformat der kosmopolitischen Filmszenerie. Seine Darstellungskunst manifestierte sich unvergeßlich in rund 90 Filmen, der „Fröbe-Touch" war immer dabei, unvergleichbar, eigenwillig und unwiderstehlich. Deutschlands internationaler Filmstar aus dem sächsischen Planitz bei Zwickau war der sensible Individualist, ein Star, der keiner sein wollte. Er war echt, ungekünstelt, natürlich, ein Schauspieler ohne Kunststoffverpackung ... und manchmal explodierte er. „Auf ein Neues, sagte er ... und dabei fiel ihm das Alte ein", so der Titel seiner 1988 erschienenen Memoiren. „Auf ein Neues", möchte man Gert Fröbe nachrufen, der sich nicht nur um den deutschen Nachkriegsfilm verdient gemacht hat.

Frey, Erik (80)
Schauspieler, gest.: 2. 9. 1988

Seit den 30er Jahren erschien der Name von Erik Frey auf der Leinwand, der 1927 seine Bühnentätigkeit am „Deutschen Volkstheater" in Wien begann. Es waren auch bei Erik Frey die oft zitierten fünfziger Jahre, die mit rund 45 Rollen das Gros der Filmverpflichtungen des „feinen, eleganten Herrn" des deutschsprachigen Films ausmachten („Maria Theresia", „Wiener Walzer", „Kaisermanöver", „Es geschah am 20. Juli", „Spionage", „Das Schloß in Tirol", „Die unentschuldigte Stunde" u. v. m.).

Jary, Michael (81)
Komponist, gest.: 12. 7. 1988

Das „Filmband in Gold" wurde Jary 1981 zur Ehre gereicht, dem Schallplatte, Film und Funk ungezählte Schlager verdanken. In Laurahütte bei Kattowitz in Oberschlesien geboren, erhielt er 1931 für eine sinfonische Komposition den „Beethoven-Preis" der Stadt Berlin. Seine erste Filmkomposition datiert aus dem Jahre 1935 für den Streifen „Die große und die kleine Welt", der unter der Regie von Johannes Riemann mit Viktor de Kowa, Heinrich George und Adele Sandrock entstand. Unvergänglich seitdem seine Hits für Zarah Leander („Ich weiß, es wird einmal ein Wunder gescheh'n"), Rosita Serrano („Roter Mohn"), Evelyn Künneke („Winke, winke") oder Hans Albers („Das Herz von St. Pauli").

Logan, Joshua (79)
Regisseur, gest.: 12. 7. 1988

Der Dialogdirektor in Selznicks „Der Garten Allahs" war an Regie und Drehbuch so mancher Filme beteiligt, die in der Geschichte des Films ihren festen Platz erobert haben. Nach einem Stipendium für das Moskauer Kunsttheater unter der Leitung Stanislavskys gehörte er zu den Mitgliedern eines Schicksalsbundes, die in New York ein Appartement bewohnten und hier versuchten, in die Welt des Theaters mit festen Engagements einzudringen. Es waren Henry Fonda, Myron McCormick und James Stewart. Studien und Bühnenarbeit machten sich künstlerisch und geschäftlich bezahlt, als Logan in zunehmendem Maße mit der Inszenierung großangelegter Filme betraut wurde. „Picknick" (Oscar-Nominierung), „Bus Stop" (mit Marilyn Monroe), „Sayonara" (Oscar-Nominierung), „South Pacific" und „Fanny" waren seine Erfolgsstationen von internationaler Bedeutung.

Jansen, Wolfgang (49)
Schauspieler, gest.: 9. 1. 1988

In R. A. Stemmles Problemfilm „Sündige Grenze" (1951) filmte der vielbeschäftigte und gutverdienende Filmschauspieler der fünfziger Jahre („Schlagerparade", „Du bist die Richtige", „Hallo Taxi", „Zwei alte Sünder") zum erstenmal. Nach den Streifen „Zwei tolle Käfer räumen auf" (1978) sowie „Das verrückte Strandhotel" (Regie: Franz Marischka/1983) wurde es auf der künstlerischen Ebene still um den gebürtigen Danziger.

Raines, Ella (66)
Schauspielerin, gest.: 30. 5. 1988

Der Star in Streifen der B-Kategorie („Zelle R 17", „Rauchende Pistolen"), Hauptakteurin in den Robert-Siodmak-Filmen „Zeuge gesucht" (1943, mit Franchot Tone, Fay Helm) sowie „Unter Verdacht" (1944), erlag einem Krebsleiden.

Horney, Brigitte (77)
Schauspielerin, gest.: 27. 7. 1988

Ein ausgeprägter, Konzessionen abholder künstlerischer Wille, ein unbändiges Temperament machten sie zu einer der stärksten darstellerischen Kräfte des deutschen Films, der 1930 auf ihr eigenwilliges Gesicht aufmerksam wurde. Als Partnerin von Aribert Mog gab sie unter der Regie von Robert Siodmak in „Abschied" ihr Leinwanddebüt. Der herben Schönheit der gebürtigen Berlinerin begegneten wir dann u. a. in „Fra Diavolo", „Liebe, Tod und Teufel", „Anna Favetti" und nicht zuletzt — unvergessen — „Befreite Hände". Nach dem Kriege stand „Biggi" (Filmband in Gold/1972) nur selten, aber in beeindruckenden Rollen vor der Filmkamera („Der letzte Sommer", „Nacht fiel über Gotenhafen"). Fernsehproduktionen („Jakob und Adele", „Das Erbe der Guldenburgs") profitierten zudem von der populären Künstlerin aus der Garde der Ufa-Stars.

Raab, Kurt (46)
Schauspieler, gest.: 28. 6. 1988

Er hat es nicht geschafft. Kurt Raab, Schauspieler, ein guter Schauspieler mit den individuellen Macken, homosexuell, starb an der Immunschwäche Aids. Seine Hoffnung, die Medizin würde noch zu seinen Lebzeiten ein Gegenmittel ermöglichen, hat getrogen. Homosexualität war für ihn kein Thema, aber selbstverständliche Lebensform gewesen, zuletzt mit der zwangsläufig gebotenen Aussichtslosigkeit. Kein Geheimnis: Veranlagung war das Geheimnis für so manche einfühlsame, grandiose Darstellungskunst. Raab befand sich da in bester Gesellschaft.
Von „Götter der Pest" bis „Effi Briest" war er in fast allen Fassbinder-Streifen entweder als Ausstatter, Regieassistent oder Schauspieler beschäftigt. Regisseure wie Hauff, Brustellin, Noever, Syberberg, Brasch, Lemke und Herbert Achternbusch („Wohin?"/1987) verpflichteten ihn wegen seines exklusiven Interpretationsvermögens. Kurt Raab erhielt 1971 das „Filmband in Gold" für die Ausstattung des Films „Whity" (Regie: R. W. Fassbinder).

Pratsch-Kaufmann, Kurt (80)
Schauspieler, gest.: 29. 6. 1988

Bewährt auf der Bühne („Mr. Doolittle" in „My Fair Lady") und im Fernsehen („Forellenhof", „Im Ballhaus ist Musike"), drehte der aus Dresden stammende Mime aus der alten Garde nach dem Krieg Film auf Film: „Wenn am Sonntagabend die Dorfmusik spielt", „Der Vetter aus Dingsda", „Schützenliesel", „Der Frontgockel", „Lilli, ein Mädchen aus der Großstadt".

Steiner, Sigfrit (81)
Schauspieler, gest.: 21. 3. 1988

Im schweizerischen Film bereits vor dem Krieg engagiert, wurde Sigfrit Steiner (Filmband in Gold/1987) im Laufe der Filmjahrzehnte zum Spezialisten für knorrige Typen, darunter „Es geschah am hellichten Tag", „Der Schinderhannes" und „Waldrausch". Noch im hohen Alter erlebte der Baseler einen Beschäftigungs-Boom: „Der Mond ist nur a nackerte Kugel", „Don Quichottes Kinder", „Glut", „Lisa und die Riesen", „Der schwarze Tanner" (1986).

Clements, John (77)
Schauspieler, Regisseur, gest.: April 1988

Sir John Clements, 1968 geadelter britischer Schauspieler, starb kurz vor Vollendung seines 78. Lebensjahres. Der versierte Bühnen- und Fernsehregisseur agierte in den 30er Jahren als Schauspieler insbesondere für „London Films" in Streifen wie „Things to Come" (1936), „Rembrandt" (1937), „Knight Without Armor" (1937, mit Marlene Dietrich), „South Riding" (1938) sowie „The Four Feathers" (1939). Nach dem Krieg ließ sich Sir John Clements nur selten vor die Filmkamera locken („Froschmann Crabb", „Oh! What a Lovely War", „Gandhi").

Lühr, Peter (81)
Schauspieler, gest.: 15. 3. 1988

Die herausragende Persönlichkeit des deutschsprachigen Theaters gehörte seit über vier Jahrzehnten den Münchener Kammerspielen an. 1966 absolvierte er eine Welttournee für das Goethe-Institut als „Nathan, der Weise". Der Träger des Bundesverdienstkreuzes wurde 1981 mit dem „Kulturellen Ehrenpreis" der Stadt München, seiner Wahlheimat, ausgezeichnet. Auf der Leinwand gestaltete der Hamburger die bekannten Charakterparts in „Taiga", „Hunde wollt ihr ewig leben", „Wir Wunderkinder", „Die Buddenbrooks", „Menschen im Netz", „Sturm im Wasserglas" sowie „Dr. med. Hiob Prätorius".

Vanzina, Stefano (73)
Regisseur („Steno"), gest.: 13. 3. 1988

Nicht nur in Italien als „Steno" bekannt, setzte der italienische Filmregisseur in seinen zahlreichen Filmkomödien der 50er Jahre bis Anfang der 60er mit Vorliebe den Charakter-Komiker Toto ein. Bud Spencer katapultierte er zum Kassenmagneten in „Sie nannten ihn Plattfuß" (1973), „Plattfuß räumt auf" (1974), „Plattfuß in Afrika" (1977) und „Plattfuß am Nil" (1979). Bravourös seine straffe Regie für die im Juni 1988 von der ARD ausgestrahlte vierteilige Fernseh-Serie „Herz aus Stein". Marcel Bozzuffi, einer seiner Hauptdarsteller, verstarb im Februar.

Bozzuffi, Marcel (58)
Schauspieler, gest.: 2. 2. 1988

Der französische Filmschauspieler mit italienischer Abstammung erhielt von Gilles Grangier die Möglichkeit, als junger Fernfahrer neben Jean Gabin und Jeanne Moreau in „Gas Oil" (1955) zu debütieren. Mit Hilfe von Claude Lelouch als Koproduzent realisierte er „L'Américain". In der Bundesrepublik Deutschland kannte man Bozzuffi aus Filmen wie „Der Boß", „Drei Milliarden ohne Lift", „Z", „Brennpunkt Brooklyn", „Spiegelbilder" und dem TV-Hit „Herz aus Stein" (als „Gaetano Bonanno"). Sergio Gobbi war sein Regisseur in „Der Linkshänder" (1984).

Pressburger, Emeric (85)
Produzent, Autor, Regisseur, gest.: 4. 2. 1988

Emeric Pressburger, englischer Drehbuchautor, Filmproduzent und Regisseur, der für „The Invaders" („Forty Ninth Parallel"/1942) den Oscar für „the best original story" erhielt und mit Michael Powell für „Die roten Schuhe" in derselben Kategorie nominiert war, verstarb 85jährig in Aspalls/Sussex. Pressburger, der zusammen mit Michael Powell die Filme „Irrtum im Jenseits", „Die roten Schuhe", „Das dunkelrote Siegel", „Die schwarze Füchsin", „Hoffmanns Erzählungen" und „Panzerschiff Graf Spee" als Regisseur drehte, stammte aus Ungarn.

Franju, Georges (75)
Regisseur, gest.: 5. 11. 1987

Mit Henri Langlois und Jean Painlevé gründete Franju 1936 die „Cinémathèque Française". Der Regisseur vielbeachteter Dokumentarfilme konnte sich in seinen Langfilmen „Mit dem

Kopf gegen die Wände" (1958), „Das Schrekkenshaus des Dr. Rasanoff" (1959) sowie „Mitternachtsmörder" (1960) der Schauspielkunst des 1972 verstorbenen französischen Schauspielers Pierre Brasseur versichern.

Esser, Paul (74)
Schauspieler, gest.: 21. 1. 1988

Der Begründer und langjährige Direktor des „Schauspielhauses Hansa" in Berlin erlag einem Knochenkrebsleiden auf Teneriffa. Wolfgang Staudtes Film „Rotation" (1949) zeigte ihn in der Rolle des vom einfachen Setzer zum Rotationsmeister aufsteigenden „Hans Behnke", dem sich zahlreiche DEFA-Produktionen anschlossen (z. B. „Der Untertan"). Esser verlegte sodann sein künstlerisches Schaffen nach West-Berlin und in die Bundesrepublik. Obwohl dem Theater engstens verbunden, hat Paul Esser mit seiner runden, kraftvollen und urwüchsigen Erscheinung viele Filme bereichert, darunter „Urlaub auf Ehrenwort", „Der Schinderhannes" und Kurt Hoffmanns „Spessart-Filme". In der Fernsehserie „Tatort" agierte er vor Jahren als Kommissar „Kasulke".

Angermeyer, Heinz (78)
Filmproduzent, gest.: 13. 3. 1988

Der Träger des Bundesverdienstkreuzes, verheiratet gewesen mit der Schauspielerin Eva-Maria Meineke, repräsentierte als Produzent oder Koproduzent der Filme „Wir Wunderkinder", „Schloß Gripsholm", „Wenn süß das Mondlicht auf den Hügeln schläft", „Das Haus in Montevideo", „Dr. med. Hiob Prätorius", „Trotta" und „Ansichten eines Clowns" ein Stück Geschichte des deutschen Nachkriegsfilms.

Schäfer, Martin (44)
Kameramann, gest.: 11. 4. 1988

Schäfer erhielt 1983 für „Dies rigorose Leben" und die Ko-Kamera in „Der Stand der Dinge" den Bundesfilmpreis für die beste Kameraführung. Er drehte in England, Brasilien und zeichnete zuletzt für die Kameraführung in „Die Katze" (Regie: Dominik Graf) und „Das Mikroskop" (Regie: Rudolf Thome) verantwortlich.

Krüger, Franz-Otto (70)
Schauspieler, gest.: März 1988

Der vielbeschäftigte Chargen-Darsteller im deutschen Film, allein 1953 war er in fünf Filmen („Die Rose von Stambul", „So ein Affentheater", „Rote Rosen, rote Lippen, roter Wein", „Schlagerparade", „Der Vetter aus Dingsda") zu sehen, ferner aktiv in „Der Maulkorb", „Der Pauker", „Peter Voss, der Millionendieb" sowie „Der Mann, der nicht nein sagen konnte", erlag einer Lungenkrankheit.

Balz, Bruno (85)
Text- und Schlagerdichter, gest.: 14. 3. 1988

Mit dem Text „Das machen nur die Beine von Dolores" in Géza von Cziffras Film „Die verschleierte Maja" (Musik: Michael Jary, Gesang: Gerhard Wendland) konnte der „Herz- und Magentexter" von Zarah Leander und anderen Ufa-Größen an die großen Vorkriegserfolge (u. a. „Ich weiß, es wird einmal ein Wunder gescheh'n", „Das kann doch einen Seemann nicht erschüttern", „Roter Mohn") anknüpfen. Seine Liedertexte sind Evergreens und werden noch Generationen überleben. In seinem geliebten Bad Wiessee schloß der Berliner Bruno Balz für immer die Augen.

Liebeneiner, Wolfgang (82)
Regisseur, gest.: 28. 11. 1987

Zu seinen populärsten Leinwandinszenierungen nach dem Krieg zählen sicherlich „Liebe 47" (mit seiner Frau Hilde Krahl), „Sebastian Kneipp", „Die Trapp-Familie", „Die Trapp-Familie in Amerika", „Wenn süß das Mondlicht auf den Hügeln schläft", während der Ufa-Zeit „Versprich mir nichts" (1937), „Der Mustergatte", „Ziel in den Wolken", „Yvette" und „Der Florentiner Hut". Als Schauspieler kam er im Jahre 1931 erstmals mit dem Film in Berührung („Die andere Seite", mit Conrad Veidt). Seinen größten Erfolg als Filmschauspieler feierte Liebeneiner als Gegenspieler von Gustaf Gründgens und Willy Eichberger in Max Ophüls' „Liebelei" (1932). Dieser Film mit Magda Schneider und Luise Ulrich hatte damals in Frankreich die längste Spielzeit, die je ein deutscher Film jenseits des Rheins erreichte.

Tonti, Aldo (78)
Kameramann, gest.: 7. 7. 1988

Der vielseitige italienische Kameramann, ohne dessen schöpferische Mitwirkung Erfolge wie „Ossessione — Von Liebe besessen", „Rom, offene Stadt", „Europa 51", „Krieg und Frieden", „Die Nächte der Cabiria" und „Die Valachi-Papiere" nicht denkbar gewesen wären, starb in Rom. In dem sentimentalen Rührstück „Serenade einer großen Liebe" (Regie: Rudolph Maté/1958) fotografierte er neben Mario Lanza auch die deutschen Schauspieler Johanna von Koczian sowie Hans Söhnker.

Krasner, Milton (86)
Kameramann, gest.: 16. 7. 1988

Handwerkliches Rüstzeug seit Anfang der 30er Jahre, Geschick und Können waren die Qualitätsofferten von Krasner, dessen Kameraarbeit für „Drei Münzen im Brunnen" im Frühjahr 1955 mit dem Oscar gewürdigt wurde. Der Kameramann-Favorit der großen amerikanischen Filmregisseure war fernerhin nominiert für „Arabische Nächte", „Alles über Eva", „An Affair to Remember", „Das war der Wilde Westen", „Verliebt in einen Fremden" sowie „Bezwinger des Todes".

Rich, Irene (96)
Schauspielerin, gest.: April 1988

Bereits in den 20er Jahren erlebte Irene Rich mit über 40 Filmen den Höhepunkt ihrer Karriere. In den MGM-Studios drehte sie „The Champ" (1931), „Five and Ten" (1931), „Strangers May Kiss" (1931), „Keeping Company" (1940), „The Mortal Storm" (1940), „This Time for Keeps" (1941). Mit kleinen Rollen in „Der schwarze Reiter", „Bis zum letzten Mann" („Fort Apache"/Regie: John Ford) und „Johanna von Orleans" (Regie: Victor Fleming/1948) verabschiedete sich die „Lady des amerikanischen Stummfilms" von der Leinwand.

Prévert, Pierre (81)
Regisseur, gest.: 6. 4. 1988

Eingefleischte Cineasten loben noch heute den „nouveau style comique" in seinen drei selbständigen Langfilmen „L'affaire est dans le sac" (1932), „Adieu Léonard" (1943) sowie „Voyage-surprise" (1947). Der Bruder des Schriftstellers und Drehbuchautoren Jacques Prévert arbeitete auch als Schauspieler („Goldenes Zeitalter"), Drehbuchautor und Fernsehregisseur.

Mamoulian, Rouben (89)
Regisseur, gest.: 4. 12. 1987

Die Arbeiten und Erfolge des 1898 in Tiflis (Georgien) geborenen amerikanischen Filmregisseurs datieren überwiegend aus den 30er Jahren: „Doctor Jekyll and Mr. Hyde" (1931, Oscar-Auszeichnung für Fredric March), „Song of Songs" (mit Marlene Dietrich), der Greta-Garbo-Streifen „Queen Christina" (1933), „We Live Again" (Anna Sten und Fredric March in den Hauptrollen), der Miriam-Hopkins-Film „Becky Sharp" (1935) sowie „Golden Boy" (1939). Tyrone Power und Linda Darnell waren seine Hauptakteure in „Im Zeichen des Zorro" (1940) und „König der Toreros" (1941).

Fröhlich, Gustav (85)
Schauspieler, Regisseur, gest.: 22. 12. 1987

Der einstige Herzensbrecher des deutschen Films hat im ganzen 19 Stummfilme gedreht, darunter Fritz Langs „Metropolis" (1927). Seine Tonfilmzeit begann er als Partner von Liane Haid in „Der unsterbliche Lump". Er wurde mit Filmen wie „Barcarole" (mit Lida Baarova), „Ein Teufelskerl", „Es flüstert die Liebe", „Die unmögliche Frau" und „Die Entführung" zum charmanten Filmliebhaber, serviert in prächtigen Uniformen, Livreen oder Fracks. Frisches Draufgängertum, das gute Aussehen und schauspielerische Gewandtheit kultivierten zudem seine absolute Popularität. Nach dem Krieg stand Fröhlichs Name (Filmband in Gold/1973) in den 50er Jahren als Schauspieler (u. a. „Die Sünderin", „Haus des Lebens", „Ehe für eine Nacht", „Die kleine Stadt will schlafen gehen") und Regisseur („Die Lüge", „Torreani", „Seine Tochter ist der Peter") erneut im Scheinwerferlicht. Der Titel seiner Memoiren: „Waren das Zeiten".

Fritsch, Ekkehard (66)
Schauspieler, Kabarettist, gest.: 3. 11. 1987

Berlin ist um einen „Typen" ärmer. Ekkehard Fritsch, Bühnen-, Film- und Fernsehschauspieler („Die Wicherts von nebenan"), „alter" Kabarett-Stratege, starb im Alter von 66 Jahren in Berlin. Das langjährige Mitglied der Rate-Jury in Hans Rosenthals „Dalli-Dalli" erlag einem Krebsleiden. Zwei Monate später starb seine Witwe.

Nelson, Ralph (71)
Regisseur, gest.: 21. 12. 1987

Der Sohn schwedischer Einwanderer sagte sich von seiner mit Preisen ausgezeichneten Karriere beim Fernsehen los und drehte den internationalen Filmerfolg „Lilien auf dem Felde", für den Sidney Poitier als bester männlicher Hauptdarsteller in Berlin prämiert wurde und den Oscar gewann (1964). „Seit diesem Film erhielt ich fast jede Woche Manuskripte, die irgend etwas mit Nonnen zu tun hatten", so der Regisseur vor Jahren. In den 60er Jahren gehen Filme wie „Der große Wolf ruft", „Millionenraub in San Francisco", „Duell in Diablo", „Der Befehl", „Charly" (Oscar-Auszeichnung für Cliff Robertson), „...tick...tick...tick" sowie „Das Wiegenlied vom Totschlag" auf sein Regiekonto.

Joloff, Friedrich (79)
Schauspieler, gest.: 4. 1. 1988

Anfang der 30er Jahre erhielt er Spielverbot, nach dem Krieg spielte er Theater in Frankfurt am Main und Berlin. In den 50ern bis Anfang der 70er Jahre war Friedrich Joloff von „Liane, die weiße Sklavin", „Die Halbstarken", „Anders als du und ich", „Lilli, ein Mädchen aus der Großstadt", „Liebe kann wie Gift sein" bis „Ich schlafe mit meinem Mörder" und „Käpt'n Rauhbein aus St. Pauli" mit seinem unverwechselbaren Bürstenhaarschnitt auf Filmschurken und andere zwielichtige Figuren ebenso spezialisiert wie abonniert.

Muxeneder, Franz (67)
Schauspieler, gest.: 3. 1. 1988

Der Gestaltungskünstler urwüchsiger Typen, „Held" in vielen Sex-Schnulzen, Militärklamotten und Heimatfilmen („Denn die Musik und die Liebe in Tirol", „Die Unschuld vom Lande", „Das sündige Dorf", „Und die Tuba bläst der Huber"), erlag einem Gehirntumor. Er filmte „was so recht und billig" war, aber trotzdem: Er war ein Meister der Nebenrollen, dieser Muxeneder. Die Kinogänger liebten ihn, und so mancher Hauptdarsteller mußte sich in der Tat kraftvoll anstrengen, um neben „Muxi" bestehen zu können.

Auclair, Michel (65)
Schauspieler, gest.: 7. 1. 1988

Neben Gérard Philipe gehörte er nach dem Krieg zum hoffnungsvollsten Filmnachwuchs in Frankreich, der vom jugendlichen Liebhaber und zwielichtigen Filmhelden zum profilierten Charakterschauspieler avancierte. Am Beginn seiner Leinwandkarriere („Die Schöne und das Untier", „Das Boot der Verdammten", „Manon", „Schwurgericht") war er ein vielschichtiger Filmcharakter, von inneren Gegensätzen und der Problematik seiner Generation beherrscht, ernst und nachdenklich, zwiespältig und oft auch im Zwielicht von Schuld und Verhängnis.

Howard, Trevor (71)
Schauspieler, gest.: 7. 1. 1988

Künstlerischen Einengungen, ihn auf den Typ des nobelunterkühlten englischen Offiziers, vornehmlich in Kriegs- und Abenteuerfilmen, festzulegen, konnte sich Howard in seiner 1943 begonnenen Leinwandtätigkeit nicht immer erwehren. Der Charakterdarsteller hat in über 70 Spielfilmen agiert („Der dritte Mann", „Der Verdammte der Inseln", „Meuterei auf der Bounty"/1961, „Ludwig II.", „Die letzten Tage von Kenia").

O'Rourke, Heather (12)
Kinderstar, gest.: 1. 2. 1988

Die „Carol Anne" aus der „Poltergeist"-Trilogie erlag völlig überraschend den Komplikationen einer Darmkrankheit. Steven Spielberg hatte sie als 5jährige für „Poltergeist" entdeckt, als sie mit ihrer Mutter in der MGM-Kantine zum Essen war.

Ramsey, Anne (59)
Schauspielerin, gest.: 11. 8. 1988

Von „Polizeirevier Los Angeles Ost", „Mit Vollgas nach San Fernando", „Sandkastenspiele", „Bei mir liegst du richtig", „Die Goonies", „Galgenstrick", „Hollywood Cops", „Ich glaub', mein Straps funkt SOS", „Der tödliche Freund" (Regie: Wes Craven/1986) bis „Der stählerne Vorhang" (mit Nick Nolte) und in ihrem letzten Film „Schmeiß' die Mama aus dem Zug" (Oscar-Nominierung als beste Nebendarstellerin) waren ihr die skurrilen Frauenfiguren auf den Leib geschrieben.

FILMINDEX

A Dry White Season	169
A Gauche en sortant...	16
A Guy Named Joe	227
About That Strange Girl	229
Abyss, The	229
Accidental Tourist, The	18
Accused, The	76
Ada dans la jungle	19
Adieu je t'aime	223
Affaire de femme, Une	210
AKA Candy Bar	228
Alexa	229
Alibi	96
Alice	138
Alien III	231
Alien Nation	228
Alienator	229
alte Gringo, Der	78
Always	227
Amazons	228
Amiga, La	204
An American Commander	227
And God created Woman	67
Angel's Dance Card	227
Anna	150
Asterix — Der Kampf der...	57
Back to Back	229
Bat 21	215
Batman	120
Bär, Der	206
Be bruit et de fureur	231
Beach Balls	228
Beaches	156
Beim nächsten Mann...	10
Bernadette	219
Bert Rigby, You're A Fool	77
Big Bad John	229
Big Gyver	229
Big II	231
Bird	155
Bizness, The	228
Black Micmac II	231
Black Snow	229
Blauäugig	114
Blood Salvage	229
Blue Steel	113
Bluthunde vom Broadway	90
BODO — Eine ganz normale...	52
Bonjour l'angoisse	66
Boris and Natascha	229
Born on the 4th of Juli	229
Boxer and the Death, The	227
Brady	227
Breaking In	230
Brennendes Geheimnis	157
Bruch, Der	110
Bryher	154
Bunker Palace Hotel	231
Burbs, The	21
Bye Bye Blues	230
Camden Town Boy	230
Camomille	219
Captain Henkel	230
Catch Me If You Can	229
Chase — Die Jagd beginnt	115
Checking Out	20
Chocalat	199
Chocolate War, The	222
Claras Herz	209
Clash	230
Clean and Sober	194
Cocoon — Die Rückkehr	124
Confessions of a Killer	229
Contrainte par corps	219
Cookie	28
Couleur du vent, La	231
Coupe de Ville	228
Courier, The	228
Cousins	60
Creative Detour	230
Criminal Law	228
Crossing Delancey	62
Cry Devil	229
DA	54
Daddy's Boys	229
Dancing in the Forest	228
Danny — The Champion...	69
Dead Eat the Living	229
Dead Heat	82
Dead Poet Society	228
Deadly Dreams	228
Death Stalker	229
Deceivers, The	115
Deep Star Six	121
Delta Force II	229
Deux	219
Deux minutes de soleil	172
Dinosaurs	227
Dirty Rotten Scoundrels	42
Distant Thunder	99
Divine enfant	231
Do the Right Thing	230
Dr. Jekyll and Mr. Hyde	118
Dream Team	227
Drole d'endroit...	161
Drugstore Cowboy	227
Eightyfour Charly Mopic	228
Ein Fisch namens Wanda	48
Ein Schweizer namens N.	66
Eine Nacht, ein Traum	115
Eis	166
En toute innocence	231
Encore — Once More	216
Envoyez les violons	216
Erinnerungen an mich	144
Ernest Saves Christmas	43
Es ist nicht leicht...	223
Executioner	86
Fabrik der Offiziere	83
Far From Home	230
Far North	220
Far Out Man	228
Farewell to the King	84
Fatal Charme	229
Favorite, The	230
Fear	228
Mr. Christmas Dinner	228
Feds	29
Felix — Der Kater	138
Fifty-Fifty	56
Finding Maubee	93
Fly II	230
Forbidden Love	230
Forgotten Heroes	229
Franziskus	88
Freaky Deaky	228
Freitag, der 13. VI	231
Frequence meurtre	231
Fright Night II	228
Frisch verheiratet	68
From a Whisper To...	230
Fugitives	95
Full Moon In Blue Water	70
Geisterhaus, Das	227
Gekauftes Glück	44
Geld	61
Ghostbusters II	231
Gleaming the Cube	106
Glückspilz, Der	13
God's Payroll	230
Gorillas im Nebel	140
Great Balls of Fire	173
Gremlins II	231
Ground Zero	145
Gumshoe Kid, The	230
Gute Mutter	187
Halloween IV	228
Handmaid's Tale	227
Hard Death, A	230
Heart of Dixie	167
Heartbreak Hotel	192
Heatwave	229
Heiliges Blut	231
Hellraiser II	122
Her mit den jg. Pferden	180
Herbstmilch	164
Herr der Fiegen, Der	230
High Hopes	219
Hitlist	228
Hobo's Christmas, The	217
Hotel Terminus	218
How to Get Ahead in Adv.	69
I'm Gonna Git You Sucka	228
Im Jahr der Schildkröte	66
Imagine — John Lennon	179
Immaculate Conception	229
In A Pig's Eye	229
In-Country	229
Indiana Jones III	81
Insomnia	227
Iron Triangle	228
It's A Wonderful Knife	227
James Bond 007...	72
Januar-Mann, Der	114
Je veux rentrer.	231
Johanna D'Arc Mongolia	220
Johnny Utah	228
Joyriders	216
junge Toscanini, Der	151
Just Ask For a Diamond	69

K 9 230
Kalte Füße 66
Karate Kid IV 231
Kickboxer 230
Kill Crazy 229
Killing Time 168
Kleine Sterne 220
kleine Teufel, Der 222
Knalleffekt, Der 30

L'autre nuit 231
L'etudiante 178
La petite voleuse 218
Ladder of Swords 66
Lair of the White Worm 228
Lakota 228
Land Before Time 130
Land der Väter, Land . . . 214
Landschaft im Nebel 218
Last Rites 116
Laurin 113
Lean On Me 191
Lectrice La 146
Legende vom hl. Trinker 143
Lemon Sisters 227
Les bois noirs 231
Les Pyramides Bleu 114
Let It Ride 227
Letzte Ausfahrt Brooklyn 212
Letzte Stück, Das 220
Leviathan 75
Lieber Gorbatschov 217
Limit Up 230
Link, The 128
Little Monsters 227
Logik des Lebens, Die 181
Loser Takes All 227
Lust For Freedom 123

Madame Sousatzka 182
Maison de Jade, La 231
Maja 113
Major League 228
Mamba 116
Man of Passion, A 230
Manöver 217
Martians 230
Match, The 230
Melencoila 114
Men Don't Leave 184
Messenger of Death 92
Meuterer von der Bounty 229
Mignon ist abgereist 68
Mindwalk 229
Mississippi brennt, Der 152
Mon ami le traitre 231
Monster High 229
Moonwalker 64
Morgen wird es geschehen 113
Murder One 217
My Best Friend A Vampire 70
My Left Foot 230
My Mom Is a Werewolf 230
Mystic Pizza 67

Nachsaison 211
Nacht des Marders, Die 221
Nachtjäger 113
Naked Warriors 228
Ne reveillez pas un flic 231
Nerven und Tränen 200
New York Stories 230
Night Before, The 216
Night Game 230
Nightfall 228
Nightlife 230
Nightmare . . . VI 231
Nightmare IV 134
Nine Seven Six — EVIL 228
Nineteensixtynine 149
Nudity Required 229

Ohne Titel 65
Oliver and Company 163
Options 228
Otto der Dritte 33
Out of the Dark 228

Pandora 227
Parents 228
Partie, Die 98
Passion Beatrice 183
Personal Choice 230
Pet Sematary 230
Philosoph, Der 221
Picking Up the Pieces 230
Planet der Affen — VII 227
Play Me Something 218
Post ist an allem schuld 69
Preis der Schönheit 159
Prince of Pennsylvania 198
Prisonnieres 216
Privater Kodex 216
Pumpkinhead 228
Punchline 23
Punisher, The 104

Quelque jours avec moi 195

Rache 116
Radioactive Dreams 135
Raggedy Rawney, The 162
Rainbow, The 223
Rainman 158
Ressurected 114
Return From River Kwai 221
Return of the Musketeers 24
Reunion 231
Riding the Cage 228
Roadhouse 87
Robbie Zenith 230
Robby, Kalle, Paul 67
Rocket Gibraltar 174
Rockula 227
Rooftops 230
Rosalee Goes Shopping 50
Rosamunde 205
Roselyne et le lions 231
Rude Awakening 227
Running Combat 231

S.P.O.O.K.S. 231
Saigon Commandos 229
Samstag, der 14. 231
Santa Sangre 231
Saturday Night . . . 218
Say Anything 228
Scandal 221
Scenes Fr. Class Struggle 63
Scenes from the Class . . . 230
Schlagsahne-Express 67
Schrei im Dunkeln, Ein 107
Schreiendes Land 228
Sea of Love 231
Secret Woman, The 230
Senkrechtstarter, Die 58
Seven Hours to Judgement 113
Shell Seekers 227
Shoeless Joe 175
Sie kennen kein Erbarmen 94
Sing 228
Sixtyeight 148
Skin Deep 228
Slipstream 133
Slugs — The Movie 138
Smash, Crash and Burn 227
Snackbar Budapest 160
Some Girls 46
Spike of Bensonhurst 68
Spirit 218
Spirit 231
Splendor 190
Stealing Heaven 185
Stealing Home 188
Steel Magnolias 230
Stille Nacht 170
Stimme, Die 111
Stirb langsam II 231
Strapless 217
Straßen von Gestern 222
Street Law 230
Summers Story, A 220
Sweet Lies 228
Sweetheart's Dance 176

Talk Radio 221
Tank Malling 231
Tap 186
Tequila Sunrise 189
They Live 126
Torchsong Trilogy 22
Torrents of Spring 231
Tree of Hands, The 115
Triumph 227
Troop Beverly Hills 227
Tuesday Night in Memphis 230
Turnaround 230
Twins 136

UHF 230
Under the Boardwalk 222
Une nuit a l'assemble 231
Union Street 196
Unsichtbaren, Die 116
Up Your Alley 230

Vagabunden 80
Valmont 231
Vengeance — The Demon 228
Venus Peter 223
Verabredung in Liverpool 115
Verraten 91
Vierte Krieg, Der 227
Vollmond über Parador 38

War 132
War of the Roses 228
Warlords From Hell 229
Wash, The 70
Waywork 127
We Think the World of You 34
Weiche Ziele 222
Wer ist Harry Crumb 45
What the Moon Saw 231
White Roses 231
Wie ein Blatt im Wind 202
Wired 68
Witches 100
Without A Clue 55
Without You I'm Nothing 230
Wo bitte geht's zum Knast 40
Wolves of Willoughby Ch. 102
Woman He Loved, The 208
Working Girls 14

Year My Voice Broke, The 70
You Can't Hurry Love 36
Young Guns 108

Zilch 231
Zockerexpress 32
Zug ab 51
Zwillinge 26
Zwischen Plaste u. Elaste 197